内蒙古师范大学引进高层次人才科研启动项目"蒙古族定居牧民的社会分化问题研究——以东乌珠穆沁旗调查为例"（项目编号：2014YJRC009）

内蒙古师范大学学术著作出版基金资助出版

Root in the Grassland

The Settled Nomads' Livelihood
Choice and Their Deep Emotions to
Grasslands in East Ujimqin Banner

民族与社会丛书
MINZU YU SHEHUI CONGSHU

麻国庆　主编

根在草原

东乌珠穆沁旗定居牧民的生计选择与草原情结

张昆　著

社会科学文献出版社
SOCIAL SCIENCES ACADEMIC PRESS (CHINA)

《民族与社会丛书》总序

麻国庆

记得 20 世纪 80 年代我读大学时，常常在西北大学的文科阅览室看一些非考古专业的著作，偶然中读到费孝通先生的《民族与社会》，书很薄，但里面所涉及的关于民族及其发展的思考，引发了我这个来自内蒙古的青年学生的浓厚兴趣。接着我以此书为契机，开始接触人类学、民族学的相关研究和介绍，并决定考这一领域的研究生。通过在中山大学跟我的硕士导师容观琼先生以及人类学其他老师三年的学习，我算是初步进入了人类学、民族学的学科领域。

之后我又很荣幸地成为了费先生的博士研究生。跟先生学习以后，我进一步理解了他的《民族与社会》的整体思考。我印象最深的是 1991 年我刚入北京大学一周后，先生就带我和泽奇兄到武陵山区考察。一上火车，他说给我们上第一课，当时正好是美国出现了黑人和白人的冲突，他说民族和宗教的问题将会成为 20 世纪末到 21 世纪相当一段时间内，国际问题的焦点之一。人类学在这一背景下如何面对这些问题，需要做很深入的调查和研究。通过近一个月的对土家族、苗族以及地方发展的考察，加上来自于先生对田野的真知灼见，使我对人类学的学科意识有了更加深刻的体验和领会。武陵山区的考察一直到今仍是我的一个学术情结。

非常巧的是当出版社同仁催我交这一序时，我正好从广西龙胜各族自治县的红瑶寨子里出来（1951 年，费先生曾代表中央到该县宣布成立中国第一个少数民族自治县），来到武陵山区的酉阳土家族苗族自治县做关于土家族的调查。两地虽然相隔千里，但都留下了费先生的调查足迹。此次来到酉阳，时隔近二十年沿着当时先生的足迹调查之余，来撰写本丛书的序，坐在电脑旁，当年先生的音容笑貌不时地浮现在我的眼前……好像先生在他的那个世界里告诉我辈，要把"民族与社会"的研究不断地推动，进入更高的层次。由此我更加坚信该丛书以此命名，于情、于理、于学、于实都有其特殊的学术和社会意义。同时这也是把先生的"文化自觉"与"从实求知"思想，延续、深化的阶段性成果。

费先生的学术遗产可以概括为"三篇文章"，即汉民族社会、少数民族社会、全球化与地方化。在费先生的研究和思考中，社会、民族与国家、全球被置于相互联系、互为因果、部分与整体的方法论框架中进行研究，超越了西方人类学固有的学科分类，形成了自己的人类学方法论，扩展了人类学的学术视野。他是一位非常智慧的把学术研究和国家的整体发展、多民族共同繁荣的理念有机地结合起来，达到对中国社会认识的学者。面对当前复杂的国际问题国内化、国内问题国际化的现状，费先生留下的学术遗产还需要我们不断地继承和发扬。而"民族与社会"可以涵盖先生的思想，我们以此来纪念费先生诞辰百年。

针对一套可以长久出版下去的丛书，我想从如下几方面来展开对于"民族与社会"的理解和认识。

一　民族的国家话语

"民族"与"族群"最基本的含义都是指人们的共同体，是对不同人群的分类。但是，当学者将"民族"与"族群"这两个词纳入历史经验与社会现实中加以研究时，它们随着时空的变化而有不同的表述和意义。在学科史上，"民族"作为人类认识自我的关键概念之一见诸各门社会科学，被赋予了多重涵义，尤其是"民族—国家（nation-state）""民族主义（nationalism）"这些概念，将民族学、历史学、人类学、政治学、社会学、社会心理学、语言学、国际关系学甚至文学等学科牵连在一起，形成了一个庞大的跨学科研究领域。

近代以来，随着西学东渐，当基于西方社会经验建构的"民族"概念及相关理论与中国的历史及现实发生冲突时，中国人对"民族"及其相关理论涵义的理解、诠释与实践又形成了一套与国际背景、国内政治、社会文化的特点等相联系的社会思潮和历史事实。概括起来，"民族"概念的发展变化其实是一个历史过程，也是一适应的过程。

在现代人类学研究中，"民族"有着相对明确的定义，指具有相同文化属性的人们的共同体（ethnos），文化是界定"民族"的重要标准之一。人类学对人们的共同体本质及关系的理解是一个逐步深入的过程。古典人类学将非西方社会的整体作为"他者"，以"异文化"为研究旨趣，热衷于跨文化比较研究，并没有将某个具体的人群作为研究对象。现代人类学建立之后，虽然马林诺斯基式的科学民族志将某个具体的民族体作为描述对象，但是学术研究的问题意识在于探寻社会或文化的运行机制，而对"民族"本身的概念并没有加以讨论。

直到 20 世纪 50 年代，在美国诞生了"族群"（ethnic group）概念，人类学开始将不同群体的关系等问题作为研究专题进行讨论，并形成了人类学研究的一个新的理论范式。一般来说，族群（ethnic group）指说同一语言，具有共同的风俗习惯，对于其他的人们具有称为"我们"意识的单位。不过，这个族群单位中的所有的人们并非都拥有共同的社会组织和政治组织。而"认同"是存在于个人与某特定族群间的一种关系，它属于某特定的族群，虽然族群中的成员可能散居在世界各地，但在认同上，他们却彼此分享着类似的文化与价值观。民族或族群认同是认同的典型表现。

中国的民族问题到今天为止变成了国际话语，可以从两个方面来解释国际话语。

一种方法是纯粹从人类学学理层面解释民族的特殊属性，如林耀华先生提出的经济文化类型，虽然他受到苏联民族学的影响，强调经济决定意识，但是这套思想划分了中国的民族经济文化生态，这一点是有很大贡献的。另一个思路是费先生提出的中华民族多元一体格局。面对西方民族国家的理论，中国这么多民族要放在国家框架下，用什么来解释它存在的合法性与合理性？多元一体就提供了解释框架。多元一体理论并非单纯是关于中华民族形成和发展的理论，也非单纯是费先生关于民族研究的理论总结，而是费先生对中国社会研究的集大成。正如费先生所说："我想利用这个机会，把一生中的一些学术成果提到国际上去讨论。这时又想到中华民族形成的问题。我自思年近 80，来日无几，如果错失时机，不能把这个课题向国际学术界提出来，对人对己都将造成不可补偿的遗憾。"[1] 因此，费先生事实上是从作为民族的社会来探讨它与国家整体的关系，这是他对社会和国家观的新的发展。中华民族的概念本身就是国家民族的概念，而 56 个民族及其所属的集团是社会构成的基本单位。这从另一个方面勾画出多元社会的结合和国家整合的关系，即多元和一体的关系。

这两大理论是中国民族研究的两大基础。

其实，费孝通先生对"民族"的理解随着其学术思想的变化有一个演变的过程。20 世纪 30 年代，费先生在清华研究院师从史禄国时主要接受欧洲大

---

[1]　费孝通：《中华民族研究的新探索》，中国社会科学出版社，1991，第 27 页。

陆人类学研究传统的学科训练，首先研习体质人类学。因而费先生在这一时期对民族问题的讨论集中在对中国人体质特征的讨论上，发表于 1934 年的《分析中华民族人种成分的方法和尝试》就是这一时期费先生讨论民族问题的代表作。在这篇文章中，费先生指出"中华民族，若是指现在版图之内的人民而言，是由各种体质上、文化上不同的成分所构成的"，而"要研究这巨流中各种成分的分合、盛衰、兴替、代谢、突变等作用，势必先明了各成分的情形"①。

20 世纪 50 年代，费先生参与了中国的民族识别工作，积累了大量的研究经验。费先生回顾 20 世纪 50 年代民族识别时曾说，"民族这种人们共同体是历史的产物。虽然有它的稳定性，但也在历史过程中不断发展变化；有些互相融合了，有些又发生了分化。所以民族这张名单不可能永远固定不变，民族识别工作也将继续下去。"② 在此基础上，20 世纪 80 年代初期，费先生又提出了"民族走廊"说，将历史、区域、群体作为整体，对专门研究单一民族的中国民族研究传统具有极大的启发意义。中国民族识别工作完成后，中国 56 个民族的格局最终确立，费先生也以《中华民族多元一体格局》一文系统总结了自己的民族学思想。

国外对中国民族的研究有几种观点。

第一种观点需要回顾 1986 年底《美国人类学家》杂志发表的澳大利亚学者巴博德与费先生的对话，对话的核心是讨论受意识形态影响的中国民族识别。巴博德批判受意识形态影响的民族学忽视了当地的文化体系，民族识别的国家主义色彩非常浓厚。但费先生的回答非常有意思。费先生说他们在做民族识别的时候并不是完全死板地套用斯大林的概念，而是进行了修正，有自己的特色。③ 在民族识别时期形成了中国民族学研究在特殊时期的特殊取向，这个遗产就是我们的研究如何结合中国特点和学理特点，不完全受意识形态制约。

与此相关的第二种质问是很多国外学者的核心观点，他们认为中国的民族都是在国家意识形态中"被创造的民族"。实际上，中国所有民族的构成与中国的历史和文明过程是有机地结合在一起的，这些民族不是分离的，而是有互

---

① 费孝通：《分析中华民族人种成分的方法和尝试》，载《费孝通全集》第 1 卷，内蒙古人民出版社，2009，第 287 页。

② 费孝通：《关于我国民族的识别问题》，载《费孝通文集》第七卷，群言出版社，1999，第 202~203 页。

③ 费孝通：《经历见解反思——费孝通教授答客问》，载《费孝通文集》第十一卷，群言出版社，1999，第 143~205 页。

动的关系。简单地以"创造""虚构"或"建构"的概念来讨论中国的民族问题是非常危险的。这里就回应了关于实体论和建构论的讨论如何在民族研究中进行分类并处理理论思考的问题。这可能会构成中国民族研究在国际对话中一个很重要的基础。

到今天为止，针对族群边界也好，针对民族问题也好，建构论和实体论是两个主要的方向。在中国的民族研究中，实体论和建构论会找到它们的结合点：实体中的建构与建构中的实体，有很多关系可以结合起来思考。在民族研究中，国家人类学（national anthro-pology）与自身社会人类学（native anthropology）在国际话语中完全有对话点。

1982 年，吉尔赫穆（Gerholm）和汉纳兹（Hannerz）发表了一篇名为《国家人类学的形成》的文章。作者在文中直言不讳地指出国家的国际处境与本国人类学的发展有莫大关系。在"宗主与附属""中心与边缘"的格局下，附属国家或者说边缘地区的人类学研究只不过是殖民主义的产物。以强权为前提，中心地区的出版物、语言乃至文化生活方式都在世界格局里占据主导地位，并大力侵入边缘地区。在这样的形势下，边缘地区人类学学科的发展、机构的设置、学员的训练等，都会带有中心的色彩，从而抹煞了本土文化研究的本真性[1]。

不过，在中国的情况却有所不同。特别是关于多民族社会的研究，体现出了自身的研究特点，在某种意义上恰恰反映了国家人类学所扮演的角色。而国家人类学是和全球不同国家处理多民族社会问题连在一起的，包括由此带来的福利主义、定居化、民族文化的再构等问题，这构成了中国人类学的一大特点。针对目前出现的民族问题，人类学需要重新反思国家话语与全球体系的关系。相信本套丛书会为此提供有力的实证研究实例。

二 民族存在于社会之中

我们知道，民族这个单位的存在尽管看上去很明显，然而，未必所有民族都拥有共同的社会组织和政治组织。而且，分散在不同地域上的族群甚至都不知道和自身同一的民族所居住的地理范围。另外，由于长期和相邻异民族的密切接触，某些民族中的一部分人采用了另一民族的风俗习惯，甚至连语言也随之发生了变化，但其社会组织常常不会发生很大的变化。与社会组织相比，语

---

① Gerholm, Tomas and Ulf Hannerz. Introduction：The Shaping of National An-thropologies. *Ethnos* 47，1982：1（2）.

言、风俗习惯的文化容易变化。因此，把文化作为研究单位，也未必是有效的手段。社会人类学之所以关注社会，是因为对于比较研究来说，希望以最难变化的社会组织为研究对象。客观上，作为民族是一个单位，然而作为社会它就未必是一个单位。因此，以民族为单位作为研究对象，如果离开对其所处社会的研究，并不能达到整体上的认识。

在多元一体格局中，汉族是一个凝聚的核心。在探讨汉族与少数民族的关系中，从历史、语言、文化等视角有了很多的研究积累。不过，以社会人类学的核心概念——社会结构为嵌入点来进行的研究，还不是很多。在中国多民族社会的研究中，正是由于这种多元一体格局的特点，作为多民族社会中的汉族社会的人类学研究，单单研究汉族是远远不够的，还必须要考虑汉族与周边的少数民族社会以及与受汉文化影响的东亚社会之间的互动关系。已故社会人类学家王崧兴教授将其升华为中华文明的周边与中心的理论，即"你看我"与"我看你"的问题。他的一个主题就是如何从周边来看汉族的社会与文化，这一周边的概念并不限于中国的少数民族地区，它事实上涵盖了中国的台湾、香港，以及日本、韩国、越南、冲绳等周边国家和地区。与此同时，少数民族的研究，离开汉族的参照体系，也很难达到研究的完整性。

在这一视角下，"中心"与"周边"在不同的历史和空间的背景下有着不同的含义。华南汉族聚居区相对于中原而言是周边，但却是华南这一区域内部的中心，特别是相对于周边山地少数民族时，又表现出华南区域内部的"中心"与"周边"的对应关系。此外，即使汉族内部，因为分属不同的民系，他们之间也存在着"周边"和"中心"的对应。这一点可以非常有效地衍生出在不同时空背景下"中心"和"周边"的转化。华南及其周边区域的族群分布和文化特征与秦汉以来汉人的不断南迁有着密切的联系，在某种程度上甚至可以说，华南地区的族群分布和文化特征是汉人和其他各个族群互动而导致的结果。

华南在历史上即为多族群活动的地域，瑶族、畲族、苗族等少数民族及汉族的各大民系（广府人、客家人、潮州人、水上居民）都在此繁衍生息，加上近代以来遍布于东南亚以及世界各国的华侨大多来自于这一地域，所以在对华南与东南亚社会及周边族群的研究中，应把从"中心"看"周边"的文化中心主义视角，依照上述个案中的表述那样，转为"你看我、我看你"的互动视角，同时强调从"周边"看"中心"的内在意义，即从汉人社会周边、与汉民族相接触和互动的"他者"观点，来审视汉民族的社会与文化。例如笔者通过在华北、华南的汉族、瑶族和蒙古族的研究以及对日本的家与社会结构的讨论，揭示了从周边的视角重新认识汉人社会的结构和文化的意义。这一研究在经验研究基础上，将历时性与共时性有机地结合起来，在社会、文化、民族、国家与世界体系的概念背景下，讨论了社会结构比较研究的可能性及其方法论意义。

关于民族问题，大多数国外学者没有抓到国家人类学的本质与根本问题。中国多民族社会应回应什么问题？我觉得有几个方面的问题值得关注。第一，中国民族的丰富多样性，涵盖了不同类型社会，这是静态的；第二，从动态的角度看，在民族流动性方面可以和西方人类学进行有效的对话；第三，关于文化取向，学者们常用文化类型来讨论"小民族"，却从作为问题域的民族来讨论"大民族"，这存在一定的问题。

从这个角度来看，海外的中国研究里面对于中国民族研究有两种取向。一种是偏文化取向，例如对西南民族的文化类型进行讨论。而另一种取向将藏族等大的民族放到作为问题域中的民族来讨论。这反映了人类学和民族学的两大取向：文化取向和政治取向。

但不论采取什么取向，我们首先要强调：任何民族研究应当是在民族的历史认同的基础上来展开讨论，不能先入为主地认为某个民族是作为政治的民族，而另一个民族则是作为文化的民族。相当多的研究者在讨论中国民族的时候，是站在一种疏离的倾向中来讨论问题，忽视了民族之间的互动性、有机联系性和共生性。也就是说，他们将每个民族作为单体来研究，而忘记了民族之间形成的关系体，即所有民族形成了互联网似的互动中的共生关系。这恰恰就是"多元一体"概念为什么重要的原因。多元不是强调分离，多元只是表述现象，其核心是强调多元中的有机联系体，是有机联系中的多元，是一种共生中的多元，而不是分离中的多元。

我以为，"多元一体"概念的核心事实上是同时强调民族文化的多元和共有的公民意识，这应当是多民族中国社会的主题。这也是本丛书着重强调"民族是在社会之中"的道理所在。因此，本丛书的"民族"并非仅仅是少数民族的"民族"，而是把汉族也纳入民族范畴来展开讨论。

三　民族的全球话语与世界单位

在全球化过程中，不同的文明之间如何共生，特别是作为世界体系中的中心和边缘，以及边缘中的中心与边缘的对话（如相对于世界体系西方中心的观点，中国这样的非西方社会处于边缘的位置。而在中国从历史上就存在着"华夷秩序"，形成了超越于现代国家意义上的"中心"和"边缘"），周边民族如何才能不成为"永远的边缘民族"的话题，越来越为人类学所关注。20世纪可以说是文化自觉被传承、被发现、被创造的世纪。这一文化也是近代以来"民族—国家"认同的一个重要源泉。在中国这样一个多民族社会中，不同文化之间的共生显得非常重要，事实上，在我们的理念中，又存在着一种有形无形的超越单一民族认同的家观念——中华民族大家庭，这个家乃是民族之间和睦相处的一种文化认同。

我记得 2000 年夏北京召开"国际人类学与民族学联合会（IU-AES）"中期会议前，费先生把我叫到家里，说他要在会上发言，他来口述，我来整理。在他的书房里，我备好了录音机，先生用了一个多小时，讲了他的发言内容。我回去整理完后发现，需要润色的地方很少，思路非常清晰。我拿去让先生再看一遍，当时还没有题目。先生看过稿后，用笔加上了题目，即《创造"和而不同"的全球社会》。由于当时先生年事已高，不能读完他的主题演讲的长文，他开了头，让我代他发言。

先生在主题发言中所强调的，正是多民族之间和平共处、继续发展的问题。如果不能和平共处，就会出现很多问题，甚至出现纷争。实际上这个问题已经发生过了。他指出，过去占主要地位的西方文明即欧美文明没有解决好的问题，就在于人类文化寻求取得共识的同时，大量的核武器出现、人口爆炸、粮食短缺、资源匮乏、民族纷争、地区冲突等一系列问题威胁着人类的生存。特别是冷战结束后，原有的但一直隐蔽起来的来自民族、宗教等文化的冲突愈演愈烈。从这个意义上说，人类社会正面临着一场社会的"危机"、文明的"危机"。这类全球性问题所隐含的危机，引起了人们的警觉。这个问题，原有的西方的学术思想还不能解决，而中国的传统经验以及当代的民族政策，都符合和平共处的逻辑，可以为解决这一问题提供有益的思路。

费先生在那次发言中还进一步指出，不同国家、不同民族、不同宗教、不同文化的人们，如何才能和平相处，共创人类的未来，这是摆在我们面前的课题。对于中国人来说，追求"天人合一"为一种理想的境界，而在"天人"之间的社会规范就是"和"。这一"和"的观念成为中国社会内部结构各种社会关系的基本出发点。在与异民族相处时，中国人把这种"和"的理念置于具体的民族关系之中，出现了"和而不同"的理念。这一点与西方的民族观念很不相同。这是历史发展的过程不同，历史的经验不一样。所以中国历史上所讲的"和而不同",也是费先生的多元一体理论的另外一种思想源流。承认不同,但是要"和",这是世界多元文化必走的一条道路,否则就要出现纷争。只强调"同"而不能"和",那只能是毁灭。"和而不同"就是人类共同生存的基本条件。

费先生把"和而不同"这一来源于中国先秦思想中的文化精神,从人类学的视角,理解全球化过程中的文明之间的对话和多元文化的共生,可以说是在建立全球社会的共同的理念。这一"和而不同"的理念也可以成为"文明间对话"以及处理不同文化之间关系的一条原则。

与这相关的研究是日本京都大学东南亚研究中心在 20 世纪 90 年代初就提出的"世界单位"的概念。所谓世界单位,就是跨越国家、跨越民族、跨越地域所形成的新的共同的认识体系。比如中山大学毕业的马强博士,研究哲玛提——流动的精神社区。来自非洲、阿拉伯、东南亚和广州本地的伊斯兰信徒在广州如何进行他们的宗教活动?他通过田野调查得出不同民族、不同语言、不同国家的人在广州形成了新的共同体和精神社区的结论。[①] 在全球化背景下跨界(跨越国家边界、跨越民族边界和跨越文化边界)的群体,当他们相遇的时候在某些方面有了认同,就结合成世界单位。项飙最近讨论近代中国人对世界认识的变化以及中国普通人的世界观等,都涉及中国人的世界认识体系的变化,不仅仅是精英层面的变化,事实上连老百姓都发生了变化。[②] 这就需要人类学进行田野调查,讲出这个特点。

流动、移民和世界单位这几个概念将会构成中国人类学走向世界的重要基础。这些年我一直在思考,到底中国人类学有什么东西可以出来?因为早期的人类学界,比方说非洲研究出了那么多大家,拉美研究有雷德菲尔德、列维-斯特劳斯,东南亚研究有格尔茨,印度研究有杜蒙,而中国研究在现代到底有何领域可进入国际人类学的叙述范畴?我们虽然说有很多中国研究的东西,但即使是弗里德曼的研究也还不能构成人类学的普适化理论。

我觉得这套理论有可能会出自中国研究与东南亚研究的过渡地带。在类似于云南这样的有跨界民族和民族结合的地带,很可能出经典。为什么?不要忽视社会主义意识形态。跨界民族在不同意识形态中的生存状态,回应了"冷

---

① 马强:《流动的精神社区——人类学视野下的广州穆斯林哲玛提研究》,中国社会科学出版社,2006。

② 项飙:《寻找一个新世界:中国近现代对"世界"的理解及其变化》,《开放时代》2009 年第 9 期。

战"以后的人类学与意识形态的关联。许多人认为"冷战"结束后意识形态就会消失，但现实的结果却是意识形态反而会强化，这种强化的过程中造成同一个民族的分离，回应了"二战"后对全球体系的认知理论。同时，不同民族的结合地带，在中国国内也会成为人类学、民族学研究出新思想的地方。其实费孝通先生很早就注意到多民族结合地带的问题，倡导对民族走廊的研究。我们今天不仅仅要会用民族边界来讨论，也需要注意民族结合地带，例如中国的蒙汉结合地带、汉藏结合地带，挖掘其特殊的历史文化内涵。

此外，与中国的崛起和经济发展紧密相连，本丛书还会关注中国人类学如何进入海外研究的问题。

第一，海外研究本身应该放到中国对世界的理解体系当中，它是通过对世界现实的关心和第一手资料来认识世界的一种表述方式。第二，强调中国与世界整体的关系，这种关系是直接的。比如中国企业进入非洲，如何回应西方提出的中国在非洲的新殖民主义的问题？人类学如何来表达特殊的声音？第三，在对异文化的认识方面，如何从中国人的角度来认识世界？近代以来有这么多聪明的中国人，他们对世界的看法已经积累了一套经验。这套对海外的认知体系与我们今天人类学的海外社会研究如何来对接，也就是说，中国人固有的对海外的认知体系如何转化成人类学的学术话语体系。还有就是外交家的努力和判断如何转化成人类学的命题。第四，海外研究还要强调海外与中国的有机联系性，比如"文化中国"的概念，如何从人类学的角度来理解？5000多万华人在海外，华人世界的儒家传统落地生根之后的本地化过程，以及它与中国本土社会的联系，恰恰构成了中国经济腾飞的重要基础。我们可以设问，如果没有文化中国，中国经济能有今天吗？

在东南亚各国，华人通常借助各类组织从事经济活动。各国华人企业之间以及它们与华南社会、港台之间存在着一定的社会经济关系网络。共同的语言、共同的文化传统以及血缘、地缘关系的纽带，使得移居海外的人们很自然地与他们的同胞及中国本土保持联系。同时，他们在其社会内部保持和延续了祖居地的部分社会组织和文化传统。进入 20 世纪 80 年代后，人类学对于这一领域的研究兴趣聚焦于"传统的创造"。

对于"传统"的延续、复兴和创造以及文化生产的研究，是人类学以及相关社会科学的一个重要领域。这里的传统主要指与过去历史上静态的时间概念相比，更为关注动态的变化过程中所创造出来的"集团的记忆"。其他方面的研究还有海外华人的双重认同——既是中国人，也是东南亚人；城市中华人社区的资源、职业与经济活动、族群关系、华人社区结构与组织、领导与权威、学校与教育、宗教和巫术、家庭与亲属关系，进而提出关于社会与文化变迁的理论。

海外研究一定要重视跨界民族。这一部分研究的贡献在于与中国的互动性形成对接。此外，现在很大的问题就是中国人在海外，不同国家的新移民的问题，如贸易、市场体系的问题，新的海外移民在当地的生活状况亦值得关注。同时，不同国家的人在中国其实也是海外民族志研究的一部分。我觉得海外民族志应当是双向的。中国国内的朝鲜人、越南人、非洲人等，还有在中国的不具有公民身份的难民，也都应该构成海外民族志的一部分。这方面的研究一方面是海外的，另一方面又是国内的。海外是双向的，不局限于国家边界，海外民族志研究应该具有多样性。

四　民族的研究方法：社区调查与比较研究相结合

传统人类学的研究方法，是在一个村庄或一个社区通过参与观察，获得研究社区的详细材料，并对这一社区进行精致的雕琢，从中获得一个完整的社区报告。这样，人类学的发展本身为地方性的资料细节所困扰，忽视了一种整体的概览和思考。很多人类学者毕生的创造和智慧就在于描述一两个社区。这种研究招来了诸多的批判，但这些批判有的走得很远，甚至完全脱离人类学的田野来构筑自己的大厦。在笔者看来，人类学的研究并不仅仅是描述所调查对象的社会和文化生活，更应关注的是这一社区的社会和文化生活相关的思想，以及这一社会和文化在整体社会中的位置。同时，还要进入与不同社会文化的比较研究中去。因此，人类学者应该超越社区研究的界限，进入更广阔的视野。

笔者在研究方法上，是把汉族社会作为研究的一个参照系，从而认识受汉族文化影响的少数民族，从中也能窥得文化的分化和整合，这种研究方法最终是为了更好地反映包括少数民族在内的中国社会的结构特点。关于汉族的家观念与社会结构，可参看笔者的《家与中国社会结构》[①] 一书，在此不另赘述。

在中国的这样一个统一的多民族国家体制下，人们生活在这一国土上的多民族社会中，相当多的民族都在不同程度上接受了汉族的儒学规范，那么，其社会结构与汉族社会相比表现出那些异同？如我所调查的蒙古族，受到了汉族文化的强烈影响，这种影响导致他们的经济、社会、文化等发生了重大的变

---

① 麻国庆：《家与中国社会结构》，文物出版社，1999。

迁。因此，仅研究单一民族的问题，已显得远远不够，且不能反映社会的事实基础，需要我们从民族间关系、互动的角度来展开研究。

我写《作为方法的华南》时，很多人觉得这个标题有点怪，其实我有我的说理方式。一是区域的研究要有所关照，比如弗里德曼对宗族的研究成为东南汉人社会研究的范式①，他在后记里提到一个很重要的命题，就是中国社会的研究如何能超越社区，进入区域研究。有很多不同国别的学者来研究华南社会，华南研究在某种程度上形成了中国社会研究的方法论的基础，是很重要的基础，我是在这个意义上来讨论问题。并且，它又能把静态的、动态的不同范畴包含进来。在一定意义上，人类学传统的社区研究如何进入区域是一个方法论的扩展，用费先生的话来说就是扩展社会学的传统界限。人类学发展到一定程度后，如何来扩展研究视角，如何进入区域，是一个重要的问题。

与方法论相关的另一个问题是，作为民俗的概念如何转化成学术概念。在20世纪80年代，杨国枢和乔健先生就讨论中国人类学、心理学、行为科学的本土化，而本土化命题在今天还有意义。当时只是讨论到"关系""面子""人情"等概念，但在中国社会里还有很多人们离不开的民间概念，例如分家、娘家与婆家。还有像我们很常用的概念，说这人"懂礼"。那么，懂礼表现在哪些方面？背后的观念是什么？还比如说这人很"仁义"，又"义"在何处？这些都是中国研究中很重要的方面。藏族的房名与亲属关系相关，还通过骨系来反映亲属关系的远近。这些民俗概念还应该不断发掘。又比如日本社会强调"义理"，义理如何转换成学术概念？义理与我们的人情、关系、情面一样重要，但它体现了纵式社会的特点，本尼迪克特在她的书中也提到这一点。② 民俗概念和当地社会的概念完全可以上升为学理概念。

这也涉及跨文化研究的方法论的问题。就像费先生说的要"进得去"，还得"出得来"。一进一出如何理解？为什么跨文化研究和对他者的研究视角有它的道理，其实就是相当于井底之蛙的概念，在井里面就只能看到里面。还有"不识庐山真面目"的说法，都反映了这些问题。中国人这些传统智慧恰恰是和我们讨论的他者的眼光或跨文化研究是一体的，判断方式是一样的。

要达到对中国社会的认识，就要扩大田野。田野经验应该是多位的、多点的，这很重要。部分民族志之所以被人质疑，是因为民族志的个人色彩浓，无法被验证。但是如果回到刚才所讨论的人类学学理框架里面，回到人与问题域

---

① Freedman Maurice. *Lineage Organization in Southeastern China*. The Athlone Press，1958.

② 本尼迪克特：《菊与刀》，商务印书馆，1990。

的关系的状态里面，这些问题比较好解决。

　　本套丛书的意义，就是将民族研究在上述几个方面的取向以经验研究加以表现。行文至此，恩师费孝通先生在 2000 年夏天接受日本《东京新闻》记者采访时提到的"知识分子历史使命"的话语，又回响在我耳畔。费先生强调，"知识分子的本钱就是有知识，它的特点长处就是有知识，有了知识就要用出来，知识是由社会造出来的，不是由自己想出来的。从社会中得到的知识要回报于社会，帮助社会进步，这就是'学以致用'，这是中国的传统。"这也正是先生所倡导的"阅读无字社会之书"、行行重行行、从实求知、和而不同与文化自觉的人类学的真谛所在。在这条路上，我们任重而道远。

序　言
游牧民族的社会转型与草原生态

麻国庆

　　张昆在硕士阶段就开始对内蒙古锡林郭勒草原开展田野调查的基础上，写作了有关于"蒙古族古代生态文化的现代价值"的硕士论文，并获得了内蒙古自治区优秀硕士学位论文及内蒙古师范大学优秀硕士学位论文，她的前期研究积累为博士论文的写作奠定了扎实的人类学文献和个案基础。后来于2011年9月来到中山大学人类学系跟随我攻读博士学位，又认真接受了中山大学系统的人类学学科训练，对草原生态和社会变迁的国际国内人类学文献，做了很好的梳理。在她入学前，我和她的硕士导师乌日陶克套胡教授，带着她在当地草原部门工作人员的陪同下，来到锡林郭勒盟的东、西乌珠穆沁旗草原踩点和开展调查。在我之前的草原生态研究中主要集中在农牧关系、草原知识体系、草原文化生态等领域的讨论，很少涉及工业与草原关系的问题。但进入21世纪以来特别是2005年之后，这一问题日渐凸显，草原生态的核心问题也由传统的农牧关系转变为工牧关系。

　　我清楚地记得2004年09月10日17：30中国社科院的朝戈金教授和我（当时在北京大学工作）作为嘉宾，第一次在央视国际网络频道与网民对话。当时的在线对话主题是：北方草原的自然生态与文化生态。网络主持人让我做个开场白，我的开场白为：非常感谢各位网友对草原生态给予很大的关心和热情，希望我们在一个比较宽松愉快的环境里面进行讨论。对草原生态和文化生态之间的关系，这是一个由来已久的课题，但是在原来的生态研究里面主要是自然科学的研究领域，社会科学和文化研究介入的比较少，但作为生态系统来说，人、文化、社会是一个完整的体系，是一个非常宏观的生态体系，所以人的行为、文化理念、社会结构、甚至政策因素、管理体制等等都会对生态造成很大的影响。事实上在中国社会，草原的生态和农耕的生态之间往往有一种共生共荣的关系，这种关系也是构成中国多民族社会协调稳定发展的重要基础。

开场白一完，一网友（名为光影斑驳）的问题很直接。他问我：造成草场退化的最主要原因是什么？

我的回答为（嘉宾：麻国庆）造成草场退化的原因有很多方面，关于自然的原因先放到一边，这让自然科学家来进一步回答。实际上在中国草场的退化是个非常长期的历史过程。在历史时期，游牧的文化体系和农耕的文化体系之间是一种此消彼长的过程，在这个过程里面会涉及具体的人的流动，文化的互动等等一系列因素。而战争本身也在历史时期发生了很重要的历史场景，比如历史上很多次游牧民族南下中原，往往和当地的自然灾害、生态环境的破坏有一定的关系，虽然不是决定的关系，但也有直接的关系。

这是一个大的历史背景，其实在这样的过程里面，我们知道作为农耕的汉族在比较早的时期就进入了草原地区，因为汉人的文化传统、生产习惯是一种农耕的文化，这种农耕的文化载体——汉族进入游牧地区之后，往往以自身原有的生产方式对草原进行开发，特别是清代中末叶山西、河北、山东等地的汉族农民由于受当时经济等条件的限制，很多移民背井离乡进入北方草原地区，这种进入的过程在某种意义上是一种对草原生态的开发过程，这种过程一直持续了很长时间。到了清朝末年，特别是1896年之后，这种移民的浪潮就像一股强劲的潮流一样涌入北方草原地区。比如内蒙古中部、西部以及东部地区很多草场的开发，特别是大面积草场的开发是和这种移民的开发联系在一起的，经过一个世纪左右的时间，很多地方的草原已经变成农田，出现了半农半牧，甚至是全农的场景，有的地方如土默特地区的蒙古族甚至逐渐转变为从事农耕的蒙古农民。

在这种历史背景下，我们再回到1949年以后的场景，1949年以后从政策、社会文化等角度来看，不同时期的政策也导致了草场的不断退化，比如文化大革命时期受农业学大寨的影响，在草原地区开发了很多草原变成农田，开发成农田之后相当多的草原因为自然植被非常脆弱，每亩地的收入可能只有50多斤，产量锐减，但过几年之后被开垦的农田又被撂荒，撂荒的土地渐渐沙化，局部地区又出现了沙漠化现象，这是其中一个原因。第二是人口的压力，很多草原地区从50年代以后建立了很多牧场，这些牧场对草原进行全方位的开发，比如内蒙锡林郭勒盟白音锡勒牧场的开发过程就是一个典型的案例。

第三是草原的主人自身对草原的开发问题，如载畜量的问题，这个问题特别是在承包责任制之后，追求牲畜的质量这一单一的指标成为很多人的目标，由此给草原造成了非常大的压力，最终导致草原退化。比如游牧半径离水源区越近的地方破坏就越严重。第四是定居的问题，定居导致原有的纯粹游牧的生产方式在一定程度上改变了固有的结构，这种改变使得居住区越来越大，导致居住区周围草原生态破坏严重，特别是牧民新村等区域，因完全改变了原有的居住方式，使原有的游牧传统受到了挑战。

以上我们看到，当时的讨论还没有考虑到工业资本和草原生态的关系。至少说在那之前草原受工业资本的影响并不是很大。但是之后的草原发生了剧烈的变化，工业资本的力量相当强大，而在之后内蒙古草原从东到西不同程度都受到了工矿业开发的影响，工业和草原的关系越来越成为讨论草原的焦点。

一

由此 2011 年 8 月的这次调查，我是带着"工业下牧"的思想开展调查研究的，希望探讨工业等现代性资本进入牧区之后对游牧社会造成的影响。在我们去之前张昆已经在西乌珠穆沁旗独自开展调查 20 多天了，随后又跟随我们来到东乌珠穆沁旗，有别于同样是北国草原却有着浓重开放和工业特征的西乌珠穆沁旗，东乌旗的草原更加保持着游牧民族应有的草原风貌和传统气息。东乌珠穆沁旗位于锡林郭勒草原腹地，包括草甸草原和典型草原两种植被类型，牧草的高度、盖度及草质都较为优越。可以说，这里是内蒙古境内草原植被和游牧生计方式保存较为原生态的纯牧业旗。2009 年，又被授予了"内蒙古游牧文化生态保护区"。特殊的地理位置、草原环境及游牧生计方式，使当地至今保留着较为原生态的游牧文化，如乌珠穆沁长调、祝赞词、马头琴、蒙古袍等制作技艺等，其中乌珠穆沁长调已被列为世界级非物质遗产名录，因此素有"长调之乡"的称号。

然而自上世纪 80 年代开始，当地牧区社会就被卷入国家化、市场化的现代体系中，从游牧到定居、再定居，从牲畜作价归户到草场承包到户，再到今天的牧区振兴和牧业现代化，草原生态环境受到影响的同时，他们的生活从世代逐水草而居的游牧生计逐渐实现了定居放牧，就像我们在田野中看到的打草机、搂草机及由太阳能带动的"游牧房车"等先进的牧业机械，也越来越多地出现在牧业生产中，他们的生计生活经历了一个快速变迁转型的历史进程。由此，当时我就和张昆说，在这里调查要关注较少受到外界影响的纯牧业社区如何受到外力因素的推动发生变迁，这种变迁如何影响生活在这里的牧民，而牧民又通过怎样的方式来适应和应对这种变迁，背后是否存在一种深层的文化机制。特别是要关注游牧、定居、工业资本、市场、社会组织等之间的相互关系。

二

我在 1992 年开始到锡林郭勒盟做关于草原生态和人文因素的调查，对于游牧社会的人类学产生了浓厚的兴趣。从人类发展的历程来看，游牧是人类社会的重要组成部分，今天游牧人口占世界人口的比例已经小于 1%，并且正经受着现代化、城镇化等现代性因素的冲击，很多牧民逐渐放弃了他们的生活方式，走向定居，但定居之后又对他们草原的生活方式依依不舍，内心充满着焦虑。张昆博士的研究正是对世代生活在草原上的游牧民定居之后，内心充满深厚的草原情结和对草原依恋情感的表达和书写。

早在上世纪 80 年代初期，很多游牧民都在政府草场政策的改革下逐渐定居下来。随着定居化工程在内蒙古牧区的广泛推行，定居给游牧社会造成的影响日渐明显，不仅表现在生态环境方面，而且还对其世代从事的游牧生计方式、生活方式及思想观念等方面产生了重要影响。对于这方面的思考，费孝通先生在 20 世纪 50 年代就对呼伦贝尔草原进行过调查，从 1984 年开始，又对中国西部、北部草原边区进行了考察研究。费先生先后从黑龙江到内蒙古，再到宁夏、甘肃及青海民族地区，对当地的农林牧业进行了全面的考察，分析了牧民定居带来的环境问题，并总结了这些地区的生计发展模式，认为定居及其汉族移民的进入是导致草原生态失衡、经济结构和生产生活发生变迁的主要原因。由此他将环境问题的解决之道诉诸于以城市化和工业化为特征的现代化畜牧业。而这一解决之道在 34 年后的今天正出现在张昆的田野点——东乌珠穆沁旗，调查中，我们在这里看到了机械化牧业合作社、草业协会、乌珠穆沁种公羊协会等现代化畜牧业生计方式正在实践。

内蒙古草原是连接"草原丝绸之路"及"中蒙俄经济走廊"的重要通道，也是古代连接中原和外蒙古旅蒙商道的重要枢纽。草原东西直线距离 2400 公里，南北跨度 1700 公里，草原总面积 8800 万公顷，约占全国草场面积的 1/4。区域广、跨度大，植被类型多样，牧业生计典型，传统生态文化保留较完整，在我国草原生态系统和牧区发展中有其典型性和代表性。从牧业移动规律来讲，游牧方式分为水平放牧和垂直放牧两种类型，如同中亚、中东、南美洲及阿拉伯半岛上生活的牧民一样，内蒙古草原依托独特的平原草原以水平放牧方式为主，正是这样一种地理特征及放牧方式被一些学者看作是更加适合定居的放牧类型，日本北海道大学的七户长生①曾指出，定居比较适合水平放牧的地区，而对于垂直放牧的地区就很难适用。比如在内蒙古草原上，牧民定居之所以进展较快，就是因为那里的草地资源可以水平利用，比较容易进行地域的划分，而新疆的资源只能垂直利用，受其制约，地域的划分非常困难。因而伴随着草场承包到户政策的推进，定居工程在内蒙古牧区如火如荼地开展起来。

由此，对于内蒙古游牧民定居问题的关注日益成为经济学、社会学、人类学及民族学等多学科研究的焦点，但他们关注的重点各有不同，经济学等学科擅长从宏观把握现象的发展脉络及整体状况，而人类学、民族学则注重从实地实景出发，以微观视角关注其小地方的表现特征及研究群体的内心世界，从而便于更加深入地挖掘社会变迁的本质。在 80 年代初期的内蒙古游牧民定居之初，学者们首先关注的是进入草原的汉族移民在草原上定居之后，对牧民生计方式造成的影响。

这也是我当时关注的问题。我对内蒙古草原的研究，除了突破忽视外力因素的思路，还对定居与牧民生计及生态环境三者之间的互动关系，以及本土知识对当地环境、生计的重要性作了考察研究。事实上，早在 20 世纪 90 年代，我就开始关注草原游牧民的生存状态与环境之间的关系了，在锡林郭勒盟白音锡勒牧场所做的调查，指出了牧民生计及环境发生变化的原因，是由于几十年来的政策导向所致，例如人民公社时期的农垦、文革时期的集中建队以及后来的牧业体制改革等，都是以定居多少作为衡量牧区发展的重要指标。这就导致牧民在放牧技术方面发生了改变，甚至在水源利用方面也开始从"公的水"转变为"私的水"，再加上移民等诸多因素综合导致了草原环境的不断恶化。在此基础上，我对牧区分阶段实现定居的历程进行了划分，即 20 世纪 50-60 年代的比较分散时期、60-70 年代的相对集中时期及 80 年代家庭承包责任制之后的集中分散时期。② 随着定居的深入，牧民的居住格局也由最初的沿袭传统、因地势而建转变为套用农区做法集中修建，直到后来的一家一户流动放牧，在集中居住的前提下分散放牧的方式。

我在相关的研究中也考虑到，在政策决策过程中如何重视民族传统文化的作用，并寻求传统知识体系与现代科学的最佳结合点，才能在定居过程中，逐

---

① 〔日〕七户长生、丁泽霁编：《干旱、游牧、草原——中国干旱地区草原畜牧经营》，农业出版社，1994。

② 麻国庆：《人文因素与草原生态的关系——内蒙古锡盟白音锡勒牧场的研究》，见：内蒙古生态与环境的社会人类学研究，未刊稿，2011，第 120 页。

渐实现环境、生计与人文三者之间的协调统一。最终强调作为政策接受主体的游牧民并不是被动的接受者，而是具有主动性和主体性的民族群体。由此我也希望张昆要多地思考牧民在定居到再定居过程中的生计选择是否也具有主动性和主体性的调适特征。这一思路也是费孝通先生晚年所强调的文化的主体性和社会性的问题。因此张昆博士的研究可以看做是对费先生和我的草原学术思想的延续和传承。

而我的另外一位博士陈祥军对新疆哈萨克牧区开展了长期的田野研究，当时我希望他多关注哈萨克牧民生态环境与本土知识的关系。而张昆的研究是基于草原生态、地方政策、社会发展的现实条件基础上，探究牧民怎样以其自身的"文化根基"努力维系游牧生计和地方传统文化的主动性和主体性，在剧烈的社会转型和变迁背后存在着一种深层的文化机制在起作用，而这一过程，他们又经历了一个不断选择及情感纠结的调适过程。虽关注重点不同，但他（她）们的研究可谓是对于中国西北部草原和东北部草原区域研究个案的相互补充。

三

在多次讨论的基础上，张昆的博士论文题目定为"蒙古族定居牧民的生计选择与草原情结——以东乌珠穆沁旗调查为例"。她分别于 2011 年 8 月，2012年 8 月-2013 年 9 月，先后两个阶段对该旗的草原生态、牧业生计和社会发展进行了一年多的田野调查，同时在和牧民频繁接触的一线单位东乌旗农牧业局挂职锻炼了一年。因此可以说，她的身份的多重性、调查地点的多样性，以及作为政府工作人员、研究者和研究对象点和面结合的有效性，为她在全旗范围内开展一个"由点及面"的多点研究，提供了较为有利的条件及多重观察的视角。传统的人类学研究方法，多半是运用田野调查方法开展一项微型研究，但研究视角也会因此受到小社区资料细节的困扰，忽视一种整体性的思考。

费先生曾对人类学调查方法进行了较为深刻的反思，在费先生和利奇的对话中，他认为过去的人类学民族志方法是不充分的，应采用部分与整体、类型与层次相结合的研究方法接近整体，去解释中国文明体系内部的多元一体格局。① 同时他也在多次讲话中提到"部分与整体、类型与层次相结合"的研究方法的重要性。由此，张昆博士的研究并没有将调查视角局限在一个单独社区内部，

---

① 费孝通：《百年中国社会变迁与全球化过程中的"文化自觉"——在"21 世纪人类生存与发展国际人类学学术研讨会"上的讲话》，《厦门大学学报》（哲学社会科学版）2000 年第4 期，第 9 页。

而是以旗为单位，选取了东乌旗不同地理位置、植被类型、退化程度及生计生活状况不同的个案进行了分类对比研究，做到了由点及面，层层推进，进而有助于探究整个牧区社会的经济特点及文化特殊性。具体研究中，她的调查视野从地域上打破嘎查、苏木行政边界，分别在东乌旗的不同苏木和镇，有针对性地选取了典型个案开展调查，通过分析每一个群体和单位的"具体"现象，揭示对象"总体"变化的内在机理。最后提出，对于多点民族志的理解，不仅是对几个不同调查点的研究，同时也应是一种包括一定区域内不同群体、不同类型及不同单位的研究方法。因此，本研究在牧区人类学研究中是一个以旗为单位的多点民族志，在研究方法上对以往以个别社区开展调查的牧区人类学研究是一个方法上的突破和推进，具有创新价值。这也是博士论文写作过程中，特别在方法的运用上，张昆博士认真领会费先生研究方法基础上的运用和创新，也是我们多次讨论之后关于研究方法的定位。

同时，该书采用了人类学的深度访谈与参与观察相结合的方法，对于同一问题，尽量做到深度访谈和参与观察，两者兼顾，互为印证。对于涉及牧业经济相关方面的数据，也结合了问卷方法，力求论文描述过程中的准确性。在参与观察的同时，结合了心理学中的倾听、释义、共情等方法了解访谈对象的思维方式和认知方式。此外直接引入访谈者的语言，并对之进行语言、语义、语境的分析来撰写民族志。而在描述田野点概况、部落历史以及生计方式的演进过程中，也参考了丰富的地方志、民族通史等文献资料。由于田野过程中，有很多游牧生产过程、生活场景及节日仪式，还有一些马头琴、长调、呼麦、搏克、赛马等代表当地民族传统文化的表演过程，为了通过影像记录保证资料的完整性和准确性，为后期的写作复原现场感，张昆博士经常骑着牧民的摩托奔走于各嘎查和各牧户之间，一手拿着摄像机，一手拿着照相机，以便随时记录当地牧民有关于生产、生活、文化、仪式的宝贵素材，正是这些动态的视频资料一直陪伴她完成了博士论文的写作过程。她这种扎实的田野精神，从事研究的认真专研值得肯定。

就本书的研究内容和意义而言，具体以生活在内蒙古锡林郭勒草原腹地的蒙古族游牧民作为研究对象，在长期田野调查基础上，通过对生计选择和草原情结的研究，为我们展示了一幅实践主体如何维系和延续游牧生计及其精神世界的动态图景。研究具体包括以下三方面：一，在国家引导下的社会文化变迁过程中，牧民怎样以家庭为载体，弹性调整和变化生计策略，维系游牧生计的延续性；二，定居之后的空间改变及其生计策略的调整对牧民生活产生了哪些影响，及其这一过程带来的社会分化及社会问题；三，定居与生计策略的调整对他们的心态及地方性文化机理产生了什么影响，作为游牧经济及文化传统的精神世界如何延续，而草原情结在生计及传统延续过程中又如何起作用。这三个问题成为更进一步地认识在整个社会变迁的叙事背景下，牧民经历了怎样一个不断选择以及情感纠结的调适过程。

本书着重挖掘了牧民对社会变迁的响应及其主动性和能动性地应对策略，意在建构新的文化——生态——社会协调发展理论格局，提出基于草原生态环境建构的草——畜平衡互动格局中，不应忽视环境中"人"对于结构再造的能动性和影响力，这一视角即草——畜——人三者之关系也是我20多年前在草原生态研究中所关注的重要领域。我也希望在张昆的研究中要继续关注这些问题，并在此基础上讨论自然生态、人文生态及人类心态三者之间的关系。本书非常重视"人文因素"和"文化因素"的内生动力，为牧区人类学的研究提供了一个非常扎实的民族志个案，也为我国牧区社会当今实施"牧区振兴战略"和"牧区可持续发展"，推进牧区生态文明建设提供了一个很好的区域社会与发展的经验个案。可以说，本书在游牧社会变迁和可持续发展方面的研究取得了突破性的成果，因而具有很高的学术价值。

此外，本书借用费先生"乡土情结"一词表达的内涵，提出了"草原情结"这一概念，以此来形容牧民内心所具有的持续性、以草为核心的愿望、信念与情感，也用"根在草原"表达了作者及其所研究的牧民对草原的深厚情感。这种情感的依恋与不舍正是维系和延续游牧生计及其文化传统背后深层的文化机制所在。当然如何看待草原生态当今面临的问题，如一些地方借生态保护之名进行的集中化安置、围封转移、大规模禁牧等措施对牧业民族造成的影响，不仅仅是单纯的迫于压力进行生计转型，也使他们离开了"有根的"草原，进入到一种新的"无根的"社会生态之中，由此引发的一系列文化社会失衡案例也不断出现，其背后包含着传统草原人文价值的缺失。失去草原的牧民不仅失去了他们的生计家园，其对草原的认知变迁和人文精神变迁，也昭示着他们对自身精神家园的远离，而工矿业对草原的开发引发的一系列生态和社会问题，也是我们在今后的草原生态和社会变迁研究中更应关注的重要内容。也希望张昆博士能够在该领域不断努力进取，在今后的学术道路上取得更优秀的成果。

2018 年 10 月 8 日

于中央民族大学

目录

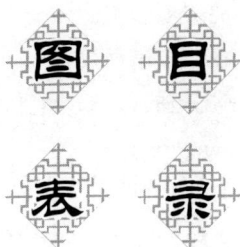

图目表录

图目录

表目录

第一章

导论

"辽阔的大草原起伏着波浪，……深情的马头琴在悠扬地歌唱，……乳香轻轻地飘扬，酿造着幸福欢乐。……连绵的群山有无穷的宝藏，水草美丽的草原上布满着牛羊，……生我养我的乌珠穆沁故乡啊，唱也唱不完你美丽的风光。"一段《美丽的乌珠穆沁》歌词唱出了北疆草原的辽阔与浪漫。东乌珠穆沁旗地处我国锡林郭勒大草原腹地，北与蒙古国苏赫巴托省接壤。特殊的地理位置与天然的牧草资源为这一区域社会的游牧生计及原生态传统文化提供了生长的土壤。然而，在这样一个经济和文化全球化的"地球村"里，似乎已经不存在任何一个完全封闭的世外桃源了。自20世纪80年代伊始，生活在这里的蒙古族游牧民就被逐渐卷入国家化、市场化的现代性体系中，从游牧到定居，直到目前的再定居，从牲畜作价归户到草场承包到户，再到今天的牧业现代化，他们的生计生活经历了一个变迁与转型的历史进程。这些让我们思考，这种变迁如何影响生活在这里的"人"，而这里的"人"又将通过怎样的方式来适应和应对这种变迁，背后是否存在一种深层的文化逻辑在起作用，在此过程中，他们又会经历一个怎样的不断选择及情感纠结的调适过程。这些问题都引起我极大的兴趣。

第一节 田野：选择与进入

人类学者一贯倾向于寻找一个幽深、偏远的地方，辟作自己的田野，这是人类学的学科习惯。而我，作为一个田野工作者，为了能够让自己更加深入认识、领会并扎实社会调查的基本功，最终决定遵循这种学科惯习，踏着前辈的足迹，远离城市氛围的普遍喧嚣，到北国草原寻找一方宁静，来完成20年来不间断学习进程的最后通过仪式。

选取这样一个题目来作为我的研究主题，自然有其客观的条件和缘由。我的民族成分及生长环境塑造了我对民族研究的兴趣，民族成分自愿选择的美好政策给予了我蒙古族的身份，妈妈是蒙古族，爸爸是汉族，自然我就成为族际通婚的果实。然而如同变迁中的游牧民族正经历着的传统汉化过程一般，我却丧失了自己的民族语言，致使我最初进入田野的整月调查几乎处于无法开展的悲惨境地。此外，我家里的生活习惯俨然与田野点的牧民别无二致，无时不有的奶茶和炒米，用刀割食的手把肉，我硕士学习的环境中时刻可以听到纯朴而亲切的蒙古语交谈，种种因素让我与蒙古民族结下了不解之缘。

当然这并不是主要的原因，我在攻读硕士学位阶段就对蒙古民族的相关问题有着浓厚的兴趣，并且撰写了题为"蒙古族古代生态文化的现代价值研究"的硕士论文，完成了关于内蒙古畜牧业信息化及生态文化的研究课题，但这些研究的视角仅仅集中于其传统文化的生态功能方面，并没有将该民族的行动主体及经济体系放在一个动态的过程中对其进行人类学视角的探讨，所以无法揭示背后所隐含的本质现象。正如黄应贵在阐述人类学对于时间和空间观念的研究时指出的，对其采用二元对立的分析框架只是看到了文化建构的作用，而忽视了行动主体的实践作用。[①] 笔者也曾陷入这样的二元分析误区。

就在博士生学习生活尚未开始的 2011 年 8 月，在老师麻国庆的指导下，我带着"工业下牧"的主题独自来到同属乌珠穆沁草原的西乌珠穆沁旗调查20 多天之后，跟随麻老师和我的硕士生导师来到我的田野点——东乌珠穆沁旗（以下简称东乌旗）。当时，一种强烈的感觉涌上心头，有别于同样是北国草原却有着浓重开放和工业气息的西乌珠穆沁旗，这一方草原更加保持着游牧民族特有的草原风貌及传统文化。东乌旗位于中国北部边陲，深处锡林郭勒草原腹地，北与蒙古国接壤。

据当地牧民介绍，在内蒙古自治区成立前的 1945 年 10 月，当时的乌珠穆沁左旗第十四代王爷敏珠道尔吉带着东乌旗 4 万多头牲畜及 6 个苏木的 1863名牧民迁徙到了蒙古国，留下的 1308 人至今生活在乌珠穆沁草原上。[②] 这就导致了许多家庭成员分居两国，但他们之间的血缘、亲缘关系不会因国界而断裂，如今在生计生活及节日仪式中依然保持着密切的联系。此外，东乌旗有草甸草原和典型草原两种植被类型，是内蒙古现存最好、面积最大的草原之一，独特的地理位置和草原环境，使这里的牧民较少与外界接触，当地牧民讲的蒙

---

① 黄应贵主编《时间、历史与记忆》，台北："中央研究院"民族学研究所，1999。
② 数据来源：据当时留在东乌旗的牧民口述记录及相关资料整理。

古语也被称为最标准的西部区蒙古语①，因此至今传统的游牧生计及游牧文化保留较为完整，乌珠穆沁长调、祝赞词、马头琴及马鞍具、勒勒车制作技艺等传统民族文化作为一技之长被当地牧民传承至今，由此东乌旗先后被授予了"游牧文化生态保护区"及"长调之乡"的称号。

然而，作为草原腹地的一个纯牧业社区，在进入 20 世纪 80 年代之后，就开始发生缓慢的社会变迁。草场和牲畜的承包到户，打破了乌珠穆沁草原世代游牧的生态系统和社会结构，从此游牧民走出了蒙古包，住进了砖瓦房，从无拘无束的草原游牧转为网围栏内的划区轮牧，从集体合作经营转向家庭单独经营，牧民的家庭生计方式发生了巨大变化。90 年代之后的一系列生态政策及牧业现代化政策的进一步推行，市场观念的逐步影响和渗透，又使牧民实现了再定居。自此，现代化的牧业机械设备、更加理性的经营方式，甚至合作化的生产组织形式，相继出现在这个北国边陲的广阔草原上。可以说，如今的东乌旗正处于社会变迁的转型期。世代以游牧为生的牧民也正面临着生计的重新调整和调适。

因此，选取这样一个远离城市喧嚣、从较少受到外界影响到逐渐受外力推动而进行自主选择的纯牧业社区进行研究，将有助于我们更好地认识游牧社会变迁的本质。此外，大多有关内蒙古游牧社会的研究都集中于中部典型草原地区，而东部兼有草甸草原和典型草原两种植被类型的草原个案，却很少被民族学、人类学界和政策决策者关注。最终，诸多理由让我对这里的草原和牧民恋恋不舍，因而当我站在巍峨的乌里雅斯太山上遥望浩瀚绿野及静静流淌着的乃林高勒河的那一刻，就注定我必然要再次踏上这方草原。就这样了为了真正了解这方草原和世代生活在草原上的游牧民族，我满怀敬意地走进了她的怀抱。

事实上，向田野的再次进入并未如我想象中那般如鱼得水，一向善于与人交往并拥有绝对自信和亲和力的我，在融入这个游牧群体的过程中，使尽浑身解数也不能奏效，同时在面对海量的地方书籍和文献资料时我也无计可施。直到我成为一个"无头苍蝇"开始四处乱撞，并且感觉自己已经变成了一个"老年痴呆者"时，是否要和麻老师商量改变田野点的想法在我心里一次次涌上心头，因为我从未如此强烈地坚信，语言是人类最重要的沟通工具，斯大林也曾将"具有共同语言"作为一个民族的重要因素。他们超强的语言认同意识足可以让一个不懂民族语言的演说家变成哑巴。虽说进入田野之前我已学习

---

① 在当地牧民心目中，西部区蒙古语是较为标准的蒙古语，而东部区蒙古语则是被汉化的蒙古语，类似于普通话和各地方方言之别。

了一些可以进行简单交流的词语和句子，但一口流利的西部区蒙古语始终是当地牧民决定亲疏关系的判断标准，尤其是 40 岁以上的牧民基本不懂普通话。事实上他们也不愿讲普通话，因为讲普通话对于他们的痛苦就如同讲蒙古语对于我的痛苦一般。直到看到麻老师在一篇访谈中提到"田野过程本身是作为思想的人类学而非资料的人类学得以成立"时我才顿悟。困难，相信没有哪个田野工作者能够避免。的确，我在田野中的收获和社会经验，远远不只得到了一点资料而已，而将会使我受益终身。

在总结失败，重新制订计划之后，我不再懊恼和自暴自弃。这一次我开始改变战略战术，从寻找土生土长的乌珠穆沁游牧民转为先找到几个从东部区①或其他地区迁徙至此已生活多年，且在当地蒙汉兼通的老知识分子作为开展调查的突破点。他们虽从外地迁入，但同当地牧民长期共同生产生活，甚至经过通婚和交往已不分你我，俨然已经成为名副其实的土著，最重要的是他们会讲一口还算标准的普通话。② 这样，我可以通过他们在熟人社会的信任关系逐渐接近当地牧民。同时，我也通过聘请既熟悉地方情况又会讲流利汉语的本地大学生作为翻译，接近自己想调查的群体。其间，最让我感到自豪的是，我竟然在无奈之下想到给当地摄影馆免费打工的方法，从而能够更加频繁地参与到牧民的仪式和节日过程中。经历了近一个月的坚持和摸索，我渐渐找到了一条克服困难的捷径。

这让我不禁想起马林诺夫斯基对后继者的教导："民族志工作者不应当只是守株待兔，他还必须四面出击，把猎物逼进网中，或穷追不舍，不达目的不罢休。"③ 在此种田野工作方法的教导下，我强迫自己到处凑热闹，去牧民家串门，主动与人搭讪，结识各种类型的朋友，包括出租车司机、做生意的小摊贩、无所事事的年轻牧民以及政府官员、退休老干部、教师等，缠着他们为我讲当地的人和事，以至于和我聊过天的牧民给我起了一个外号叫"十万个为什么"。我想在这个熟人社会里，人人都已知道东乌旗草原上来了一个"间谍"，

---

① 内蒙古蒙古族地区分为西部区和东部区。西部区为阿拉善盟、锡林郭勒盟、呼伦贝尔市地区，东部区为赤峰、通辽及兴安盟地区。

② 这些年纪较大的知识分子，大多是 20 世纪 60 年代，在政府主导下，从周边旗县及其他地区迁入的教师、工匠、兽医、边防警察等技能型人才。为支援边疆建设，他们来到地广人稀的东乌旗生活至今，其中包括 70 年代没有返乡的知识青年。迁入后，平时多用蒙古语相互交流，所以目前已经不习惯讲普通话了。因此笔者将他们所讲的普通话称为"还算标准的普通话"。

③ 〔英〕马林诺夫斯基：《西太平洋的航海者》，梁永佳、李绍明译，华夏出版社，2002，第6页。

在到处疯狂地扫荡资料，套取各家各户的"私人信息"。听到大家给我取的"称号"时，我的确伤心至极，但之后的调查进展似乎让我对此伤心渐渐忘却。然而，接下来我却开始被当地牧民的酒量和出尔反尔一次次地震撼。我相信任何走进这片草原的田野工作者，身处如此豪爽的民风民俗磁场中，都无法保持矜持的神态。所以只要来到了草原，就可以解除所有的戒备，大碗喝酒，大块吃肉，高声歌唱，挖空心思去寻找那些赞美乌珠穆沁草原的民歌并且毫无遮掩地发泄出来。

同时让我无奈的是，费尽心思约到的访谈牧民或答应帮忙的朋友在承诺之后却对我食言，食言之后再次承诺。正如一个熟识老乡对我说的一样："如果你约当地牧民见面，他说马上，那至少要两三个小时；如果他说一两天，那至少需要一两个月，所以千万不要和他们约时间，一定要当即兑现。"因而直到今天，我才能感同身受中根千枝①在印度调查时对印度人时间观念的感知以及与印度人的相处困境。可以说，我此时进行的研究，全都是我田野经历的结果，我经历了当地牧民对我进行欺骗的屈辱与愤怒，接受过当地领导和挂职单位同事对我所做研究的否定与不理解，甚至忍受过零下30多度寒冷暴风雪的袭击。然而我在田野中遭遇的无视、冷遇与呵斥，应该算是一种经验和收获吧。因为这种种经历事实上使我对所研究的民族的复杂性有了更加清晰的认识。所以渐渐地，我已习惯了当地牧民承诺与兑现之间的距离、约定与失约之后的悄无声息，心胸开始变得坦然起来。

与此同时，我也为能够获得当地许多单位和牧民对我的信任和接纳而感到欣慰和自豪，他们宽广的胸怀、纯朴和善良的表达方式，使我对所研究的民族充满敬意和亲近感，并对他们能够在快速转型的社会和各种外力的冲击下能够保持强烈的族群认同深信不疑。我体察到了乌珠穆沁游牧民蒙古袍、蒙古靴、图勒嘎②、马鞍等复杂的"符号语言"，感受到了蒙古包内严格的器物摆放传统，以及敖包祭祀时他们对自然和祖先膜拜的真诚，尤其在婚礼、本命年等仪式中听到了悠扬的长调民歌，节律平和的祝赞词，甚至无数次参与到他们齐声咏唱的欢乐氛围中。他们独具的音乐天赋和与生俱来的浑厚嗓音，曾数度让我热泪盈眶，我相信这是任何一个民族都无法相比的。总之，笔者的田野经验绝不仅仅为我提供了一些写作的素材，更重要的是使我对社会的理解发生了转折

---

① 麻国庆：《走进他者的世界》，学苑出版社，2001。

② 图勒嘎，又名"火撑子"，蒙古族祭火仪式中使用的器具，本书第六章对此进行了详细的描述。

性的改变。我不想做一个只知诉说我所研究对象缺点和我所经历苦闷处境的"怨妇"，只是想表达和流露在我初次进入田野之后内心最真实的感受，也只想真心成为一个观察者和学习者。

第二节　研究思路和研究方法

一　研究思路

本书的调查对象为内蒙古锡林郭勒草原腹地一个游牧生计方式及传统文化保留较为完整的蒙古族。本书将以调查点生态环境及政策、市场等社会环境的变化为背景，对牧民的生计选择和草原情结这两个问题展开研究，从而展示出实践主体在定居过程中，如何维系和延续游牧生计及其精神世界的动态图景。研究基于三个立足点：其一，在国家和市场等外力因素的影响下，牧民怎样以家庭为载体，弹性调整和改变生计策略，来适应社会文化的剧烈变迁，这个过程背后所反映的是游牧经济的延续性问题；其二，定居之后的空间改变及生计策略的调整对牧民的生活如何产生影响，这一过程又带来了哪些社会问题；其三，定居与生计策略的调整是否对他们的心态及地方性文化机理产生影响，作为游牧经济及文化传统的精神世界何以延续，而草原情结在生计及传统延续过程中又如何起作用。对这三个问题的考察可帮助我们更进一步认识在整个社会变迁的叙事背景下，牧民经历了怎样一个不断选择以及情感纠结的调适过程。

二　研究方法

传统的人类学研究方法，是运用参与观察的方法，对一个村庄或一个社区进行解剖麻雀式的研究，这样做当然符合人类学田野调查注重微型研究的惯习，但研究视角本身也会因此受到小社区资料细节的困扰，从而忽视整体性的把握和思考。因此，笔者并没有将调查视角局限在一个单独社区内部，而是以旗为单位，对东乌旗不同地理位置、植被类型、退化程度及生计生活状况的牧民家庭进行分类、对比研究，做到由点及面、层层推进，进而厘清整个牧业社区的经济特点及文化特殊性。因此，本研究在牧区人类学研究中的定位是一个以旗为单位的多点民族志，期望在研究方法上对以往以个别社区为单位开展调查的牧区人类学研究有一个方法上的突破和推进。

（一）研究者、工作者与研究对象：点和面结合的有效性

笔者在田野调查中兼有研究者、观察者以及工作者的多重身份。何以成为多面人，还得从 2011 年 8 月说起。由于笔者的硕士生导师曾经挂职于东乌旗教育局并任副局长，在东乌旗长期开展有关民族经济和地方发展的研究，受到地方领导的好评与肯定。因此在我们对东乌旗牧业情况进行考察的一周时间里，都有东乌旗领导和农牧业局领导陪同。而离开了中国北部边陲的广阔草原之后，笔者就进入了中山大学人类学系开始了人类学理论和田野方法的学科训练。

同年 12 月初，由中山大学人类学系、中南民族大学南方少数民族研究中心和石河子大学政法学院承办的"草原生态与人文价值：中国牧区人类学研究三十年"研讨会，在广州这个南海之滨的现代都市里拉开了帷幕，中山大学为致力于牧区研究的学者和专家们提供了一方交流与探讨的"草原空间"。受研讨会邀请，东乌旗旗委书记及农牧业局副局长从北国草原登上了南下的飞机。作为参会代表及接待人员的笔者高兴地见到了两位领导。"在这个南海都市里探讨草原问题？"接到他们之后他说的第一句话，至今让笔者记忆深刻。在会议上，他们发表了被称为"南海感言"的草原"讲话"，为会议的学术色彩增添了一种牧区管理者和实践者的视角和声音。

2012 年 8 月，笔者抱着以一个单纯研究者和观察者的身份接近所研究群体的最初想法，再次进入田野。为了克服交通困难，和麻老师商量的结果是想找到一个整体搬迁的移民点。然而当地牧民告诉笔者，这样的移民点在整个东乌旗并不存在，原因是搬迁出来的牧民无法掌握先进的养殖技术，而引进的畜种也无法适应当地的气候，再加上牧民不善于经营等原因，最终搬迁出来的牧民全部返迁。事实上，在对全旗三个移民村进行了考察之后，看到一排排红色砖瓦房前杂草丛生的景象，笔者被迫放弃了最初的计划。面对调查范围的不确定、语言不通和交通不便，在之后的很长一段时间里陷入了无比的痛苦与矛盾纠结中。

一个多月后，无奈之下笔者找到了东乌旗党委书记，在说明研究主题及前期调查困境之后，这个和蔼的"草原管家"对笔者伸出了援助之手，他让笔者在和牧民频繁打交道的一线单位农牧业局挂职锻炼一年，这样就可以借工作之便频繁深入牧区，接触不同嘎查①和不同类型的牧民。于是通过旗组织部和

---

① 嘎查：在内蒙古有关盟市所属旗的行政编制下，设嘎查，与行政村平级。

中山大学人类学系协商及函调程序之后，笔者正式成为东乌旗农牧业局局长助理，同时获得了局长办公室旁边一间 20 平方米的办公室、草原工作站一间原来作为"植物检验检疫室"的宿舍，以及可以在地税局食堂吃饭的优厚待遇。由此，笔者的田野工作在机会和幸运中逐渐开展开来。

在工作中，笔者作为局长助理需要撰写有关牧业和牧民的工作报告及会议材料，还要完成局室和二级单位上传下达的任务。当然，陪同局长接待来客及考察团，甚至喝酒也是工作的一部分，至今，整箱的"草原王"酒带给我的巨大压力以及醉酒之后的窘迫与难堪，都成为笔者苦不堪言的田野经历。此外，考虑到笔者的研究需要，局长还尽量安排笔者陪同兽医防疫站、草原工作站、牧区产业经营管理站和新牧区建设办等相关部门到各苏木嘎查，开展牛羊防疫，草原灭虫、灭鼠，样地检测，扶贫摸查以及合作社考察等工作。

由此，笔者在了解地方政策和历史资料方面获得了一定的优势，同时可以频繁接触到和草原及牧民相关的不同部门的工作人员，并且能够和他们密切配合，体察到了政府视角下牧民的特点。比如 2013 年 5 月初北部苏木镇的牲畜因患"红细胞体病"大批死亡之后，我们入户统计数据，面对了牧民因担心政府责怪其不会养牧而谎报数据时的无奈与心酸；在进行家庭内部及外部草场纠纷调解时，看到了因草场问题家庭成员之间反目成仇，甚至告上法庭的痛楚与纠结。这使笔者感受到地方政府在工作开展方面的艰难与不易，协调多方群体利益的能力与智慧，同时也对牧民言语和行为的复杂性有了更加清晰的认识。

为了避免以政府工作人员身份开展调查所带来的负面影响，研究材料缺乏"底层"的声音，工作之余，笔者更多的是以学生的身份独自开展调查，以至于最终笔者这个仅靠每月 1200 元补助维生的在校学生，因无力支撑高昂的租车及翻译费用而陷入了窘迫状态。同时除了依靠入户访谈，笔者还曾居住在一户牧民家里四个多月。这家的杨叔叔能够用汉语和我进行交流。杨叔叔祖籍为河北宝昌，他的父亲 1961 年就跟着父母逃荒来到东乌旗道木德高壁苏木，生活至今，因此他们的语言蒙汉兼通。

在那段时间里，笔者的任务是，每天下午在距离房子前面 500 米处的机井上放水饮羊，晚上清点羊数并把羊圈进圈里，有时还会跟着杨叔叔放羊。而笔者走访附近牧户的交通工具是杨叔叔家那辆红色的破旧摩托车。同时，杨叔叔是笔者最好的翻译和介绍者，这样笔者才能够顺利地进入他们的熟人社会中，建立起彼此信任的关系。此时，笔者又可以体会到牧民家庭经营的辛苦与不易，用杨叔叔的话说就是"我们牧民的生活就是好天往外走，赖天往外跑"。恶劣多变的草原气候导致他们的生活居而不定，他们的性格纯朴而坚韧。

因此可以说，身份的多重性、调查地点的多样性以及研究对象点和面结合的有效性，为笔者在全旗范围内开展一个"由点及面"的多点研究提供了较为有利的前提条件及多重观察的视角。而对于以研究者身份和工作人员身份获得信息之间的出入和矛盾，笔者采取的方法是相互对比、互为印证，综合政府和牧民两种视角，理解当地社会变迁的动力和内在因素。至于处于工作者与研究者双重身份下所面临的矛盾与纠结，我想没有哪个人类学者能够避免。

北京大学社会学系的博士生冯军旗因在中县挂职副乡长及县长秘书一职，所撰写的博士论文招致的困苦与无奈至今让我们深思，暂且不论作为研究者的是非之过，面对职业伦理和道德伦理的考验，我们究竟应该如何抉择？田野调查中的笔者也曾陷入这样的"伦理困境"中。正如约翰·M.肖克所言，"田野地点包含大量典型的、相互冲突的身份和角色，而在任何一个田野地点工作的人类学家，都必须选择扮演一个角色"。[①] 尤其在这样一种"特殊"的田野中，我们需要竭尽所能，获得参与观察中研究群体的"知情同意"，[②] 保持价值中立，在获得研究材料的同时能够保证研究对象"不受伤害"。

因此，笔者处理工作和研究矛盾的具体方法是，在工作时间中，尽量不涉及研究的内容和话题，采用参与观察及体悟形式进行记录。至于人类学者所面临的共同问题，即田野工作中研究者以友谊或礼物来交换信息，利用研究对象的信任去获取信息，而研究对象也时常利用研究者提出一些额外的"请求"等，笔者也曾经历了拒绝与利用的愧疚与感伤。比如杨叔叔曾想得到某项目的支持，而屡次请求笔者托关系帮忙。当笔者询问了该项目的部门负责人之后，得知他家并不符合项目支持的要求和条件，于是便如实告知，表明自身处理问题的能力，却因此遭受了杨叔叔的责怪与不理解。研究者尽管需要与被研究者在某些事情的立场与处理中达到"共犯"，甚至"共谋"，以使自己能够成为群体中名副其实的一员，但陷于群体利益与纠纷的过程中并不是研究者所希望的。在本书写作过程中，笔者也采用了相应的匿名处理方式。因此，在这样一个特殊的田野工作中，笔者尽量会在变通中处理研究者、工作者和研究对象三者之间的矛盾和伦理问题。

---

① 〔澳〕林恩·休谟、简·穆拉克：《人类学家在田野》，龙菲译，上海译文出版社，2010，第181~193页。

② 张海洋、王媛：《人类学伦理法典》导读，中国少数民族研究中心网站，2010年6月23日。

（二）以旗为单位的多点民族志

本书是一个以旗为单位的多点民族志研究。"多点民族志"是乔治·马尔库斯首先提出的，是指在多个田野地点针对同一主题所做的民族志，这种做法是为了使民族志摆脱单一地点的局限性，便于从宏观上进行把握。[①]这一研究方法的提出对人类学者们一直热烈追捧的，马林诺夫斯基对于特罗布里恩德岛调查的方法提出了挑战。马尔库斯认为，我们要搞多点调查、跨地域的研究，是因为现在文化的变化是跨越边界的。可以说，这种研究方法在一定意义上，是建立在文化变迁及群体在不同地域之间流动的基础之上的。因而早期对于多点民族志的理解，与调查点的移动性和流动性有关，即强调全球化变化所引起的新关系和程序变更的经验研究。

这一方法在后期被更多地运用于移民群体的研究中，学者们运用此方法对流动中的群体进行追踪式的调查，以此建构起这些跨地域流动群体之间的联系和特征。自此，不少所谓后现代、结构主义的人类学者开始在田野工作中广泛地运用和实践这一方法。鲁斯认为，多点民族志所研究的是一种单一的、移动的社区。[②]而 Agar 则指出，田野工作所进入的异地，如今可能转变为遥远的新几内亚高地，或是你家附近的邻居、办公室和医院，也可能被定义为一个流动的社会，如果调查对象是长途卡车司机，那么就需要花费大量的时间在车厢里，与他们交谈。[③]

由此，我们发现大多人类学者将多点民族志运用于具有移动性或其活动范围不断扩展的群体研究中。而这一特点正体现在笔者所研究的牧民群体中。首先，长期的行政区划变动、历史原因以及人口流动，导致同一部落的牧民分散于不同的苏木和嘎查，甚至居住在北部接壤的蒙古国境内，形成了跨越行政边界，甚至国界的动态群体结构。生活区域虽不相同，但他们又通过血缘、亲缘等关系建立起一个互助的家计合作、日常交往及精神生活的网络结构；其次，由于家庭人口增加和草场资源匮乏之间的矛盾，牧民群体中出现了一种跨越家庭、嘎查甚至苏木之间的合作生产组织，而这种组织的实现又是通过草场、牲

---

① George E. Marcus, Ethnography in/of the World System: The Emergence of Multi-Sited Ethnography, in Marcus (ed.) *Ethnography through Thick and Thin.* Princeton: Princeton University Press. 1995.

② 〔美〕古塔·弗格森:《人类学定位——田野科学的界限与基础》（修订版），骆建建、袁同凯、郭立新等译，华夏出版社，2005，第 194 页。

③ 同②。

畜等再生产资源的流动和整合实现的；再次，在祭敖包、那达慕等传统仪式的组织和延续中，他们也是通过全旗范围内 9 个苏木镇的不同家庭轮流承担并且合作互助得以实现的。

事实上，随着调查的深入，笔者发现全旗不同类型的 100 多户牧业典型户也分别分布于不同苏木的不同嘎查，当地政府的经济支持及生态建设项目也是有选择性地投放于不同苏木和嘎查。此外，草畜承包之初，由地域及人口因素所导致的草场、牲畜等再生产资本分配的差异性，以及东乌旗气候、地形、水源分布，植被类型和退化程度的地带性，使东乌旗在全旗地域范围内呈现出自东北向西南逐渐演化的地域性特征，即东北部苏木镇牧民占有的草场面积大，草质、水源条件较为优越，西南部苏木镇则相对较差，而草场退化程度也随之呈轻度、中度及重度逐渐过渡的分布特征。由此，自然条件及社会条件合力导致了全旗范围内的牧民生活水平表现出自东北向西南的贫富分化线，即东北部区域的牧民较为富裕，中部地区中等，西南部则较为贫困。

在具体研究中，笔者的调查视野是，从地域上打破嘎查、苏木行政边界，分别在东乌旗的 5 个镇 4 个苏木，有针对性地选取典型个案，包括不同植被类型、退化程度、富裕程度以及家庭经营类型的不同牧户，对其开展深入调查，竭尽所能，通过分析每一个群体和单位的"具体"现象，揭示对象"总体"变化的内在机理。笔者认为，多点民族志不应仅是对几个不同调查点的研究，同时也应该是一种包括一定区域内不同群体、不同类型以及不同单位的研究方法。

对此，中国社会科学院社会学及民族学研究所对以县和旗为单位的人类学、民族学调查已积累了较为丰富的研究成果，如 2012 年 9~10 月社会学研究所与北方民族大学合作，对宁夏回族自治区北部、西部及南部不同资源禀赋及贫富程度的移民，分县/旗、乡/镇、村委会、村民户及村民五个层面对该地区的经济情况及移民生活进行了全面考察，揭示了宁夏地区生态移民的现状及其特殊性，从而为宁夏回族自治区的扶贫和移民工作提供了很好的参考范本。[①]虽然基于的视角相似，但与该研究采取的抽样问卷调查方法所不同的是，本书更多地运用了深度访谈和参与观察相结合的研究方法，同时将"人"的能动性和情感变化等相关因素放入调查和思考的范围内，以求揭示现象背后的深层文化机制。

---

① 李培林、王晓毅：《移民、扶贫与生态文明建设——宁夏生态移民调研报告》，2013 年中国生态移民与区域发展学术研讨会论文集，会议地点：银川，2013 年 6 月 28 日。

事实上，在这样一个辖区面积为 4.73 万平方公里的广阔草原上，牧户居住的分散性和交通条件的不便性，甚至挂职工作的特殊性，都迫使笔者的研究只能是一个以旗为单位的多点民族志。正如一直致力于中国西南族群和彝学多点研究的美国人类学家斯蒂文·郝瑞所言，"从一种被迫性变成了一个多点性"。① 他是受外籍身份的限制不可能在同一个地点长久开展调查，而笔者则是由于研究对象居住的分散性、交通的不便性以及工作的特殊性无法进行集中性调查。

（三）关于方法论的探讨

1. 部分与整体、类型与层次相结合的研究方法

费孝通先生曾对中国社会学、人类学、民族学调查所运用的研究方法进行了颇为深刻的反思："这些年来，站在今天的地位来反思当时从事社区研究的过程，我能够看到对于研究中国这样一个历史悠久的文明古国，过去人类学的民族志方法是不充分的。不过，这里指出社区研究的这一缺陷，目的并不是要否认包括我在内的第一代中国社会学和人类学田野工作者的贡献。我现在认为，以村落为中心的研究固然有许多优点，但是不能充分体现中国文明的宏大体系和历史的流变，这样的研究方法不能很好地解释中国文明体系内部的多元一体格局。"②

由此，他在和利奇（Edmund Leach）③ 的一次缺席对话中，回应了利奇对中国人类学者关于"个别社区的微型研究能否概括中国国情"观点的质疑。费老认为必须要正视利奇提出的问题，个别虽不能概括整体，但它是接近整体，开展整个田野旅程的开端。事实上，费老用他一生的人类学田野实践已经有力地回应了利奇的问题。他身体力行，首先以沿海农村社区江村作为接近中国农村研究的开端，紧接着又对内地的禄村、易村及玉村进行了详细的考察、分析和比较，之后又逐步将视角转向长三角、珠三角沿海城镇及黑龙江、内蒙古、宁夏、甘肃、青海等边区研究的广阔田野中。这样的田野实践真可谓是"下活全国一盘棋"的宏大研究。

① 彭文斌/问，〔美〕斯蒂文·郝瑞/答：《田野、同行与中国人类学西南研究——访美国著名人类学家斯蒂文·郝瑞教授》，《西南民族大学学报》（人文社科版）2007 年第 194 期。
② 费孝通：《百年中国社会变迁与全球化过程中的"文化自觉"——在"21 世纪人类生存与发展国际人类学学术研讨会"上的讲话》，《厦门大学学报》（哲学社会科学版）2000 年第 4 期。
③ 费孝通：《人的研究在中国——缺席的对话——个人的经历》，《读书》1990 年第 10 期。

　　同时他将最初研究的江村作为中国农村的一个沿海经济类型，又将云南三村划为内地的农村经济类型，然后在沿海和内地的基础上，又将其细化为四种不同类型，从而进行对比研究，旨在逐步探究中国农民生活的整体面貌。此外，他还在 20 世纪的八九十年代，组织北京大学社会学人类学研究所的骨干力量，对西部边区进行类型划分之后，做了大量的实地调查，其中内蒙古草原地区是重要的类型之一。而在赤峰的牧业经济个案研究中，他们也对纯牧区、半农半牧区及纯农区进行了具体的比较研究。

　　由此，在广阔的田野实践中费老提出了部分与整体、类型比较和层次推进相结合的研究方法。即调查中可以先对一个具体的研究标本进行"解剖"，然后再去观察条件相同和不同的其他社区，和已有的标本进行比较分析，将相同的和不同的进行归类和区别，以得到不同的类型和模式。这样就可以逐步扩大实地观察的范围，识别出各种类型，达到由一点到多点、由多点到更大的面、由局部接近全体的研究目标。而类型本身也可以由粗到细，有纲有目，分出层次，层层推进。在分类学的层次上界定社区的特征并对其进行解释，可厘清这些类型的相似和不同之处，全面探究所研究主题的统一特征。

　　就东乌旗来说，笔者所关注的牧民群体既包括生活在东、北部草甸草原植被类型的牧户，也包括生活在中部、西部及南部典型草原植被类型的牧户，同时这两种植被类型又可分为轻度、中度及重度退化三个地理小区域。而在区域基础上，又可将牧民群体划分为富裕、中等及贫困家庭，进而可以将其进一步细化为以纯牧业生计为主和以牧为主其他职业为辅的家庭牧场，以家庭为单位进行合作的牧业合作社以及牧业家庭和外地汉族人、企业合作等几种经营类型。这些类型看似繁多，但他们共同生活的地理区域是一个世代以纯牧业为家庭生计的边境草原社区，拥有共同的草场资源，属同一部落的牧民，如今虽散布于各苏木镇之间，但他们有着共同的部落历史及血缘、亲缘关系，主要条件相同，不能割裂东乌旗牧民的整体性和同质性。

　　因此，可以将这些类型放在以家庭生计为主题的考察框架下，进行比较研究，进而按照各种类型本身的层次特征，由点及面，由部分到整体，层层推进，逐步分析和总结，从"多元"中寻找"一体"的特征和规律，进而厘清整个牧业社区的经济特点及文化特殊性。对于笔者来说，能够在田野工作开展的困顿中对此调查方法获得一知半解的领悟，实在是一件十分幸运的事情。

2. 深度访谈和参与观察相结合的研究方法

　　对于同一问题，笔者尽量做到深度访谈和参与观察两者兼顾、互为印证。

由于访谈对象类型较多，既有从事牧业生计的牧民，也有退休基层干部、学校教师、兽医及技术人员，他们大多年纪偏大，汉语水平有限，虽然可以通过翻译进行沟通，但对于一些专业性较强的问题并不能够完全理解，加之对于大多本土知识，牧民不知如何通过汉语进行表达，因此，为了印证访谈内容，一方面需要分析田野资料，对不同访谈对象的描述进行相互对比，另一方面还需要对所涉及的关键问题尽量做到参与观察，顾及各群体对同一问题的不同看法，从而避免以偏概全的观点和结论。比如一个嘎查牧民生计方式不同，与外界接触的时间、接触程度不同，往往会造成他们对于目前生计生活的态度不同，而不同群体由于个人价值观、利益取向的不同，对于同一问题的看法也会存在差异，甚至出于个人感情和对笔者的信任度不同，他们的口述资料和实际行为也会有所不同。

此外，对于牧业经济方面的数据，例如牲畜头数、家庭收入与支出、家庭资产等笔者进行了调查，并结合了问卷方法，力求描述过程中的准确性。在参与观察的同时，笔者结合心理学中的倾听、释义、共情等方法深入了解访谈对象的思维方式和认知方式。另外直接引入访谈者的语言，并对之进行语言、语义、语境的分析来撰写民族志。当然，在描述田野点概况、部落历史以及生计方式演进的过程中，笔者也参考了地方志、民族通史等文献资料来丰富对当地的整体认识。

尽管如此，也必须承认，笔者在田野调查中所获得的资料和文本是有限而粗浅的。正如英国生态人类学家凯·米尔顿（Kay Milton）所言："在人类的日常生活中，人类对世界的认知主要表现在琐碎的小事上，不管人类学家花多长时间从事参与观察，他们永远无法观察到特殊事例的每一个细节。"[1] 也许，人类学注定只能是对"部分真理"[2] 的揭示。因此，笔者只能根据所获得的这些有限的材料进行民族志文本的建构。然而，笔者也必须为因工作原因而不能长期与牧民同生活共劳动而导致材料细节的缺失向读者表示由衷的歉意。

（四）田野调查时间安排

本研究的田野调查主要分为三个阶段：2011 年 8 月上旬至 8 月底，2012

---

[1] 〔英〕凯·米尔顿：《环境决定论与文化理论：对环境话语中的人类学角色的探讨》，袁同凯、周建新译，民族出版社，2007，第 63 页。

[2] 〔美〕詹姆斯·克利福德、乔治·马库斯：《写文化——民族志的诗学与政治学》，高丙中、吴晓黎、李霞等译，商务印书馆，2006，第 29~55 页。

年 8 月至 12 月中旬，2013 年 1 月上旬至 9 月底，整个田野调查持续了一年多的时间，笔者基本掌握了当地牧民一年中完整的牧业生产生活信息。首先，在 2011 年的 8 月上旬至 8 月底这一段时间里，在进入中山大学攻读博士学位之前，在笔者带着"工业下牧"的主题独自来到同属乌珠穆沁草原的西乌旗调查 20 多天之后，笔者的导师亲自来到草原上和笔者一起做田野工作，并最终选择了这个北部边陲的广阔草原作为笔者的田野调查地点。在当地农牧业局领导的帮助下，我们走访了生态牧业合作社负责人哈斯琴家，参观了乌珠穆沁种公羊原种场，并且感受了草原深处牧民旅游业的发展现状。短暂的十几天调查结束之后，由于要回学校报到，笔者暂时离开草原。而这一次的初步调研后，这个草原深处的牧业社区给我留下了深刻的印象，让笔者初步了解了当地牧民传统游牧生计方式发生的大致变化，从而对调查思路有了一个整体的把握。

2012 年 8 月初至 12 月中旬，笔者以工作人员及研究者的双重身份开展调研。作为旗农牧业局的工作人员，频繁深入各苏木、嘎查的牧户家里开展防疫、扶贫及数据统计工作，在此过程中主要通过参与观察及体悟方式进行记录。而作为研究者身份的调查则是通过翻译和熟人介绍，采用"滚雪球"的方式逐步接近研究群体，竭尽所能收集第一手资料，进入当地牧民的日常生活中去。同时这一阶段重点关注部落历史、环境变迁、生态政策、牧民定居、生计生活的变迁以及家庭适应等主题。还对旗政府的畜牧、气象、水利、环保、信访、人口、档案局、史志办等相关部门的工作人员进行了访谈，同时结合资料和数据收集对当地畜牧业情况进行了全方位的了解和掌握，为后期的深入调查奠定了基础。

2013 年 1 月上旬至 9 月底是笔者田野工作的第三个阶段，也是深入调查和参与观察的阶段。此阶段，在前期和当地牧民熟识的基础上，笔者结识了更多的牧民朋友，可以以朋友的身份更频繁地和他们一起聊天，共同劳动，建立了信任关系。同时笔者边查询文献资料边做田野工作，发现了很多以前没有关注和深入访谈的新现象，并着重结合参与观察和多个访谈对象相互印证的方法开展调查，主要集中在家庭牧场及合作社的放牧活动、经营策略、经营类型和运作模式方面，对牧民的生活方式、他们与生态政策博弈与互动的策略选择，以及精神世界的维系和延续等主要问题进行了调查。其间，笔者还参与了转场、接羔、薅羊绒、剪羊毛、打草等日常劳动，和当地牧民一起度过了春节、本命年、婚礼、敖包祭祀、那达慕等重要节日。在这些参与观察过程中，笔者使用了人类学田野调查中的录音、拍照和影像记录等方法。由于田野工作中有很多游牧生产过程、生活场景及节日仪式，甚至还有一些珍贵的马头琴、长调、呼麦、搏克、赛马等代表当地民族传统文化的表演过程，只有影像记录才能够保证资料的完整性和准确性，也会为之后的写作复原现场感，所以笔者经常一手拿摄像机，一手拿照相机，有时难免会顾此失彼，以至于一场仪式结束之后，胳膊常疼得几天抬不起来。而正是这些动态的视频资料一直陪伴我完成书稿的整个写作过程，并时常带我重回田野工作的感动与感伤之中。在调查资料整理、博士论文写作及书稿修改完善过程中，笔者始终与田野点的几个关键报道人保持着密切联系。对于一些比较模糊的资料和新发现的问题，就以电话形式再次开展访谈。即使在参加工作之后的 2014～2016 年，笔者也利用暑假时间先后多次前往东乌旗进行进一步跟踪调研，不断补充和修正博士论文写作时的观点和看法。

第三节 相关学术史回顾

在以往的学习和研究中，笔者深切地感到任何点滴的进步，都与前人的积累和启发有关。无论在研究主题的思考、确定，还是在研究成果的撰写过程中，已有的相关研究成果都给我以灵感和前行的动力。所以，在此需要对相关研究做一回顾和总结，并与其进行对话，使自己明确研究的起点和创新的要求，在前人的基础上有所前进。

一 主要概念界定

（一）游牧概念的界定

游牧一词的英文表述为 nomad、nomadism、pastoralism、pastoral nomadism 等，在《简明牛津字典》中，对"nomad"的解释为"为了寻找草场从一个地方转移到另一个地方，因此，这类人过着移动的生活"。而在人类学情境中，"nomad"是指为了生计移动的人群，被称为"游民"或"牧民"。"nomadism"来自希腊语"nomas"，是指赶着牲畜去吃草的人。"pastoralism"则被认为来自拉丁语"pastor"，为放牧人（herdman）的意思。[①] 而"pastoral

---

[①] Pedersen, G. *Afghan Nomads in Transition-A Century of Change among The Zala Khan Khen*. Lodon: Thames & Hudson, 1994.

nomadism"是指主要依靠家畜生产的人群，他们为了寻找草场而驱赶牲畜移动。① 西方学界一般认为"nomad"等同于"pastoralist"，即游牧民。认为"nomadism"还包括了狩猎和采集等其他游动的人类生存或生产方式，将从事这些活动的人称为"nomads"，即游民，而常常将从事牲畜饲养的游牧界定为"pastoral nomadism"。但总体来说，无论哪种表述方式，我们发现都包含了家畜饲养和空间移动这两个主要特征。在本书使用中，游牧和放牧等同于"pastoral nomadism"，牧民则指"nomad"或"pastoralist"。

马克思给"游牧"一词所做的定义为：游牧，总而言之流动，是生存方式的最初形式，部落不是定居在一个固定的地方，而是在哪里找到草场就在哪里放牧，所以，部落共同体，即天然的共同体，并不是共同占有和利用土地的结果，而是其前提。② 可见他的界定在一定意义上也强调了游牧的移动性这一特征。正如台湾学者王明珂所言："对于游牧，人们往往只注意'牧'，而忽略其'游'的一面。事实上主要便是游动、迁徙，使游牧与其他各种人类经济模式中的牲畜饲养有本质上的不同。对于游牧人群来说，游动、迁徙不只是让牲畜在各种季节皆能得到适宜的环境资源，更是人们逃避各种自然与人为'风险'以及利用更广大外在资源的手段。"③ 因此，他将"游牧"定义为人类利用农业资源匮乏之边缘的一种经济生产方式，同时也是人们依赖动物来获得主要生活资源的一种经济手段。④ 事实上，他的这一定义是对苏联学者哈扎诺夫（Khazanow）定义的扩展和补充，哈扎诺夫认为，游牧是一种不能自给自足的经济生产模式，因此游牧社会人群与外在世界人群有各种互动模式，如交换、贸易、掠夺，以获得外来资源。⑤ 除移动的特征，他们都强调游牧社会与定居人群国家等外在世界的互动关系。而"游牧"一词，在《人类学词典》中的定义则为，一个群体为获得生活资料而进行季节性或周期性的迁移所过的生活。⑥

而我国学者对"游牧"这一概念也相继进行了界定，吴宁先生认为"游

---

① Dyson-Hudson, R& Dyson-Hudson, N. Nomadic Pastoralism. *Annual Review of Anthropology.* 1980.9：15-61.

② 《马克思恩格斯全集》第46卷（上），人民出版社，1979，第472页。

③ 王明珂：《游牧者的抉择——面对汉帝国的北亚游牧部族》，广西师范大学出版社，2008，第20页。

④ 同③，第3页，第7页。

⑤ A. M. Khazanov, *Nomads and the Outside World*, Cambridge：Cambridge University Press. 1983.

⑥ 吴泽霖总篡：《人类学词典》，上海辞书出版社，1990，第68页。

牧（nomadism）"是指一种依靠牲畜饲养的生存方式和经济系统，其中所涉及的群体（部落、联户）携带其家庭主要家产——牲畜——在一定地域范围内进行间歇性或周期性的空间迁移，以保证在特定环境、经济和社会政治条件下的生活。① 庄孔韶在论述游牧生计方式时为"游牧"一词给出了人类学的定义，即"游牧"是指一种具有流动性的生计方式。接着他进一步指出，在全球不同环境中，绝大多数牧人依赖自然生长的草场提供生计基础，放牧着牛、骆驼、绵羊、驯鹿、马、美洲驼、南美羊驼、牦牛等各类群居动物，并依靠提供的肉、奶、奶制品、毛等产品维持生计和生活。②

此外，我国学者杨庭瑞先生认为，"游牧"是联户劳动协作组织（并非单独家户），驱赶以成群（并非零星）羊为主兼有适量、适类大家畜的六畜，以流动（并非轮牧）方式，来利用四季分明、相隔有距的天然草原的我国六族（蒙、藏、哈、柯、塔吉克、裕固）不少于几千年历史的传统生产、营业行业。人群、牲畜、草原和游动（转移、迁徙），是游牧业中相互紧密连接、不可或缺的四项基本要素。③ 可以看出，这一概念比吴宁先生提出的概念更为详细。而阿拉腾④在对内蒙古乌兰察布阿达日嘎嘎查游牧生计活动和环境的关系进行研究之后指出，"游牧"不光是一个单词的望文生义问题，还是一个游牧人群对于环境适应或者不适应的问题，因此它是一种以最少能量支出获取最多资源的生计活动方式。由此可以看出，学界对于游牧含义的界定已经逐渐转向了与生态环境的相互影响和适应方面，即文化生态学的研究视角。

事实上，在汉语表达里，"游牧"一词来自古汉语。在汉文正史中，"游牧"最早应该见于《新唐书》，吐火罗"北有颇黎山，其阳穴中有神马，国人游牧牝于侧，生驹辄汗血"⑤。而"游牧"一词以现在的意义大量使用，似乎始于清朝，"蒙古地方幅员辽阔，蒙众皆择水草旺处游牧，相距数十里始有毡庐"⑥。但无论是在古汉语，还是在现代汉语中，"游牧"一词除了含有"畜牧"之意外，还表示"逐水草而居""居无定所"的"游"的意思，总给人一种漂泊不定的感觉。由此可以看出，汉语里的这个词，应该是汉人从农耕文

---

① 吴宁：《川西草地的传统利用——关于游牧的辩驳》，《山地学报》2004 年第 6 期。
② 庄孔韶：《人类学概论》，中国人民大学出版社，2006。
③ 杨廷瑞：《游牧业的四要素》，《新疆社会科学》1995 年第 2 期。
④ 阿拉腾：《文化的变迁——一个嘎查的故事》，民族出版社，2006，第 54、237 页。
⑤ 《新唐书》，卷 221 下，中华书局，1975。
⑥ 《清史稿》，卷 521，中华书局，1977。

化出发对异文化生计方式的一种界定结果。① 然而，在蒙古语的表述中，"游牧"被称作"努特勒（nuu-tel）"，从单词的构成来看，"努（nuu）"表示"移动、挪动、搬"之意，在这一动词后面加上名词化的后缀"tel"，就形成了一个名词。② 其实这个单词只是描述了一种"从一个居住场所移动到另一个居住场所"的客观行为，并没有我们所说的"游"和"牧"这两个带有主观色彩词汇的意思。

综上所述，我们发现，"游牧"一词，无论在英文世界中，还是在中文世界里，抑或是古汉语、现代汉语及蒙古语的界定中，都包括了"家畜的饲养"和"空间的移动"这两个主要特征。而本书的"游牧"一词重在强调，在一个以草甸草原及典型草原植被为主的干旱、半干旱平原草原上，以家庭为基本单位的游牧民，依赖自然生长的草场为生计基础，放牧着牛、马、羊、驼等群居动物，以一年为周期随季节规律按一定方向循环移动的一种生计方式。这类似于杨廷瑞及庄孔韶先生的定义。但自 20 世纪 80 年代之后的大范围定居以来，牧民的移动方式逐渐由以往的四季游牧转为目前的三季或两季游牧，也有通过合作社的方式整合草场，继续保持四季转场的传统游牧方式，因此游牧的范围相比定居之前大大缩小。

（二）定居概念的界定

定居的英文书写为"sedentarization"，或称定居化，是指从事游牧的移民向完全不同于游牧形式的生计和生活方式变迁的过程。定居化表示一般的变迁方向，从一种以人群和畜群移动为主要特征的方式到生计较少依赖家畜，并在以前牧民住过的居所长期活动。③ 20 世纪 90 年代中期，新疆农业大学的许鹏④教授曾指出，游牧民定居是一个系统的工程，应该包括人工饲草料地的开发，季节牧场及人畜饮水的调整，改变传统牧业的封闭性为开放性，建设定居点等内容。而阿德力汗·叶斯汗⑤则认为"定居"是牧区产业结构由单一化到多元化，社会结构由一元性向多元性，生产生活由生存生计向市场生计（通过技术

---

① 阿拉腾：《文化的变迁——一个嘎查的故事》，民族出版社，2006，第 54 页。

② 同上，第 54 页。

③ Boneh, Dan, Facing Uncertainty: The Social Consequuence of Forced Sedentarization among the Jaraween Bedouin, Negev, Israel. PH. D., Brandeis University, 1983.

④ 许鹏：《关于牧民定居工程与模式的讨论》，《软科学跨世纪发展的探索与思考》，新疆人民出版社，1999。

⑤ 阿德力汗·叶斯汗：《从游牧到定居》，新疆人民出版社，2005。

手段提高经济效益）转变的过程。可见，定居可以被看作一群人适应定居生活的行为过程，作为一种过程和变迁，它包括向定居之后的生计方式、生活方式、文化观念的转变以及牧区社会、经济、文化、资源、人口等要素重新组合的过程，也是一个较为复杂漫长，由半定居到完全定居的过程。但本书所关注的东乌旗牧民正在从以往的四季游牧向如今的三季或两季游牧（夏季游牧，冬季定居舍饲）的半定居方式转变，因此属于半定居人群。

在游牧社会研究的情景中，对定居过程更多的是关注牧民游牧生活中的具体变化和他们被以定居生活为特点的职业逐渐替代的过程及其特征。正因如此，为了分析这一个案，理解游牧社会的特殊表现是必要的，因为它为我们提供了一个对定居进行评价和解释的特殊背景。本书的材料来自调查点内蒙古东乌珠穆沁旗，一个传统游牧生计及游牧文化保留较为完整的蒙古民族，他们的定居过程是与两次大的政策转折点息息相关的，第一次是20世纪80年代的草畜双承包政策，第二次为2002年之后的撤乡并镇、合校工程以及一系列的生态及牧业现代化政策，因此研究牧民的定居过程及其影响应该将其放在这一特定的情境中来理解。从调查点来看，当地牧民认为定居就是有固定的房子或者二次定居之后的楼房，在生计方式上还要有相应的生产生活资料，如饲草料、棚圈、机井等基础设施，但牧业仍然是他们的主要生计活动。此外，他们开始在牧闲时节从事其他职业来增加家庭收入，因此正在逐渐向以牧为主、多元职业发展。

此外，和定居相关的概念还包括"半定居""居而不定"等表述，这些概念强调不同民族志文本中游牧和定居的关系以及定居的表现特征。如上所述，笔者认为调查点的牧民属于此种类型。

（三）生计方式概念的界定

生计（livelihood）在英语词典里的含义是，维持生活的手段和方式。而在现代汉语词典中的主要意思包括谋生的办法，生活的状况，谋划、产生计策。从这些含义中，我们不难发现，生计是和生活、生存联系在一起的，它的实质是工具性的活动，它的目的是维持个体生存和生活的可持续性。Chambers 和 Conway[1] 曾对"生计"这一概念做了较为精确的界定："生计，包含了人们为了谋生所需要的能力、资本（包括储备物、资源、要求权和享用权）以及所

---

① Chambers, R. and Conway, G. Sustainable Rural Livelihoods: Practical Concepts for the 21st Century. IDS Discussion Paper 296. Brighton, England: Institute of Development Studies, 1992.

从事的活动。"

"只有当一种生计能够应对压力和打击，并在压力和打击下得到恢复，能够在当前和未来保持乃至加强其能力和资本，同时又不损坏自然资源基础时，这种生计才是可持续的。"而"对资本和活动等的选择，以达到某种生计目标，即是生计策略"①。由此，英国国际发展部（DFID）这一研究机构建立了一整套关于可持续生计的分析框架，从而为学术界提供了一种深入观察农牧户生计方式的新视角。这一框架认为在资产与政策的相互影响下，作为生计核心的资产性质和状况，决定了采用生计策略的类型，也导致了某种生计结果。

与此同时，国内学者也对"生计"和"生计方式"的概念进行了界定。如尹绍亭基于生态适应的视角指出，生计方式是对生态系统的适应。② 进而将其所研究的刀耕火种看作一种适应特定山地生态环境的生计方式，以及山地民族的生存行为。不同的生计其实就是人类适应多样化的自然环境的结果。很明显，他的这一界定是基于斯图尔德关于生计方式内涵的描述。在斯图尔德看来，生计方式是生态人类学研究中最基本的问题。在人类的生计活动中最重要的就是从生境中获取生活资料，其中，资源是环境中的关键因素，技术是历史的衍生，环境的关键是资源，人们通过文化去认识资源，通过技术获取资料。③

同样，生活在草原环境中的牧民，依赖自然生长的草原提供生计基础，放牧着家畜，并依靠畜产品维持生计和生活。因此，本书所使用的"生计方式"一词，是指为适应草原环境，维持生存，当地牧民以家庭为单位，所采取的整套谋生手段，包括基于游牧的生产生活活动及物质文化。

（四）适应及适应策略概念的界定

适应，英文表述为"adaptation"，中文也译作"调适"。美国人类学家哈维兰曾对"调适"一词有过详细的界定。他认为，调适（adaptation），指有机体对现存的环境达到有意调整的自然的（而不是蓄意的）过程，而且这个过程的结果——获得某种特性——允许有机体克服危险，保障他们生活的特殊环

---

①　DFID. Sustainable Livelihoods Guidance Sheets ［EB/OL］. http：//www.eldis.org/vfile/upload/1/document/0901/section2.pdf/2013-01-25.

②　尹绍亭：《人与森林——生态人类学视野中的刀耕火种》，云南人民出版社，2000。

③　罗康隆：《生态人类学述论》，《吉首大学学报》2004年第3期。

境中的资源。①"调适"也指在有机体与其环境的相互作用中，任何一方在他方之中引起的变化，它是一个持续的过程，而且它对持续生存是至关重要的。

调适意味着社会需要与其环境潜能之间存在动态平衡，一个生态系统必须既受有机体活动的制约，也受诸如侵蚀等自然力量的制约，人类生态系统必须根据文化的所有方面加以考虑。由此，他进一步指出，为了满足食物、水和居所的需要，人们必须调整他们的行为以适应环境。这种调整，包括变化与稳定，是调适的一部分。②同时，他指出调适是指有机体在其环境方面造成的变化与环境在有机体内造成的变化之间的互动过程。对于包括人类在内的所有生命形式的持续生存来说，这种双向调适是必要的。③自此，这一定义被广泛运用于人类学领域。

而国内一些学者试图从文化调适的视角对其进行界定，如庄孔韶认为，"适应"在生态学中指一个过程，其中，有机体发展自身的生理与行为特性，使其能在所处环境中生存和繁衍后代。人类的适应过程也被认为是人的需要与环境供给之间的动态平衡。④因此，"文化研究者必须考虑文化自身的主体和能动性，即承认社会文化有选择、拒斥及整合文化外来要素的能力"⑤，正如华勒斯坦所言："变化所采取的最常见的形式便是适应，即持续、细致地对据认为是传承而来的普遍经验与传承的方式进行调整。"⑥

本书在哈维兰对调适一词含义界定的基础上，认为"调适"或"适应策略"是指在有机体对其环境方面造成的变化与环境在有机体内造成的变化互动过程中有机体采取的应对方法。

（五）草原情结概念的界定

"情结"一词，在英文中的意思可以用"deep emotions"、"emotional ties"或"complex"表示，指由于高度情绪性经验而在头脑中产生的某个观念或某观念群。⑦

---

① 〔美〕威廉·A. 哈维兰：《文化人类学》，瞿铁鹏、张钰译，上海社会科学出版社，2006，第 52 页。
② 同①，第 189 页。
③ 同①，第 161 页。
④ 庄孔韶：《人类学概论》，中国人民大学出版社，2006，第 197 页。
⑤ 庄孔韶主编《人类学通论》，山西教育出版社，2003，第 48 页。
⑥ 〔美〕华勒斯坦等：《开放的社会科学：重建社会科学报告书》，刘锋译，生活·读书·新知三联书店，1997，第 53 页。
⑦ 张柏然、王纯真、李荣娟、宋文伟等：《英汉百科知识词典》，南京大学出版社，1992，第 220 页。

而《当代汉语词典》将其解释为，藏在心底的感情，或内心的感情纠葛，[1] 比如"思乡情结""化解不开的情结"等。情结又称"情意结"或"情意综"，是精神分析学派提出的一个概念，指被意识压抑而在无意识中具有持续性、以本能冲动为核心的愿望、情绪或观念，是一组与许多因素联系的复合情绪。[2] 情结一词的流行主要得力于荣格。

荣格将情结一词形容为"无意识之中的一个结"，他认为可以将情结想成由一群无意识感觉与信念形成的"结"。[3] 这种"结"具有本能活动的持续性，并带有强烈的情感色彩。如同完整的大人格中一个个彼此分离的小人格一样，各自独立，又各有其驱动力，并且可能强大到足以控制人的思想和行为。"当一个人具有某种情结时，便会沉溺于某种对象而不能自拔，尽管他本人可能并未意识到这一点。"[4] 因此，保持在无意识中的情结会对人的行为产生重要影响。由此，荣格开拓了"情结"术语的现代用法，并将这一概念发展成为心理学、社会学等学科的共通术语。

不同心理学理论对于情结的详细定义有所不同，但不论是弗洛伊德体系还是荣格体系的理论都强调情结是非常重要的概念。分析情结是探索心理的一种方法，也是重要的理论工具。[5] 事实上，这一概念最早由 Theodor Ziehen 于 1898 年所创，之后由荣格和弗洛伊德合作对其进行了进一步发展。弗洛伊德常在被压抑的观念复合体的意义上使用该词，认为情结属于无意识领域，但又能振奋个体的思维、行动与感情。[6] 他提出的情结表述也最多，如恋母情结、恋父情结、恋子情结等，而荣格提出的情结则包括自我情结、自主情结、创造情结及权力情结等。[7] 此外，阿德勒、克莱及默里等人也从不同角度对情结进行了划分，但基本都集中于心理学领域。

事实上，从一定意义上说，人在心理上所产生的情结，如"思乡情结""恋家情结"，都是在其移动或迁移过程中，产生和表现出来的一种精神归属之上的"家"与"无家"的心理感受。正如博格所言，"家，不再是一个住

---

① 莫衡等主编《当代汉语词典》，上海辞书出版社，2001。

② 彭克宏、马国泉、陈有进、张克明：《社会科学大词典》，中国国际广播出版社，1989，第226页。

③ 维基百科：http://zh. wikipedia. org/wiki/。

④ 乐黛云、叶朗、倪培耕主编《世界诗学大辞典》，春风文艺出版社，1993，第395页。

⑤ 同④。

⑥ 冯契、徐孝通主编，刘放桐、范明生、黄颂杰副主编《外国哲学大辞典》，上海辞书出版社，2008，第178页。

⑦ 车文博主编《当代西方心理学新词典》，吉林人民出版社，2001，第274~275页。

所，可以是'关于正在进行中的生活的无法言说的故事'"①。在博格看来，很多人仍旧能够在"不可言说的故事"中感受到家，换言之，大多数的家，无论是个体的、变动的还是私密的，都可能是无形的。这一观点进而在其《无家的思想》一书中有所推进。他认为存在一个具有传统绝对价值观念且稳定的"原初生活世界"，在此个体才有了最初真正"家"的感觉。② 即便人们每一天都可能处于物质或精神的移动中，也可能摆脱了身份认同对地域的依附，但事实表明人们正在以各种形式努力重建"家园"，并且这种建立家园的活动具有必然性。

与博格相反的另一种观点则是，固定的物理中心与自然产生的绝对价值观点和统一的现实之间不存在必然关系，个体的确在不断的移动中力图保持绝对的价值观，然而当一个人习惯了一种认知环境并且接纳了日常生活中的风俗惯例，能够使自己的身份认同获得很好的表达和交流时，那么这个人就有了家，反之，这种认知环境消失的时候，这个人就无家。③ 总而言之，无论是"思乡"还是"恋家"，抑或是努力重建"家园"等情感表达和行为方式，我们都可以将其理解为是对生于斯、长于斯的"乡土"社会的割舍不断与依恋的情感。而对于"人和土"的关系和情感的描述最贴切的莫过于费孝通④先生了，费先生笔下"土头土脑"的乡下人，将"土"视为他们的命根，他们内心明白泥土的可贵，因此世代忠实地守着这"直接向土里讨生活"的传统，因此，以土为生的人是"粘在土地上"的，即便是离开了，内心也不会忘了老根，这种情感就像植物一般已经在土里生了根，发了芽。

就东乌旗来说，生活在这里的蒙古民族，在几千年的民族发展及延续过程中，基于草原生态环境及其独特的游牧文化，建构起了一种人—畜—草相互影响、相互推动的互动格局。他们世代以草为生，为草而活，草的状态决定了羊的规模，而羊的规模又进一步决定了人的生活，反过来人的行为和心态又影响到了草的优劣，正是这样一来一往、互进互退的过程，塑造了他们对于"草"的依恋和不舍，并围绕"草"建构起一套独特的惯习和传统，成为他们表达

---

① Berger, J. *And Our Faces, My Heart, Brief as Photos*, Lodon：Writers and Readers, 1984.

② 〔美〕奈杰尔·拉波特、乔安娜·奥弗林：《社会文化人类学的关键概念》，鲍雯妍、张亚辉译，华夏出版社，2009，第146页。

③ R. Silverstone, E. Hirsch and D. Morley, "Information and Communication Technologies and the Moral Economy of the Household", in R. Silverstone and E. Hirsch（eds.）*Consuming Technologies*, London：Routldge, 1994.

④ 费孝通：《乡土中国与生育制度》，北京大学出版社，1998，第6~11页。

内心情感和信念的精神世界。

由此，本书在以上学者对"情结"一词内涵界定的基础上，借用费先生"乡土情结"一词表达的内涵，提出"草原情结"这一概念，以此来形容牧民内心所具有的持续的、以草为核心的愿望、信念与情感。而这种情感上的依恋与不舍正是维系和延续游牧生计及其文化传统背后深层的文化机理所在。

二　相关文献综述

（一）人类学中有关生计方式的研究

人类群体的经济活动是人类学研究的传统领域，因此人类学家很早就关注到了初民社会的生产、交换、分配等方面的内容，并以学科的文化整体观构成对西方经济学理论发起了挑战，如马林诺夫斯基通过对特罗布里恩德岛上的库拉（Kula）交换制度及其所涉及的交换、经济等方面进行深入观察及研究，较早地证明了，人类社会中存在用西方经济学理论无法解释的经济现象。事实上，与经济学家的研究视角和研究路径相区别的是，人类学家认为经济活动嵌入整体社会文化之中，并致力于从文化层面对人类的经济现象进行解释。

经济人类学家卡尔·波兰尼（karl Polanyi）将人类经济秩序的组织原则概括为互惠、再分配和家计（householding）三种原则。[①] 而政治经济学派的代表埃里克·沃尔夫（Eric Wolf）则将人类社会的生产方式划分为资本主义生产方式、贡赋制生产方式以及亲族生产方式三种。[②] 并且在他看来，这三种生产方式的划分远远没有穷尽人类生产方式的所有可能性。在进一步地调查研究之后，他发现："乡民的困境就是要在外界的要求与自己养家的需要之间谋求平衡。"[③] 要达到这种平衡他们需要采取两种相反的策略，即增加生产或减少消费。如果他们采取前一种策略，则需要在土地上增加劳动力投入，从而增加产量，然后参与市场交换。如果采取第二种策略，则意味着他们要尽可能地使其生产的食物和日常生活用品自给自足，以减少从市场购买产品导致的消费增加。

我们暂且不讨论沃尔夫对于人类社会三种分类方式的正确与否，单看他对于乡民在面对外界的要求和养家之间进行权衡的分析视角，他从微观层面指出

① 〔英〕卡尔·波兰尼：《大转型：我们时代的政治与经济起源》，冯刚、刘阳译，浙江人民出版社，2007，第41~48页。

② 〔美〕埃里克·沃尔夫：《乡民社会》，张恭启译，台北：巨流图书公司，1983，第92页。

③ 同②，第27页。

了乡民在采取生存策略时所趋同的两种方向：其一是增加作物的产量，以参与市场交换，从而获得更多的现金，以抵消家庭支出；其二为减少消费，以达到家庭生计的自给自足。就笔者所调查的牧业社区来说，牧民在 20 世纪 80 年代家庭承包以前，基本是靠游牧及畜产品的自给自足维持家计，较少参与市场交换。而自草场承包到户之后，家庭功能的日渐强化，大大刺激了牧民的生产积极性，于是他们从生计经济逐渐转向现金经济。为增加家庭收入，牧民开始更多地参与市场活动，整合更大面积的草场资源，扩大畜群，出售牲畜及畜产品，随之家庭的消费支出大幅增加。因此，可以说他们所采取的家计策略实现了沃尔夫所说的第二种生计策略向第一种生计策略的过渡。

　　然而在沃尔夫的研究中他还注意到，乡民社会虽然处于社会体制的次要地位，但他们有着城市居民无法比拟的独立性。"乡民掌握着土地，能在土地上种植作物，所以在完全依赖大社会的人无以维生之时，乡民能保持独立自主与生存能力。"① 这表明依靠土地为生是乡民认为最安全和最有保障的生活方式，正如美国社会人类学家詹姆斯·斯科特（James Scott）笔下所描述的具有"安全第一"生存伦理的东南亚农民社会一般，他将农民家庭的关键问题——安全生存——置于研究农民政治活动的中心，提出了"农民的道义经济学"② 理论。他指出，当农民的生活受制于气候限制和别人盘剥之时，他们会理智地选择传统的农业技术而避免做出任何变革，农民追求的不是收益的最大化，而是较低的风险分配与较高的生存保障。"自然保守主义使人们在自己把握较大、可预见性较强的与具有较大风险的两种选择方案之间，更喜欢前者。"③ 同时，他将农民家庭生计中存在的"安全第一"的生存策略看作围绕农民日常生活问题所形成的一个"防御圈"。同样，这也可以用来解释东乌旗牧民为何在从事了其他职业或已经移民进城之后，依然不放弃牧业生计。原因之一是他们认为世代生存的草原和牧业生计是其最安全、最稳定的生计来源，一旦在城里失业或无法维生之时，他们还可以重操这一最有保障的生计方式，为家庭变革留一条降低风险的退路。

　　马克思和恩格斯也曾对自给自足的家庭生计进行过详细的论述，他们将自给自足的农民称为"小农"，认为在这种生产方式下，"每一个农户差不多都

---

① 〔美〕埃里克·沃尔夫：《乡民社会》，张恭启译，台北：巨流图书公司，1983，第 28 页。
② 〔美〕詹姆斯·斯科特：《农民的道义经济学：东南亚的反叛与生存》，程立显、刘建等译，译林出版社，2001。
③ 同②，第 27~28 页。

是自给自足的，都是直接生产自己的大部分消费品，因而他们取得生活资料多半是靠与自然交换，而不是靠与社会交往"。① 在马克思看来，家计状态下的农户与村落是隔离的，他们之间并没有交换和交易的要求。类似于斯科特笔下的东南亚农民，这种生计方式生产率较为低下，并且没有抵御自然灾害的能力，由此造成了农民封闭、保守、落后的性格和心态。无论是革命导师马克思恩格斯的详尽论述，还是人类学界大量民族志呼声的日渐强烈，都表明生活在一定环境中的群体，都会根据他们所处的生态环境创造出一套与生存环境相适应的经济组织方式及生存方式，所以人类的经济组织方式是多种多样的。

由此，苏联著名民族学家列文和切博克萨罗夫在 20 世纪 50 年代，为了对世界民族进行语言谱系以外的分类，针对多种民族生计方式的现状提出了"经济文化类型"这一概念，指处于大致相同的社会经济发展水平和生活在相似的自然地理条件之下的各族人民，在历史上形成的经济文化相互联系的综合体。② 而这一概念在中国取得的主要学术成果，事实上是由切博克萨罗夫和中国人类学家林耀华共同研究所发表的《中国的经济文化类型》一文，他们将不同生态环境下，不同民族的生计方式划分为游猎、游耕、游牧和农作四大类，这种分类方式几乎包括了中国绝大多数领土面积上人们的生计方式。

中国学界之所以引入这一理论，是受到了苏联民族学的影响，之后这一分类体系逐渐成为我们研究民族生计类型必不可少的理论归类和研究方法。然而我国众多学者根据实地调查和研究，对这一理论包括概念及研究方法等进行了不断的修正。如林耀华将"经济文化类型"的定义修正为，"居住在相似的生态环境之下，并有相同生计方式的各民族在历史上形成的具有共同经济和文化特点的综合体"。③ 这一定义一是用"生态环境"取代了原来的"自然地理条件"的表述，二是用"生计方式"取代了"社会经济发展水平"一词，并认为"生计方式"不仅能明确标示出人类社会经济活动的方向，而且也能够容纳下"社会经济发展水平"这一层内涵，使该理论也成为相对完整的理论体

---

① 〔德〕马克思：《路易·波拿巴的雾月十八日》，载《马克思恩格斯选集》（第 1 卷），人民出版社，1995，第 677 页。

② 〔苏〕列文、切博克萨罗夫：《经济文化类型与历史民族区》，叔于田译，载《民族问题译丛》（1956 年增刊，民族学专辑）；参见托尔斯托夫等《普通民族学概论（第一册）》，周为铮、金天明、吴玉译，科学出版社，1996，第 33 页。

③ 林耀华主编《民族学通论》（修订版），中央民族大学出版社，1997，第 86 页。

系。而本书就是对居住在草原生态环境下的蒙古民族世代所从事的游牧生计方式的探讨。

应该说自 20 世纪 90 年代开始，我国学者对生计方式的研究就已经开始转换视角，更多地投入生活在边缘地区的少数民族生活中。如云南大学的尹绍亭教授通过对云南少数民族的调查研究，先后出版了《一个充满争议的文化生态体系——云南刀耕火种研究》、《森林孕育的农耕文化——云南刀耕火种志》以及《人与森林——生态人类学视野中的刀耕火种》三本专著，对切博克萨罗夫和林耀华划分的游耕经济文化类型进行了关注。这些著作对西南区域至今存在的游耕这一生计方式给予了全面、宏观的描述。同时他将文化生态学理论引入生计方式的分析框架，认为生计方式是对生态系统的适应，刀耕火种是一种适应特定生态环境的生计方式，是山地民族的生存行为，而不是一种破坏生态的掠夺式的耕作方式。①

此外，从生计与环境变迁视角进行研究的还有罗康智、罗康隆、徐杰舜、罗树杰、张有隽、杨晓冰、罗柳宁等人。罗康隆在其《论民族生计方式与生存环境的关系》② 及《传统文化中的生计策略——以侗族为例案》③ 等研究中指出，生计方式与其生存环境关系密切，二者其中之一发生变化就会引起另一方随之变化，并且当地人群会通过不断调整生计策略以适应环境的变化。而徐杰舜、罗树杰④，张有隽⑤，杨晓冰⑥，罗柳宁⑦等人也从不同区域和不同民族的研究视角，对环境的变迁和生计方式的不断调适进行了探讨，他们都认为特有的生计方式是对特定环境的反映及适应。事实上，任何事物发生改变原因都不是唯一的，而是由多种因素的综合作用所导致的。除自然环境的变迁之外，也有不少学者对引起生计方式调整的社会因素进行了探讨。但他们大多集中在国

---

① 尹绍亭：《人与森林——生态人类学视野中的刀耕火种》，云南人民出版社，2000。

② 罗康隆：《论民族生计方式与生存环境的关系》，《中央民族大学学报》（哲学社会科学版）2004 年第 5 期。

③ 罗康智、罗康隆：《传统文化中的生计策略——以侗族为例案》，民族出版社，2009。

④ 徐杰舜、罗树杰：《靠山吃山，靠水吃水——船家与高山汉生存策略比较研究》，《广西民族学院学报》（哲学社会科学版）2003 年第 2 期。

⑤ 张有隽：《吃了一山过一山：过山瑶的游耕策略》，《广西民族学院学报》2003 年第 2 期。

⑥ 杨晓冰：《环境变迁与生计方式的调适——曼暖远克木人的刀耕火种文化》，载尹绍亭主编《人类学生态环境史研究》，中国社会科学出版社，2006。

⑦ 罗柳宁：《生态环境与文化调适：以广西矮山村壮族为例》，《广西民族学院学报》（哲学社会科学版）2004 年第 1 期。

家政策及权力的影响方面，如黄正宇、暨爱民[①]，韦月成[②]，杨雪吟、罗意[③]等人，他们认为国家权力的介入是影响生计方式的主要原因，而土地制度及土地利用情况的改变都会引起民族生计方式的变迁，由此国家政策影响下的民族生计可能会处于一种难以为继的状态。

人类学对于一种文化现象的研究并不总局限于某一狭小的范围之内，他们会不遗余力地关注引起事物变化的方方面面，由此，另外一些关于生计方式的研究开始将视角转向传统经济作物的取舍与民族生计方式及其文化变迁之间的关系方面。如黄应贵[④]，秦红增、唐剑玲[⑤]，蒙爱军[⑥]等人，他们分别在对汉族、瑶族、水族生计方式进行研究的基础上，指出了伴随着新技术的引进及国家社会经济结构的变革，当地人的生计方式逐渐从传统作物种植方式向新型种植方式的转变，说明了作物、生计与文化之间的关系及共变规则。而中山大学何国强教授的《围屋里的宗族社会——广东客家族群生计模式研究》[⑦]一书则运用了文化生态学和新进化论等理论，对四个客家社区的不同生计模式进行了研究，展示了客家人谋生方式的多样性和极强的适应性。

由此，我们发现关于民族家庭生计方式的研究成果多集中于生态环境的变迁、国家权力与政策的实施以及作物的选择等方面，研究视角较为单一，大多数学者都从生态及文化适应角度对其进行研究，而文化如何对生态进行调适以及在此过程中发挥作用的机制则并没有被关注。就研究区域来说，以西南和西北少数民族居多，而对位于中国北部边陲草原的蒙古民族的生计选择及草原情结的研究却不多见，特别是从人类学的视角出发结合当地个案进行研究的更是少之又少。

①　黄正宇、暨爱民：《国家权力与民族社会生计方式变迁——以湖南通道县阳烂村侗族为例》，《原生态民族文化学刊》2010年第2期。

②　韦月成：《历史的转折：一个壮族移民新村生计方式变迁研究》，广西民族大学硕士学位论文，2008。

③　杨雪吟、罗意：《云南澜沧江拉祜西人土地制度与生计变化》，《中南民族大学学报》（人文社会科学版）2007年第1期。

④　黄应贵：《作物、经济与社会：东埔社布农人的例子》，《广西民族学院学报》（哲学社会科学版）2005年第6期。

⑤　秦红增、唐剑玲：《定居与流动：布努瑶作物、生计与文化的共变》，《思想战线》2006年第5期。

⑥　蒙爱军：《水族传统生计方式及其变迁》，《中央民族大学学报》（哲学社会科学版）2008年第3期。

⑦　何国强：《围屋里的宗族社会——广东客家族群生计模式研究》，广西民族出版社，2002。

（二）游牧社会定居及其生计方式的研究

在一个更为具体的层面上说，定居是发生在游牧社会日益普遍的现象，游牧社会定居也是一个动态的持续过程，因而任何对于此项的研究均要把定居放在特定的历史和社会情境中进行，在不同地域的游牧民中，由于自然和地理环境的不同，定居的原因和条件不同，导致定居对于不同地区、不同民族带来的影响也有所不同，但是它们都为探讨游牧社会的发展、经济组织方式的变化、族群认同和文化变迁提供了典型的人类学"田野"。前人对于游牧民定居的研究可谓硕果累累，他们彼此关注的方向和重点也各有不同，但终究不是本书有限的论述中能够悉数涵盖的，本书所关注的是有关于游牧民定居问题及其生计方式的相关研究。

首先我们就从研究游牧社会的经典民族志开始说起，1940 年出版的埃文思·普里查德（Evans Pritchard）的《努尔人》[①] 一书，虽然意在分析一个没有国家和政府统治的部落组织制度，但从其对于部落定期在雨季村落和旱季牧牛营地之间进行迁移的放牧方式的描述，可以看出这是一个半游牧或半定居人群，他们旱季居住在风屏里，移动于小营地之间，放牧牛群，雨季则居住于棚屋，兼营农业和捕鱼业，而共同居住的村落是由几个具有亲属或姻亲关系的家宅或家户构成的，在村落内部，其成员又搭建起一个共同的营地，在生计活动中相互协作。这从另一个侧面揭示了努尔人的游牧生活是随生态环境的变化移动在游牧和定居之间，他们所从事的生计活动也在根据外界环境的变化在牧牛业和捕鱼或农业中进行弹性调整。但是这一时期关于游牧社会的研究重点依然集中在包括社会、文化与环境适应、功能结构论、新进化论及生态学等方面，关于游牧民定居对于生计方式影响问题的研究较少涉及，原因是许多人类学者将定居视为同游牧完全相反的现象，因此一直把定居研究抛到游牧研究领域之外。

直到 20 世纪 60 年代，一些人类学者开始日益把定居作为游牧社会的重要方面进行研究，突破了上述观点。他们的研究视角首先开始关注游牧社会与定居社会的差异以及相互之间的关系，如美国学者巴菲尔德及弗雷德里克·巴斯两位学者。前者在对阿富汗北部中亚阿拉伯游牧民做了两年的实地调查之后，发现他们每年从阿姆河的低地沼泽迁徙至巴达赫尚的高山牧场，是为了专门为

---

① 〔英〕埃文思·普里查德：《努尔人》，褚建芳、闫书昌、赵旭东译，华夏出版社，2001。

城市肉类市场饲养绵羊，这时他们会放弃其游牧方式而完全融入当地的经济之中。可以看出他从当地游牧民两种生计方式的选择过程中分析了游牧与定居之间的关系问题，进而总结了中亚游牧部落与其定居邻居之间的不同之处及其相互关系。由此巴菲尔德指出："中亚游牧部落虽然在家庭生活与家畜繁育的类型上与邻近定居民众非常相似，但每个部落的政治组织、与外部世界的经济联系以及集中化程度区别很大。较之外部关系，这些不同之处显得更少与内部发展相关。"① 虽然该著作从历史视角对生活在亚洲内陆边疆的匈奴、突厥及蒙古游牧部落进行了论述，但他以独特的视角揭示了游牧民与定居社会之间的互动关系，及其定居对于游牧经济的影响等问题。

而巴斯则在对于伊朗南部的 Basseri 牧民进行研究之后，认为当地牧民自发的定居是帮助保持草场、牲畜及人口之间平衡的一种人口控制方式，这在某种程度上强调了部分 Basseri 牧民的定居就是一种典型游牧生计方式的特点，它帮助维持游牧经济的连续而不是对游牧经济造成威胁。② 他的这一观点和本书得出的结论极为相似，就东乌旗牧民来说，当地定居的实现虽然是在国家权力的指导下进行的，但他们定居之后所从事的多元职业是作为牧业生计的补充形式而存在的，从事其他职业并不是对游牧经济的断裂，而是为满足牧业所需而积累资本，以保证游牧经济的延续和可持续。但巴斯并没有说明政治和经济因素会导致牧民定居率增加的趋势，也没有详细描述定居过程中的基本变量，如家庭作为一个基本生产组织单位如何根据定居化程度的深入和推进弹性调整和适应游牧经济，而这正是本书所要关注的细节所在。

进入 20 世纪 80 年代之后，受平衡理论的影响，大多游牧民都在政府土地政策的改革之下，逐渐定居下来，首先对游牧民赖以生存的自然环境产生了直接影响，由此大多学者开始将视角转向定居与生态之间的关系方面，如卡洛琳、拉帕波特、司考茨等学者。卡洛琳（Caroline Humphery）③ 运用了比较研究的方法在俄罗斯、蒙古国和中国境内的 10 个调查点进行了为期四年的田野调查之后，认为尽管各国政府都实施了定居、经济开发等政策，但对牧民来说，逐水草而居是针对当地自然环境最成功和最适宜的可持续生计模式，草原

---

① 〔美〕巴菲尔德：《危险的边疆——游牧帝国与中国》，袁剑译，江苏人民出版社，2011，第 3 页。

② Barth，F. *Nomads of South Persia：The Basseri Tribe of the Khamseh Confederacy*. Humanities Press，New York. 1961.

③ Caroline Humphrey & David Sneath，*The End of Nomadism？Society，State，and the Environment Inner Asia*，Duke University Press. 1999.

退化与游牧民流动性的丧失密切相关。相比已经定居的中国牧区而言，至今保持一套灵活流动放牧方式的蒙古国和俄罗斯的图瓦共和国，其生态环境及经济状况相对较好。此项研究指出了定居对生态环境的影响及两者之间的关系，可以说这是一部受全球化影响而产生的游牧社会研究的典型代表。拉帕波特（Amos Rapoport）认为，游牧是人对于环境的一种生态适应系统，游牧人在移动中形成了一整套游牧文化知识体系，而定居给移动的游牧方式带来了巨大冲击，尤其是游牧民的认知体系遭到破坏。① 德国人类学者司考茨（Scholz）在研究了非洲北部、西亚及中亚等游牧民族后提出，游牧是一种文化的社会生态模式，也是作为与定居的农业生计方式共存的一种生存选择。因此，生计方式的变化会影响生态环境，反过来，又会影响社会环境。②

然而随着定居化工程在大部分牧区的广泛推行，定居给游牧社会造成的影响日渐明显，这些影响不仅表现在生态环境方面，还表现在其世代从事的生计方式、生活方式及思想观念等方面，因而在定居过程中牧民逐渐由被动接受，转向主动适应和选择，根据环境的变化不断调整生存策略，形成了自己的一套应对方式。由此，他们这一策略性的适应和选择行为就开始成为人类学家进一步关注的焦点。例如 Michael & Barbara J. ③ 对苏丹西部牧民的生计方式进行研究之后，发现定居之后的牧民家庭为了更好地维持游牧经济采取了一些应对策略，如他们在生存资源中寻求更多可转变为现金的可利用资源，通过女性来沟通游牧和定居中不同经济模式的联系，而一夫多妻制则可以促进女性更多地参与到游牧和定居的经济模式中去。此外他们通过定居，更多地寻求经济活动，策略性地将经济生产资料保持在一个紧密的亲属集团内部，避免从中间人中流失，从而强化了游牧经济在更广阔社会中的地位，保持了游牧经济的连续性。

而 Sarah K. Goodall④ 和 Kristín Loftsdóttir⑤ 两位学者则通过对牧民城市化的

---

① Amos Rapoport. "Nomadism as a Man-Environment System." Environment and Behavior. 1978: 10 (2): 221.

② R. Merkle. "Nomadism: A Socio-ecological Mode of Culture." http://www.ilri.org/InfoServ/Webpub/Fulldocs/Yakpro/Session A12. htm#Top of Page.

③ Michael, Barbara J. Cows, Bulls, and Gender Roles: Pastoral Strategies for Survival and Continuity in Western Sudan, Ph. D. University of Kansas, 1987.

④ Sarah K. Goodall. Rural-to-unban Migration and Urbanization in Leh, ladakh: a Cace Study of Three Nomadic Pastoral Communities. *Mountain Research and Development*. Vol to 24 No 3, Aug 2004.

⑤ Kristín Loftsdóttir. Knowing What to Do in the City: WoDaaBe Normads and Migrant Workers in Niger. Anthropology Today, Royal Anthropological Institute of Great Britain and Ireland, 2002.

研究来揭示游牧民进城之后生计的多样性选择及其精神世界的维系，并为政策执行者提供了一些解决的方法和路径。前者通过对位于喜马拉雅山脉的拉达克西南部的三个游牧社群在城市化过程中迁移的原因、方式及其精神世界的比较进行研究之后指出，应该鼓励和提升以牧为主、多种职业的季节性迁移生计方式，而拉达克牧民表现出来的特点也正印证了笔者所关注的游牧群体的迁移特征，如迁移的原因是为了孩子接受教育，以将来获得稳定工作为最大心愿，并且他们和迁出地保持紧密的社会、经济、文化上的联系，季节性地摆动于牧区和城市之间。

而后者则对流动到城市的部分沃达贝人的生存策略进行了详尽的研究，认为牧民在城镇工作的目的是积累资金，以实现重新恢复牛群数量的愿望，因此当他们赚到了足够的现金之后，仍然渴望回到干旱草原上的"灌木丛"继续以往的游牧生活。这正是本书所期待描述的研究群体的内心情感世界。同样，东乌旗牧民即使进城打工或从事了其他职业之后，其内心的"乡土眷恋"和"草原情结"也是任何力量都牵扯不断的。由此我们发现，有关定居及生计方式的研究方向和关注内容越来越全面细致，从最初对于定居与生态环境关系的关注，逐步扩展到了对研究群体生计策略及其精神世界的全面把握，同时也从前期宏观层面的全方位描写，逐渐转向对定居与某一问题关系的专题探讨。

国内学者对于游牧民定居及其生计方式的研究较早的应该是 1959 年李宗海先生发表在《民族研究》上的《游牧经济的定居问题》[①] 一文，其后的 20世纪 60 年代到 80 年代近二十年间，国内游牧民定居研究同其他学科的研究一样，几乎处于停滞状态，直到 80 年代游牧民大规模定居化现象的出现又重新掀起了定居问题研究的高潮。定居之初，大多学者的研究内容主要集中于如何促进、加快牧区的定居工作方面，如胡祖源[②]、李健智[③]、东安[④]等人，他们都从不同角度论述了定居与游牧并不相悖，"定居移场放牧"及"定居游牧"等有计划的游牧有利于草场的合理利用、抗灾保畜，定居与游牧结合并且大力推进定居才是牧区脱贫致富的发展之路。而到了 20 世纪 90 年代末期，一些学者开始将视角转向定居对游牧社会及游牧生计的影响方面，他们不仅将定居看作一项政策进行研究，而且还强调了定居带来的生态、经济、社会、文化等影

① 李宗海：《关于游牧经济的定居问题》，《民族研究》1959 年第 7 期。
② 胡祖源：《定居与游牧的有机结合》，《中国民族》1991 年第 8 期。
③ 李健智：《牧民定居与牧区建设》，《新疆社会科学》1986 年第 6 期。
④ 东安：《定居游牧》，《中国草业科学》1988 年第 4 期。

响。可以说随着众多学者的加入，关于游牧民定居及生计的研究开始逐渐从单一的政策关注向多视角、多学科的研究方法过渡，涉及内容和研究深度也日趋完善。

首先，值得一提的是，早在 20 世纪 80 年代初期就开始对中国西部、北部草原边区进行考察研究的费孝通先生。从 1984 年开始，费先生先后从黑龙江到内蒙古，再到宁夏、甘肃及青海民族地区，对当地的农林牧业进行了全面的考察，分析了牧民定居带来的环境问题，并总结了这些地区的生计发展模式，认为定居及汉族移民的进入是导致草原生态失衡、经济结构及生产生活发生变迁的主要原因。由此他最后将环境问题的解决之道诉诸以城市化和工业化为特征的现代化畜牧业。而这一解决之道在 34 年后的今天正出现并实施在笔者的田野点——东乌珠穆沁旗，机械化牧业合作社、草业协会、乌珠穆沁种公羊协会等现代化畜牧生计方式都是这一论断的体现，同时我们也可以从这一论断中发现，费先生是赞成牧民定居及转变畜牧业经营方式的。随后，《边区开发论著》《多民族地区：资源贫穷和发展》《少数民族社区发展研究》《中华民族凝聚力的形成和发展》《中国西部边区发展模式研究》等研究成果相继出版，费先生的这些著作为今后对于游牧社会定居问题及生计方式的研究提供了一个新的视角。由此，越来越多的学者开始相继投入中国广大草原地区的定居问题及游牧生计的研究中来。

这些学者研究的区域范围包括新疆、西藏、甘南、青海及内蒙古等草原地区，其中对此问题进行较为系统研究的专著并不多，除苏发祥主编的《安多藏族牧区社会文化变迁研究》[1] 一书，对安多藏族区游牧民定居过程中所面临的生计、民生、婚姻家庭变迁等问题做了一个全景式的描述之外，其他学者大都从定居对游牧生计方式变迁的影响、产生的问题及社会适应等专题进行探讨。如刘正江[2]在对哈萨克定居牧民进行研究之后指出，定居使哈萨克牧民的生计方式发生了巨大变化，在由牧到农的经济转变中，牧民不仅得到了实惠，并且也由最初的被动选择转变为后来的主动适应，而社会环境的改变和国家政策的实施又进一步推动了哈萨克族牧民传统生计方式的转变。周亚成则在其《哈萨克族游牧生产习俗的变迁与经济发展》[3] 和《哈萨克传统习俗的变迁及发

① 苏发祥：《安多藏族牧区社会文化变迁研究》，中央民族大学出版社，2009。
② 刘正江：《哈萨克族定居牧民传统生计方式的变迁与社会适应——以新疆裕民县阿勒腾也木勒乡为例》，《中国穆斯林》2012 年第 3 期。
③ 周亚成：《哈萨克族游牧生产习俗的变迁与经济发展》，《民族研究》2000 年第 3 期。

展》① 两篇文章中探讨了定居之后哈萨克牧民生产经营习俗的变迁及其原因、结果，并指出传统生产习俗正在不断被现代社会的经济、技术所替代，而这一变化又促进了游牧经济的可持续。

陈祥军②、聂爱文③等人更为全面地探讨了政策与环境对生计变迁的双重影响。陈祥军通过对乌伦古河流域的实地考察，发现定居政策使当地传统游牧生计方式发生了改变，并打破了原有生计与生态之间的平衡关系，从而分析了政策、环境与生计之间的关系问题，而聂爱文则通过对天山北坡西沟村的哈萨克牧民进行调查研究，认为当地政策和生态环境的变化导致了牧民传统生计方式及适应策略的改变。本书所探讨的东乌旗牧民生计方式不断调整和适应的原因也是随定居政策及草原环境的改变而发生变化的。

此外，艾丽曼④通过对青海省河南蒙古族自治县定居牧民的调查，发现草场承包使牧民的游牧生计方式发生改变，同时带来了生态恶化、消费增加、医疗、生活公共服务等一系列问题。而崔延虎在对新疆北部定居牧民进行了长期的研究之后，认为游牧民定居后的生计方式正在由过去单一的游牧畜牧生产向以种植、圈养畜牧生产为主的多样化方式转变，这种变化促进了家庭经营类型的变化，"从游牧到定居，并不是一种生计方式或一种生产方式转化为另一种过程的结束，而是再社会化过程的开始"⑤，而冲突和适应被他看作再社会化过程中最重要的文化现象。此外，还有一些学者如杜发春⑥，彭定平、贺卫光⑦，陕锦凤⑧，张娟⑨等则从移民角度对牧民定居之后的生计及社会适应问题进行了研究。

---

① 周亚成：《哈萨克族传统生产习俗的变迁及发展》，《中央民族大学学报》2001年第4期。
② 陈祥军：《生计变迁下的环境与文化》，《开放时代》2009年第11期。
③ 聂爱文：《哈萨克族定居牧民的适应策略——以天山北坡西沟村为例》，中山大学博士学位论文，2006。
④ 艾曼丽：《从传统游牧走向定居游牧——青海省河南蒙古族自治县定居游牧调查》，《柴达木开发研究》2010年第6期。
⑤ 崔延虎：《游牧民定居的再社会化问题》，《新疆师范大学学报》（哲学社会科学版）2002年第4期。
⑥ 周华坤、赵新全、张超远、邢小方、朱宝文、杜发春：《三江源生态移民的困境与可持续发展》，《中国人口·资源与环境》2010年第3期。
⑦ 彭定平、贺卫光：《夏河牧民定居社区适应性的现状研究——基于夏河牧区定居新村的实地调查》，《西北民族大学学报》（哲学社会科学版）2009年第1期。
⑧ 陕锦凤：《从帐篷到定居房——循化县岗察乡游牧民定居工程调查研究》，《青海民族研究》2012年第2期。
⑨ 张娟：《对三江源区藏族生态移民适应困境的思考——以果洛州扎陵湖乡生态移民为例》，《西北民族大学学报》（哲学社会科学版）2007年第3期。

（三）内蒙古游牧社会定居及其生计方式的研究

以上对关于我国西部、北部的新疆、西藏及三江源地区的牧民定居及生计方式的研究进行了一个梳理，以下我们来看看有关内蒙古牧民定居之后生计方式的相关研究。可以说，以畜牧业为主的内蒙古牧区在我国草原生态系统中占有重要的位置，因此一直都是人类学民族学着重关注的焦点。从牧业移动规律来讲，游牧方式可以分为水平放牧和垂直放牧两种，如同中亚、中东、南美洲及阿拉伯半岛上生活的牧民一样，内蒙古草原牧民依托独特的平原草原自古以来都以水平放牧方式为主，而正是这样一种地理特征及放牧方式被一些学者认为更加适合定居的放牧类型。日本北海道大学的七户长生[①]曾指出，定居比较适合水平放牧的地区，而对于垂直放牧的地区就很难适用。如在内蒙古草原上，牧民定居之所以进展较快，就是因为那里的草地资源可以水平利用，比较容易进行地域的划分，而新疆的资源只能垂直利用，受其制约，地域的划分非常困难。因而定居工程在内蒙古牧区就更加如火如荼地开展开来。

由此，对于内蒙古游牧民定居问题的关注日益成为多学科交叉研究的焦点，其中包括经济学、管理学、社会学、人类学及民族学等学科，但他们关注的重点又各有不同，经济学及管理学等学科擅长从宏观把握现象的发展脉络及整体状况，而人类学、民族学则注重从实地实景出发，从微观视角关注其细微处的表现特征及研究群体的内心世界，从而在一定程度上可以更加深入地挖掘一个小社会变迁的本质。早在20世纪80年代初期内蒙古游牧民定居之初，学者们首先关注的是进入草原的汉族移民在草原上定居下来对牧民生计造成的影响。其中，马戎、色音等人的研究比较具有代表性。马戎的博士论文关注新中国成立后20世纪80年代赤峰地区的汉族移民问题，他指出赤峰地区是汉族移入内蒙古的最早定居点，并且描述了汉族移民进入草原地区之后如何调整自己的生计方式，以适应和融入迁入地群体当中。

事实上，马戎对赤峰府村的研究是基于费孝通先生80年代初期《边区开发·赤峰篇》的研究成果。费先生在1984年及1995年三次访问赤峰之后，注意到汉族农民自20年代开始大规模迁入赤峰之后，对当地牧民的生态环境及生计方式造成了巨大影响。同时他在第三次访问赤峰北部的大板镇时，发现当地出现了一种"小草库伦"的创造性生计方式，费先生将其称为"牧区的庭

---

① 〔日〕七户长生、丁泽霁编《干旱、游牧、草原——中国干旱地区草原畜牧经营》，农业出版社，1994。

院经济"①。这种庭院包括牧户的住所，饲养牲畜的牛栏、牛圈以及用于冬天接羔的暖房和用薄膜盖顶可以加温的羊圈，而牧民就定居在草库伦中的土房里。此外，这些定居牧民还在土房周围种植了用作饲料的玉米等农作物。费先生对这种放牧和舍饲、农业和牧业相结合的定居生计较为赞同，因而将其比作由联合国资助、韩丁兴办的示范牧场的微缩模型，并且寄希望于通过这种经营方式可以使农牧之间的矛盾迎刃而解。继《赤峰篇》之后，马戎与其同事潘乃古等人曾多次对其进行追踪调查，写下了《内蒙古半农半牧区的社会、经济发展：府村调查》《三访府村：一个北方半农半牧社区的跟踪调查》，考察了府村的人口迁移和社区史、经济史等问题，并针对现实经济问题提出了一些解决对策。此后，他还对曾经插队的东乌珠穆沁旗进行了考察，探讨了移民和当地蒙古民族的关系演变及影响因素等问题，而此地正是本书所开展调查的田野点。

色音则在 1998 年出版的《蒙古游牧社会的变迁》② 一书中，选取了新巴尔虎蒙古部、巴林蒙古部、归化城土默特蒙古部等 5 个地区进行比较分析，论述了汉族移民是导致蒙古地区放垦后游牧社会发生变迁的外在原因。这些变迁导致了环境退化以及草牧场缩小，进而影响到牧区的游牧生计方式。他以牧区草场面积的缩小及汉族移民的增加为切入点指出了农牧之间的矛盾和问题。此外，王建革、闫天灵等人也是支持这一观点的学者，如王建革在其《定居与近代蒙古族农业的变迁》《农业渗透与近代蒙古草原游牧业的变化》③《榜青与社会流动——近代东蒙地区社会转型的过程透视》④ 等文章中，从不同角度阐述了清代以来游牧地区的生态和生计发生变化的原因是定居的发生，"从移动式蒙古包转向固定式蒙古包或汉式土房子是一个重要的标志"⑤。闫天灵的《论汉族移民影响下的近代蒙旗经济生活变迁》⑥ 则从牧民生产经营中的市场意识和交换观念的增强方面论述了汉族移民导致牧民从业方式发生了多元分化。可以看出以上学者的研究范式基本相同，他们共同关注了汉族移入并定居草原对

---

① 费孝通：《三访赤峰》，《瞭望新闻周刊》1995 年第 39 期、第 40 期。

② 色音：《蒙古游牧社会的变迁》，内蒙古人民出版社，1998。

③ 王建革：《农业渗透与近代蒙古草原游牧业的变化》，《中国经济史研究》2002 年第 2 期。

④ 王建革：《榜青与社会流动——近代东蒙地区社会转型的过程透视》，《近代史研究》2002 年第 5 期。

⑤ 王建革：《定居与近代蒙古族农业的变迁》，《中国历史地理论丛》2000 年第 2 期。

⑥ 闫天灵：《论汉族移民影响下的近代蒙旗经济生活变迁》，《内蒙古社会科学》（汉文版）2004 年第 3 期。

牧区生计造成的影响，及其引发的农牧矛盾问题。那么，除了汉族移民等因素，是否还有其他原因导致牧区定居及生计方式发生变迁呢？其他学者的研究提供了更为多元的视角。

阿拉腾的《文化的变迁——一个嘎查的故事》① 一书主要以察哈尔右翼后旗乌兰哈达苏木阿达日嘎嘎查的蒙古族作为考察对象，对其定居之后的游牧生计活动及其文化变迁进行了深描。他具体关注了该嘎查牧民不同时期的放牧生计、家畜管理、家畜经营等日常牧业活动，突出了其他研究中缺乏的细致与生动。例如他细致入微地描述了 20 世纪 80 年代之后阿莱乌苏高特牧民采取的两种不同家计策略，即通过精打细算经营家畜，以及通过人口输出维持家畜头数两种策略选择。其中前者以打工职业作为牧业家庭生计的补充，同时通过建设围栏、棚圈、机井等家畜收容设施甚至储备充足的饲草料等方式，增加家庭收入，这种经营策略在笔者的田野点同样存在。但是以家庭为单位进行生产合作的情况在阿达日嘎嘎查并没有出现，而更大规模的合作社经营方式就更加无从谈起。同样属于游牧民族，为什么会存在如此大的差别？笔者认为主要原因应该是草原植被及生态环境不同。阿拉腾描述的游牧区域是一个以干草原植被为主的半农半牧地区，在一个东西不过 15 公里，南北也不过 13 公里的狭小放牧区域内，早在 20 世纪初期的蒙地放垦之后，当地牧民的生计方式就开始逐渐转向定居定牧，更确切地说他们的家庭生计方式表现为牧业和农业相互补充。

而本书所关注的是一个东西距离为 350 公里，南北距离为 150 公里，辖区面积为 4.73 万平方公里，天然草场面积达 6917 万亩的边境纯牧业旗，草原植被也以草质、产草量、盖度、密度较好的草甸草原及典型草原为主，而环境必然导致这两种牧业生计及家庭经营方式存在本质区别，这为笔者进一步思考研究区域的特点提供了一个对比和参考。然而对于作者的论述视角需要指出的是，由于受新进化论及生态学的影响，作者重在关注人口与环境的能量交换及二者之间的相互制约关系，似乎忽视了由定居引起的环境问题及生计方式改变的政策、市场等外力因素，而这正是笔者所要关注的家计转变动力机制的内容。

麻国庆关于草原的一系列研究除突破了忽视外力因素的思路，还对定居与牧民生计及环境三者之间的互动关系，以及本土文化对当地环境、生计的重要性挖掘开辟了另一种研究的视角。事实上，早在 20 世纪 90 年代，他就开始关

---

① 阿拉腾：《文化的变迁——一个嘎查的故事》，民族出版社，2006。

注草原游牧民的生存状态与环境之间的关系了。在锡林郭勒盟（简称锡盟）白音锡勒牧场所做的调查研究，使他认识到牧场生计及环境发生变化，是由几十年来的政策导向所致，例如人民公社时期的农垦、"文革"时期的集中建队以及后来的牧业体制改革等，都以定居多少作为衡量牧区发展的重要指标。这就导致牧民在放牧技术方面发生了改变，甚至水源也开始从"公的水"转变为"私的水"，再加上移民等诸多因素综合导致了草原环境的不断恶化。在此基础上，他对牧区逐渐实现定居的历程进行了详细划分，即 20 世纪 50～60 年代的比较分散时期、60～70 年代的相对集中时期以及 80 年代家庭承包责任制之后的集中分散时期。[1] 随着定居的深入，牧民的居住格局也由最初的沿袭传统、因地势而建转变为套用农区做法集中修建，直到后来的一家一户流动放牧，在集中居住的前提下分散放牧的方式。

此后他又进一步通过一系列研究成果，如《草原生态与蒙古族的民间环境知识》[2]、《内蒙古土默特地区的都市化与蒙古族的文化变迁》[3]、《论影响土默特蒙古族文化变迁的因素》[4] 及《开发、国家政策与狩猎采集民社会的生态与生计——以中国东北大小兴安岭地区的鄂伦春族为例》[5] 等，表明了在政策决策过程中只有重视民族文化传统的作用，寻求传统知识体系与现代科学的最佳结合点，才能在定居过程中，逐渐实现环境、生计与人文三者之间的协调统一。可见麻国庆的研究视角较为全面，不仅关注了以往学者提出的移民的影响、定居过程中政策等外力因素的影响，而且还注意到了土著民族的民间知识体系及其背后的文化机制所发挥的内在动力，同时能够结合其他相似民族，如鄂伦春族的定居特点将这一研究放在全球化背景下进行全面的探讨，最终揭示了作为政策接受主体的游牧民并不是被动的接受者，而是具有主动性和主体性的民族群体。这就启发笔者进一步思考东乌旗牧民从定居到再定居过程中的生计选择是否也具有主动性和主体性特征。

随着 20 世纪 90 年代以后海外研究理论的翻译和推介，学者们进一步认识到

---

① 麻国庆：《人文因素与草原生态的关系——内蒙古锡盟白音锡勒牧场的研究》，载《内蒙古生态与环境的社会人类学研究》，未刊稿，2011，第 120 页。

② 麻国庆：《草原生态与蒙古族的民间环境知识》，《内蒙古社会科学》2001 年第 1 期。

③ 麻国庆：《内蒙古土默特地区都市化与蒙古族的文化变迁》，《中山大学学报》1990 年第 4 期。

④ 麻国庆：《论影响土默特蒙古族文化变迁的因素》，《内蒙古社会科学》1991 年第 1 期。

⑤ 麻国庆：《开发、国家政策与狩猎采集民社会的生态与生计——以中国东北大小兴安岭地区的鄂伦春族为例》，《学海》2007 年第 1 期。

国家制度对牧区定居及生计改变的重要推动作用。在这方面，中国社会科学院社会学研究所的王晓毅所做的研究较具代表性。他所翻译的耶鲁大学政治学、人类学家詹姆斯·斯科特的《国家的视角——那些试图改善人类状况的项目是如何失败的》一书，瞬间成为众多人类学者热烈追捧的理论。如其所说，"这本书为人们观察世界提供了一个透镜，而斯科特提供的用于观察世界的这面透镜是如此有效"①，因而他的一系列研究自然也成为斯科特透视国家和基层社会二元对立框架催生的结果，如《从承包到再集中——北方草原环境保护政策的分析》、《被压缩的放牧空间——呼伦贝尔市图贵嘎查调查》、《家庭经营的牧民——锡林浩特希塔嘎查调查》、《政策下的管理缺失——一个半农半牧区草场管理的案例研究》②、《干旱下的牧民生计——兴安盟白音哈嘎屯调查》及《互动中的社区管理——克什克腾旗皮房村民组民主协商草场管理的研究》③ 等文章。这些研究认为国家实施的草场管理及定居化政策不仅具有简单化、清晰化的弊病，而且常常忽视了基层社会的自觉意识和参与意识，国家和基层社会除了存在对立，而且有时还会合作甚至共谋，这样就必然会导致这些简单化及清晰化的项目归于失败，最后指出了将社区共管纳入牧区资源管理机制的解决对策。他和他的同事们甚至还将这一解决对策实地实施于克什克腾旗皮房村的放牧实践中。在两年的实验当中，他们在基层政府、草原监督管理局、林业部门等相关部门及村民组共同参与协商的情况下制定了一个规范村民行为的放牧规划，使利益各方自发地相互监督、参与及保护，结果证明"共管"和"参与式"管理模式是牧区管理和资源利用的有效方式。

而《从摆动到流动：人口迁移过程中的适应》④ 一文的发表表明他已开始关注牧民在适应与选择过程中所采取的策略问题。比如文章指出，牧民在移民地和牧区来回摆动的策略不仅有助于他们更好地适应移入地的环境，而且可以为他们提供选择的机会，由此，他建议政府的政策需要从硬性的移民规划转变为软性地支持人口流动。持有类似观点的学者还有朱晓阳，⑤ 他的研究同样考

---

① 〔美〕詹姆斯·斯科特：《国家的视角——那些试图改善人类状况的项目是如何失败的》，王晓毅译，社会科学出版社，2011，第458~459页。
② 王晓毅：《政策下的管理缺失——一个半农半牧区草场管理的案例研究》，《华中师范大学学报》（人文社会科学版）2005年第6期。
③ 王晓毅：《环境压力下的草原社区——内蒙古六个嘎查村的调查》，社会科学文献出版社，2009。
④ 王晓毅：《从摆动到流动：人口迁移过程中的适应》，《江苏行政学院学报》2011年第6期。
⑤ 朱晓阳：《语言混乱与草原"共有地"》，《西北民族研究》2007年第1期。

察了牧区生计变迁过程中国家与牧民的互动关系。他主张，研究者必须从当地牧民的角度和立场去关注他们的牧业生计特征、"时间地理现实"和身份表征等问题。他的研究不仅从外部的制度实施进行了探讨，而且从当地人的生计习性视角对生计变迁进行了讨论，具有重要的启发意义。

顺着以上学者对于国家与牧民定居及其生计关系的研究方向和思路，部分学者开始将视角转向生态移民问题领域。生态移民是指从改善和保护生态环境、发展经济出发，把原来位于环境脆弱地区高度分散的人口，通过移民的方式集中起来，形成新的村镇，在生态脆弱地区达到人口、资源、环境和经济社会的协调发展。[①] 事实上，这是另一种牧区定居行为，区别在于，牧民移出牧区的居住和生计安置是由政府主导进行的。在对草原移民的讨论中，似乎存在一个"钟摆现象"，从最初费孝通、马戎、麻国庆等学者关注的汉人移民研究摆向了现在的蒙古族生态移民研究中来。在这一"摆动"中，既有定居导致草原生计、生态发生改变的因素发散于其中，也有以蒙古人和蒙古社会为中心的研究视角的转换。包志明、孟琳琳[②]通过对锡林郭勒盟围封转移工程中第一个整体搬迁的正蓝旗敖力克嘎查进行实地研究，发现政府的移民搬迁使牧民的生计方式从传统放牧转向奶牛养殖，从粗放型转向集约型，从而导致牧民家庭对自然环境的依赖程度大大降低，而生产成本及市场风险则大幅增加，最终由于牧民无法适应，使搬迁主体陷入产业结构单一、社区内部贫富分化及生态效益低下的生计不可持续状态。

同样，包智明又与荀丽丽[③]通过对内蒙古 S 旗的实地研究，发现牧民搬迁之后的奶牛养殖业，是在一个自上而下的政府、市场精英、农牧民等多元社会行动主体复杂的互动和博弈过程中走向失败的。其中政府身兼"代理型政权经营者"与"谋利型政权经营者"的"双重角色"，使环境保护及牧民家计的保障充满了不确定性。此外，关注这一现象的学者还有任国英[④]、葛根高娃[⑤]、

---

①　刘学敏：《西北地区生态移民的效果与问题探讨》，《中国农村经济》2002 年第 4 期。

②　包智明、孟琳琳：《生态移民对牧民生产生活方式的影响——以内蒙古正蓝旗敖力克嘎查为例》，《西北民族研究》2005 年第 45 页。

③　荀丽丽、包智明：《政府动员型环境政策及其地方实践——关于内蒙古 S 旗生态移民的社会学分析》，《中国社会科学》2007 年第 5 期。

④　任国英：《内蒙古鄂托克旗生态移民的人类学思考》，《黑龙江民族丛刊》2005 年第 5 期。

⑤　葛根高娃：《关于内蒙古牧区生态移民政策的探讨——以锡林郭勒盟苏尼特右旗生态移民为例》，《学习与探索》2006 年第 3 期。

刘学敏、史俊宏及盖志毅①等，他们都从不同角度探讨了生态移民与牧民家计的关系。这些研究虽在将蒙古传统作为研究中心的视角转换方面有所进步和突破，但大多偏重于对政府政策的修正和讨论，在研究的理论探讨和移民声音的真正呈现上，仍然存在不足。

综上所述，以上学者的研究大致可以分为两个方向，一是生计变迁的动因，二是政策与牧民定居、草原生态、家庭生计之间的相互关系。诚然这些研究视角独特，观点鲜明，丰富了游牧社会研究的视野，为今后的研究提供了许多重要的参考和启发。但他们较少注意除了国家政治、汉族移民等因素，当地牧民是否具有进行选择的主动性和能动性，在变迁和选择过程中的民族群体又会出现怎样的情感纠结。随着市场化、现代化与全球化进程的不断加快，草原上也出现了诸如家庭牧场，租赁形式及联营形式的合作社经营，畜牧业合作社、草业合作社、牧业机械合作社，甚至家庭+合作社+企业等多种生计方式，这就需要我们运用新的视角和切入点对其进一步开展研究。而在对这些新问题进行研究的同时，我们还需要关注面对国家、市场、生态及新的外力因素的影响，当地牧民是被动的接受者，还是采取多种策略进行积极适应和博弈的行动者，在此过程中，背后是否存在一种深层的文化机制在起作用。这正是本书所期待能弥补的不足及对牧民如何开展家计调适图景的描述过程。

---

① 史俊宏、盖志毅：《内蒙古生态移民安置点选择问题研究》，《内蒙古农业科技》2006 年第 1 期。

第二章

走进田野：东乌旗游牧社会的 生存面貌

锡林郭勒草原地处我国北部边疆，位于内蒙古自治区中部，总面积 20.3 万平方公里，素有"天然牧场"的美誉，是我国少有的几个天然优质草场之一。而深处草原腹地的东乌珠穆沁旗是植被和游牧生计方式保存较为原生态的一个纯牧业旗。生活在这里的乌珠穆沁游牧民世代以游牧为其主要生存方式。从游牧到定居，从草场公有体制下的长距离游牧到草场承包到户之后的小范围放牧，当地游牧社会经历了一个漫长的变迁过程。可以说，这种变迁既受到自然环境及历史条件的影响，又和政策、市场等多重力量的支配相关。所以本书开篇首先对东乌旗牧民的生存环境，在国家、市场影响下的生计演进，及其在旗域范围内的地域性特征做一介绍，以求从现实与历史的视角，为其家计选择与草原情结内容的叙述做一铺垫。

第一节　田野点介绍：草原腹地的蒙古民族旗

一　地理与交通

东乌珠穆沁旗①位于内蒙古高原东部，大兴安岭西麓，在地理位置上东接兴安盟，南连西乌旗，西邻阿巴嘎旗，北与蒙古国苏赫巴托省接壤。经纬位置为东经 115°10′~120°07′，北纬 44°40′~46°43′，总面积 4.73 万平方公里，其中天然草场面积 6917 万亩，可利用草场面积占天然草场总面积的 95%。② 乌里雅斯太镇为全旗政治、经济及文化中心。由于地处锡林郭勒草原腹地，地理位置相对封闭，因此其自古就是一个以牧业生计为主的纯牧业旗。

---

① "旗"，为内蒙古特有的县级行政单位。
② 数据来源：东乌旗统计局，2012 年。

笔者进入东乌旗草原，有两种交通方式。一是从呼和浩特乘坐 K7916 次火车首先到达锡林浩特市，然后再转乘公路客车沿着 101 省道北上，行驶 171.2 公里，最后到达东乌旗旗府所在地乌里雅斯太镇，约 16 小时。二是从呼和浩特乘坐长途客车一路北上，先后经过乌兰察布市的集宁、商都、化德，锡林郭勒盟的正镶白旗、桑根达来、盟府所在地锡林浩特，最后到达目的地，总行程 881.1 公里，约 10 小时。一路上听着豪放的蒙古族民歌，欣赏着窗外一望无际的绿野，宛若进入了仙境。到达旗府乌里雅斯太镇之后，再选择合适的交通方式去和各苏木及嘎查的牧民会面。之所以使用"合适"一词，是因为旗府并没有通往牧区的客车，只能通过打车或由熟悉的报道人骑摩托车带笔者下去做调查。

草原的辽阔及牧户的分散曾使笔者的调查一度陷入困苦中，但当地存在的一种严密的私人出租车网络却令笔者喜出望外。这一网络以锡林浩特为中心，辐射整个周边牧业旗县，形成了一个紧密的联系圈。笔者在位于东乌旗东南方向的西乌旗及锡林浩特南部的太仆寺旗、正蓝旗及多伦县开展调查时也曾"享受"过此种便捷的出行方式。一般是四个人合拼一辆车，根据起点到终点的距离不同支付 40~80 元不等的车费。这些司机由转产牧民及当地汉族人组成，而司机们通过发放名片招揽顾客，负责"门对门"的接送服务，接到顾客电话之后，他们通过互相联系，可以将同一时间段出行的客人安排在同一辆车上，因而我也曾数度被他们进行"资源"的互换与配置。同时也为他们之间自发的"资源"配置能力和智慧所震惊。对于笔者而言，与单独租车的昂贵费用相比，明显这是一种既便捷又实惠的选择。

二 区划与人口

东乌旗现辖 5 个镇 4 个苏木，9 个乡级行政区及 1 个乌拉盖农牧业综合开发区。下设 57 个嘎查、1 个国营林场、13 个社区，220 个牧民小组、192 个居民小组。① 可以说，如今的行政区划是经历了一个长期分合变动的过程形成的。据调查，东乌旗自 1934 年归属锡林郭勒盟以来，其行政区划大致经历了八次变更，即 1946 年的"东三旗"、1949 年的东部联合旗、1956 年单独设立东乌珠穆沁旗、1958 年的合作社、1961 年的公社细分、1983 年草畜双承包之后苏木及嘎查行政体制的重建、2002~2006 年的撤苏木并镇以及 2012 年的调

---

① 数据来源：东乌旗人口局提供。

整至今（见表 2-1）。

表 2-1　东乌珠穆沁旗历年行政区划

东乌旗行政划分时间＼其他地区行政划分	镇	乡	村	备注
2012 年至今	镇	苏木	嘎查	4 个苏木 5 个镇
2006 年	镇	苏木	嘎查	2 个苏木 5 个镇
1983 年	镇	苏木	嘎查	13 个苏木 2 个镇 3 个牧场
1961 年	镇	公社	大队	11 个公社 47 个生产大队
1958 年	旗	合作社	大队	4 个公社 17 个生产大队
1956 年	旗	苏木	巴嘎	5 个苏木 25 个巴嘎
1949 年	旗	苏木	巴嘎	8 个苏木
1946 年	旗	苏木	巴嘎	17 个苏木
1946 年之前	旗	苏木	巴嘎	

资料来源：根据 2013 年 3 月田野调查情况及数据制作。

　　早在内蒙古自治区成立前夕的 1946 年，自治区运动联合会就派工作组到浩齐特左旗、乌珠穆沁右翼旗、乌珠穆沁左翼旗组建东部三旗分会及民主政府，共设 17 个苏木，称为"东三旗"。到了 1949 年，当时的锡林郭勒工委又将以上三旗合并为东部联合旗，[①] 将"东三旗"的 17 个苏木合并为 8 个，其中在今东乌旗境内的苏木有 3 个。1956 年，撤销东部联合旗，分设东、西乌珠穆沁旗，东乌珠穆沁旗正式成立，辖 5 个苏木、[②] 25 个巴嘎，[③] 旗府驻地喇嘛库伦。1958 年，开始将草场、牲畜等个人财产收归公有，成立合作社生产组织形式，同时将苏木改为公社、巴嘎改为大队，建立 4 个人民公社、17 个生产队、1 个林场。1961 年又进一步细分为 11 个人民公社、47 个生产大队。从

---

① 包括西乌珠穆沁旗和东乌珠穆沁旗及东浩齐特（原为五部十旗中的浩齐特左旗），旗驻地为如今西乌旗乌兰哈拉嘎苏木所在地——乌兰哈拉嘎庙。

② 包括原属东乌旗境内的五、六、七 3 个苏木，1 个公私合营牧场及 1 个林场。

③ 1958 年之前的东乌旗是旧时代的管理和行政划分体制，行政区划名为旗—苏木—巴嘎。一个苏木包括 4~5 个巴嘎。"旗"和"苏木"等同于现在的含义，相当于农区的"县"和"乡"，"巴嘎"等同于现在的"嘎查"，相当于农区的"村"级行政单位。就地域来说，比农业村落大，就人口密集度来说，比农业村落稀少。

1958 年到 1965 年，先后合并成立了 5 个公私合营及国营牧场，即乌拉盖机耕农场、乌尼特地方国营牧场和满都宝力格、额和宝力格、贺斯格乌拉合营牧场。1969 年，将乌拉盖、乌尼特、贺斯格乌拉、满都宝力格 4 个牧场，及呼热图淖尔公社和宝格达山林场划归内蒙古生产建设兵团第六师，之后 1975 年撤销并组建乌拉盖农牧场管理分局。

直到 1983 年"草畜双承包"政策之后，公社彻底解散，重新建立苏木、嘎查行政体制。这时，满都宝力格牧场被划归东乌旗，锡盟行政公署在乌拉盖设立开发区，东乌旗行政区划包括 13 个苏木、2 个镇、3 个牧场。此后在 2002~2006 年的撤苏木并镇，使东乌旗变成了 5 个镇、2 个苏木，即乌里雅斯太、道特淖尔、嘎达布其、额吉淖尔、满都胡宝力格 5 镇，呼热图淖尔、萨麦 2 苏木。而就在笔者 2012 年 12 月即将回学校参加开题之时，东乌旗又在 5 个镇的基础上分出了阿拉坦合力及嘎海勒 2 个苏木。① 据相关负责人说，将其分出的原因是，这两个苏木草场面积较大致使基层工作难于开展。

据调查，如今人口及民族成分格局的形成和部分移民的进入有关。闫天灵将清代以来的移民方式分为推动型、拉动型及自发型三种。灾荒、战乱和贫困导致的移民属于推动型，因迁入地资源富庶及"内地不如塞外"的认识导向而形成的移民为拉动型，官方指导下的民间自发移居则属于自发型移民。② 就 20 世纪 50 年代开始的东乌旗移民来说，以上三种类型基本都存在。

推动型移民开始于 1958~1962 年的大跃进及三年自然灾害时期，河北、山西及周边赤峰、乌兰察布等地的蒙古族和汉族逃荒来到地广人稀的东乌旗谋生。而 60 年代后期，因边疆建设需要，国家从周边地区有计划地选择了一些工匠、教师、兽医、边防战士等知识分子进入东乌旗，同时"文革"等政治运动的开始也使北京、上海等城市的知识青年分批次来到东乌旗，这两种类型的移民可以称为政府指导性的迁入。退休老干部那仁朝克图告诉笔者，他当时所在的额仁宝力格大队就来了 40 多个知青，他们与牧民同吃住、共劳动，大多承担开拖拉机、兽医等技术劳动。后来于 1972 年、1977 年、1978 年分三批返回原籍，但还有部分知青因在当地成家而留在了牧区。第三种类型是 70 年代开始直到目前的拉动型移民。东乌旗地广人稀的地理条件及丰富的草场资源，吸引了周边省区市的人口不断迁入，1983 年之前迁入的移民大都分到了草场和牛羊，如今大多数已经成为土著。其中包括西乌旗、太仆寺旗、赤峰、

---

① 阿拉坦合力苏木，原属额吉淖尔镇；嘎海勒苏木原属满都宝力格镇。

② 闫天灵：《汉族移民与近代内蒙古社会变迁研究》，民族出版社，2004。

林西等省内及河北康宝、宝昌等省外的移民，以周边旗县的近距离地缘性流动为主。图 2-1 为东乌旗从 1981 年到 2011 年的人口变化情况。

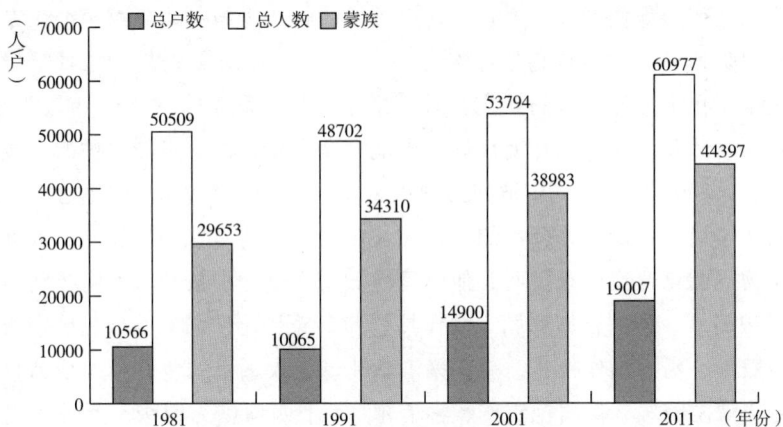

图 2-1　东乌珠穆沁旗人口变化情况

资料来源：东乌珠穆沁旗统计局编《东乌珠穆沁旗国民经济与社会发展统计资料》《东乌珠穆沁旗统计年鉴》（各年单行本）。

从图 2-2 可以看出，自 20 世纪 80 年代开始，东乌旗的总户数、总人口及蒙古族人口逐年增长。其中 90 年代略有下降，原因是 90 年代初期的自然灾害以及牧业税的逐年增长使许多牧户开始外迁，他们大多放弃草场改为城镇户口，因而这一时期的总人口及总户数减少到图中的最低点 48702 人和 10065户。90 年代之后，牧业现代化政策的实施以及生态补偿政策的出台，再加上 2001 年牧业税的取消、牲畜价格的逐年增长，使东乌旗牧业经济发展迅速，因此许多迁出牧区的牧民又开始重操牧业。这时，外来移民也开始想方设法改为牧业户口，这使当地总人口、总户数及蒙古族人口出现了快速增长。截至 2012 年，东乌旗总人口增至 60865 人，总户数为 19148 户，蒙古族人口为 44373 人。[1]

三　文化与宗教

东乌旗至今保留着较为完整的游牧文化。正如费孝通先生所言，文化是共

---

[1]　东乌珠穆沁旗统计局编《东乌珠穆沁旗统计年鉴》，2013。

同生活的人群在长期的历史当中逐渐形成并高度认同的民族经验。① 特殊的地理环境及悠久的历史渊源，使当地牧民在长期的游牧生计及草原环境中形成了本民族独有的文化形态。乌珠穆沁长调、伊茹勒，② 马头琴、马鞍具及勒勒车等制作技艺作为他们的一技之长，通过民间的言传身教一直延续至今。东乌旗博物馆内陈列着"蒙古族乌尔汀哆③之乡""中国民间文化艺术之乡"等荣誉牌。基于文化生态保护区的认定条件，即文化历史积淀丰厚，分布较为集中，所依存的自然和人文生态环境良好，当地群众文化认同、参与保护的自觉性较高等优势，2009年，东乌旗被列为"内蒙古自治区游牧文化生态保护区"。

据文体局文化遗产办公室的工作人员介绍，目前乌珠穆沁长调已被列入世界级非物质文化遗产名录。而其他民间传统文化也分别被列入不同级别的"非遗"保护名录，如蒙古族勒勒车制作技艺和乌珠穆沁伊茹勒两项为国家级，骨雕、马鞍具、奶酒制作技艺，乌珠穆沁婚礼、祭火、祭敖包等十一项为自治区级，乌珠穆沁蒙医、熏皮袍制作、喜塔尔④等十四项则为盟级。目前东乌旗有自治区级非物质文化遗产传承人11人，盟级27人。2012年及2013年又申报了蒙古族刺绣、蒙古族图案以及额吉淖尔传说等项目。

至于当地牧民的宗教信仰，他们最初信仰萨满教。"萨满"一词是通古斯语，意为激动不安之人或狂怒的人，是起源于母系社会的一种原始宗教信仰，基本教义为祭火和祭天。⑤ 这种"天命观"后来经过成吉思汗"以诚配天"思想的推动，进一步发展为"长生天"、"天力论"和"天佑论"，而后又由忽必烈发展成为"应天至诚"。十三世纪中叶在忽必烈的推崇下，喇嘛教中的红教开始在蒙古族上层贵族中广为传播，但民间仍然流行萨满教。如今东乌旗牧民通过祭敖包、祭火等传统节日仍然践行着对天神、火神等自然力量的敬畏和崇拜，但已在萨满教信仰的基础上融合了喇嘛教教义中的因素。

---

① 费孝通：《进入21世纪时的回顾和前瞻》，载《费孝通九十新语》，重庆出版社，2005，第176页。

② 乌珠穆沁伊茹勒，即祝赞词，是蒙古族一种极为典型的民间文艺形式，也是婚嫁、寿辰、节日等仪式上重要的演说环节。它运用类似于诗词的语言，一气呵成的韵律，对美好的事物与事情进行祝福与赞美。

③ 乌尔汀哆：指蒙古族长调，为蒙古族音乐的典型代表，即长歌，善于抒情，字少音长、音域宽广，曲调优美流畅，旋律线多波浪式，起伏跌宕，是在蒙古族祖先由狩猎转变为游牧生活过程中形成的，距今已有1000年的悠久历史，当今各种蒙古族民歌均起源于此。

④ 喜塔尔：指蒙古象棋，类似于国际象棋。由棋盘和棋子组成，棋盘有深浅两色间隔排列的64个小方块，棋子共32枚，双方各16枚，有诺颜（王爷）、哈屯（王后，也称波日斯）各一枚，哈萨嘎（车）、骆驼、马各2枚，厚乌（儿子）各8枚。

⑤ 塔勒、乌恩：《古老的游牧部落——乌珠穆沁》，西乌珠穆沁旗文体局，2004，第57页。

喇嘛教传入乌珠穆沁草原的时间还得从清朝算起。该教最初服务于清朝的蒙古统治者，在"蒙地建一庙、胜养十万兵"思想的推动下，为钳制牧民思想，巩固北部边疆统治，他们鼓励各盟旗大肆修建庙宇，甚至由皇帝亲自下令赐款题名。到清末，锡林郭勒地区的寺庙多达数百座，仅乌珠穆沁草原上就修建了大小寺庙23座。[①] 如今庙址在西乌旗有十五处，东乌旗七处，锡林浩特一处。其中的喇嘛库伦庙就位于东乌旗乌里雅斯太镇东北部的后山上，始建于乾隆四十八癸卯年（1783年），又名"集惠寺"，是东乌旗牧民宗教活动的主要场所，也是中华人民共和国成立初期庙宇学校的办学机构。

然而从20世纪初期开始，喇嘛库伦庙经历了多次战乱焚毁，如1913年的癸丑动乱、1936~1945年日本侵略军侵占，以及此后的苏蒙对日宣战、"文革"大浩劫等。据东乌旗宗教志统计，1952年的法会活动就由原来的498次压缩为170多次。[②] 直到80年代之后，原有的宗教活动才相继恢复。1991~2004年，旗政府先后投资1000多万元，对该庙及紧靠后山的白音额日和图敖包进行修缮，于2006年10月竣工。由于喇嘛教在东乌旗草原上的悠久历史及统治地位，位于旗府东南的清真寺形同虚设。目前全旗民族构成情况为汉族16023人，蒙古族44397人，回族262人，满族244人，朝鲜族5人，藏族1人，达翰尔族27人，鄂伦春族1人，鄂温克族2人，其他族15人。[③]

四　部落历史与民族迁徙

在长期的历史演变过程中，蒙古草原上形成了乌珠穆沁、阿巴嘎、察哈尔、苏尼特四大部落，东乌旗游牧民属于乌珠穆沁部落的后裔。"乌珠穆沁"为蒙古语的音译，"乌珠穆"是葡萄的意思，"沁"为构词附加成分，意为"从事……的人"，二者连起来就是"摘葡萄的人"或"生活在葡萄乡的人"之意。根据调查及史料查阅，有关乌珠穆沁部落的来历在民间有以下几种说法：

> 其一，传说，从前乌珠穆沁人驻牧在有独峰驼的嘎拉巴尚海戈壁、阿尔泰杭爱乌珠穆沁察罕乌拉山、都若杭格那齐（马镫叮当响）、浩尼麦拉齐（羊儿咩咩叫）等地。后来因发生一次骚乱，不得已放弃故土，择水

---

① 同48页⑤，第56页。
② 东乌珠穆沁旗宗教局编写《东乌珠穆沁旗宗教志》，2011，第943页。
③ 东乌珠穆沁旗统计局编《东乌珠穆沁旗统计年鉴》，2013。

草而牧，来到现在的牧地。

其二，传说，乌珠穆沁人的故乡是阿尔泰杭爱乌珠穆察罕乌拉山。那个地方到处都长满野葡萄，骑马或赶着牛车走过此山时，马尾沾满葡萄，葡萄汁可以把车辆染成淡绿色。乌珠穆沁人来到此地后，日夜思念故土乌珠穆察罕乌拉山，于是将自己的部落称为"乌珠穆沁"。他们把鞍桥朝故土的西北方向放置，后来为了稳定人心，才将鞍桥朝南放置，这时才安下心来，在此地繁衍生息。

其三，传说，乌珠穆沁人从前住在蒙古西部"羊儿咩咩叫""马镫叮当响"的"葡萄山"，后来迁至今锡林郭勒草原上定居。"马镫叮当响"之地有一条峡谷，两个人骑马并辔而行时，马镫相撞而发出叮当之声，因此而得名。"羊儿咩咩叫"之地则在距离"马镫叮当响"之地以东20公里，由于这里的人们在一次逃离土匪洗劫时丢弃了羊群，羊群"咩咩"叫着留在此地，故名"羊儿咩咩叫"之地。

其四，传说，盛产葡萄的"乌珠穆"山位于蒙古国天盘吉坝南图古特浑金矿之处，居住在该地的蒙古人除游牧之外，还会采摘山上的野葡萄，因此得名"乌珠穆沁"，即摘葡萄的人。①

由此可知，乌珠穆沁部落是因曾在一座长满野葡萄的乌珠穆山一带驻牧而得名，他们在从事游牧生计的同时也采摘野葡萄。对此，东乌旗曾组织"故土考察团"考察了部落迁出地的具体位置，他们于2006年从乌里雅斯太镇出发，历时21天，行进7200公里，到达蒙古国的科布多、巴彦乌列盖两省。考察结果发现，目前巴彦乌列盖省的萨克赛、宝音图等苏木仍住有部分乌珠穆沁人，由此他们对乌珠穆沁民间传说中提到的萨克赛、阿尔泰及巴彦乌列盖两省境内的若干地名进行了详细印证。确定了"羊儿咩咩叫""马镫叮当响"之地位于蒙古国巴音乌勒盖与中国新疆交界处，而萨克赛则位于此地以东的100公里处，现已被划定为国际旅游保护区。乌珠穆沁察罕乌拉，即传说中的白葡萄山，位于巴彦乌列盖省阿尔泰苏木乌兰哈达巴嘎境内。那么，乌珠穆沁部落又如何从数万公里外的乌珠穆沁山迁徙到如今的锡林郭勒大草原，是我们进一步思考的问题。

在东乌旗博物馆的展厅内，进门正中央摆放着一张乌珠穆沁部落大迁徙示意图，图上用箭头清晰地标注了该部落的迁徙路线。讲解员塔娜是笔者进入田

---

① 纳·布和哈达、道·朝鲁门：《神奇的土地——乌珠穆沁》，清·格日勒图译，香港：中华文化出版社，2011，第004~007页。

野认识的第一个朋友，也是田野中的好朋友。在初次见到她时，她就为笔者详细讲述了乌珠穆沁部落六次大迁徙的漫长历程：

> 大约在13世纪之前，乌珠穆沁部落生活在俄罗斯贝加尔湖畔的大森林里。为了寻找庇佑和保护，他们在1207年投靠了成吉思汗的长子拙赤。在降服于拙赤之后不久，他们便开始了长途跋涉的部落大迁徙历程。首先迁徙到了新疆以北蒙古国境内阿尔泰山脉的一座名叫"乌珠穆山"的地方，这时他们发现这里的雪山环境不适宜游牧生活，又频繁遭受战乱，于是在1272年向西南方向迁徙，到达了杭爱山脉一带，这里的环境依然不尽如人意。因而又在1408~1500年之间向东南方向开始了他们的第三次迁徙，到达嘎拉巴尚哈戈壁驻牧，不久又向东迁，在第一次途径锡林郭勒大草原之后到达丹东、辽东一带，却发现海洋边缘也不适合游牧生活。这时他们回想起曾经路过的锡林郭勒大草原，水草丰美，风光宜人。于是决定回迁，大约在1600年时来到锡林郭勒草原上，但发现这里似乎不是曾经路过的水草丰美之地，于是继续向西北迁徙，于1632年到达蒙古国境内的克鲁伦河一带游牧。但发现这里好像也不是他们心目中曾经路过的草原，于是决定再次向东南方向回迁。大约在1637年，经过两次回迁寻找，终于到达了锡林郭勒大草原上定居下来，整个迁徙路程2万多公里，历时500年左右。

据老人们讲述，在自治区成立前的1945年，乌珠穆沁部落又进行了第七次迁徙，但不同于以往的是，这一次是在特殊的政治背景下被迫发生的。当时被日本关东军司令部流放的乌珠穆沁左旗第十四代王爷敏珠道尔吉试图恢复王位。他利用前期积极抗日、支持蒙古国民主革命运动在群众中树立的威望，于同年的10月28日，领着东乌旗437户1863个牧民，赶着4万多头牲畜，迁徙到了蒙古国，定居在东方省和苏赫巴托省。蒙古国将这些迁入的乌珠穆沁蒙古族编入国籍，为其划分了草场和牲畜，并将他们分到9个苏木，进行教育，使之正式成为蒙古国公民。而当时反对道尔吉王爷强制牧民集体迁入蒙古国的361户1308个牧民，留在了如今的东乌旗。①

笔者的关键报道人之一那仁和他的妻子就是一例，如今已66岁的那仁经

---

① 乌日按汗、巴·那仁朝克图：《乌珠穆沁部落变迁》，《内蒙古统战理论研究》2011年第2期。

常和笔者说起他在蒙古国的表妹和哥哥们。由于当时中苏及中蒙关系的恶化，他和蒙古国的亲人失去联系整整半个世纪。位于旗府以北 68 公里处的珠恩嘎达布其口岸，在 2008 年由以往的季节性开放改为如今的常年开放，这为两国亲戚的联系提供了更加便利的条件。就在笔者的田野工作即将结束的 2013 年 9 月，他将蒙古国表妹不久前给他带来的酒和巧克力送给我，当作告别的礼物。而田野工作中，我也曾数次看到挂着蒙古国车牌的汽车停在东乌旗的大街小巷里。由此可以说，乌珠穆沁游牧民既经历了部落迁徙的漫长历程，又忍受了兄弟姐妹的骨肉分离，也尝试了亲戚重新团聚的美好生活。从部落产生之初到定居锡林郭勒草原，直到如今的移动放牧，似乎他们的生活永远处于移动与迁徙的动态变化中。这也从另一方面揭示了游牧社会的本质特性，即移动性和极强的适应性。

第二节　生存环境：气候地貌与生态条件

美国社会科学家帕森斯（Parsons, T.）认为，任何系统都必须具有适应环境和从环境里获得资源的能力，这是系统生存的首要及基本功能。正是由于适应，系统才能达到有序状态，系统单元取得动力和动机，系统内部保持和谐，从而使系统得以生存与发展。[1] 东乌旗位于锡林郭勒草原优质牧草的核心区，当地牧民所从事的游牧生计，不仅是他们在与生存环境的长期互动中形成的一种生活形态，也是他们基于自己赖以生存的草原生态和社会环境建构起来的一种谋生方式。因此，在了解他们的生计方式及游牧文化之前，我们应该首先探讨这种谋生方式及文化形态产生的"土壤和条件"。

一　多变的气候与多样的地貌

（一）多变的气候

东乌旗深处内蒙古高原内陆地区，属温带干旱、半干旱气候，年均降水量为 252.5 毫米，主要集中在 6~8 月，曾在 1998 年出现极端年最大降雨量 457.3 毫米，2006 年出现极端年最少降雨量 140.4 毫米。无霜期平均 126 天，最长 183 天，最短 91 天。年均气温 3.2℃，1 月平均气温 -20.9℃，7 月平均气温

---

① 李廷宪：《社会适应论》，安徽人民出版社，1999，第 1~2 页。

21.1℃。曾在 1956 年 1 月 21 日出现极端最低气温-40.5℃。[①] 冬季受蒙古高压控制，当寒冷气流自北向南一路南下时，气温降低迅速，又因南部山地阻挡，致使近地面冷空气长久停滞，所以气候条件较为恶劣。因此关于东乌旗的四季气候，当地民间流传着这样的顺口溜：

> 春季风大气寒，降雪频繁，冷暖多变，灾害异端；
> 夏季气温增高，降水增多，中午炎热，早晚凉爽；
> 秋季云高气爽，气温下降，降水减少，冷气频繁；
> 冬季寒冷漫长，白雪茫茫，关门闭户，吹气成霜。

多变的气候容易导致倒春寒、寒潮、干旱、雪灾等自然灾害频发。雪灾最严重时被称为"铁灾"，即经过反复强降温、强降雪之后，牧场全被冰雪覆盖，地面就像冰冷的铁一样。此外牧区还有"白灾"与"黑灾"之称。冬季大雪肆虐草原，能见度小于 1~10 公里，导致人畜死伤的白毛风俗称"白灾"。而"黑灾"为冬季少雪或无雪，牲畜缺水所导致的疫病流行，母畜流产，造成牲畜大批死亡的灾害，多发生在冬春两季。此外，干旱分为春旱和夏旱，旱灾往往又会引起沙尘暴、火灾及蝗灾。诸如此类恶劣气候严重影响到了牧业生计，拥有几百乃至几千头牲畜的牧民可能在一夜之间就会一贫如洗。如此多变的气候笔者也曾深有体会。

2012 年的 7 月 21 日，从北京来了三个草颗粒产业投资商，笔者作为农牧业局的工作人员陪同他们对全旗的草场情况进行考察。我们选取了三个不同地理位置的苏木镇，即中部的乌里雅斯太镇、东北部的萨麦苏木和满都宝力格镇。在我们从距离乌里雅斯太镇 61 公里处的萨麦苏木到满都宝力格镇的路上，下起了倾盆大雨。由于牧区基本以砂石路和草原固定线路为主，并且路面狭窄，有经验的局长担心我们的越野车被困住，于是决定暂时原路返回。向南返回的路上，随着海拔的下降，当我们返回西南的萨麦苏木时，雨小了很多，再回到乌里雅斯太镇时，路面竟然是干的，可见旗府并没有下雨。由此可知，全旗降水量的特征表现为区域差异及分布不均，也因此导致了全旗的草原植被类型自东北向西南依次为，森林草原、草甸草原、典型草原和半沙漠化草原，即使同一区域不同年份的降水也会不同。总体来讲，东北部气候和地表较为湿

---

① 数据来源：东乌旗气象局提供，2012 年。

润，西南部则较为干旱，因此用多变性及旗域范围内气候的地域性差异和不确定性，来概括东乌旗的气候特征应该较为恰当（参见表2-2）。

表2-2 东乌珠穆沁旗东西部降水比较

项目台站	多年平均降水量（毫米）	降水变异系数（=平均值/标准差×100）	6~8月降水量		湿润系数（按伊万诺夫公式）
			多年平均（毫米）	变异系数	
乌里雅斯太	254.3	25.21	175.8	46.52	0.30
嘎海庙	310.1	18.40	216.7	27.27	0.44
相差	55.8	6.81	40.9		0.14

注：表中由于6~8月的变异系数缺失，未能纳入统计，乌里雅斯太为东乌旗旗府所在地，位于西部地区，嘎海庙位于东部地区。

资料来源：《东乌珠穆沁旗天然草场资源调查报告》，草原工作站，1985年7月。

（二）多样的地貌

东乌旗地势北高南低，自东北向西南，海拔高度逐渐由1500米下降至830米。北部、西部地形为低山丘陵区，东部为平缓山岳区，南部为乌拉盖盆地。自东北向西南可将东乌旗划分为四种地貌类型。中低山区：海拔1000~1500米，主要分布在北部及东北部，包括宝格达山林场、东蒙公司和哈拉盖图牧场，面积约7200平方公里，相对高差100~300米，其北部山势较高，为境内河流的发源地。低山丘陵区：主要分布于北部地区，包括满都宝力格、萨麦、嘎达布其、额吉淖尔等边境苏木镇，面积约15870平方公里。盆地区：包括乌拉盖、巴彦戈毕、巴彦都兰、和尔塔拉、巴彦塔拉及乌里雅斯太盆地，分布在全旗大部分地区，总面积23000平方公里，海拔高度为830~900米。此外，境内还分布有三处沙地，即老合、呼日其格及亨格日格沙地，面积约422平方公里，[①] 主要分布于西、南部苏木。

境内最大的河流为乌拉盖河，发源于宝格达山林场，由东北向西南流至胡硕庙处折向西流，最终注入乌拉盖戈壁，潜入地下，全长589.9公里，流域面积19765.4平方公里。每年四到五月出现春汛，十一月下旬至来年三月为封冻期。主要支流有布尔嘎斯台高勒、色也勒钦高勒、高力罕高勒等，该河流经九

---

① 数据来源：东乌旗水利局提供，2012年。

个苏木，其上游有十五条小河和泉水注入，下游有八条境外较大河流流至该河，形成了横贯中南部草场的乌拉盖水系，曾一度维持着整个东乌旗的牧草生长及畜牧业发展。顺着乌拉盖河的流向，自北向南在东乌旗东北部形成了一个乌拉盖湿地分布区，面积315714.2公顷，包括河流湿地、沼泽湿地及湖泊湿地等主要类型，湿地内有大小河流15条，湖泊66个。[①]

据水利局提供的资料，湿地内野生动植物资源较为丰富，动物199种，如金雕、丹顶鹤、大鸨、白琵鹭、大天鹅、小天鹅、鸢、苍鹰、草原雕、猞猁、兔狲、黄羊等，其中鸟类约169种。[②] 而植物以草甸草原为主。与典型草原不同，草甸草原生长发育在中等湿度条件之下，草层更为高密，种类更为繁多，这和乌拉盖水系有很大关系。该湿地分别于2001年和2004年被先后划定为盟级及自治区级自然保护区。但据调查，让乌拉盖河下游牧民最为烦恼的是，自2004年起，为发展矿业和附属产业，乌拉盖河上游的水库开始节流，改为阶段性向下游放水，导致下游湿地和草场由于日益干旱而出现退化，影响到了牧民的家庭生计。

住在下游巴彦乌拉嘎查的牧民斯琴图告诉笔者："自从上游节流以来，我家的牧草种类越来越少，以前湿地的芦苇很高，骑马都会被绊倒，苇子里还有沙狐、貉子、狼、黄羊和鱼，听父亲说上世纪50年代，这里的黄羊成群结队，后来泡子越来越少了，动物也没再看见了。"他接过老伴一碗热气腾腾的奶茶，呷一口烟再吐出来，一脸迷茫，"原来我家1000多只羊，牛、马、骆驼300多头，现在只剩500多只羊了。"而位于旗中部乌里雅斯太镇道木德嘎查的白乙拉告诉笔者："我们嘎查先后打了几口机井都废了，夏天到嘎查的大口井上等上两三个小时，才能拉上一桶水，够我家羊一天的饮水。到了冬天有时排队几个小时，轮到我了，但没水可拉了。如果水井封冻了，我们就更麻烦了，有时一个月都不洗一次脸。"

由于旗域范围内的地形和地貌差异，不仅不同区域间的降水分布不均，而且水源和地下水的分布也不尽相同。如果出现工矿企业与牧民争夺水源的情况，那原本就脆弱的牧业生计就更会雪上加霜。就全旗而言，自东北向西南，海拔和湿度逐渐降低，地表径流面积及地下水储藏量也逐渐缩小。

---

① 数据来源：东乌旗水利局提供，2012年。
② 同①。

二　草场类型与草原退化

（一）草场类型

作为锡林郭勒草原优质牧草核心区的东乌旗，历来受到国内外学者的关注。早在解放前就有学者相继对其植被类型进行了考察。通过史料查阅，最早的调查可以追溯到 1674 年（康熙十三年），这一时期的调查主要以俄国一些旅行家及植物学家的见闻记述为主。如 N. 波勒申尼柯夫曾带领一支商队来到锡盟，开辟了恰克图（苏蒙边界城市）—库伦（乌兰巴托）—张家口之间的著名商道，之后一些学者开始对当地的植被类型进行调查。1821～1828 年，俄国驻华宗教使团的 E. Φ. 基莫可夫及其团长 H. R. 比丘林较为全面地记述了锡林郭勒草原的地理条件及植被景观。[①] 1830 年，沙俄驻北京第十一届宗教使团的俄国植物学家 A. A. 本盖，在锡林郭勒到北京的沿途采集了大量植物标本，并编撰了植物及物种名录。[②] 此外，一些植物学家如 H. B. 巴里本言等人，于 19 世纪末在锡林郭勒及呼伦贝尔等内蒙古草原地区采集植物标本并对其做了详细记录。

到了 20 世纪 30 年代，日本侵入中国之后，出于政治目的，调派了大量学者在锡林郭勒草原地区开展调查，并发表专著。如 1925 年三浦密诚的《满蒙植物录》《蒙绥植物录》，1934 年佐藤润平的《满蒙植物写真辑》和《东乌珠穆沁旗植物调查报告》。1941 年以多田为首的"东京帝国大学浑善达克沙漠调查队"在对浑善达克沙漠进行调查的基础上，撰写了《蒙疆浑善达克沙漠调查报告》。1943 年，岩田悦行在《蒙疆牧野调查报告》上刊登了一篇文章，进一步指出锡林郭勒植物的种类可以分为 12 个类型，并对植物群落中主要植物的盖度、密度进行了描述和评价。[③]

1952 年的 6～8 月，中央和内蒙古自治区邀请相关专家组成了以王栋教授为主的锡盟调查团。该团的草原组相关学者沿温都尔庙，向北到达锡林浩特，再到喇嘛库伦（今东乌旗旗府所在地乌里雅斯太镇），途经克尔其格、王盖庙，返回锡林浩特，又经依和苏、赫勤丹、吐克图庙，最后回到出发地温都尔庙，总行程为 2378 公里。他们的这一考察对沿途的草原植被和类型做了详细

---

① 李伟丽：《俄国汉学家比丘林与他的蒙古研究》，《内蒙古社会科学》（汉文版）2005 年第 5 期，第 45 页。
② 齐博益主编《锡林郭勒盟畜牧志》，内蒙古人民出版社，2002，第 297 页。
③ 同②，第 298 页。

的记录，成为解放后对锡盟草原进行的首次大规模调查。三年后王栋教授出版的调查报告《内蒙古锡林郭勒盟草场概况及其主要牧草介绍》，按照锡盟地形地貌将草场植被划分为五个类型，同时记录了 406 种主要牧草的蒙名及形态，以及 107 种牧草的适口性等。[①]

　　1959 年，原内蒙古畜牧业厅草原管理局所属的草原勘察队，进一步对锡盟草原进行了更为全面的调查。他们采集了大量植物标本，首次以旗县为单位编写了相应的报告及说明，同时使用航空照片绘制了 1/200000 植被和土壤图。1961～1973 年，中国科学院内蒙古宁夏综合考察队又对锡盟草原做了一次多学科的综合调查，并出版了考察专集。该队的草场组在锡盟共做样地 115 个，将草地植被划分为 9 大类、31 个组、74 个型，专集对草场等级和载畜潜力进行了详细分析。1981 年，根据国家农委和科委下达的《重点牧区草场资源调查和建立人工饲料基地自然条件的研究》任务，内蒙古自治区对锡盟草地开始了长期的全面调查，将锡盟草地划分为 9 个大类、4 个亚类、49 组、101 型。[②]此标准也成为锡盟各旗县，包括东乌旗草场类型具体划分的重要依据。

　　以此为依据，东乌旗草地首先可以被划分为草甸草原和典型草原两大类地带性植被。非地带性草地主要包括草甸、杂类草甸、盐生草甸、非盐化草甸、沼泽草甸、沙地，其中以草甸和沼泽草甸为主。根据《重点牧区草原资源调查大纲和技术规程》及《内蒙古自治区天然草场资源调查暂行规程》中列出的草场分类原则和标准，东乌旗天然草场又可分为 8 大类、34 个组、62 个型。这 8 大类分别为山地落叶阔叶林林缘草甸、低山丘陵草甸、高平原草甸、低山丘陵干草原、高平原干草原、沙丘沙地植被草场、河泛地湖盆地草甸及草本沼泽草甸。

　　因此，受多样的地质地貌、土壤、降水以及水文等自然因素的影响，东乌旗草地水平上自东北向西南呈明显的地带性分布，其草质、高度、盖度、产草量等呈由高到低趋势，最终导致载畜量也呈递减趋势。高平原干草原草场是东乌旗中、西部地区的主要草场类型，可利用面积也最大，但载畜量却低于东北部的草甸草场。草甸草原和典型草原占全旗草场面积的 90%，其中草甸草原面积为 2059.32 万亩，占可利用草场面积的 36%，典型草原为 3092.49 万亩，占可利用草场面积的 54%。非地带性植被仅占全旗可利用草场面积的 10%。此外，东乌旗还包括 915 万亩的湿地，虽利用率较小，但起到了涵养水源、平衡

---

①　王栋等：《内蒙古锡林郭勒盟草场概况及其主要牧草介绍》，畜牧兽医图书出版社，1955。

②　齐博益主编《锡林郭勒盟畜牧志》，内蒙古人民出版社，2002，第 299 页。

草原生态结构的作用。①

东乌旗草原站曾在 1985 年对全旗草原进行了全面调查，将草场植被划分为五等八级。"等"是根据牧草的营养成分、适口性、利用率及草场的土壤成分和水源条件，将其划分为优、良、中、低、劣五个等级，而"级"是根据草场生产力的高低对其划分的级别。一般而言，东北部草场等级较高，而中西部等级较低。此外由于 1984 年草场承包时，中西部苏木人多地少，东北部苏木地多人少，因而目前中西部苏木户均草场面积小，而东北部户均草场面积较大的局面，进而导致中西部苏木的牧民家庭再生产资源也更为紧张。

（二）草原退化

在笔者还没有来到这方草原时，早已对锡林郭勒大草原的"水草丰美"耳熟能详，我的家乡商都县虽同属内蒙古自治区，但由于两地相距 700 多公里，所以也从未领略过真正大草原的辽阔与丰饶。而当我几年前第一次踏上心目中的"浩瀚沃野"时，却并未体会到我所想象的"风吹草低见牛羊"之景象。据当地牧民讲，20 世纪 80 年代之前，东乌旗的牧草才有这般美景，如今即使到了位于东北部草场资源相对较好的满都宝力格镇，牧草也高不过膝。因此，相比以往，东乌旗的草场已发生了退化，并且呈日渐严重的趋势。具体表现为生态结构趋于简单化，草原自身调节能力及抵御自然灾害能力大大降低。

事实上，草原退化已不仅是东乌旗所面临的情况，整个锡林郭勒盟的生态退化都已较为普遍。据 1981~1986 年全国北方重点牧区草地资源的调查结果，当时锡盟草原退化面积已达 14343.26 万亩，占草原总面积的 48.63%。1996 年，全盟草原退化面积增至 64%，2001~2002 年进一步上升为 21388.06 万亩（74.5%）。2005 年的草原普查数据为，草原退化、沙化、盐渍化总面积为 21650.30 万亩（75.14%）。② 相对于全盟而言，东乌旗 20 世纪 80 年代的草原退化面积为 2123.09 万亩，占全旗草原总面积的 39.24%，到目前为止，东乌旗退化草原面积已达到 3116.17 万亩，占全旗草原总面积的 52.84%，其中轻度退化面积为 2201.88 万亩，占草原总面积的 37.39%，中度退化面积为 895.47 万亩（15.13%），重度退化面积为 18.83 万亩（0.32%）。③

就全旗而言，整体退化程度自东北向西南呈地域性分布，分别为轻度、中

---

① 数据来源：东乌旗草原工作站提供，2012。
② 数据来源：内蒙古草原勘查设计院，2005。
③ 数据来源：东乌旗草原工作站提供，2012。

度及重度退化。以旗府所在地乌里雅斯太镇为中心的中部苏木镇为中度退化，其东北部苏木镇为轻度退化，西南部苏木镇为重度退化。如位于东北部的萨麦、满都宝力格等苏木镇，草场植被类型为草甸草原，为轻度退化；中、西部的乌里雅斯太及额吉淖尔等苏木镇为典型草原，分别为中度及重度退化地区。因而可以说，虽然相对于全盟其他旗县，东乌旗草原保护较为完好，但和以往相比，也出现了较为严重的退化趋势，具体表现为草质、高度、盖度、产草量逐年降低，人均和畜均草场面积逐年减少，牧草结构趋于单一化。同时由于全旗草原分布东西跨度大，受到降水、水文、地理、地形等因素的影响，各苏木镇内部不同嘎查的退化状况也不尽相同。此外，我们看到，东乌旗东北部的大部区域为1968~1976年北京军区内蒙古建设兵团第六师五十三团开垦的耕地，这里原为兵团驻地乌拉盖牧场。

第三节　从游牧到定居：草场公有制的终结与家庭经营的开始

东乌旗游牧社会虽深处草原腹地，但也不能摆脱国家权力和市场机制的操控和支配。从草场公有制时期的集体生产到草畜双承包体制之后的家庭经营，从游牧生计到定居放牧，他们的生计生活日渐被卷入政策、市场等多重力量支配下的现代性体系中。由此，这一节内容笔者试图顺着时间的脉络，探寻制度性因素如何将触角一步步深入北国边陲的草原腹地，推动地方社会经济的历史演进，而政治经济及社会经济在全旗范围内又会呈现出怎样的地域性特征。

一　草场公有制的终结

在自治区成立的1947年以前，由于清代牧场及畜牧业生产资料属于王公贵族及牧主所有，因此，内蒙古地区的牧业生计方式为旧苏鲁克制度。"苏鲁克"，又称"孳生"，农区称之为"份养"，本意指畜群，如牛群、羊群。这是一种雇工制度，即将适龄母畜按一定数量交给无畜或少畜的贫困牧民带养，这些牧民在当时被称为牧工。一般以3~5年为期限，牧主保本，仔畜按二八、三七进行分成。羊绒、黄油、奶食及牛粪等畜产品除了每年向牧主上交一定数额之外都归牧工。如果母羊出现双生羔，则其中一只归牧工。如牧工给牧主放牧一年，获得的劳动收入为蒙古袍1件，老羊皮10张，蒙古靴1双或2岁马一匹、4岁牛一头，牧主提供食宿，生产中产生的一切费用也由牧主承担，但丢失牲畜或牲畜被狼吃掉，牧工必须按照相应数额进行赔偿，而牧主稍有不满就可随时将牲畜收回。① 这一时期，东乌旗的大部分牲畜等生产资料都掌握在牧主、王公、庙仓以及部分商人手里，这种无偿的劳动和不等价交换与盘剥使牧民的生活日渐贫困，牧业生计处于停滞不前的境地，直到中华人民共和国成立初期才得到基本改善。

随着内蒙古自治区《施政纲领》中"草原牧场为蒙古民族所公有，而不为封建领主私有，保护草原、禁止开荒"② 政策的提出，牧民开始有了当家做主的权利。1953 年，东乌旗牧民的生产方式进入了"新苏鲁克"制度时期。和"旧苏鲁克"制度不同的是，这一制度延长了放苏鲁克的期限，一般不少于三年，工资也由过去的二八、三七分改为四六、三七分，即四、三归牧主，六、七归牧户，同时对原来不合理的损失赔偿规定进行了相应调整，这样就使作为牧工的贫困牧民能够获得一定的收入。比如牧民为牧主放 11 只羊带 50 只受胎母羊或羯羊，每年牧户只需向牧主交 50 只羊羔，剩下的羊羔、羊毛、羊奶全归牧户所有。而每头母牛牧户向牧主交一斤黄油，按五比一分犊，五头以下不向牧主交任何产品。③ 此外，放、养双方不再由口头约定，而是签订合同，一式三联，旗政府、放、养三方各执一份。由于这一政策在一定程度上调动了牧民的生产积极性，因此全旗牧业经济逐步好转，既保证了牧民的放牧自由，又实现了"人畜两旺"。整个锡林郭勒盟的牲畜头数从 1449 年的 164 万头（只）增加到了 1958 年的 456 万头（只），增加了 178%。④

相对于全盟其他旗县，东乌旗 1958 年才建立了合作社，牧民将草场、牲畜等个人财产以作价方式入股，分期偿还，每年按入社牲畜折价款总额的一定比例付给牧民畜股报酬，政府组织牧户之间实现互助合作，按照"赎买"方式将牧主的牲畜集中起来，建立公私合营牧场。68 岁的额尔敦朝鲁回忆了当时入股成立合作社的情形：

> 1950 年，我们太穷了，那时牧民全住蒙古包，还没出现砖瓦房，90%的牧民都很贫困。从 1958 年开始，无论家里有 1000 只羊还是 100 只羊，全部都把牲畜拿出来按照 100%的形式在大队入股，15 元一只羊，60 元一

① 齐伯益主编《锡林郭勒盟畜牧志》，内蒙古人民出版社，2002，第 235 页。
② 邢莉等：《内蒙古区域游牧文化的变迁》，中国社会科学出版社，2013，第 352 页。
③ 齐伯益主编《锡林郭勒盟畜牧志》，内蒙古人民出版社，2002，第 235 页。
④ 同③。

匹马，分期偿还，20年还清。家里只留一匹马，每年年底12月30日会给牧民3%的分红，8户牧民编成一个小组共同生产，当时的吃喝都用粮票购买。我们额仁宝力格大队组建了五个分队，可是那时候大家都不想干活，没有积极性，最富裕的牧民也只能拿到7~8个工分。

可见，入股之后，牧民开始在国家计划体制下从事集体生产，劳动收入按工分制分配，但牧民的生产积极性并不高。据调查，初建互助组时，东乌旗牧民以浩特为单位，大都是亲戚间的季节性互助，在风雪灾害、打草、接羔、剪羊毛、打马鬃、打狼及走敖特等牧忙季节大家共同劳动，并没有细致的分工，平时基本上还是分户经营，但放牧时是统一雇工，按牲畜头数支付工资。后来的常年互助组开始合群放牧、统一管理，这时才有了初步的分工，由社员选举出政治可靠、公道能干的积极牧民担任生产管理委员会的领导者，制定季节生产计划，组织牧民开展生产，对组员的劳动按工分记账结算工资。当时合作组的羊被分成两群，由四个组员轮流放牧，一年以后自行轮放，半年结算一次工资。但放牧损失的牲畜除自然灾害和狼咬死不用赔偿外，其他均需如数赔偿。

对于放牧地的选择，原则上是将水草好的草场作为固定的冬春营地，开展搭建棚圈、打井、打草、储草等建设。基础设施的完善以及"互助组"劳动形式的实施，不仅解决了单独家庭劳力的不足、生产工具的缺乏，做到对资源的合理配置，同时也增强了牲畜抵御自然灾害的能力。调查发现，大多数牧民都对这一时期的合作生活表现出向往和怀念，"互助组好哇，人多力量大"成为他们回答问题的统一口径。但也因一味强调牲畜的集中管理，影响了牲畜的抓膘和保膘。同年年底，东乌旗的牧业体制又一次进行了调整，开始由初级、高级互助组转为公社化，生产大队为基本的核算和分配单位，对牲畜、设备等生产资料有绝对的所有权、分配权以及指挥权，大队下面又设定畜群作业组，牧民称之为畜群浩特。

这时开始实施"四定"和"三包一奖"的牧业制度，即定劳力、定草场、定畜群及定设备。将90%的劳力归畜群浩特，10%归大队统一调配，按工分制发放劳动报酬。生产大队将草场按照每个畜群浩特的牲畜头数进行分配，除留一定面积的秋季打草场，其他牧场都按照春、夏、秋、冬四季营地及当年牧草、雪情、水源等情况进行调换，同时将不同种类和数量的牲畜分到各个生产小队。而水井、棚圈等固定设备由大队统一使用和管理。在"四定"的基础上，实行了包工、包产、包投资及超产奖励、减产受罚的"三包一奖"政策。

为了更好地完成包产任务，1961 年在原来的 4 个人民公社的基础上，全旗又细分为 11 个人民公社、47 个生产大队。以畜群浩特作为包产单位，一般 3~5 户组成一个畜群浩特，从事季节性劳动，由浩特长组织全浩特牧民完成保畜率、繁殖成活率以及主要畜产品的生产任务，但这时开始允许牧民留下一定数量的自留畜。

与合作化时期相比，人民公社将牧界划得更小，在集体所有体制下，统一计划和调配力量，建立棚圈和牧场，进一步强化了定居游牧，这样就使游牧范围和游牧距离日渐缩小，以往自由放牧的方式被有组织有计划的集体放牧形式所代替。"公社制把家庭劳动力变成公社社员，并分层归属于生产大队（嘎查）和生产小队（浩特），生产小队、生产大队和公社的功能被空前强化，家庭的功能在一定程度上有所减弱……"① 这场全国性的人民公社化运动使东乌旗游牧社会迅速进入了计划生产的运动之下，牲畜等牧业资本经过集中生产再以劳酬形式进行统一分配。这样一个以长距离游牧作为生计特征的蒙古民族被日渐卷入了全国性的生产分配体系之中，直到 20 世纪 80 年代初期的草畜双承包体制改革才宣告终结。

二　家庭经营的开始

与 20 世纪 80 年代以前的牧业生计不同的是，草畜双承包之后，家庭的功能在一定程度上被强化了，不是在集体制度的指挥和安排下进行生产，而是家庭作为独立的经营单位决定何时生产、如何生产、生产多少，家庭自产自销、自担风险。1983 年，东乌旗首先开始将大队的集体牲畜作价划分到户。之后的 1984 年又进一步将集体草场承包到户，但由于全旗各苏木和嘎查的人口数量、草场面积以及牲畜多少不同，因此不同苏木、嘎查的划分标准也各不相同。比如东乌旗中、西部苏木镇人均草场面积为一千亩左右，但位于东、北部苏木镇的牧户人均草场可达到五六千亩，原因是草场划分之时，中西部苏木镇人多地少，而东北部苏木镇则地广人稀。另外不同地理位置的嘎查划分时间也有所不同，有的只进行了一次划分，有的又进行了二次划分，比如额吉淖尔镇的布里和木德禾嘎查，牧民第一次人均草场面积为 3300 亩，各自的草场范围是由草监局的工作人员骑摩托车划定的，而第二次则采用了 GPRS 定位仪，人均面积又增加了 300 亩。

---

① 王俊敏：《一种新型社区——牧区社区》，《内蒙古大学学报》1993 年第 2 期，第 19 页。

草场划分到户之后，政府随之开始向牧民收取草场使用费，明确牧户在草场使用管理方面的责、权、利。在第二次草场划分的 1996 年，大多牧民都拿到了"两证""一书"，即草场所有权证、使用证和合同书。为推动畜牧业发展，地方政府又在草场公有制和家庭联产承包责任制基础上，实行了草场有偿转让制度，也称草场流转制度，流转的形式包括牧户间自发承包、集体收回牧户自愿放弃的承包草场，组织规模经营及大畜户可以租赁少畜或无畜户的草场有偿放牧，这就促使了大畜户进一步向规模经营发展。与此同时，拥有了自主经营权的牧民开始相继修建围栏，将代表家庭财产的草场和牛羊围封起来，砖瓦房的修建进一步使牧民从以往大范围、长距离的逐水草游牧快速转变为定居放牧，同时也明确了草场占有的权利。与此同时，随着市场经济的快速发展，畜产品经营和价格的全面放开，畜牧生产和市场经济逐步接轨。这可以从 1994 年锡盟盟委书记道尔吉帕拉木下发的《关于发展集约化草原畜牧业的决定》等文件中窥见端倪，比如"靠市场保发展""改变传统畜牧业封闭、自给经济的历史"等话语，意味着地方政府大力鼓励牧民积极参与市场经济，实现经济转型。

随着畜产品价格的不断攀升，牧民也逐渐被纳入市场体系中，为了增加家庭收入，作为经营主体的牧民开始重新调整畜群结构，逐渐倾向于繁殖快、出栏快、经济效益好的小畜养殖。同时，草场流转制度也使牧民可以通过租赁方式扩大家庭草场面积，壮大畜群发展规模，部分善于经营的牧业大户也开始通过育肥、放牧+补饲等经营方式加快牲畜出栏速度。由此，全旗牲畜年末存栏头数迅速增加。在 1983~1993 年，牲畜年末存栏数从 14928 头（只），增加到了 1441088 头（只），增长了 95.54 倍。[①] 到 1999 年，已高达 2170394 头（只），达到历史最高峰，之后由于受禁牧、休牧、草畜平衡等一系列生态政策及"数量头数转向质量头数"经营观念的影响，自 2000 年开始牲畜年末存栏数出现下降趋势（见图 2-2）。

2000 年之后，随着地方政府"规模化、专业化、组织化、标准化、产业化"畜牧业政策的推行，东乌旗的牧业经济发展进入了剧烈的转型期。新牧区示范嘎查、家庭牧场、种畜专业养殖户、畜牧业及草业合作社的出现，彻底改变了传统及单一的游牧生计和经营方式。农牧业局新牧办的工作人员告诉笔者：

---

① 东乌珠穆沁旗统计局：《国民经济与社会发展统计资料》。

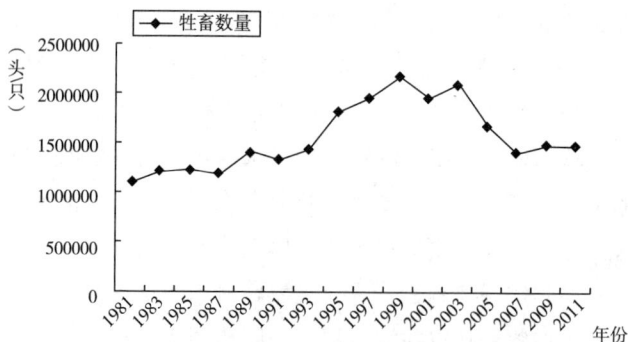

图 2-2 东乌珠穆沁旗牲畜年末存栏数变化

资料来源：根据《东乌珠穆沁旗统计年鉴》（1980~2012）整理制作。

　　从 2005 年开始，东乌旗就开始在全旗东北部、中部以及西南部选定试点嘎查，以政策优惠、资金支持的方式，鼓励和引导牧民向牧业现代化、专业化以及组织化发展。比如在东部地区的道特淖尔镇，我们将该镇的 80 户牧民、100 多万亩草场都划入"划区轮牧"示范点，以 30% 的项目资金补贴，为每户牧民配备了可移动游牧房车，打了机井，建了棚圈。后来又在白音图嘎嘎查，以项目支持的方式引导成立了畜牧业家庭牧场 62 户。巴音高勒嘎查成立蒙古马、西门塔尔牛专业户 30 户。

　　据农牧业局相关负责人介绍，政府是根据不同地理位置、不同苏木镇的草场和牲畜情况，以及试点嘎查牧民的家庭经济状况，有选择性地投放项目和资金支持，引导牧民成立不同类型的家庭牧场以及畜牧业专业合作社。截至 2013 年，在政策支持、牧民参与的共同努力下，全旗已成立了 169 个不同类型的专业合作社，[①] 包括乌珠穆沁羊选育协会、草业合作社、冬羔合作社、羔羊育肥协会、西门塔尔牛养殖专业户以及蒙古马保种基地等类型。在此基础上，牧民也开始向企业+市场+牧户的合作经营模式发展，努力参与市场经济和增加家庭收入。打工、创业，甚至将民族文化商品化也成为牧业之外的家计谋生方式，区别于以往单一的经营方式，家庭生计开始向多元化发展。

　　这时，牧民所具备的经营管理意识以及对经济、文化和社会资本的掌握就成为决定家庭贫富的关键因素。调查显示，大多牧民表示，牧民在草场和牲畜

---

① 数据来源：东乌旗农牧业局访谈记录，2013 年 6 月。

划分到户之后没多久就出现分化了，善于经营的牧民畜群规模越来越大，不善经营、贪图喝酒和懒惰的牧民渐渐落入贫困之列。在他们眼里，能够把握政策、会经营、善管理、勤劳动的牧民才能成为牧业大户，他们深知现在早已不是"一大二公"的平均主义年代了，而是单个家庭单打独斗的市场经济时代。

由此，这样一个深处草原腹地的游牧民族在国家权力以及市场经济的操控下，被日渐卷入一场剧烈的现代化牧业体制及社会经济的变革中。改革之初，地域及人口因素所导致的草场、牲畜等再生产资本分配的差异性，地理、地形、水源分布、植被类型以及退化程度的地带性，使东乌旗在全旗地域范围内呈现出自东北向西南的地域性特征，即东北部苏木镇牧民占有的草场面积大，草质、水源条件较为优越，西南部苏木镇则相对较差，草场退化程度也随之呈轻度、中度及重度分布的特点。

小　结

丰富的水草资源和独特的地理条件，是东乌旗成为纯牧业旗的主要原因，也是游牧成为当地牧民家庭生计，并一直延续至今的关键因素。乌珠穆沁部落最早从蒙古国境内阿尔泰山脉的"乌珠穆沁山"开始迁徙，历时 500 多年，行进 2 万多公里，经历了漫长的六次迁徙过程，定居于如今的锡林郭勒大草原。他们在长期的游牧生活中，形成了一整套人—畜—草互动的自然生态、人文生态及心态适应格局。[1] 东乌旗游牧社会对草原环境有着高度的依赖性，因此任何围绕草原资源推行的制度性及现代性因素都会引起当地社会的深刻变革。自 20 世纪 50 年代以来，当地社会在国家权力和市场机制的操控之下，逐渐被卷入一场从草场公有体制下的统一生产到草畜双承包之后的家庭经营、从游牧生计到定居放牧的剧烈转型中。而在生态环境及政治、市场等多重力量的支配和影响下，东乌旗牧民家庭的再生产资本也呈现出一种全旗范围内的地域性特征，即不同地理位置的苏木镇、嘎查，其植被类型、退化程度及草场、牲畜的占有优势等都呈现出自东北向西南的递减趋势。

---

① 麻国庆：《社会结合和文化传统——费孝通社会人类学思想述评》，《广西民族学院学报》（哲学社会科学版）2005 年第 3 期。

第三章

在变迁中选择：
家庭牧场的生计策略

20世纪80年代初开始实行的牧业体制改革，使畜群和草场相继被划归个人。自此，牧民开始在各自的草场上建起了砖瓦房，拉起了网围栏。从不被限制的游牧生活到网围栏内的定居放牧，从自给自足的家庭生计到如今的牧业现代化及市场化，伴随着定居化程度的日渐完善和推进，作为实践主体的游牧民如何在变迁与转型过程中应对和调适，来维系游牧生计的延续性。正如洛耶所说："适应正在开始被看成不是由于环境决定有机体变化的结果，而是由于有机体积极回应环境中觉察到的制约性的结果。"[①]在传统与现代、适应和选择的阵痛中，他们究竟具备着怎样的主动性和能动性，又表现出了怎样的特殊性？带着这样的思考，我们展开讨论。

第一节　恪守传统：放牧方式与畜群管理

今天的东乌旗，虽已实现了政府心目中宏大的定居理想，但放牧依然是牧民的主要经济生活。作为家庭牧场经营中的基本要素，合理放牧以及管理畜群，是牧业生活中绕不开的关键环节。可以说，家庭收入和生活水平的高低直接取决于牧民一年的放牧方式及其牲畜管理。然而，面对生态退化、草场面积日渐碎片化等问题，牧民日常的放牧生活及其牲畜管理知识会发生怎样的改变，他们将通过怎样的方式恪守传统，这是本节内容所要关注的问题。

一　放牧方式

在以牧业为主要家庭生计的东乌旗，放牧是牧民生活的重点。自古以来，

---

① 〔美〕洛耶编著《人类动因对进化的冲击》，胡恩华等译，社会科学文献出版社，2004，第122页。

这都是一种根据季节、水草以及牲畜种类的不同而灵活调整的经营方式，同时也受与牧业经济相关的基本条件，如气候、地形、植被条件、水源、畜群组成结构等方面的影响。事实上，东乌旗的游牧方式经历了传统游牧方式及草畜承包之后围栏内的划区轮牧两个阶段。在牧民的记忆中，早在中华人民共和国成立前牧业生活就已不是漫无边界的游牧了。拉铁摩尔曾指出："早在蒙古族接受了满族统治以后，为了便于统治，满族统治者就已经逐渐给蒙古族的各部落划定了活动范围，那种大规模的远距离流动就已经被限制。"① 同样，东乌旗游牧民也在被划定的旗界范围内根据季节和草场生长情况进行游牧。一些年老的牧民为笔者讲述了 20 世纪 60 年代时，他们在旗界范围内的游牧生活：

> 记得 60 年代的游牧生活，虽然规定了大家要在旗界内游牧，但大家都不太强调明确的放牧界限，游牧的距离最远可以到达阿巴嘎旗，锡林浩特北部。我们夏天一般在今天的巴彦敖包嘎查草场上放牧，到了秋天的 9 月就游到旗北部，再向西一直到阿巴嘎旗东北部，这时已经进入 11 月，等到春天的 3 月再返回来，5 月的时候就又回到了去年的夏营地。一般秋季和春季都在路上度过，在草好的地方多待几天，不好的地方直接走过，春季接羔都在路上，羔子和母羊也可以吃上返青的牧草，全程 1400 多里（见图 3-1）。

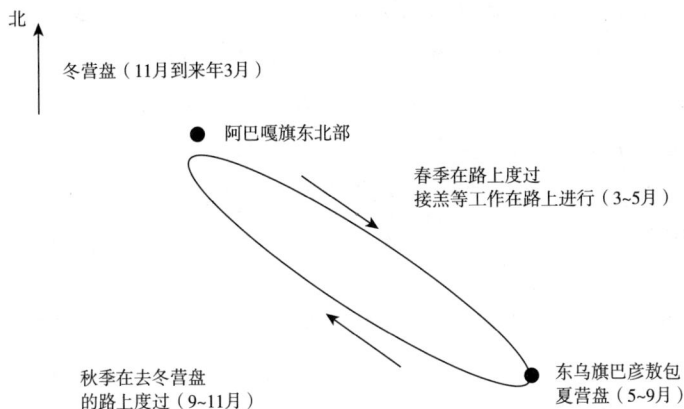

图 3-1　20 世纪中期游牧路线

---

① 〔美〕拉铁摩尔：《中国的亚洲内陆边疆》，唐晓峰译，江苏人民出版社，2005。

事实上，据年老牧民回忆，1983 年草畜承包到户之后的很长一段时间里，大多牧民并没有拉起网围栏，还是维持传统的游牧方式，原因是东乌旗深处锡林郭勒草原腹地交通不便，草场面积大，各项政策的推行及牧民的接受程度较南部旗县更为缓慢。直到 90 年代，牧民才逐渐开始将自家的草场围封起来，以家庭为经营单位，进行划区轮牧。划区轮牧是将放牧地划分为几个小区，一般为四个，供畜群逐区采食，规定每个小区的放牧季节，然后按顺序轮回放牧的一种放牧方式。① 这种放牧方式的目的，一是充分利用牧草、水、环境及气候等资源，产出更多的畜产品，增加家庭收入；二是在利用资源的同时，使每个小区的牧草可以得到休养生息的机会，从而保证植被的多样性和再生能力。

目前因草场退化，家庭内部人口增加，户均草场面积有限，大多牧民只能将草场分为三季，甚至两季营地进行轮牧，即夏、秋、冬春三季或夏秋、冬春两季。季节草场的选择并不是随意的，而是要依据一套本土知识体系的，可以说这套知识体系是牧民依托天然资源，在长期的游牧生计延续过程中，建构起的一种人—畜—草之间相互影响、相互推动的放牧制度。而放牧制度本身就是人的行为在作用于草地之后，在草地上放牧时的基本利用体系。② 这一体系规定了家畜对放牧地利用时间和空间上的合理安排。其中包括一系列技术措施使放牧中的家畜、放牧地、放牧时间有机地联系起来。以额吉淖尔镇布勒呼木德勒嘎查的牧民斯仁为例：

> 我家五代人都生活在乌珠穆沁草原上。现在家里五口人，两个儿子，一个女儿。1984 年嘎查划分草场时，每人分到 2330 亩，共承包草场 16500 亩。到 2005 年，家里畜群就发展到了 600 多只羊、49 头牛、40 匹马。儿女成家时，给他们各自分了一个人的草场 2330 亩，羊 150 只、牛 12 头、马 10 匹。我和老伴分到两个人的草场 4660 亩，150 只羊、13 头牛、10 匹马。现在我的羊群发展到了 800 只，牛和马因为破坏草场都卖了。
>
> 1990 年以前，我们一直在走敖特，因为我家草场西南部紧靠山坡，所以每年 10 月到第二年 3 月就走到山里向阳、挡风、积雪少的地方扎包，在山里度过冬季。等到 3 月份就回到山下的平地上，下面比山里暖和，利

---

① 据访谈整理。
② 麻国庆：《草原生态与蒙古族的民间环境知识》，《内蒙古社会科学》（汉文版）2001 年第 1 期。

于接羔。这时刚出生的小羔子跟不上羊群，怕跑丢了，所以下山到北边的平地上，羊群走到哪儿都能看见，方便照料。到5月份，等到羔子可以跟上羊群了，我们继续向北移动，在靠近如今夏草场大口井的周围寻找草好的地方放牧。秋季就开始原路返回，并且寻找有碱草的地方放牧，碱草可以把羊鼻子里的虫子打掉，也利于牲畜抓膘。直到1992年，我在东北地势平坦的草场上盖了两间砖瓦房才不走敖特了。为了牲畜饮水方便，我还在房子前面打了一口水井。虽然分家后草场面积缩小了，但我觉得划区轮牧对草场恢复有好处，所以还是把草场划分为冬春、夏、秋三季草场，夏草场里的那口大口井是大队时嘎查打的，分草场时正好在我家草场里，现在是附近几户牧民的共用水源（参见图3-2）。

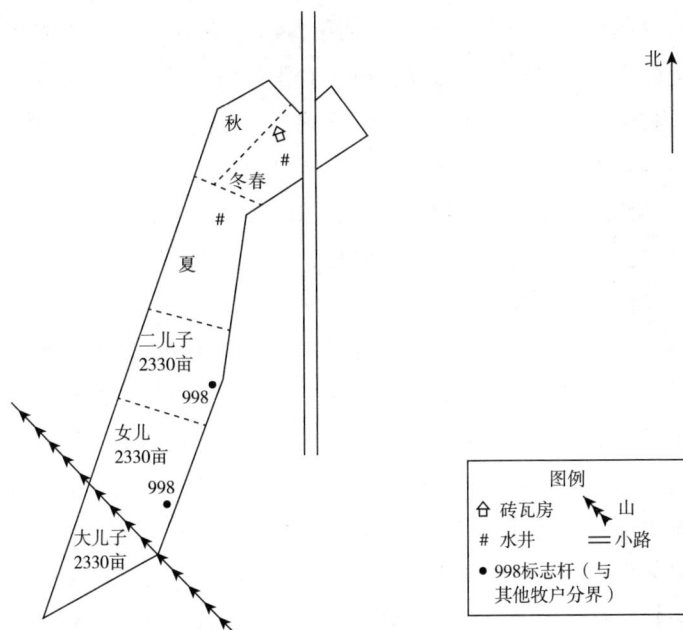

图3-2　斯仁家的划区轮牧示意

结合斯仁的讲述，如图3-2所示，他家的划区轮牧及各轮牧区的放牧方式具体如下所述。

冬春草场也称冬春营地，一般为11月至来年4月。由于东乌旗冬季气候寒冷，春季易发生倒春寒等恶劣天气，因此大多牧民将冬春营地安排在靠近瓦房和水源的草场内，这样便于观察牲畜的采食情况。通常在夏、秋季节时就将瓦房附近的草场围封起来，禁止牛羊采食，使牧草自然恢复到一定的高度和密度，以备冬春季节接羔和放牧使用。冬季的放牧，如果天气晴暖，就会赶着羊群到离定居点稍远的地方放牧，尽量选择背风、阳光充足、雪薄的草场，做到晚出牧早收牧。为利于母羊保胎，行走速度不易太快。如今大多时间只需每天上午十点以后把羊赶出去，让其在定居点附近自由吃草，不用随时看管，等到下午7~8点，羊就会习惯性地回到圈门口了。这个季节，羊群可以舔食覆雪，所以无须饮水，基本为放牧结合补饲，补饲标准为每只羊每天1.5斤干草，2~4两饲料，要尽量"保膘"及"保羔"。

春季接羔之后要较冬季较早赶出羊群，因待产母羊随时可能产羔，同时也要保膘，因此不宜远牧，一般也要集中在定居点附近，放牧时要随身背着接羔袋，便于将幼畜装在袋中以防冻伤。尽量寻找牧草返青较早的向阳草地，待收牧之后进行补饲，增加一次饮水，一周补2~3次盐碱，以防止牲畜因水分和矿物质缺乏而生病或流产。还要按照母羊和羔子的不同情况进行分群放牧，据斯仁介绍，将可以跟上母羊的羔子和母羊分一拨，生产两三天的母羊分一拨，即将生产的母羊则一般留在定居点补饲，刚出生的羊羔也要留在定居点等待收牧时喂奶，因此这个季节对家庭劳力的需求较大。此外，由于这个季节牧草开始返青，羊群会因追逐青草而疯跑，牧民称之为"跑青"，这时，牧羊人必须拦住头羊，稳住羊群，慢行采食。

夏营地，一般为5~7月。这个季节水草资源丰富，因此是牲畜抓"水膘"的重要季节。对于牧民来说，秋季出栏的羔子能否卖上一个好价钱，决定于这个季节的放牧方式如何，因此要早出牧晚收牧，放牧时间保证在14~15小时左右，让牲畜采食各种类型的牧草，尤其是一些中药牧草及碱草，碱草既可以为牲畜补充矿物质，又可以将羊鼻子和肚子里的虫子打掉。同时尽量选择靠近水源、蚊蝇较少的通风山包或高草地。放牧时，需要及时将吃饱卧在地上的羊轰起来，使其能够快速消化，充分采食。牧羊人最好走在羊群的前面，以便控制羊群行走的速度，使其均匀采食，尤其到夏营地的后期，放牧时需要安静、稳定。在家庭劳力足够的情况下，最好将大羊和羔子分群放牧，避免羔子因追逐大羊而减少牧草的采食率。

秋营地，为8~10月。这时牧草的营养达到最高峰，随着天气转凉，牧草渐渐枯黄，营养成分逐渐降低，因此抓油膘很重要，要为牲畜顺利度过冬春季节打基础，因此最好选在多根葱、小白蒿、山葱、野葱及野艾等营养价值较高的草地放牧。放牧时，牧羊人依然要走在羊群前面，控制羊群的行走速度，让其充分采食，如果遇到有土坑的地方或柏油路时要及时避开，因为羔子喜欢上下蹦跳，这样容易掉膘。这个季节要将羊群赶到草籽成熟的草地上吃草，让其补充碱草，快速增加营养。

如果说斯仁是自觉对传统游牧方式进行努力延续的典型案例，那么乌里雅斯太镇恩和吉日嘎郎嘎查的牧民布和·根登，则是在政府的支持和引导下，实现了季节草场之间的划区轮牧及其传统轮牧方式的维系和可持续。相比斯仁，他家的草场面积较大，因此也是政府重点扶持的对象之一。

> 布和·根登今年 47 岁，全家 4 口人，84 年分草场时，按 2760 亩/人划分，他家共承包草场 11040 亩，属于东乌旗西部地区的典型草场植被类型，牧草种类主要有大针茅、羊草、杂草类。目前养羊 1010 只、牛 90 头；另外又租赁嘎查其他牧户草场 8600 亩，用于养牛。2005 年，在政府的支持下，他将自家承包的草场 11040 亩划分为三个功能区，其中打草场 1490 亩，春季休牧专用区 550 亩，四季轮牧区 9000 亩。其中四季轮牧区又分为 6 个小区，每个小区 1500 亩。夏秋季草场为 5 月 25 日到 9 月 30 日，每个小区放牧 7 天，42 天为一个周期，轮牧频率 3 次，轮牧期 126 天。而冬春季草场为 10 月 1 日到第二年 4 月 10 日，每个小区放牧天数为 8 天，48 天一个周期，轮牧频率 4 次，轮牧期 192 天。4 月 11 日到 5 月 24 日，共 45 天为春季休牧期。在季节草场的位置选择上，夏秋及冬春草场离居住点和水源点稍近，打草场稍远，因为围封起来的打草场只用于秋天打草。冬季补饲，无须放牧。550 亩的春季休牧区用于春季补饲和接羔。他家封育的打草场年产青干草 7.5 万公斤，基本能够满足冷季及休牧期的补饲需要。

具体轮牧示意图如图 3-3 所示。

事实上，早在 2000 年，政府支持下的划区轮牧项目就已在东乌旗开始实施了，这被当地政府和牧民称为"标准划区轮牧"。当时是由内蒙古农科院和草勘院提供设计方案和 70% 的项目资金支持，牧民出资 30%，由东乌旗农牧业局负责实施，将乌拉盖管理区，道特淖尔、呼热图淖尔等苏木镇划入试点，每个镇选定 4~5 户，共 30~40 户，目的是要验证划区轮牧比自由放牧产草量增加 15%~20%。类似于图 3-2 的轮牧方式，划定的牧户须按照方案，将草场划

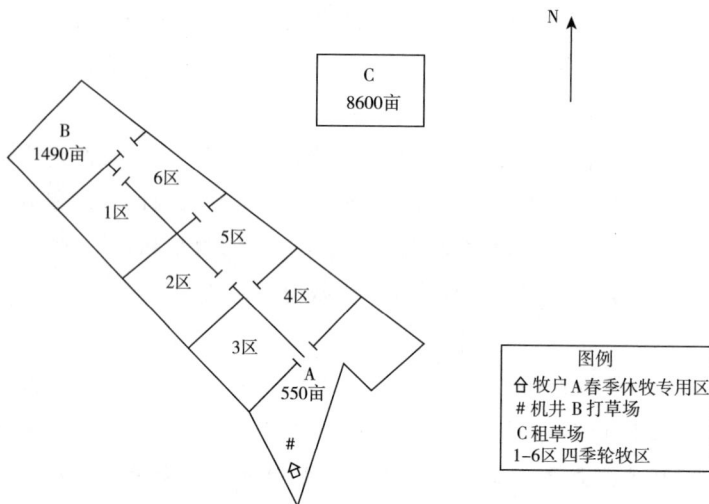

N

C
8600亩

B
1490亩

6区

1区

5区

2区

4区

3区

A
550亩

#

图例
⚐ 牧户A春季休牧专用区
机井 B 打草场
C 租草场
1-6区 四季轮牧区

图 3-3　布和·根登家的划区轮牧示意

分为几个轮牧小区，同时根据每个小区的面积规定载畜量和轮牧时间。但牧民参与的积极性并不高，在实施一年之后，最终以失败而告终。一位当时参与项目规划的嘎查长向笔者讲述：

当时我们转场到每个小区时，每天需要跑很远的地方拉水饮羊，家庭劳力紧缺不说，拉网子和打井都需要投资，而在每个季节草场上打井又不现实。最主要是，大多牧民当时不太理解政府为什么在我们的草场上打了那么多小格，拉了那么多网子，还在瓦房的墙上划上"划区轮牧规程"的图示，上面标明具体的载畜量和转场时间，他们对此感到奇怪。

在随后的调查中，笔者发现，当时的负责单位和政府也为此做出了巨大努力。但在实施过程中，由于和牧民沟通的工作人员没有向牧民讲清楚项目的具体实施内容，甚至部分工作人员也没有完全理解项目的初衷，再加上水源和基础设施投入的限制，最终导致该项目难以为继。鉴于此次项目的失败，地方政府又于2011年将"标准划区轮牧"改为"大划区轮牧"，积极争取了国家项目，将原来的10个小区缩小到3~6个，而每个小区的面积从原来的500亩扩大到1000亩以上，整个轮牧草场面积扩展为7000~10000亩，各小区的功能也由四季减少为三季或两季，比如图3-3中的四季轮牧区、打草场及春季休牧专用区。这样不仅减少了围栏、水井等基础设施的资金投入，而且符合牧民如今的放牧习惯。据调查，目前东乌旗的大划区轮牧面积已达到 3000 多万亩。道特淖尔镇的白音宝力格嘎查 80 户牧民，100 多万亩草场全部被划入试点。为方便牧民转场，政府还给参与的牧户配备了可移动游牧房车，牧民只需出 30% 的费用，具体轮牧过程由嘎查的协会负责人组织实施。①

此外，目前东乌旗还存在一种被牧民称为"两地轮牧"的放牧方式。据调查，这种放牧方式一般在家庭草场面积为 3000 亩以下的牧户中较为常见，这部分牧民由于自家草场面积较小，只能租用少畜或无畜户的草场来维持传统的放牧方式。租赁草场之后，他们通常将自家草场作为打草场或冬草场，而将租草场作为夏草场。目前东乌旗大多数牧业大户都有租草场，合同签订期限为 5 年、10 年，甚至长达 20 年之久。比如笔者曾经居住的牧户杨叔叔家，就属于常年以租草场维持游牧的典型个案。杨叔叔是汉族人，祖籍河北宝昌，其父 1961 年因逃荒来到东乌旗道木德高壁苏木，生活至今。以下首先就杨叔叔家的草场和牲畜情况做一简单介绍：

> 1984 年分草场时，我家姊妹四人，两个妹妹，一个弟弟，当时按 3119 亩/人划分，加上父母，家里 6 口人共分到 18714 亩。其中距离自家草场 60 里的戈壁滩每人还有 487 亩，但由于戈壁滩的草场基本都是水泡子，因此从没使用过。成家时，父母给我们平分了草场，我分到了一个人的草场 3119 亩，除去戈壁滩的 487 亩，实际利用面积只有 2632 亩。我想尽量多养些羊，但草场面积太小。所以从 2007 开始，就在距离我家草场 30 里的 101 省道南，租用了嘎查其他牧民的草场 6500 亩，3 元/亩，租期为 6 年，一次性交清租金 117000 元。因为当时一下子拿不出那么多钱，所以就和嘎查另外一户牧民商量合租，各出 58500 元。现在我们已经合租了 6 年，平时放牧和秋天打草都会互相帮忙，关系不错。（杨叔叔口述）

如图 3-4 所示，杨叔叔告诉笔者，他将 6500 亩租草场作为夏秋草场，将自家的 2632 亩作为冬春草场。将租草场作为夏秋草场，除了为保护自家草场的牧草生长外，还有一个重要原因就是租草场上有一口机井，夏天可以用水泵抽水饮羊，比较方便。同时租草场紧靠山坡，夏天放牧地势较高，利于通风，

---

① 2013 年 7 月访谈记录，地点：东乌旗草原站。

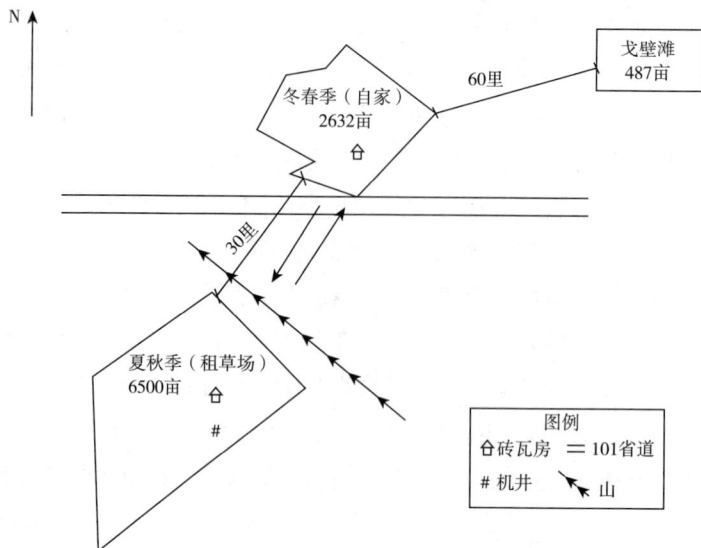

图 3-4　杨东家的两地轮牧示意

蚊蝇也相对较少。租草场的 6 年期间，每年 5 月初他就开始赶着家里的 500 只羊向省道东南 30 里地的租草场移动，整个夏季都住在出租牧民的两间土房里。当在租草场度过 5 个月的夏秋季节，进入 10 月天气开始转凉时，就和妻子赶着羊群返回省道北部的自家草场。冬春季节以放牧和补饲为主，直到接羔结束的 4 月底。自家草场平坦开阔，更利于冬季对牲畜的照看与管理。为了使自家草场休养生息，他将打草场也定在租草场上，每年 8 月底打草结束后，雇车拉回自家草场储备起来以备冬春补饲。笔者离开他家时，杨叔叔正在和合租草场的牧民一起打草，2013 年就打了 700 亩，2000 多捆草。可以说，每年在自家草场上的放牧时间为 11 月至来年 4 月，即冬春营盘，而在租草场的放牧时间是 5~10 月，为夏秋营盘。

　　由此我们发现，无论是牧民自觉的划区轮牧，还是政府引导的"标准划区轮牧"及"大划区轮牧"，抑或是通过租草场而维持季节之间的"两地轮牧"，东乌旗牧民和政府都在努力维系并延续着传统的放牧方式。从 20 世纪 60 年代的旗界内长距离、大范围游牧到 90 年代之后网围栏内的划区放牧，面对草场的退化，家庭成员不断增加而导致的草场日渐碎片化，作为实践主体的牧民和作为权力主体的政府都对游牧传统做出了各自的选择和适应。

　　首先，牧民在四季轮牧的基础上，产生了三季或两季轮牧，如个案中的斯仁。同时他们能够适时把握政府支持，划定多个小区进行轮牧，甚至在租草场和自草场之间进行两地轮牧，如布和·根登和杨叔叔。对季节草场的维系和延续，不仅有利于牲畜充分采食多种类型的牧草，而且可以将自家草场围封释放的生态压力转移到出租牧户的草场上，原因是夏秋草场是牲畜抓膘的重要季节，放牧强度较大，而冬春季节牲畜只需保膘，其放牧方式为放牧结合补饲，自然草场利用强度也会相应减小。同时他们还可以根据租期和租金的实际情况，对草场资源进行合理的配置与整合，如杨叔叔和其他牧民通过合租草场共同分担巨额租金给家庭带来的经济压力。因此可以说，这种放牧方式的延续和调整，又表现出了极具弹性和灵活性的特征，也揭示了牧民利用草场的理性意识不断增强。

其次，尽管如今的移动放牧与传统的移动迁徙相比已经发生了改变，比如由草场承包之前的完全移动方式转变为如今夏季放牧、冬季定居的半移动半定居方式，长距离的四季迁徙转变为以定居点为中心的往返或辐射移动。但我们依然可以强烈地感觉到，地方政府也正在牧民对游牧传统"无意识的传承"基础上，进行着"有意识的创造"。他们对于传统划区轮牧的不断探索与实践，事实上并没有脱离固有的文化传统，而是一种基于传统的"生产"与"再生产"。

二　畜群管理

畜群和人类这两种群体总是保持着一种共生又相互作用的关系，牲畜使一个家庭被建构，而家庭又保证了牲畜成长的条件。一方面畜群规模是家庭生计需要和家庭劳动能力的体现，另一方面，畜群规模也在技术、经济、婚姻和政治实践等一系列人类活动中起作用。为了家庭生计的扩大和再生产，一个家庭往往会在日常经营中特别注重畜群规模和畜群结构，并对畜群进行精细的管理。东乌旗自古都是一个以牧业为主的纯牧业旗，牧民依靠天然草场放牧牲畜。由此，人们在日常的生产生活中，围绕牲畜形成了一个完整的牧业周期。根据调查，牧民一年的牧事活动如表3-1所示。

表 3-1　东乌珠穆沁旗牧民一年的牧事活动

月份	牧业活动
3~4月	定居点接羔、育羔、打耳记、去势、防疫，定居点放牧、为产羔母羊补饲
5~7月	防疫、挤奶、抓羊绒、卖羊绒、剪羊毛、卖羊毛、捡牛粪、转场到夏草场、放牧、抓水膘

续表

月份	牧业活动
8~10 月	打草、拉草、洗羊、防疫、配种、牲畜出栏、抓油膘
11 月至来年 2 月	定居点补饲、冬草场放牧、保膘、保胎

资料来源：根据访谈整理。

每年 3 月春季伊始，是牲畜繁殖的重要季节，也是牧民最繁忙的季节。大约从 10 日或 15 日就开始接羔，这时需要大量的人力，因此这时将牲畜寄养在亲戚、父母家的牧民都会回到牧区帮忙，父母也会向外部调配劳力，以保证羊羔的顺利生产。因下羔多在夜间，有时还会出现难产，尤其怕"雏羊"出生①，这时需要日夜看护。牧民需要提前将待产母羊单独分开，因为母羊认羔子一般是靠闻味道，将其分开后，即使第二天羔子跑开了，母羊靠味道也能找回自己的"准孩子"；而一旦混淆，那就需要帮助母羊认羔了。牧民喜欢接"清明羔"，因为清明前后牧草开始返青，这时羔子和大羊都可以吃到新鲜的牧草，可以快速补充营养。初产羊羔，每天还要保证吃奶 3~4 次，这个季节待产母羊随时可能产羔，因此不宜远牧，母羊产羔前后 20 天都需要进行补饲，以保证奶水充足。

直到 4 月底，接羔基本结束。接完羔，较重要的一项工作便是给幼畜打耳记了，尤其是几个合作放牧的家庭，耳记对于区分各自的羊群十分重要。一般是用剪子减掉一部分耳朵或剪一剪子，通过剪的不同位置和形状进行区分，还有的牧民在羊背上涂上鲜艳的颜色，即使两家的羊混在了一起，也很容易将其分开。因此，打耳记是牲畜拥有者标识羊是自己的所进行的一种仪式活动。为出产的雄性羊羔实施去势作业也是这一季节的重要活动。一般是用玻璃瓶的碎片充当"手术刀"，原因是刚打碎的玻璃不易感染细菌。

此外，春天是羊的发病期，需要为羊取虫。为防疫口蹄疫（五号病）、肉毒、炭疽和布病，一年需要给它们打两次防疫针，时间分别为 4~5 月接羔结束前及 8 月打草前，每年的防疫费由农牧业局以"一卡通"的形式发放，牧民拿着防疫费去药店买药自己打针，但要根据羊的膘情和体质调配合适的剂量。一只成年母羊一般为 4 毫升。如果剂量不足，取虫就不彻底，反而不利于母羊保膘和产羔。由于每年都是自己买药打针，因此牧民也开始在学习和摸索给羊

① 雏羊，是指母羊生的第一个羔子。

治病。

进入 5 月，两项繁忙的工作——抓羊绒和剪羊毛——就开始了。家里有山羊的牧户，抓羊绒一般为 5 月初，大约持续一个月的时间，卖完羊绒，紧接着就开始剪羊毛、卖羊毛。由于每户牧民的羊群数量较大，往往需要几户牧民或家庭内部成员之间相互帮忙才可完成。剪羊毛是一项烦琐的工作，首先需要抓羊，然后用绳子将羊的两条前腿捆上，才可以开始剪，以往牧民都是用剪刀剪，如今为提高剪毛速度，节省人力和时间，部分牧民开始使用机械化剪毛机了。

5~7 月整整两个月是牧民鲜奶产出最多的季节，也是挤牛奶和羊奶的繁忙季节。过去的牛奶和羊奶只是满足家庭日用需要，而现在部分家庭也开始将奶产品进行出售。这个季节也是牧民捡牛粪预备冬季燃料的季节，但如今养牛的少了，大多数牧民开始购买煤炭过冬。整个夏季都是牧民放牧、抓水膘的重要季节，牲畜秋天出栏时能否卖上一个好价钱取决于这个季节的放牧如何。因此大多数牧民早出牧晚归牧，家庭男性成员在距离定居点稍远的夏草场扎包放牧，直到秋季才回到定居点。

东乌旗的秋季开始于 8 月，除了春季，这是牧民另一个较为繁忙的季节。这一季节的重要任务是打草、拉草，为冬季储备饲草料。当地牧民的打草时间一般集中在 8 月 15 日至 9 月 10 日，打得太早，容易影响一些结籽类牧草的再生；打得太晚，草已枯黄，营养价值不会太高，因此这个时间段被牧民称为打草的黄金季节。捆草也要适时把握时间点，如果不能及时拉回，一旦下雪就容易发霉。比如 2012 年的座冬雪①要比往年提早到来，导致许多牧民的草料发霉，进而影响了牲畜的冬季保膘。

秋季的另一项重要工作是洗羊，一般 8 月中旬就陆续开始了。与以往将羊放进洗羊池里不同的是，现在改用喷洗方式，用雅马哈发电机带动一个或几个洗澡的喷头往羊身上喷药。2013 年的 8 月 13 日，笔者为杨叔叔送去牲畜注射液时，他家正在洗羊。具体程序是，先把羊赶进上面敞开的羊圈，10 只左右为宜，然后关上圈门，全家人站在墙头上往下喷。据杨叔叔介绍，这样洗羊的好处是省时省力，以往需要八九个人帮忙，现在三四个人就可以洗。但大多牧民反映，喷头只能喷到羊的背上，羊肚子下面往往喷不到，以致疫病防疫不彻底，病菌还会继续滋生。因此现在羊得的病越来越多了，总是反反复复，无法

---

① 座冬雪：指冬天的第一场雪。

控制。

8月底是出售牲畜的重要季节，繁忙了5个月的牧民终于可以看到努力的成果了。笔者离开田野前的8月份，出栏羔子的价格是600~650元，膘肥体壮的羯羊价格则为1800元左右，牛约8000元/头，马约10000元/匹。大多数牧民选择卖给熟识的羊贩子，也有几户牧民合伙拉羊到旗里的冷库或额吉淖尔镇的牲畜交易市场出售。由于目前手机、电视、电脑等通信方式的普及，各种出售方式的价格不会相差太多，他们认为卖给羊贩子反而更加省事。事实上，笔者屡次看到牧民卖羔子前，都会提前对出售的牲畜称重，以做到心里有数。由此我们发现，随着更多地参与市场活动，牧民的经营意识开始变得更加理性，就连羊贩子都向笔者抱怨"现在的牧民学聪明了，牧民的钱不好赚了"。进入10月份，牧民就开始为羊配种了。没有种公羊的家庭要向其他牧户租借，尽量保证配种期的统一，这样第二年接羔时间就会大大缩短，利于羔子成长及出栏时膘情统一。

自11月开始的冬季对于牧民来说，是他们最为清闲的季节。这时就会看到他们经常骑着摩托或马到临近牧户家串门、喝酒。由于整个冬季的放牧都是放牧结合补饲，因此只需早上把羊赶出去，等它们晚上回到圈里，给它们补充草料、饲料，做到保膘、保胎就可以了。因为大多数时间羊群都会在定居点附近吃草，每家牧民窗台上都放着一个望远镜，它的功能可不是为了观看风景，而是可以随时观察羊群的采食情况。我曾试着观察羊群的活动情况，的确可以对羊群的采食过程了如指掌，这也是田野工作中最让我惊讶的事情，也是最让我佩服的（他们竟有如此的智慧和创造力）。摩托车是他们放牧的重要工具，每家至少购买一辆，甚至几辆，平时都会停放在砖瓦房前面，以备随时使用。

第二节　转变与适应：家庭牧场的经营实践

伴随着人民公社体制的解体，农区的土地家庭承包责任制被引入草原。从1983年开始，东乌旗先后进行了"牲畜作价、户有户养""草场公有、承包经营"等牧业体制改革，自此，"草畜双承包"的家庭经营结构开始形成，并引发了一系列牧业生产变革，包括定居定牧、基础建设、畜群结构调整，以及后来出现的牧业现代化。在牧业承包体制刚刚形成之时，全国牧区面向市场的经济转型也正在进行，畜产品开始通过市场交换，而不再是国家征购。那么，生产条件、生活环境以及社会制度等一系列客观环境的变化，是否对家庭牧场的经营方式产生了影响，作为实践主体的牧民又将怎样弹性调整和改变经营策略来适应新的自然环境和社会环境。在本节中，笔者将为读者展示草原牧民经营方式的理性选择及其通过其他职业为牧业生计积累再生产资本的策略与智慧。

一　经营观念的转变

草场和牲畜承包到户之后，可以说，家庭作为独立的经营单位，其发挥的功能被空前强化了。新的社会环境对牧民提出了新的期待和要求，赋予了他们新的责任、义务和角色，这就需要作为实践主体的牧民必须改变传统的认知方式和行为方式，学习新的知识和本领，从而能够适应新的自然环境和社会文化，以求维系家庭生计的可持续性。独立经营、自负盈亏是当前牧民必须面对的生活现实。在牧业经营个体化和市场观念不断被强化的双重背景下，如何经营，怎样达到利益最大化开始成为每一个家庭生存的关键。

由此，一些头脑灵活的牧民首先开始了他们的探索和致富之路，成为最先适应新环境的牧区精英。如笔者在田野工作中熟识的沙娜老师为笔者讲述了草场划分之后，他父亲是如何率先转变经营观念来壮大家庭畜群的：

> 我父亲祖籍通辽，1968 年就来到了东乌旗东南部的呼热图淖尔苏木阿日斯楞图嘎查，在此生活至今。记得生产队的时候，嘎查牧民有的放羊，有的放牛，当时大家都是挣工分，由队长组织牲畜出售，谁放的羊死了就要赔偿，当时父亲是大队的马倌。1983 年分牲畜时，15 只羊/人，5 头牛/人，我家姊妹 5 人，加上父母，7 口人共分到 105 只羊、35 头牛。第二年开始分草场，2000 亩/人，我家分到 14000 亩。父亲脑子比较聪明，是分草场之后嘎查首先致富的牧民之一。他从本地买了乌珠穆沁小羊耙子①，45 元/只，联系呼伦贝尔的牧民，卖给他们 85 元/只，这样我们赚了近一倍，然后通过挣来的钱再去买山羊和羔子壮大我家羊群规模。由于本地蒙古牛个头小，父亲就从东北花 500~600 元购买个大、体肥的改良牛犊回来，养大了就可以卖到 1200 元左右，但这种牛犊不耐寒，我们这儿太冷，容易冻伤。由于我们全家人苦心经营，几年之后羊群很快发展到了 2000 多只，牛有 500 多头，（我家）成为全旗典型的富裕大户。

---

① 羊耙子，是牧民对种公羊的称呼。

像沙娜父亲这样的牧民不在少数，尽管分草场之初，每家分到的牲畜较少，但畜产品的市场需求和价格增长刺激了牧民扩大畜群、增加家庭收入的积极性。事实上，只要部分牧民从经营方式的转变中得到了实惠，周围牧民就开始相继效仿，从而加速了东乌旗整体社会经济的转变和改革。与此同时，政策的鼓励和推动也成为家庭经营观念转变的重要原因。这可以从 1994 年 5 月，锡盟盟委行署下发的《关于发展集约化草原畜牧业的决定》中所提出的发展计划及宏大目标中窥见端倪：

> 从改良草场，引种入牧（建设人工半人工草场），从半放牧半饲养起步，通过"三靠""八化"，把畜牧业建设成为稳定、高产、优质、高效的现代化、外向型商品畜牧业。"三靠"，即一靠建设稳基础，克服传统畜牧业生产率不高、抗灾能力不强的脆弱性。二靠科学创高产，改变单纯依靠传统的粗放经营方式，广泛采用现代畜种、饲养、管理等先进技术和方法。三靠市场保发展，改变传统畜牧业封闭的、自给经济的历史，把畜牧业经济纳入国内国际大市场。"八化"即饲草饲料商品化、养畜方式舍饲化、饲养管理科学化、牲畜品种良种化、生产经营专业化、产品质量标准化、主要生产环节机械化、服务体系社会化。总的奋斗目标是：三年起步，八年见效，十五年接近草原畜牧业中等发达国家水平。[1]

如上所述，在地方政策的鼓励和推动下，牧民逐渐意识到了"靠建设稳基础""加强牧业抗灾能力"的重要性。由此，为保证家庭畜群规模的不断扩大，他们开始注重棚圈、机井及草料储备等生产基本条件的建设了。

阿拉腾将"棚圈"这一基础设施称为"家畜收容设施"[2]，并将蒙古地区的家畜收容设施称为"豪绕"或"高特"。豪绕的建筑材料，视环境而定，包括树枝、石头、土坯，甚至 20 世纪 80 年代之后的铁丝。就东乌旗来说，这些设施基本都是土坯或砖木混合结构。大多数家庭选择将废弃的土房改造成棚圈，这样既方便又可节省家庭支出，一举两得。对于快要坍塌的土房，只要稍加修补，再在房子周围加上围墙就可以将其改造成理想的羊圈了。据调查，大部分牧民都打了机井，甚至有的牧民在不同季节的草场上同时拥有几口水井，比如上文提到的牧民斯仁，他家的冬草场和夏草场各有一口机井。但在东乌

① 齐伯益主编《锡林郭勒盟畜牧志》，内蒙古人民出版社，2002，第 30 页。
② 阿拉腾：《文化的变迁——一个嘎查的故事》，民族出版社，2006，第 120 页。

旗，不同地理位置的不同嘎查地下水位也不尽相同，杨叔叔就整天因水源问题惆怅不已，嘎查几户牧民打的机井都已相继作废。目前只靠从嘎查的大口井拉水饮羊，一到冬季脸都不敢洗。

此外，为保证牲畜的膘情和接羔率，每到八月底牧民就需要储备数万斤草料过冬。一般牧民在夏季就提前将一定面积的草场围封起来作为打草场不去放牧，如果自家草场退化严重，不足以满足冬春的草料储备，就需要向其他牧民购买草料，而近几年大多数牧民还需要购买一定数量的饲料。这就说明牧民已经意识到了，草场的退化使畜群光靠啃食牧草已不能维持羊群的体力和营养了，需要将放牧与饲料、草料补给相结合进行养殖。这些世代以传统牧业为生的牧民，对依靠天然放牧转向以放牧为主、补饲为辅的经营方式也经历了一个缓慢的认知和适应过程。负责发放补贴的青巴特向笔者讲述了牧民最初对待政府补贴饲料的态度：

> 2003~2006年，因春季休牧，政府给牧民补贴饲料。当时我们在卫生队大院里负责给牧民发放玉米籽。许多牧民刚领了玉米籽，一出大院就卖给旗里的汉族人喂猪了，100元一袋的饲料只卖30元。那时他们还不认识饲料，也不明白饲料对牲畜的作用，还说"我们的羊是吃天然牧草的，不吃那些东西"。现在哪有牧民不认识饲料的，一到秋天，家家都来旗里成车购买回去冬天喂羊。

从依靠天然放牧到放牧结合舍饲，基础设施逐渐完善，牧民在不断学习和适应、改变和选择的过程中，努力维持着家计的可持续性。对于东乌旗牧民来说，羊群不仅是财富，也是他们成为一个合格牧民的象征。如果家庭畜群规模较大，该牧民在大家心目中的形象就可以用"既勤劳又善于经营"来形容，也会更容易被推选为嘎查长、政府重点扶持户等。反之，则可能被认为是只知喝酒，好吃懒做的贫困牧户。因此，他们会想尽办法壮大畜群规模，除了加强和完善牧业生产条件外，提高畜种质量、从数量经营走向质量经营也是他们努力的方向之一，以乌里雅斯太镇哈拉盖图嘎查的青格勒图为例：

> 分草场时，我家4口人，每人1225亩，共分到4900亩草场，为扩大畜群规模，2006年我就租用了相邻牧户4000亩草场，5元/亩，租期到2013年8月，共7年。当时一次性付清14万元，对我来说，家庭经济有

些紧张，但我还是咬牙支付了租金。租草场之后，我和妻子辛勤劳动，秋天多打草，买饲料，冬天保证充足的草料，放牧结合补饲，尽量保证羔子的成活率。今年我家羊群发展到了 1300 多只，准备卖 500 多只羯羊，留下 800 只母羊作为基本母畜，繁殖羔子，明年一下羔子又可以达到 1000 多只了。8 月底草场到期，还准备续租，但租金可能会涨到 7~8 元/亩。今后的发展计划是，少接羔子，保证大羊膘情，养 20 多天，就拨出来一拨，喂些饲料，这样大羊出栏快，见效也快。

　　牧民利用草场理性意识的增强，地方政策的推动，内外力的推拉效应，将原本自给自足的牧业生产日渐卷入市场化的跨越式发展中。在传统牧业社会中，牧业产品主要供家庭享用，交换的机会较少，这是一种自给或半自给的家庭消费。如今这种消费方式在家庭消费结构中所占的比例日渐缩小，而从市场上购买的产品所占的比重却在日渐增大。牧民大部分的生活资料，如米、面、砖茶、蔬菜等都需要通过出售牲畜换成现金，然后再用现金购买生活用品。因此，能否获得更多的现金是家庭经营的最终目的。

　　自给自足的家计方式已经成为过去，怎样赚钱才是他们目前最关心的问题，这表明牧民的财富观念已经发生了变化。从将拥有牲畜的多少作为部落成员身份认同的标志及社会地位的象征逐渐转变为，拥有现金的多少成为牧民社会地位的象征以及家庭生活水平的体现。什么时间卖羊对于牧民很重要，他们总是权衡价格，等待最佳时机，使利益最大化。对此，拉铁摩尔曾指出，"在这些牲畜中没有一种能像羊那样能对草原游牧民提供较高的经济价值"[①] 了。同样，东乌旗牧民的经济生活也正在从传统"逐水草而居"的生态适应逐渐转变为目前的市场适应。

　　他们正努力参与市场经济，增加家庭收入。由此部分牧民在经营牧业的同时，也开始适时把握增加家庭收入的任何机会，比如额吉淖尔镇哈日高壁嘎查的牧民巴·乌日图，已为羊贩子做了三年的向导，并帮助他们介绍卖家，为其翻译和引路。从他颇为得意的讲述中，还可以发现有时他还会灵活掌握交易提成，为赚取更多的现金收入打基础。比如羊贩子每收 1 只羊，就会给他 5 元的提成，那么如果收了 135 只羊，他就只收 130 只羊的提成，而他所说的"零头"，也就是 5 只羊的 25 元就作为下次再找他的条件不收了。与此同时，由于

---

① 〔美〕拉铁摩尔：《中国的亚洲内陆边疆》，唐晓峰译，江苏人民出版社，2005，第 53 页。

不时有勘探队来嘎查草场勘探煤炭储藏量，牧区吃水不便，有时他还会为勘探队送水挣钱。可见，他们已经逐渐适应了现金交易的市场环境，传统生活中当向导和做翻译这样助人为乐的常事，也开始转变为现金交易了。

事实上，调查中，笔者也曾数度体会到牧民如今对现金的需求是多么强烈。来串门子的牧民互相聊天，不出三句，就会问到"今年羊价多少？你家羊卖了多少钱？"笔者初下田野之时，挂职单位同事介绍我去牧民家做访谈，当我兴致勃勃地拉开我的访谈帷幕时，他们却直言不讳地问我："你问我这些干吗？是不是要给我们钱呀？"这些言语虽然直白，但让我深刻体会到，在市场经济的快速转型过程中，他们已经全然明白了现金在其生活中的重要地位。因此，如今的牧民正在自觉地接受并选择被纳入市场体系之后的生产经营方式，主动将传统的牧业经营方式融入新的牧业生产条件中，从而实现由外源式向内生型发展的转变。

二　畜群结构的调整

畜群结构主要是指游牧民放养的所有牲畜群内不同畜种的比例，以及同种牲畜的年龄、性别的比例等。[1] 王建革认为畜群结构不但是生态条件的变量，也是社会结构，特别是蒙古族阶级结构的变量。而本书对于畜群结构探讨的主要是特定的生态条件下，家庭畜群内不同畜种的比例。东乌旗牧民按照食草量，将五种牲畜分为大畜和小畜两种类型。大畜包括蒙古马、蒙古牛及骆驼，小畜以蒙古山羊和绵羊为主。从实用性来讲，大畜属于役用牲畜，小畜属于奶肉兼用牲畜。此外，牲畜还可作为商品出售或用于婚礼、社交等馈赠礼物在不同家庭之间进行流动。因此，在探讨牧民的畜群结构调整之前，首先我们对东乌旗的土种牲畜类型做一简单的了解。

东乌旗的绵羊，以乌珠穆沁羊为主，是锡盟畜种改良站在蒙古绵羊的基础上，经过七年培育形成的地方良种羊，于 1986 年被正式命名为"乌珠穆沁羊"，以生长快、尾肥、多肋骨而著称。所谓"多肋骨"是比一般羊多两根肋骨，因此体型看起来也会比一般羊高大结实。而蒙古山羊，除可以为牧民提供肉奶之需，衣被等制革原料，其对于牧民家庭经济的主要贡献在于山羊绒。

蒙古马以其体质粗糙、结实，四肢短粗为特征，具有较强的适应能力，奔跑速度虽不快，但较具耐力，适合在草原上远距离放牧。

---

① 王建革：《畜群结构与近代蒙古族游牧经济》，《中国农史》2001 年第 2 期。

蒙古牛，主要包括乌珠穆沁牛和扎格斯台牛。其体质结实、紧凑，为肉乳兼用的地方品种。为提高产乳及产肉性能，东乌旗曾先后引进黑白花奶牛和西门塔尔牛与本地蒙古牛进行杂交改良。

由于骆驼适合在干旱草原上生存，因而在这样一个水草丰美的优质草原上，较少能够见到骆驼的身影。笔者访谈的牧户中几乎没有饲养骆驼的，只有在那达慕大会及祭敖包会场上，才会看到作为摔跤和赛马比赛奖品的骆驼，安静地站在会场周围。据老人们讲，马是他们最为看重的畜种，因为马不仅是他们古代作战的重要骑乘工具，还是他们重要的放牧工具。这还可以从他们日常玩耍的沙嘎游戏中得到答案，代表五畜的其他畜种分别表示不同的分数，但如果一次掷出四个马，即可获胜，这也许就是他们之所以被称为"马背民族"的原因吧。

据调查，自20世纪80年代之后，全旗畜群结构中，大畜比重逐年下降，小畜比重逐年上升。其中，小畜中的绵羊比重增速迅猛。截至2011年，全旗牲畜总数为1472555头（只），大畜101783头，小畜1370772只，牛80412头，马20922匹，骆驼449峰，绵羊1267805只，山羊102967只。[①] 大畜在全旗牲畜总数中所占比例为6.9%，小畜所占比例为93.08%，而绵羊所占比例高达86.09%，山羊只占7.0%，牛占5.5%，马占1.4%，骆驼则更少，仅占0.03%。笔者根据东乌旗统计局及地方志办公室所获数据，对20世纪80年代之后的全旗畜种结构比例进行了整理（见表3-2）。

表3-2 东乌珠穆沁旗各类牲畜所占比例

单位：%

年份	马	牛	驼	大畜	绵羊	山羊	小畜
1981	8.7	10.4	0.3	19.4	72.5	8.1	80.6
1991	6.3	12.9	0.1	19.3	64.3	16.3	80.6
2001	2.2	3.5	0.02	5.8	74.3	19.9	94.1
2011	1.4	5.5	0.03	6.9	86.09	7.0	93.08

资料来源：根据东乌旗统计局及地方志办公室所获数据计算整理，2014年。

从以上数据可以看出，东乌旗传统的五畜结构已经发生了变化。在自负盈亏、自担风险的分散家庭经营中，牧民开始更加倾向于调整畜群结构扩大畜群

---

① 数据来源：《东乌珠穆沁旗统计年鉴》，东乌旗统计局编，2012年。

规模，进而能够在短期内快速增加家庭收入。对此，笔者从100多户访谈个案中随机抽取了地理位置、草原植被和家庭经济情况不同的3个个案做进一步分析。

个案1：白乙拉，男，蒙古族，30岁，乌里雅斯太镇道木德嘎查牧民，家里三口人。由于他出生于草场承包之后的1984年，所以没有分到草场，父亲去世后，母亲将父亲的草场3119亩分给了他，其中包括距离定居点60里外戈壁滩的487亩沼泽地，妻子没有草场。目前他家绵羊304只，其中母羊200只、大羔子60只、小羔子40只、羊羔子4只、山羊没有。此外还有2匹马，主要用于冬天雪大时放牧，4头牛用于产奶，进行奶制品的制作。

个案2：格日勒图，男，蒙古族，45岁，萨麦苏木满都拉图嘎查牧民。1984年分草场时，按1225亩/人划分，家里四口人，共分到4900亩，另租其他牧民草场4000亩。目前养绵羊1300只，其中种公羊20只，牛和山羊没有。马2匹，主要用于那达慕和祭敖包时赛马。

个案3：特木尔，男，蒙古族，62岁，嘎达布其镇尚都嘎查牧民。1983年分草场时，母亲、弟弟，再加上特木尔和妻子及四个孩子，共8口人，按1969亩/人划分，共分到15752亩草场。如今母亲和弟弟已去世，家里六口人的草场还没分开，共养绵羊1000多只，山羊20多只，牛和马没有。

以上个案显示，位于东乌旗中部地区的第一户牧民养殖绵羊304只，其中母羊200只，种公羊4只，山羊没有，马和牛分别为2匹和4头。而位于东乌旗北部的第二户牧民养绵羊1300只，另有马2匹，牛和山羊没有，西部的第三户牧民养绵羊1000多只，山羊20多只，牛和马均没有。由此可知，目前牧民的家庭畜群结构以小畜为主，且以绵羊中的母羊为主，种公羊和山羊为辅，牛、马、驼等大畜因饲养周期长，经济效益小，目前已基本被逐出家庭畜群结构。小畜的增长又主要表现为羊的头数及比例的增长，这和羊在牧民生活中的地位变得越来越重要有一定关系。原因是小畜繁殖快、出栏快、经济效益好，在市场上具有较大的竞争优势，因此牧民也更加倾向于小畜的养殖。

被快速卷入市场体系的牧民，在生产和贸易市场上无力对抗畜产品的无差异竞争，所以开始越来越依靠市场和变现能力，而绵羊价格的逐年上升又进一步推动了家庭畜群结构的转变及调整，在东乌旗，每年秋天真正参与市场交易的畜种主要是绵羊。截至 2013 年 8 月，绵羊的价格已高达 600～650 元/只左右。大多原本已脱离牧业的牧民都表示，他们是看到近几年"羊价跳上来"才重回牧区养羊的，这足以表明绵羊的经济效益，对于他们的生计选择具有强大的吸引力。

如今，牧民是根据市场而不是草场类型来安排畜群结构的，这样就会导致以往合理的畜群结构被打破，这是与传统牧业生计最大的不同之处。传统牧业生计中，牧民根据草场类型调整畜群结构，做到利用与保护并存，从而维持草场的最佳生长状态。阿木尔 61 岁，是乌里雅斯太镇哈拉盖图嘎查牧民。关于传统的放牧生活及家庭畜群结构调整的原因，他向笔者娓娓道来：

> 我觉得还是养五畜好。冬天雪大时，我们往往会让羊群跟着马群走，一是先让马群踩开道儿，领着羊群走，二是马刨出来的草，羊可以吃。不同的牲畜选择吃不同的草。牛和马喜欢卷舌吃草，而马对毒草有特殊的鉴别能力，在针茅结籽的草地上放牧时可以促进草籽早落，进而促进牧草再生。我们放牧时一般先让马群吃高草，再让羊群吃低草，这样可以做到资源充分利用，牲畜也可以经常调换着吃各种类型的牧草。但自从 1984 年分了草场，我家草场里没有碱草了。马和牛如果不吃碱草腿就软了，走不动，瘸的、拐的可多了，一得病就死，马还喜欢到处跑，现在草场太小，也跑不开了。另外，现在放牧都骑摩托车了，除非雪大出不去才会骑马放羊，也不套勒勒车游牧了，牛也没用了。这几年有孩子的家庭都到旗里陪读了，如果家里没有老人，又看孩子，又看牲畜，人手不够。绵羊容易管理，山羊爱钻网子，不好管理，所以大家都喜欢饲养绵羊。

从阿木尔的讲述中可知，畜群结构调整的原因，除了市场因素，还和草场的划分及退化、摩托车等现代放牧工具的普及及家庭劳力的紧缺有一定关系。首先，牧草高度和密度的降低使马和牛等大畜采食受限。其次，相对于绵羊，山羊性格好动，不易管理，再加上成活率和产肉率较低，喜爱啃食草根，被政府和牧民列为畜群结构中需逐渐削减的畜种之一。最后，马所具有的放牧功能下降，单个家庭无法做到对不同牲畜的分群管理。上述诸多原因导致绵羊成为家庭养殖的主要畜种。历经千百年来形成的草原生态系统作为一个有机体，其生物多样性正在急速削减，而在适应草原生态系统的传统畜群结构中，不同的畜种对牧草的采食不同，排泄的粪便也不同，直接关系到天然草场的自然演替。以往的畜群比例及畜种多样性如今被打破了，这对于草原生态环境的不断恶化无疑是雪上加霜。

三 将技术嵌入传统：现代化畜牧业的诞生

调查还发现，在地方政策的鼓励和引导下，许多牧民开始积极投入现代畜牧业生产中，表现特点为专业化、集约化及现代化。当我们关注牧业家庭生计方式的转变时，不能不关注现代技术对于牧业生计日渐发挥的重要作用，打草、搂草机、自动吸奶机，以及机械化剪毛机和现代化的洗羊方式等这些技术正在逐渐嵌入传统的牧业生产中。

笔者在农牧业局挂职锻炼期间，曾参与组织了一次剪羊毛比赛，由各嘎查的牧民前来报名，大都是剪毛能手。具体将他们分成两个小组，一组为机械化剪毛组，另一组为传统的剪刀剪毛组，以所剪羊只的数量和质量决出胜负。大多数牧民反映机械化剪毛机省事不少，但还不习惯使用。由此，近几年出现的专业化机械剪毛合作社，每到6月就开始为合作社成员及周边牧民剪羊毛了。而挤牛奶是妇女进行的劳作，男子一般不承担。以下为笔者对一位牧民妇女使用自动吸奶机挤奶过程的观察记录：

> 乌云花边和我聊天，边把她家的奶牛赶到圈里，首先用绳子将牛的两条后腿拴好，防止牛乱动，然后在一个塑料桶里倒上1/2的热水，用布沾水开始给牛的乳房按摩，使其快速下奶，然后将吸奶机的四个奶嘴紧紧固定在奶头上，插上电，打开开关，这时牛奶就会顺着输奶管流向另一头连接的储奶桶里，连着储奶桶和挤奶机的是两根输奶管，一根用于进奶，另一根用于出奶。挤奶期间还要不停地用热水为牛的乳房按摩。大约25公斤一桶，一头牛挤10分钟左右，奶子多的需要挤20分钟。乌云花告诉笔者，2010年他花了1400元买了这台吸奶机，嘎查牧民还有的购买了带有双筒、八个奶嘴的机器，但需要1700~1800元左右，可以同时挤两头奶牛。她认为吸奶机相比以往的人工挤奶有几个好处：①节省时间。以往人工挤，一头牛需要半个小时左右，而现在只需十分钟。②更加卫生。以往用手挤，手上的细菌，有时牛粪都会掉到奶筒里，而现在奶嘴和奶头紧紧

固定，脏东西很难进去。③人少受罪。以往每天早上5点多就起来挤奶，一挤就是一个多小时，如果牛多更受罪，冬天手冻得都裂缝了。而现在她每天只需挤两头奶牛，每头挤两次，早晚六点各一次，每次10分钟。从奶牛下完牛犊8个月的时候就应停止挤奶了，因为它又带犊了，需要尽量保证大牛的营养。①

事实上，大多数牧民还并不习惯使用这样一种现代化的技术手段对待他们心爱的牛羊。随后笔者访谈的一位牧民妇女叫格日勒，她40多岁，健壮而纯朴。我见到她时她虽然并没有穿蒙古袍，但头上扎着的方格子头巾代表了蒙古族妇女的典型装扮。站在草原上的母牛乳房鼓胀鼓胀的，她把拇指贴近母牛的乳房，四个手指顺势而下，洁白的乳汁就像一条流淌着的小河，源源不断地流进奶筒。静谧的草原上，母牛静静地矗立着，温顺而听话。格日勒边挤奶边说道：

> 有时母牛不配合，我们还会轻声吟唱催奶歌，还要不断为母牛的乳房按摩，每挤一次，都会让小牛过来吃奶，这样母牛才肯继续泌乳，我们和牛的感情就像亲人一样。有的牧民用什么吸奶机，我们不喜欢，人和牛都不舒服。

也许，在部分牧民看来，现代化的吸奶机既干净又少受罪，并且更加快捷，但大多数牧民难以接受，他们宁愿受冻，也不愿用这样"粗鲁"的手段将牛奶强行吸出，可以说，这种做法完全违背了牛的"初衷"。因此他们更愿意选择传统的挤奶方式。

如果说自动化剪毛机和吸奶机还是牧民并不习惯使用的现代化技术手段，那么机械化打草、搂草及捆草设备目前则成为秋季牧民打草不可或缺的牧业工具了。据牧民讲，2009年以前，他们打的都是散草，那时打草机等机械设备用得并不多，但近几年几乎所有牧民都开始使用机器进行打草，没有能力购买机器的牧民就只能雇人打草或捆草。在笔者即将离开田野点的2013年9月，雇人打草的价格为，打草6元/亩，捆草1.2元/捆，如果家里没有打草设备，那么储备上万斤草料，至少需要上千元的费用支出。因此部分牧民几家合作雇

---

① 参与观察及记录时间：2012年8月26日18：00。

人，或借打草机共同打草，每到秋季，打草、捆草机就会变得非常紧俏。

可以说现代技术手段已经渗透到牧民生活的方方面面。人类学家怀特认为："文化是一个动态系统，需要提供能量，使之运动和进化。"[①] 同时他将文化分成三个亚系统，即技术系统、社会系统和思想意识系统。指出它们之间彼此相关，相互影响，其中技术系统起主导作用，因为人要生存在自然界中，必须要有技术手段。对于牧民来说，他们如今已经意识到了，运用政府组织的牲畜改良、科技之冬等培训活动，学习牛羊养殖育肥等知识，不断提高依靠科技致富的技能，是其维持牧业生计的有效方式。不少牧民也参加了牧业合作社、协会等生产组织，希望为畜产品寻找更为广阔的市场销路。

由此东乌旗出现了许多家庭经营较为成功的典型户，其中包括畜群结构调整典型户、乌珠穆沁种公羊养殖典型户、早春羔示范户、羔羊育肥典型户、西门塔尔牛养殖专业户、黄牛改良专业户以及蒙古马保种专业户等，旗农牧业局先后颁发了证书对这些典型牧户进行奖励。以下就以两个家庭经营成功的典型个案为例，来说明如今的牧民是如何运用现代技术手段来提高家庭收入的：

赛因，蒙古族，46岁，乌里雅斯太镇恩和吉日嘎拉嘎查牧民。家里5口人，承包草场11040亩，目前养羊610只。他先后投资3万元，建设了砖瓦结构暖棚4间，200平方米，机井1眼，完善了牲畜过冬的基础设施。对畜群结构进行了合理调整，积极改良牲畜品种，以发展乌珠穆沁绵羊为主要发展目标。1999年，又将原有的200只山羊和20头牛全部处理并调整了绵羊结构。具体将原经营的610只绵羊中个体性能差、产肉率低、羊尾小的230只绵羊全部出栏，留下的380只绵羊作为基础母畜。在此基础上，他还改变过去畜群在血缘关系内部进行交配，导致绵羊品种退化的现象，实行了"导血"方法，每三年一次从外地无血缘关系的羊群中挑选个体性能好、产肉和繁殖率高、羊尾大的种公羊，与自家母羊进行自然交配，提高乌珠穆沁羊的质量。经过努力，每只羊比过去增重15~20斤，增收45~60元。他每年接羔240~260只，从中挑选出50~60只个体好、尾巴大的母羔补充基础畜群，其他羊羔当年全部出栏，每年家庭的卖羊收入可以达到5万元。

巴图布勒胡木德勒，52岁，蒙古族，嘎海勒苏木额仁宝力格嘎查西

---

① 黄淑娉、龚佩华：《文化人类学理论方法研究》，广东高等教育出版社，1998，第287页。

门塔尔牛养殖专业户。家里 5 口人，现承包草场 13500 亩。2006 年开始，他就积极完善牧业基础设施，新盖砖瓦结构畜棚 270 平方米，畜圈 600 平方米，机电井 2 眼，大口井 1 眼，配置打、搂草机一套。在政策支持下又建立了西门塔尔牛核心群，积极参加旗、苏木镇举办的黄牛改良冷配技术培训班，对自家的 150 头母牛群进行了改良，利用西门塔尔牛冷冻精液技术进行人工授精，经冷配的牛犊比本地牛犊销售价格每头高出 1400 多元，而种公牛及母牛销售价格为 4000 元/头。在具体的饲养管理方面，巴图改变传统的四季放牧方式，采取了半放牧半舍饲的经营方式。夏秋季以自然放牧为主，同时保证饮水充足，冬春季节则改为放牧+补饲的方式，白天以放牧为主，早、晚各补一次青干草，下午补一次精饲料，中午饮水一次。其中每头基础母牛储备青干草 1500 斤，饲料 300 斤。从 11 月初到第二年 5 月底，保证 210 天的补饲期，每头基础母牛补饲青干草 6 斤，早晚各 3 斤，饲料 2 斤。同时对牛群卧盘的处理，主要铺垫 10 厘米以上的干羊粪，每天早晨牛群放出以后及时清理，以保证牛圈的清洁和卧盘的保暖。通过精心饲养，母牛繁殖成活率达到 85% 以上，每年出栏育肥肉牛 40 头，向嘎查牧民租赁种公牛 30 头，每头租赁费为 3000 元，扣除饲养成本，家庭纯收入为 26 万元。在 2006 年全旗的牲畜评比大赛中，他家参赛的 2 头公、母牛犊分别获得了一等奖和三等奖。2007 年的全盟比赛中，他家的公犊又获得了银牌，母犊获得了铜牌，同时获得奖金 3600 元。在东乌旗"第三届乌珠穆沁肉羊节"的西门塔尔牛犊评比大赛中他的母牛犊获得二等奖，公牛犊获得了三等奖（参见图 3-5），共获奖金 6600 元，获奖牛犊现场拍卖了 3000 元。如今他被评为"黄牛改良先进个人""转变畜牧业经营方式先进个人"等，成为东乌旗家庭牧场经营致富的典型户。

这也揭示出，为了提高家庭收入，牧民开始把握更多的经济资本和社会资本，积极转变思想观念和经营方式。与此同时，地方政府认为，"实施草原畜牧业的集约化、专业化、现代化经营是实现可持续发展的有效途径"。因此，政府开始以项目、资金及比赛等方式对积极转变经营方式的牧民给予奖励。如个案中盟级及旗级的"牲畜评比大赛"和"乌羊节"。笔者在挂职锻炼期间的 2012 年及 2013 年 8 月底，曾策划组织了两届"乌珠穆沁肉羊节暨乌羊产业发展论坛"，除牲畜评比，还邀请了区内外专家和学者为东乌旗畜牧业经济发展

图 3-5 "东乌旗第三届乌珠穆沁羊节"的获奖牧民
资料来源：2012 年 8 月摄于乌里雅斯太镇。

建言献策。对此，牧民也大都拍手称赞，许多牧民表示他们愿意参加牲畜评比，也许自家的牛羊可以在现场拍卖会上卖上一个好价钱。

四 多元生计与自生发展：打工与创业

事实上，无论在怎样的制度性结构条件下，牧民作为有目的的行为主体都不是完全无能为力的，相反，在生存理性的驱使下，他们总是为了家庭以及自身的生存而不断进行选择与调适。相比斯科特的"道义小农"，波普金认为农民是具有"理性"的，而这种理性是人们一种较为稳定、具有规律性的行为。同样，随着市场化、全球化的不断侵蚀，牧民被卷入了更广阔的市场生产空间里。在本质上，牧民是社会人，他们的动机、行为和价值观念会受到社会及制度环境的制约，但同时他们又在不断的探索中理性改造并适应着社会和制度环境。出于理性思考以及对外在环境的适应和选择，牧民的家庭生计方式也越来越趋向于多样化。

可以说，当前牧民的生计策略是动态的，他们根据政策、市场以及环境等生产条件的变化不断进行调整，进而实现了生产资源的合理配置及生计活动种类和方式的相互补充。不同的牧民可能根据自身的再生产资本和可获得的途径采取不同的生计策略，而不同的生计策略正是导致不同生计方式的最直接原因。调查发现，部分牧民开始选择牧业之外的其他职业作为家庭的生计方式。然而从事第二职业的牧民，无非包括以下四种类型：一是无畜、少畜户；二是受过中、高等教育不愿从事牧业的牧户；三是因草场退化而被完全禁牧的牧户；四是由于孩子上学不得不进城陪读的牧户。而对于牛羊成群、草场面积广阔的牧业大户来说，他们是不会选择离开牧区的。因为他们内心的草原情结胜过一切，如果牧业足以维持家计的可持续，他们宁愿待在牧区，失去草场和牛羊会使他们充满恐惧。因此，即便是那些进了城，从事了打工或创业的牧民，也依然保留着牧区的草场和牛羊，即使数目较少，但至少使他们心里踏实。对此，国内外大量研究表明，生计多样化指数反映了一个地区人群的生计脆弱度。传统的牧业生计与多样化的谋生方式，如打工与创业等各种职业角色相结合的生存策略成为如今牧民谋生的职业组合。生计策略的多元选择在一定程度上可以分散牧业经营的风险，并通过多种生计的相互结合，为其中一种生计方式失败后保留一条安全的退路。首先，我们来看两个进城创业的典型个案：

　　个案1：布·呼其图，31岁，蒙古族，嘎达布其镇巴彦都兰嘎查牧民，家里3口人。1994年去内蒙古医学院自费学习蒙医六年，2000年回到东乌旗不久就结婚了。结婚时，父母给他分了一个人的草场2040亩，200只羊、15头牛、7匹马。由于草场和牛羊太少，他毅然决定进城创业。当时没有创业资本，他和岳父借了5000元，在旗蒙古族第二小学旁边开了一家不到60平方米的"日升综合商店"。起初不懂如何经营，商品种类也少，后来在不断摸索中，商店的收入开始逐年增加，规模也开始逐年扩大，目前年纯收入为8万元左右，成为东乌旗有名的创业典型户。从2010年开始，每年秋天妻子经营商店，他下牧区给牧民安装水暖，如果安装两间房，连工带料，至少可赚5000～6000元，直到10月底才收工。牧民如果想找他安装，就会通过名片上的电话联系。刚开始是一个人下去，手工给人安装，现在活越来越多了，于是就换成了全自动安装工具了，还雇了一个小伙子帮忙。夏天安装，凌晨3点就得从旗里出发，原因是东乌旗的牧区路太远，路上得走五六个小时。经过几年努力，去年呼其图在旗里买了小别墅，正在装修。自己的草场租给了牧区的二哥，2元/亩，200多只羊寄养在二哥的羊群里，一只羊一年200元，羔子归二哥，羊毛收入归他，只要二哥能够保证原数就行了，丢了死了二哥赔偿，春天接羔时回去帮忙。

　　个案2：秀美，35岁，蒙古族，祖籍通辽，2002年嫁到东乌旗萨麦苏木陶森淖尔嘎查，当时老公家给他们分了 2500 亩草场，100 多只羊。家里羊少，收入不高，在牧区放牧又受罪，再加上学校合并，孩子需要陪读，于是在 2006 年，来到旗里创业。由于嫁过来之前秀美在通辽学习理发，所以就开了理发店。现在牧区还有 200 只羊，10 头牛，都放在小叔子的羊群里一起放牧，两家共同雇了一个羊倌，不管吃住，3000 元/月，每年春天接羔和秋天打草时都会回去帮忙。现在她的理发店每月收入为 7000 元，2010 年老公又买了出租车，接送来回嘎查和旗里的牧民，并给牧民留了名片，需要坐车的就会打电话联系他。拼车 50 元/人，月收入可达 6000 多元。今年秀美花了 22 万元在旗里买了楼房。这几年买车、买房、买车库，家里也没有多少积蓄。下一步的奋斗目标是再买个 100 多平方米的街面房扩大店面就知足了。

这两户进城创业的牧民可谓是东乌旗创业成功的典型案例了。事实上，这些由于少畜、无畜或孩子需要陪读进城创业的牧民，能够成功的关键，和创业者本身的文化程度及掌握的相关技能有关，如上述个案中的布·呼其图，他在创业之前曾去呼市学医六年，而秀美也已在通辽学习了一定的理发技能，他们分别在不同程度上已经接触到了更加开放的市场环境和创业技能，同时汉语水平较好。笔者对这两位报道人访谈时并没有请任何人帮忙翻译，他们不仅使用普通话和我对答如流，并且能够很快理解我的问题。同时，还可以发现，即使他们走出东乌旗，也有可能在外界激烈的竞争、技能及语言等多重压力下，重返牧区。访谈中得知，大多数家庭都有子女走出旗外或省外，学习，打工，比如宝音的小姨子，曾去过山东的旅游点当过服务员，乌兰高娃的儿子几年前在北京打工，但几年之后由于生存压力都回到了牧区。他的妈妈告诉笔者，儿子回来之后竟然说："宁愿在牧区放羊也不愿出去打工了，外面压力太大了。"

他们抱有如此的择业观其实是和生活的环境有关的。由于他们在长期的放牧生活中，大都独当一面，形成了极强的自尊心，所以一般不愿接受普通的服务业岗位，而且受语言、城镇技能要求的影响，他们在外谋生大都遭受过挫折，最后选择重返牧区。尽管如此，目前依然有许多年轻人不断走出牧区，走出东乌旗，不断进入更加广阔的生活空间和生存环境中去。即使失败了，至少他们也学习到了先进的知识和技能，掌握了更多的信息，更重要的是思想观念有了转变。所以，大多数走出东乌旗又重返家乡创业的牧民成功概率也较大，比如个案中的布·呼其图。

至今让笔者记忆深刻的一件事是，去年夏天布·呼其图想让他母亲去五台山旅游，碍于汉语交流的问题，于是寻求笔者帮忙雇一个翻译，100元/天。调查中还发现，部分牧民去旗外的医院看病也需要雇翻译，可见当地牧民的汉语水平也是限制其外出谋生的一个重要因素。由于在简单而乏味的牧业生活中，他们每天面对的只有草场和牲畜，因而除了放牧，城市里的工作他们大都无法胜任。其次牧民已经习惯了自由、不受约束的生活节奏，如果让他们按时上下班，他们会感到备受限制。萨麦苏木草颗粒合作社的负责人曾向笔者抱怨，他雇的几个牧民工人想来就来，想不来就不来，完全不按规定时间上下班，每雇一批牧民工人，都是没干两天就走了。牧民并没有严格的时间观念，因此如何找到稳定的工人至今让他困惑不已。

此外，牧业生产的季节性人力需求，也给当地一些无畜、少畜户提供了打工的机会。每到春天接羔、秋天打草的季节，劳力缺乏的家庭就需要从外部寻求资源了。过去他们寻求相邻几户牧民帮忙，而现在在市场化思想的影响下，随着牧民思想观念中理性因素的增长，家庭生产活动的互助实践也出现了从"帮邻"到"酬邻"关系的转变。如今以劳动交换为来往条件的互助行为，逐渐被以支付工钱雇人帮忙的方式所代替。

原因是，如果互助的两个家庭劳力和牲畜数量相当，那么这样的互助是双向的，可以保持交换的平等，牧民往往更加愿意。但那些由于打工或创业进城以及迁移于草场与新居住地，劳动力缺乏的家庭，因为人手不够不能在牧忙时节帮助别人，而自身又需要劳动力，那么这种劳动交换是不成立的，因此只能通过支付现金雇人的方式完成牧业家庭的生产。所以每到春天接羔、秋天打草的牧忙时节，劳动力就如同"紧俏的商品"，一些无畜、少畜的牧民就开始给牧业大户打草、捆草和拉草了，同时也产生了一些专门为牧民打草、捆草和拉草的打草专业队。有的家庭还专门买了农用车、打草设备以给其他牧民打草为生，到了冬季他们就开始给牧业大户放羊，春季帮忙接羔，目前东乌旗羊倌的雇佣价格为，管吃管住一个月3000元左右。

事实上，以给牧业大户打工为生的牧民，在东乌旗游牧社会中已经逐渐成为一部分边缘群体了。当冬天最为寒冷的季节他们作为代牧人住在蒙古包里，为雇主放牧羊群时，"牧主"却生活在旗里温暖的楼房里。直到夏天，"牧主"们才会选择回到牧区放牧，原因是夏天天气暖和，自己放牧可以节省雇工成本。如此这般，我们是否可以将这种雇佣方式称为新时代的"苏鲁克制度"呢？当然，这种新时代的"苏鲁克"并没有明确的剥削性质，只是一种劳动与现金的等价交换。进一步分析，事实上这已经是一种变相的剥削了，因为生产资源和资本正在源源不断地流向牧业大户，这就导致了东乌旗的两极分化问题日渐凸显。贫困牧民之所以沦为雇工，简单地说，是因为他们没有羊，失去了家庭再生产的资本。

综上所述，在剧烈的社会转型过程中，从游牧到定居，从自给自足的生计经济转变为如今的现金经济，从粗放的传统牧业生产方式转变为如今的现代化、专业化、集约化生产方式，甚至从一元的牧业生计转变为以牧为主、多种职业并存的多元生计，并不是一种生计方式转化为另一种生计方式的过程的结束，而是再社会化过程的开始。在人类学和社会学中，"再社会化"（Re-socialization）是指一个群体原来的社会文化由于客观环境发生了急剧的变化，或这个群体由于进入新的自然及社会环境，存在的对于新的生产生活以及环境的认识、适应和融合的过程。① 而客观环境又包括生产条件、生活环境及社会制度等方面。

就东乌旗而言，牧业体制的改革及地方政策的不断调整，使牧民的生活从以往的"逐水草而居"转变为定居，以至再定居，自给自足的生产方式转变为市场化、现代化背景下的竞争性经营方式。这就要求牧民必须学习新的知识和本领，改变传统观念及认知方式，比如适时把握经济和社会资本，改变经营观念，更多地参与市场活动，以及积极调整畜群结构并运用现代化的经营手段，这样才能适应新的自然环境和社会文化，逐步养成新的行为方式，以求取得比较顺利和持续不断的发展。他们需要通过行为和角色的转变，来迎合新的社会环境对他们提出的新期待和新要求，完成从一种生产生活方式到另一种生产生活方式的"再社会化"过程。

但研究显示，牧业与多元职业的选择联系紧密，原因是一些家庭的多元职业选择只是作为牧业的补充角色而出现的，从事其他生计是为满足牧业所需积累资本。它们之间的关系可以表示为，从事其他生计是为了获得更多的现金，进而可以租用更大面积的草场，购买更多的饲草，最终满足牲畜所需和家庭畜群规模扩大的需要。这就是许多牧民抱有"等赚够了钱，还回牧区放羊"或"依靠主人家的牛羊，壮大自己的畜群，等到有一天自己有了经营的能力时，就分出去单独经营"计划的原因所在。事实上，如同斯科特笔下

---

① 崔延虎：《游牧民定居的再社会化问题》，《新疆师范大学学报》（哲学社会科学版）2002年第4期。

"生存安全比高平均收入更优先"的东南亚农民，"生存伦理"及"道义经济"①的理性思考使他们懂得，只要有足够的草场、牲畜及现金等再生产资本，他们绝不能放弃"安全第一"的牧业生计。在他们看来，草原是最重要和最稳定的收入来源，也是最有安全感的生存资源。因此，对于资源和资金匮乏的少畜或无畜牧户而言，唯一的选择就是通过其他职业尽快为牧业经济积累资本，以便重新进入牧业社区的身份和职业认同结构中去。因而可以说，在不断的适应和选择过程中，牧民不仅选择了一种利益最大化的谋生方式，同时也选择了一种可持续的家计策略。

第三节　博弈与互动：生态政策背景下的适应策略

博弈，是指各个具有不同利益的决策者，在相互影响、相互作用中做出自己决策的行为和过程。② 美籍匈牙利数学家冯·诺依曼（Von Neumkann）和美籍奥地利经济学家摩根斯坦（O. Morgenstern）于 1944 年发表了《博弈论与经济行为》一文，为现代博弈论的发展奠定了基础。之后，博弈论被频繁运用于社会领域。该理论认为，人是经济人，也就是说人是理性的自利主义者，总是在给定的约束条件下追求自身利益的最大化。其基本概念包括参与者、行动、信息、对策、收益、结果及均衡。③ 而互动，是指人与人之间的交互作用。④人类的社会行为，就是人与人之间互动时所表现出的行为，社会行为以互动为基础，没有互动，便没有社会行为，也没有社会生活。人类学者齐美尔认为，互动体现了一种"综合现象"，其中互动中的个体往往会产生私人意图，他们通过常规的协调过程使自己交汇到公共制度中，而这种汇聚又会导致公共的社会交换和文化实践的结构，由此，通过互动，个体创造并维系着社会和文化。⑤ 同时，个体并非被动不情愿地被卷入常规性的互动中，相反，个体在这

① 〔美〕詹姆斯·C. 斯科特：《农民的道义经济学：东南亚的反叛与生存》，程立显、刘建等译，译林出版社，2001，第 36 页。

② 中国社会科学院经济研究所编，刘树成主编《现代经济词典》，凤凰出版传媒集团，江苏人民出版社，2005，第 43 页。

③ 同②。

④ 李剑华、范定九主编《社会学简明辞典》，甘肃人民出版社，1984，第 53 页。

⑤ 〔英〕奈杰尔·拉波特、乔安娜·奥弗林：《社会文化人类学的关键概念》（第二版），鲍雯妍、张亚辉译，华夏出版社，2009，第 187 页。

些可获得的语言和行为形式中会主动进行选择，把它们作为工具和手段，从而达到他们各种各样的目的。总之，无论博弈还是互动，都强调决策主体的认知、语言及其行为选择的主动性，通过理性选择对策或者行动，达到各自的私人意图，最终实现社会和文化的创造和维系。就东乌旗来说，自20世纪80年代以来，受平衡理论的影响，为了遏制草原生态的进一步恶化，在特定的政治经济背景下，一系列草原管理实践被中国政府相继实施，从草畜双承包责任制的实施，到禁牧、休牧、草畜平衡、围栏封育以及生态移民等项目的颁布，都将内蒙古游牧民卷入了一场声势浩大的社会变革中。我们不禁要问，如此名目繁多的生态项目是否达到了预期效果？牧民视角下的生态退化何以表现？他们又会如何感知与行动？而这些以恢复生态为目的的地方实践又会在牧民的策略选择中产生怎样的生态反馈效应？这一节我们将从牧民视角下的生态退化以及生态政策背景下的适应策略两方面展开论述。

一　牧民的视角：生态退化

关于草原生态环境退化的原因，是20世纪80年代以来生态学及人类学等学科重点关注的问题。事实上，草原生态系统理论最初起源于植被演替学说及演替顶级理论，是由美国植物生态学家F. E. 克莱门茨（Clements）在基于美国西部草场的实验实证基础上，于1916年首次提出的。由此产生了之后迅速席卷全球的草场管理主流理论——生态平衡理论。此理论认为人们可以根据草场的承载能力，通过控制载畜量使植被达到某种等级，从而保持生态系统的平衡。该理论虽然被许多国家作为政策实施的理论指导，但也受到了一些学者的质疑和挑战，如格利桑、艾利斯、斯威夫特及威斯托拜[①]等人。他们先后指出，克莱门茨的演替模型是基于气候相对湿润、降水年度变化率较低的美国草原，而对于非洲、亚洲等范围较大，气候干旱或半干旱，降水的时空分布及波动较大的草原地区来说并不适用。于是他们提出了非平衡理论，表明放牧强度不是影响草原植被的唯一因素，而降水、气候等非平衡因素的影响甚至更为重要，因而不能静态地看待草原载畜量，而应该根据具体气候和自然条件的变化动态调整载畜量。

由此，针对我国草原退化问题的探讨，许多学者围绕以上两种理论提出了

---

① 周立、姜志强：《竞争性牧业、草原生态与牧民生计维系》，《中国农业大学学报》（社会科学版）2011年第2期。

各自的观点，达林太等①、熊小刚等②、李文军等③、王晓毅④等人可谓是非平衡理论的支持者。他们基于各自的研究认为，传统的游牧经济是游牧民对于草原非平衡生态系统的实践应对，这种大范围的空间游动有利于规避气候的波动及牧草资源的时空异质性，从而实现了人—草—畜的动态平衡。而另外一些学者则认为超载过牧等人为因素是导致草原退化的主要原因，如侯向阳⑤、恩和⑥、王关区⑦以及曾经在东乌旗插队的贾幼陵⑧等人。总之，对于草原退化的原因探讨，不同学者争论不一。

固然，自然和人为原因是探讨草原退化绕不开的重要因素，但在牧民心目中，他们从不认为超载过牧会造成草场退化，而认为在生态可承受的范围内，牲畜的采食反而可以促进牧草的生长。一位熟识的老牧民告诉笔者："一根牧草如果长到1~30厘米，牲畜就采食一次，之后转场到别的草场，等到这片草场恢复以后，再进行采食，一夏天采食2~3次之后要比不采食长势更好，但要注意不能吃得太狠，如果将草根都吃掉就会影响牧草生长，尤其是在春季牧草返青的季节。"

他们相信，几千年来建构起来的传统生计能够合理维持人—畜—草的生态平衡。在他们看来，降水的减少和掠夺性打草才是草场退化的主要原因，这似乎更接近非平衡理论的观点。对于牧民的这一观点，也有学者进行了分析，如郑淑华、黄国安等学者，根据他们2012年在东乌旗调查的数据来看，关于草场退化的原因，100%的牧民认为是降水，80%的牧民认为是掠夺性打草。⑨ 在笔者于东乌旗开展田野调查的2011~2013年，大多数牧民都反映这三年降水的增加使牧草的产量迅速提高，以至于以往位于西部额吉淖尔镇的牧民每年都

---

① 达林太、娜仁高娃：《对内蒙古草原畜牧业过牧理论和制度的反思》，《北方经济》2010年第6期。
② 熊小刚、韩兴国、周才平：《平衡与非平衡生态学下的放牧系统管理》，《草业学报》2005年第6期。
③ 李文军、张倩：《解读草原困境》，经济科学出版社，2009。
④ 王晓毅：《环境压力环境下的草原社区》，社会科学院文献出版社，2009。
⑤ 侯向阳：《中国草地生态环境建设战略研究》，中国农业出版社，2005。
⑥ 恩和：《内蒙古过度放牧发生原因及生态危机研究》，《生态经济》2009年第6期。
⑦ 王关区：《我国草原退化加剧的深层次原因分析》，《内蒙古社会科学》（汉文版）2006年第4期。
⑧ 贾幼陵：《草原退化原因分析和草原保护长效机制的建立》，《中国草地学报》2011年第2期。
⑨ 郑淑华、黄国安、王烨、宝力道、杜森云、胡永祥、陈喜梅：《东乌珠穆沁旗草原退化原因简析》，《内蒙古草业》2012年第1期。

向东北部满都宝力格、萨麦等苏木买草的现象都消失了。

牧民的这一认识是可以理解的。他们认为草场退化主要由于气候变化引起是源于他们的切身经验，在他们看来是正确的。中国的牧区大多数分布在降水量 400 毫米以下的草原和荒漠地区，这些地区年际植被生产力波动较大，因而降水和生产力的波动让牧民对于灾害和草原变化习以为常，在长期的放牧过程中，经常经历植被和动物种群的增减，所以他们并不认为草原退化是受人为因素影响所导致的。而他们所看到的干旱或雪灾的影响是可以瞬时呈现的，诸如水源干涸、草木不返青、草场生产力的迅速下降以及灾害使牛羊倒毙等，这些灾害特征对牧民心理的瞬时冲击非常强烈，所以他们很难遗忘灾害事件的影响，比如旱灾雪灾等。乌里雅斯太镇恩和吉日嘎拉嘎查的那顺德力格尔已 65 岁，交谈中可以感受到，1977～1978 的大雪灾至今让他难以忘却：

> 那一年是我们旗最严重的一次雪灾了，记得 77 年进入十月就开始下雪，一直持续到第二年的二月份，雪足有 30 厘米厚。我们那时还过着游牧生活，不像现在家里还储备一些草料。因为我们嘎查的位置离锡盟南部旗县比较近，我和亲戚们就赶着家里的牲畜游牧到正蓝旗、正白旗避灾，牛羊死得不多。等到第二年，也就是 78 年的 6 月雪化开了我们才赶着牲畜回到东乌旗。当时就听说，北部苏木的牧民因为到沙窝子和乌拉盖湿地苇子高的地方躲避，结果他们的羊死了不少，有的牧民一只不剩，当时的死牛死羊堆得像山一样，看着就心疼。

而该镇道木德高毕阿木古楞额尔敦乌拉嘎查的其木格，一个和蔼能干的牧民妇女，在笔者见到她的那个下午，对我所提出的其他问题只是轻描淡写地回答，但对她所经历的痛苦而难忘的雪灾却表现出滔滔不绝的诉说之势：

> 1977 年我姑娘出生的那一年，也正是大雪灾的那一年，当时老公是大队的会计，每天统计嘎查死了多少牲畜，我们大队死了几百头牛，最后只剩下 100 多头了。嘎查牧民都在雪地里扒皮子卖钱，皮子扒了之后肉都扔了。还有一次是 2000 年，记得那一年的 10 月 1 日就开始下大雪了。中午北边阴云密布，天气像黑夜一样，还刮着白毛风，往回赶羊的时候，羊都不走了，离羊圈 30 米都赶不回来，我们一直从中午 12 点到晚上 1 点才把羊圈进圈里。那个冬天每天都下大雪，刮白毛风，圈里的羊都扎堆儿取

暖，一层压着一层，天气太冷，羊都不站起来尿了，结果尿完就结冰，第二天早上一看，最下面被压死的羊都粘到尿冰上了，我们把羊一个个用铁锹铲起来。所以每天晚上都不敢睡觉，等到凌晨，所有的羊都趴下了，我们才敢睡，就害怕趴在上面的羊把下面的压死了。那一年，我家的400多只山羊死了一半，140多头牛死了50多头，死了的牲畜就按10块钱一头卖给了羊贩子。电视上说冻死人了，我们害怕极了，德德玛唱歌都哭了。也就是从那一年开始，我们才懂得冬天应该储备草料了。

牧民向笔者描述经历的历史事件时，往往会以"那年大雪灾、大旱灾"或"我家死亡大量牲畜那年"作为时间刻度。尽管放牧同样会对草原环境造成影响，但这种影响过程通常表现得较为缓慢，而且常常被降水的波动所掩盖，因此难以被牧民及时感知。这就是牧民容易感知灾害的影响，而很难感知放牧对草场影响的原因，他们往往对灾害的体验更加深刻，因此认为自然灾害是草原退化的主要原因。

事实上，东乌旗深处内蒙古高原内陆地区，属温带干旱、半干旱气候，降水量稀少，无霜期短，年均气温较低，春季风大气寒，冬季漫长寒冷，气候条件较为恶劣，再加上地形、水源的地域性差异，容易导致自然灾害频发，如倒春寒、寒潮、干旱、雪灾等。雪灾最严重时被称为"铁灾"，1977年曾在东乌旗出现。此外，多发生在冬春两季的"白灾"和"黑灾"通常会导致牲畜疫病流行，母畜流产，造成牲畜大批死亡。此外，旱灾往往又会引起火灾或蝗灾。笔者通过对东乌旗气象局工作人员的访谈及档案资料的查阅，对20世纪70年代以来发生的几次较大的自然灾害进行了记录：

1977年10月28日至次年2月末，发生了东乌旗最严重的一次雪灾，称为"铁灾"。10月28~30日连续降雪成灾，全境草场积雪均达20厘米以上，西部地区深达33厘米；进入11、12月仍降雪频繁，全旗大部草场积雪33厘米左右，持续到次年2月末，越冬牲畜减少40多万头（只）。

1980年10月9~10日，出现暴雪，最大雪深为26厘米，造成东乌旗中西部大部积雪成灾，萨麦、阿拉坦合力、格布钦、白音呼布等苏木，因白灾、暴风雪，损失牲畜19438头（只），座冬雪提前。

1981年10月，降水量较历年多一倍，20~21日中东部及北部边境地区开始降暴雪，积雪厚度3~5寸，座冬雪提前约一个月。额仁高壁、白音呼布、道特淖尔、乌拉盖、查干淖尔、呼热图等苏木因暴风雪冻死 12 人，冻伤 62 人，牲畜死亡总数达到 38664 头（只）。

1985 年，额吉淖尔、乌尼特、查干淖尔、额合宝力格等苏木，因白灾造成交通堵塞 13 天之久。

1987 年，翁根、额合宝力格、呼热图淖尔等苏木的 876 户，2891 个牧民因白灾赶着 20.7 万头（只）牲畜走场，通往各地的交通严重受阻。

1992 年 11 月，降雪较往年偏多，温度偏低，上旬降雪形成白灾，灾情特点为积雪深、冰冻寒冷，成灾面积广，成为仅次于 1977 年的白灾，畜牧业生产受到了严重威胁。

2000 年 12 月中下旬，连续降雪使部分地区形成白灾，平均积雪深度达到 17 厘米以上。12 月 31 日至 2001 年 1 月 1 日出现雪尘暴，致使全旗范围内形成严重白灾，雪深达 26 厘米，受灾面积 4.7 万平方公里，道路严重受阻，冻死牲畜 7 万多头（只），牧民 4 人，严重冻伤 4 人，轻度冻伤 360 余人。

2003 年，全旗因暴风雪受灾 453 人，死亡 3 人，冻死牲畜 2445 头（只）。

2004 年 3 月 24 日 9 时 53 分，东乌旗发生了有史以来最严重的一次地震，震中位于东经 118°21′，北纬 45°22′，震级 5.9 级，受灾面积 3.98 万平方公里，受灾人口 18120 人，倒塌民房 2508 间，损坏房屋 3122 间，造成直接经济损失 1.7 亿元。

2006 年 4 月 20 日至 5 月 26 日，全旗出现旱灾，其中乌里雅斯太、额吉淖尔及嘎达布其镇最为严重，涉及 24 个嘎查，造成 118 万头（只）牲畜饮水困难。6 月 3 日，受局部地区强对流天气影响，道特淖尔镇三个嘎查部分地区出现山洪，7 户牧民受灾，死亡 179 只羊，8000 米网围栏被冲毁。6 月 9 日，又出现了强沙尘暴天气，三个镇受灾，29 户牧户住房损失严重。

2007 年 6 月 30 日，受局部地区强降水、冰雹天气影响，道特淖尔镇 5 个嘎查共 89 户牧户的牲畜及住房等基础设施受到不同程度的损失。28 户牲畜受损的牧民中，牛受损的有 2 户，受损牲畜达 2414 头（只），其中羊 2411 只，牛 3 头。畜棚受损 5 户，共 14 间。羊圈受损 2 户，共 11 间。住房受损 1 户，共 1 间。围栏受损 89 户，共 1838 捆。受损大口井 21 眼。同年年底 12 月 28~31 日，受强冷空气影响，全旗出现强风雪天气，伴有白毛风和暴雪，导致部分苏木镇的牧民和牲畜伤亡严重。走失20人，死亡3人，死亡大畜490头，小畜2090只，走失部分牲畜统计数字不明，造成经济损失272万元。

2010年进入11月，全旗出现9次降雪天气，降雪总量达22.7毫米，各苏木镇最大积雪厚度普遍为30~35厘米，最深处达1米以上，全旗各苏木镇出现了不同程度的雪灾。受灾严重地区涉及7个苏木镇44个嘎查（占嘎查总数的77%），4033万亩草场（占草场总面积的67%），牧户5458户（占牧户总数的76%），牧民22403人（占总人口的82%），牲畜100.88万头（只）（占牲畜总数的76%），造成经济损失1亿元，成为进入21世纪以来首次遭受的特大雪灾。

2011年7月25~26日，全旗范围内出现大到暴雨天气，降水量为28.2毫米，其中东部苏木镇暴雨，呼热图淖尔苏木降水量114.3毫米，满都宝力格镇降水量132.1毫米，宝格达山林场降水量162.6毫米。连续两天的强降水使全旗出现了不同程度的灾情，多处山洪暴发，全旗受灾人口达102人，房屋倒塌60间、损坏10间，死亡小畜86只。

2012年7月28~29日，东乌旗全旗范围内自西向东出现了大到暴雨天气，降水量为33.2~83.5毫米，乌里雅斯太镇出现最大降水量83.5毫米，其中降水量超过50毫米以上的苏木镇有：阿拉坦合力苏木56.4毫米，额吉淖尔镇64.8毫米，嘎达布其镇80.3毫米，额仁高壁苏木51.0毫米，宝格达山林场54.8毫米。受灾人口达520人，紧急转移安置人口210人，倒塌民房40户83间，严重损毁民房36户78间，无人员伤亡。[1]

从东乌旗气象局统计数据来看，全旗旱灾10年7遇，白灾4年1遇。[2] 再从历史文献统计来看，《后汉书·南匈奴传》曾有这样的记载，东汉初年"匈奴中连年旱、蝗，赤地数千里，草木尽枯，人畜饥疫，死耗大半"。[3] 而战国至中华民国时期内蒙古草原各类灾害1133次，其中战国到秦汉时80次，魏晋南北朝时146次，隋唐五代时64次，宋辽金元时336次，明清时竟达到414

① 资料来源：根据东乌旗气象局工作人员访谈及档案资料查阅整理。
② 同①。
③ 乌峰、包庆德：《蒙古族生态智慧论——内蒙古草原生态恢复与重建研究》，辽宁民族出版社，2009，第66页。

次。① 由于东乌旗深处锡林郭勒草原腹地，交通不便，一旦灾害发生牧民容易被困，救援难度较大。在牧民的记忆中，2010 年雪灾时，政府只能从飞机上为他们抛下救援物资。

因此，在这样恶劣的生态条件下，自古以来，游牧民都通过季节性移动来规避自然灾害，从而使游牧经济的风险降到最低，可以说游牧民千百年来建构起来的人—畜—草互动格局在一定意义上，是在维持一种人与自然之间脆弱的生态平衡，这也是游牧民族在历史上"骤兴骤衰"的重要原因之一。正如王明珂所言："对游牧社会人群来说，'游动''迁徙'不只是让牲畜在各种季节皆能得到适宜的环境资源，更是人们逃避各种自然与人为'风险'（包括权力掌控与阶级剥削）以及利用更广大外在资源（如贸易与掠夺）的手段。"② 东乌旗牧民就是通过"游动"和"迁徙"策略来获得满足牲畜生长和自身生存的环境资源，以维持生计的可持续的。

因而可以说，在牧民的心里之所以产生"干旱为主，超载放牧次要"的草原退化原因排序，是因为他们想表达一种捍卫自身权利的心理诉求。政策制定者认为草场退化的主要原因是"超载放牧"，就意味着牧民需要为草原退化负责，所以必须无条件地削减载畜量并放弃这部分经济利益，相反，牧民提出草原退化主要由干旱导致，就意味着他们认为自己不应该承担草原生态保护的成本，而政府赈灾才是环境政策应该包括的主要措施。牧民无法直接对抗国家机器的支配，他们只能通过坚持认为干旱是草原退化的主要原因，委婉地表达对政府认为他们是草原退化的责任人和相关管制政策的普遍不满，他们希望政府能够承担更多的责任，减轻环保政策对家庭的生计压力。

人类学家詹姆斯·斯科特（James Scott）③ 提出的"弱武器"概念，也许可以为我们找到理解牧民这一行为的合理答案。他认为，在第三世界的农业社群中，农民往往并不直接与强势阶级和政府进行对抗，而是采取制造谣言、消极怠工、假装顺从、暗中破坏及阳奉阴违等方式捍卫自己的利益。而牧民的这种政治诉求，也在另一方面反映出来，当牧民被询问是国家还是牧民自身应该是治理草原退化的主体时，绝大多数牧民都认为应该是国家和政府，牧民不应

① 包庆德：《清代内蒙古地区灾荒研究》，《中央民族大学学报》（哲学社会科学版）2003 年第 5 期。

② 王明珂：《游牧者的抉择——面对汉帝国的北亚游牧部族》，广西师范大学出版社，2008，第 20 页。

③ 詹姆斯·C. 斯科特：《弱者的武器：农民反抗的日常形式》，郑广怀、张敏、何江穗译，译林出版社，2007。

该承担草原退化的责任。

而为什么说打草也是导致东乌旗草原退化的主要原因呢？一般来讲，如果合理运用打草机械进行打草，对草场没有太大影响，如从中华人民共和国成立初期开始，自治区就提倡牧民打贮草、修建棚圈，将夏季过剩的牧草资源储存起来用于冬季补饲，以提高冬季牲畜的抗灾能力。但当时是套牛车人工打草，用镰刀割下来的牧草一部分用于冬季饲草储备，另一部分则留在地面，以使枯草作为腐殖质回归土壤，从而保证了土壤的营养和水源涵养能力。而如今打草均使用机械化设备，打草、搂草及捆草机已成为秋季不可缺少的牧业机械。草原站的工作人员向笔者介绍了目前东乌旗打草的三个步骤及其对草原造成的破坏：

> 我们的打草分为三个步骤。首先用打草机将草打倒，然后用搂草机搂起来，最后再用捆草机捆草。事实上，经过三次作业以后，这些机器的铁齿对草场造成了严重的破坏。一方面，这些重型机械多次碾压草场，对土壤具有压实作用，容易导致土壤板结。另一方面，打草和搂草过程中，带铁齿的机械容易将植物的根系切断，尤其是一些轴根性的多年生植物，如羊草和针茅，一旦草根被切断，第二年就不再生长了，结果一年生杂草开始入侵成为建群植物，导致整体植被质量下降，而地面枯落植被的缺失也影响了其保持水土、涵养水源的功能，土壤中的氮磷钾等元素也会随之流失。

调查期间，经常会看到一些草根长在地面以上的植物，他们告诉笔者，这就是连续几年掠夺性打草，没有陈草覆盖地面，以致表层土壤被风吹走而出现的草场退化现象。一块草场，连续打草两年就会出现退化（参见图3-6）。

与此同时，近几年出现的掠夺性打草现象更加剧了草场的退化速度，部分牧民将打草场出租给外地公司或个人进行打草以增加家庭收入。访谈的八月期间，每每看到数辆现代化打草、搂草机在平静的草原上轰隆隆作业，细问得知打草的主人都是外地汉族人，他们每年都来连片承包牧民万亩以上的草场打草，将草料销往伊利、蒙牛，甚至远在上海的光明乳业等大型乳品企业，从中赚取利润。由于草场不属于承租者，他们为了在短期内实现利益的最大化而对草场进行了竭泽而渔的掠夺性利用。

据调查，当地牧民打草一般留茬至少5厘米或高于5厘米，搂草1次，以

图 3-6　打草场和非打草场对比

资料来源：2012 年 11 月摄于道特淖尔镇白音宝力格嘎查。

保证第二年牧草可以正常生长，而外地汉族人一般留茬都低于 5 厘米，搂草 2~3 次，搂草机的铁齿几乎将草根搂断。另外，大多牧民认为承租商人的打草时间太早，往往在草籽还没有成熟的 7 月份就开始打了，因为打得越早就意味着他们可以在有限的打草季节内能够获取越多的利益。这样营养价值高的豆科及蔷薇科等结籽牧草如五花草①，第二年就很难继续生长，甚至消失。牧民一般最早到 8 月 20 日以后才开始打草。事实上，牧民如果为增加收入，将草场承包给外地商人，就没有权力干涉承租方何时打草、怎样打草。这类似于韩丁笔下的"深翻"所指的现实耕作场景。市场化使今天的草原成为世界资本的开放地，给这些外来人提供了一种最大化消耗非自己资源的机会，这是目前牧民维持生计的"自我牺牲"。每每在与牧民聊天时，"草场退化"都会成为他们谈话的关键词，一位老牧民意味深长地向笔者讲述：

> 20 世纪 60 年代，这里的草原青翠茂盛，牧草过膝。牧民们会自豪地说"我们的羊只吃草尖，不吃其他"；70 年代，牧民的牲畜逐渐增多，嘴多了，草少了，他们就退一步说"我们的羊只吃草梗，不吃别的"；80 年

---

① 五花草：带有中草药价值的牧草，包括金莲花、芍药、百合、宣草、沙参等。当地牧民所说的五花草是指牛羊最喜食，牲畜吃了营养价值非常高的牧草。

代，牲畜更多，草梗也不够吃了，牧民则说"我们的羊只吃站着的草，不吃躺下的草"①；90年代，牲畜不但把草吃光了，连干草也不够了，牧民又说，我们的羊只吃草，不吃料；而现在每家牲畜过冬都需要准备上万斤的干草和饲料，牧民什么话都不说了。

他们希望回到以往的草原景象，并对未来的牧业生计表现出担忧。嘎达布其镇白彦都兰嘎查的牧民萨木登已有58岁，聊天过程中，他一脸惆怅：

> （20世纪）90年代初期的土壤就像弹簧一样，一踩一个脚印，都能看到渗出来的水，勒勒车轱辘压过的两个车轮都是水印，前面的车过去了，后面的车就淤进去了。而现在，土壤硬得铛铛响，车一过去，暴土横飞。不下雨土壤旱，一下雨就发洪水。去年冬天雪大天寒，今年5月中旬雪才开始融化，结果就导致东部和北部的呼热图淖尔、道特淖尔及满都宝力格镇发了洪水，淹了大片草场。往年也有比去年更大的雪在这个时候融化，也没听说过有发洪水的事情。而位于西部的额吉淖尔镇，属于退化比较严重的草场了，现在出现的情况是，前一天下的雨非常大，第二天再去看，土壤还是干的，这样的草场，我们的牛羊吃什么？我们以后要靠什么维持生活？

在牧民为生活担忧的同时，我们又可以发现，目前东乌旗草原土壤涵养水源和自我调节的能力已经下降了，土壤板结导致雨水或雪水无法下渗，从而形成了地表径流，引发洪水。对于较为干旱的草场，即使下了大雨，第二天的土壤看起来依然是干的。还有部分牧民向笔者讲述了退化植物对围栏以及家庭生活造成的影响："近几年出现的一年或两年生牧草如猪毛菜，秋天被风一吹，就开始从草根脱落，这些植物最容易挂网，从而导致围栏松动，要想清理这些植物，就必须首先将围栏拆开，然后将猪毛菜取下，点火燃烧之后再将围栏拉起，如此一来，不仅工作量大，而且围栏的修补费用让我们无力支撑，最多三年就得修补一次。"

因此，在一定程度上，草场退化通过对围栏的影响，使牧民的家庭劳力及家庭财务支出大为增加。据部分年老牧民讲，围栏刚刚围起来的时候，他们发

---

① 牧民所说的"躺下的草"，是指干草。

现挂网植物到秋天，远远望去是金黄色的，而现在却变成了黑黄色，这说明以往的两年生植物已经演化成一年生植物了，这些一年生植物往往都是一些营养价值不高的杂草，因而从挂网植物的颜色就可判断草场已经发生了退化。然而，围栏对于老鹰却带来了实惠，每到秋天老鹰就会像串羊肉串一样，将抓来的老鼠挂在有刺网的围栏上，为冬季储备食物。事实上，无论生活在草原上的动物还是人类，都已开始适应环境的变化了。我们再来看看草原站工作人员对于东乌旗植物种类的回忆情况：

> 记得 20 世纪 60 年代，乌里雅斯太镇道木德高壁苏木阿木古楞宝力格嘎查一个叫东日布的老牧民，统计了当时东乌旗牧草的种类为 360 多种，后来苏联的一个叫伊万诺夫的植物专家还专门对此做了鉴定。其实，东乌旗过去的草不是绿色的，而是五颜六色的，到秋天都会开花，这些花草就是牧民平时所说的营养价值非常高的五花草，比如一些菊科、蔷薇科、豆科类牧草，但这些草都是只有一个根的轴根性植物，最怕连续几年打草，一旦草根受到伤害，以后就不再生长了。2009 年，我们去满都宝力格镇附近的额仁高壁草甸草原上测量草的种类，结果为每平方米 15~16 种，而这些种类中还包括了 1~3 种一年生杂草，这种草就是有水就长，没水就不长，草质较差的草，它们不是草原上的主要植物，过去东乌旗草场上也比较少见，而现在却在大量生长。这和我们 80 年代时所测量的结果形成鲜明对比，当时每平方米为 20~30 种，而现在估计也就十多种了。这还是东乌旗北部产草量最高的草甸草原呢，西部的草场种类也许会更少。

尽管从整个锡盟的草原退化程度来说，东乌旗还没有达到西部及南部旗县草场沙化的恶劣程度，但比起 20 世纪 80 年代以前的生态状况，无论从土壤涵养水源的能力，还是植物的种类和结构来看，东乌旗草场都正处于日渐退化并加剧的状态。具体表现为，良性植物的种类和结构失调，产草量下降，如营养价值较高的多年生植物已转变为两年生或一年生植物，目前五花草、防风、黄芩等药草几乎被杂草、毒草等后来入侵植物逐出植物群。产草量也已从 1999 年的 400 斤干草/亩下降到如今的 150 斤/亩了。[①]

　　总之，无论从牧民的视角，还是政府工作人员的视角来说，放牧都会促进

---

① 　数据来源：东乌旗草原站提供。

牧草的生长而不是导致其退化，降水和打草才是东乌旗草原退化的主要原因，此外外来汉族人偷挖药材、道路修建、能源开采等人为因素也成为加速草场退化的直接原因。

二 生态政策背景下的适应策略

如上所述，绝大多数牧民已经认识到了他们世代赖以生存的草原环境已经退化，但对于当地政府改天换地的生态治理政策他们又抱有怎样的态度和观点呢？他们将会如何适应和选择？首先我们来了解一下自 2000 年以来东乌旗实施的一系列生态政策，包括休牧、禁牧及草畜平衡等。东乌旗的春季休牧自2003 年就已开始实施了，休牧期为 4 月 20 日至 5 月 10 日 20 天，休牧期间，牧民只能圈养，不能放牧，饲喂标准为每只羊每日 2 斤青干草、4 两精饲料。

禁牧最早是从 2005 年开始实施的，首先是位于西部的额吉淖尔镇开展的自发禁牧，原因是额吉淖尔镇为东乌旗草场退化最为严重的镇，地理位置上紧靠 101 省道，每年春天大风刮起的沙子，横穿省道，导致路上行驶的车辆都看不清前行的方向。该镇在连续禁牧两年之后，效果非常明显，多年生的羊草和针茅基本恢复，春天的省道上，漫天肆虐的黄沙竟然消失了。之后阿拉坦合力、嘎达布其及乌里雅斯太镇等草场退化严重的中西部苏木、镇实施了禁牧项目。按照自愿原则，由草监部门对愿意连片禁牧的牧户进行统计，连片草场面积须达到 1.8 万~2 万亩，同时又制订了"四带四区"① 计划，将此区域内退化较为严重的中西部部分嘎查进行 5 年以上的禁牧。自 2011 年开始，只要牧民申报禁牧，还可以享受 6.36 元/亩的禁牧补贴。

而草畜平衡制度是指，逐户签订草畜平衡责任书，根据草场退化程度的不同，规定单位面积的草场载畜量。② 并给予牧民一定金额的生态奖补作为补偿，具体标准为 1.71 元/亩。与此同时，政府根据"转人、减畜、增收"计划，在草原退化严重的嘎查制定了生态移民政策。仅 2011 年就转移牧民 83

---

① "四区四带"：即 101 省道乌里雅斯太镇至阿尔山公路沿线两侧共 500 米草场封育带、204 省道口岸至西乌旗交界公路沿线两侧共 500 米草场封育带、303 省道原宝力格至五岔沟公路沿线两侧 500 米草场封育带和 527.6 公里中蒙边境线向内 2 公里禁区草场封育带；乌里雅斯太镇周边 300 平方公里禁牧区、嘎达布其镇周边 180 平方公里禁牧区、乌拉盖河流域 200 平方公里湿地和宝格达山 600 平方公里天然林保护区。资料来源：2013 年东乌旗农牧业局工作报告。
② 根据访谈整理。

户、574 人。① 毫无疑问，地方政府对环境治理的决心是坚定的。决策者精心设计的一系列草原生态保护计划的初衷是，降低草原地区的人口和牲畜压力以改善草原植被、扭转草原超载过牧的局面。但牧民的执行结果如何，我们来看看他们的态度和行动。

首先牧民用"我们这儿的休牧很有意思"向笔者形容了休牧的时间规定，他们认为生态政策对改善环境并没有起到多大效果：

> 政府制定的休牧时间太早，从 4 月 20 号就开始了，而东乌旗的气温特点是冬季漫长寒冷、无霜期短，牧草的返青时间一般为 5 月的第一个星期，气温高的年份可以提前到 4 月下旬，如果遇到气温较低的年份，往往还会推迟到 5 月中旬。这就导致休牧期结束的 5 月 10 日，正好与牧草返青的时间相符，从而起不到休牧的效果。东乌旗和西乌旗仅仅相距 100 多公里，牧草返青的时间就相差一个星期，那整个内蒙古草原地区的牧草返青时间就相差更大了。

可见，在生态政策具体实施时，地方政府并没有考虑当地气候的实际情况做出灵活调整，而作为受众群体的牧民，虽然深刻感知政策执行有误，但也往往选择顺从，因为他们没有权利决定何时休牧，只能被动服从，至于休牧的结果如何，成为他们生计之外没有必要关注的事情。当牧民的感受与话语被忽视和弱化，只剩下国家与牧民直接博弈的时候，政策就失去了群众基础，所有的制度和政策都成为牧民社会之外强加给他们的，他们本身则不关注这些事务的效果如何。②

而负责草畜平衡指数测定的相关部门负责人告诉笔者："2005 年的 7~8 月，我们在各苏木镇均匀布置了 100 多个点，测定产草量，草监局再根据我们提交的测量数据，通过各个点产草量的平均值，计算出全旗单位草场面积的载畜量，得出的结果为 1 个羊单位/40 亩，进而通过这个中间值的上下浮动，换算出冬季和夏季的载畜量。但问题是，当时测定的载畜量是东乌旗产草量的最高月产，而冬季的实际月产和夏季并不一样，理论产草量和实际产草量已经相差甚远，那么由此得出的草畜平衡数值是否真的准确，牧民是否真的草畜平衡

---

① 数据来源：东乌旗人口办提供。
② 王晓毅：《政策下的管理缺失——一个半农半牧区草场管理的案例研究》，《华中师范大学学报》2005 年第 6 期。

了，他们的实际载畜量到底是多少，这都不得而知。"

访谈中，牧民也向笔者强调，即使同一季节东乌旗不同嘎查的载畜量也不尽相同，因为不同嘎查的草质、退化程度不同。如位于中部的乌里雅斯太镇，载畜量为1个羊单位/40亩，那么西部的额吉淖尔镇也许为1个羊单位/50~60亩，到了东北部的满都宝力格镇，也许会降低到1个羊单位/20~30亩，如果将全旗不同嘎查的草畜平衡载畜量统一规定为1个羊单位/40亩，也未免有些"一刀切"的意味了，这样就会出现西部退化较为严重的苏木、镇已经超载了，但东北部草质较好的苏木还会出现浪费的现象。但同时他们又表明"有钱给我们为啥不要"，这句话几乎成为牧民回答提问的统一口径。双金是土生土长的当地牧民，他家的草场位于乌里雅斯太镇道木德嘎查：

> 我家承包草场4678.5亩，按照政府草畜平衡1个羊单位/37亩的规定，我家应该养羊126只，但我现在养了304只。如果按照政府的规定，养100多只羊，那么仅靠1.71元/亩，一年8000元的草畜平衡补贴，我早就要饭去了。嘎查养1000多只羊的牧户多了去了，按理说他们都应该超载了。如果大家都真正草畜平衡了，对草场恢复应该有效，关键是大多数牧民都没有真正平衡呀。

从双金的言语中，我们发现草畜平衡的实施有形而无实。而对于当地的禁牧政策，作为生态政策具体执行的主体对象，一些牧民却采取了假装顺从、普遍性偷牧，同时能够适时利用国家政策改善家庭生计的策略进行积极应对。导致的结果是，在政策实施过程中，政府与牧民之间的关系错综复杂，产生了丰富多彩的互动关系。从以下两个案例的鲜明对比可以看出不同牧民采取的应对方式也不尽相同。哈斯巴根是乌里雅斯太镇哈拉盖图嘎查的牧民，全家5口人共承包草场2800亩，在向笔者描述当地的禁牧政策时，连连向笔者抱怨"太不公平了……"：

> 嘎查有的牧民每年拿的禁牧补贴是6.36/亩，而我们的草畜平衡补贴才1.71元/亩，但人家和我们一样进去放牧，甚至比我们养的羊还多，而补贴却相差几倍，既然他们已经禁牧了，就让他们禁呀，可是他们又不管，嘎查长还向上面汇报说，牧民已经禁牧了。我们多吃亏呀！其实我也想将自家的2800亩草场全部报禁牧，这样光补贴一年就可以拿到6.36

元/亩×2800 亩 = 17808 元，还可以继续放牧，一举两得。可政府规定草场连片面积必须达到 18000 ~ 20000 亩才可以报禁牧，否则就只能按草畜平衡的标准发放补贴。当时我和西边相邻的牧户都想报禁牧，可是东边那户牧民不愿意，我们两家的草场面积加起来才 5000 多亩，达不到禁牧的条件。其实，划定是禁牧还是草畜平衡时，嘎查长挨家挨户给我们做工作，并向我们表明，就是走走形式，如果我们禁牧，除了可以拿到一笔补贴，还可以继续放牧，因为老百姓都得靠放牧生活呀。可是有的牧民脑子笨，听不明白，我东边这家牧民就是典型的例子。我们一年草畜平衡补贴才4000 多元，可前面那家一年就能拿到 1 万多元，还养了 1000 多只羊，你说我们不是"到手的钱飞了"吗？

相对于哈斯巴根，同嘎查的牧民格日勒图则通过与相邻牧户协商，将自家4900 亩草场的 3000 亩划作禁牧区，于是就可以按照禁牧的 6.36 元/亩拿到补贴，再加上没有禁牧的 1900 亩草场的草畜平衡补贴，一年共可获得补贴为6.36 元/亩×3000 亩 + 1.71 元/亩×1900 = 22329 元。此外，他还租用了其他牧民的草场 4000 亩，畜群规模已达到 1300 多只羊，大大超过了哈斯巴根，他的发展计划是继续租草场发展羊群到 2000 只，而禁牧草场名义上禁牧，实则继续放羊。目前除了牧区的三间砖瓦房，他还在旗里买了楼房，来回牧区和旗里都开着小车，这就是哈斯巴根感觉"不公平"的原因。

由此可见，不同牧民的禁牧意愿不尽相同，想报禁牧的由于达不到规定的面积而无法禁牧，而享受禁牧补贴的牧民又不能严格遵守禁牧规定。这就导致目前的禁牧没有遵循集中、连片的生态原则，从而被牧民称为"撒胡椒面式的禁牧"。与此同时，我们又发现，大多数牧民实际并未真正主动执行生态政策，甚至和基层干部一起形成利益共同体，合谋谎称政策已实际执行。而部分头脑"灵活"的牧民，则善于适时利用国家生态政策，出现了"搭便车"现象，这也印证了王晓毅在阐述草原管理实践时所提出的"猫鼠游戏"或"猫鼠共谋"现象。[①] 哈斯巴根进一步向笔者强调："我们这儿就没有真正休牧和禁牧的，该报禁牧报禁牧，该打草打草，该放牧放牧，都是稀里糊涂。现在找平衡找不着，干脆我们掌握住一个规律，适时利用上面的政策，也别吃了亏。反正政府也知道我们要生活，如果我们超载了，嘎查长也和上面说没超载。我觉得国家

---

① 王晓毅：《环境压力下的草原社区——内蒙古六个嘎查村的调查》，社会科学文献出版社，2009。

的政策不错了，给我们说得够明白了，挺照顾我们的。"为了维持生计的可持续性，牧民将政府对政策执行的监管不力看作对他们的"照顾"，反而感觉"满足了"。因此，对于牧民来说，地方生态政策已经失效。

而偷牧以及其他消极行为又表明，当前所执行的生态政策受到了牧民的抵制。从根本上说，这种抵制源于牧民的生计压力，也来源于前一部分内容所探讨的牧民在草原退化问题上和政府认知的差异，这也是牧民运用"弱武器"并弱化生态政策执行效力的又一表现。由于牧区地方政府人力和财力有限，严格执法是不现实的，而且处罚严格还会激化社会矛盾。另外，本地畜种长期适应了游走摄食方式，在圈养条件下会生长缓慢甚至容易得病死亡，而禁牧舍饲又导致他们必须购买饲草，这就导致了家庭收入的下降。在偷牧和生计受到威胁的矛盾中，他们往往选择前者，通过偷牧来增加收入，规避外力带来的经营风险。在他们看来，如果政策执行威胁到他们的生存，那么违反政策就具有合理性。

青格勒图46岁，是嘎海勒苏木一个黝黑而坚实的蒙古族汉子，他一边喝茶，一边和笔者聊天："实际上，我认为我家的3000亩草场应该养羊400~500只，这样对草场是最合适的，现在养这么少的羊收入太少了。要提高家庭收入，当然是牲畜越多越好了。让我们禁牧，羊受不了，放牧习惯了，圈起来容易得病。所以我们都偷着放，如果被抓住了，一只羊罚款30元，但我们找找人也就没事了。我们嘎查牧民都不愿意减畜，草场不够就租别人的。我觉得这个政策挺好，给我们补贴，又可以继续放羊，要是真正禁牧我们真的没法活。"

而乌里雅斯太镇达布希拉图嘎查的牧民春花22岁就嫁到了东乌旗，祖籍赤峰林东，如今她已47岁，她家共承包草场3119亩，养羊500只，其中山羊40只。笔者到达她家的8月底，她老公正在忙着打草，谈起2003年开始实施的休牧政策，她一脸激动，"记得那年的休牧可有意思了。"谈笑间，她回忆道：

> 2003年，那一年不下雨，正是我们接羔的时候，政府让休牧，休牧时间从4月5日到5月5日一个月，当时是按草场面积补贴饲料。我们的羊已经圈了半个多月了，不吃草，腿都瘸了。没办法，我们就偷偷把羊赶出去放。不巧，政府来抓王老五的羊了，我们就赶紧赶羊往圈里圈，结果羊一放出去，都跑疯了，圈不回来了。眼看着政府的人开着拉羊车向我们家开过来了，他们还雇了5~6个人抓羊。后来我和他们说我们家里真的

很困难，整整央求了一上午，结果罚了 2000 元，才走了。我们嘎查的一户牧民更有意思，他家养的羊本来已经超过政府规定的数字了，结果政府来抓羊时他藏起来了，点完羊数人家刚要开车走呢，60 多只羊"咩咩"叫着出来了，于是就被罚款了。从那一年开始，连续休牧三年，这几年雨水多了，管得也不严了，我们都偷着放，他们也是睁一只眼闭一只眼了。我觉得我们牧民知道怎样保护草场，我们得靠这点草场活呀，休不休牧也不是政府逼着我们去做的。

因此我们发现，大多牧民都是被动或消极地应对地方生态政策，一方面他们想保护赖以生存的草场资源，另一方面又迫于生计压力、牲畜不适应圈养等原因不得不违反政策的管制，徘徊在选择与纠结的矛盾中。同时他们也抱有观望态度，寄希望于政府。因此，他们对承担生态破坏的后果及草原保护的自觉性和行动力相对较弱，对禁牧的支持率普遍不高。可以说牧民的认知和承担、行动之间相互脱节。这些结果也表明，当生态治理政策结束后，牧民还会重回以往的经营方式。如果生态政策立刻退出，就意味着草原在轻微的恢复后将重归退化。

而对于东乌旗生态移民政策的实施，笔者对三个移民村调查之后发现，牧民对生态移民政策的接受程度因财产的多寡、年龄的老幼以及家庭类型、对社会公共服务的需求不同而存在明显差异。无畜或少畜的贫困牧民往往愿意移民，移出牧区后，他们不仅可以将草场租给富裕牧户，而且可以拿到政府的补贴，从而增加收入。丧失劳动能力的老人也愿意移民，因为他们经历过艰苦的游牧生活，大多患有风湿等疾病，移居城镇后可以获得较好的居住、医疗及参加宗教活动的便利条件。此外，有受教育子女的家庭也愿意搬迁。但是，牲畜数量多的富裕牧民及牧区青壮劳动力都不愿移民，这说明牧民只是出于改善生计的目的才会支持生态移民政策，当生计无忧时他们往往选择拒绝，而且这部分牧民占很大比例。同时移居城镇的牧民，家庭饮食结构的改变，城镇教育、医疗、养老等公共服务的增加，都使他们不能很快适应。转移之后职业的选择和安排使其家庭收入明显下降。大部分转移进城的牧民都反映，他们只会放羊，搬迁以后找不到活干，尤其不懂汉语，无法与人沟通。围封禁牧之后，转移进城的牧民赛·乌力吉告诉笔者：

草场围封禁牧之后，我们就进了城，可是找不到活干，汉话也说不了，我们可以开出租车，但没有手续，开始没反应过来，不懂办出租车手续，到最后全让外地人办了，结果没有手续，政府不让我们跑。如果有出租车手续，一年油补就可以拿到 1 万元。听说最近政府又出了新政策，牧民考驾驶执照可以免 1000 元报名费，但我们没有文化，不认识汉字，都是什么电脑答卷，100 个能考上 10 个就不错了。政府把我们转移出来没有统一安置，我们脑子又转不过来，没有出路，许多牧民又返回牧区了。

正如赛·乌力吉所言，文化程度低以及不识汉字等是牧民拿不到驾驶执照的主要原因，即使近几年地方允许用蒙文考试，但也缺乏复习资料。而政府提供的就业技能培训大都是汉语授课并流于形式，牧民掌握不了这些技能，就找不到合适的工作，就连不需要多少知识的出租车行业也因手续的限制只能被迫放弃。因此，优惠政策的颁布对于他们有名无实。对于全旗三个"黑白花奶牛和西门塔尔牛"移民村试点来说，大部分牧民由于生计生活方式不习惯、饲养技术和经营不善以及家庭收入下降等原因出现返迁，之后非牧户入住，牧民移民村变成了汉人移民村。结果就像当地牧民所说的，他们从"被就业"变成了"败就业"。比如位于旗府东部 10 公里处的奶牛养殖移民示范点：

2003 年的时候，这个移民村是政府作为扶贫项目，为草场少，牛羊少、劳力少的牧民盖的，共 80 户，只要交 2 万元，就可以得到两间 70 平方米的砖瓦房，政府请工程队统一修建，还给我们三头黑白花奶牛，可以抵 1.5 万元的无利息贷款，三年还清，就相当于花 3.5 万元买了三头奶牛，我们心想三头牛还挤不出 1.5 万元的奶子吗？政府对我们已经挺照顾了。当时，锡盟的一个汉族人通过政府批了地，还在村里建起了奶站，属于伊利的分点，我们挤的牛奶都送到他那里，他再往伊利送。但由于经营不善，两年之后奶站就黄了，我们的牛奶也没地方送了，记得当时大家都尽想办法处理奶子和奶牛，还有的自己做成奶豆腐出售，大都赔了钱。再加上牧民已经习惯了天然放牧，圈养方式让我们感觉难受，水费、电费等生活费用也负担不起，去饭店和宾馆里打工，汉语又不会说，好多企业都不愿意雇我们。结果许多牧民把房子卖给了外地汉族人都回牧区了，现在移民村只剩下不到 8 户牧民了，几乎全是林西、宝昌、白旗、乌盟等地迁过来的汉族，大家都说移民村成"梁山"了。现在我们 8 户牧民和旗里的一家奶食店签了合同，早晚各来一趟拉奶子，市场价格是 1.8 元/斤，卖给他 1.5 元/斤，就是图个稳定。没想到当时没回牧区真是赚了，回去的牧民可赔大了，当时 2 万元的房子，前几天一个汉族人给我 46 万元我都没卖，政府正往东开发呢，这房子现在都涨价了。（访谈牧民口述）

事实上，在当地实施的生态移民政策的确不是政府强迫执行的，而是在补助吸引下，牧民自愿接受移民政策的，但为什么他们对当地政府的政策不予肯定呢？可见在政策的具体实施过程中，某些环节不到位，没有考虑牧民的切身感受。牧民认为政府在决策和政策执行过程中没有征询他们的意见，认为他们游离于生态政策之外，因此存在不满情绪。他们更愿意根据自己的传统生态知识对草场进行保护，而不是被强制保护。事实上，大多数移民都是"离乡不离土"，他们或出租草场，从而使草场依然被他人利用，或自己从事第二职业的同时还在利用草场，因为发展畜牧业是他们认为最简单也是最有保障的生计收入。

显然这种策略并没有实现决策者"转人、减畜"的初衷，也并没有缓解草场的压力，反而使部分牧民更加努力地发展牲畜头数，用于抵销城镇高昂的生活成本支出，对草场造成更为严重的破坏，可以说，草场退化的人口压力并没有得到根本缓解。如果能够通过合理地增加牧民的家庭收入来阻止他们生活水平的下降，也许这一政策会取得更好的效果。而牧民对地方生态政策的认知程度好于遵守程度的原因是，他们对草原自然资源利用的愿望是一致的，但差别往往表现在利用方式上。在政策的干预下牧民如何利用现有资源维持生计的可持续，是他们尤为关注的问题。斯图尔德（Julian Steward）曾指出，生计方式是生态人类学研究中最基本的问题。① 对于东乌旗蒙古族牧民来说，在与一系列地方生态政策的不断博弈和互动过程中，他们也必然会形成一种理性及主动性的认知和行为对策及适应机制。

小　结

对于赖以生存的草原环境及其家计经营方式，游牧民有他们自己的一套理解、认知及策略。首先，对于家计赖以维持的草原生态，和学术界相区别的是，他们相信自己几千年来建构起来的牧业生计方式能够维持人—畜—草之间

---

① 罗康隆：《生态人类学述论》，《吉首大学学报》2004 年第 3 期。

的相互平衡，而超载过牧并不是草场退化的主要原因，降水和打草才是关键所在。其次，面对生态及国家、市场等现代性体系的不断影响与冲击，他们不断选择、适应，甚至"生产"了一套独特的应对方式和策略。这些策略具体表现在：一是更多地参与市场活动，使生计经济转向现金经济，一元经济转向多元经济，家庭经济活动的范围开始扩展到牧业之外，并且可以互为补充、相互结合，以维持家计的可持续；二是移动性的增加，包括在季节草场之间的移动，在定居点与夏草场之间的移动，在自草场与租草场之间的移动，在旗府和牧区之间，甚至向省外及国外的移动。无论是定居前为了水草而移动，还是定居、再定居之后为了生计和现金的获得而移动，总之，移动构成他们生产生活的主流。

因而我们说，从游牧到定居，牧民的策略选择特征可以概括为生产经营更加理性及移动性增加。理性表现为，如今是根据市场而不是草场类型调整畜群结构，畜种改良、羔羊育肥、先进牧业机械、放牧结合补饲等现代养殖技术也更多地出现于家计经营中。而移动性自古就是游牧社会的本质特性，他们在移动中扩展自己的社会网络，在移动中寻找更多的经济机会，也在移动中努力保持族群认同的边界，随着移动的增加，他们逐渐成为国家甚至国际背景中经济全球化的一部分。

事实上，调查显示，牧业与多元职业的选择紧密联系，原因是很多家庭的多元职业选择只是作为牧业的补充角色而出现的，从事其他生计是为满足牧业所需而积累资本，它们之间的关系可以表示为：从事其他生计→获得更多的现金收入→租用草场，购买饲草→满足经营牲畜所需。这就是许多牧民抱有"等赚够了钱，还回牧区放羊"计划的原因所在。如同费孝通[1]先生笔下"宁愿以苛刻的利率借钱，也不愿出卖土地"的禄村农民一般，在他们看来，草原是最重要和最稳定的收入来源，也是最有安全感的生存资源。只要他们有足够的草场、牲畜及现金等再生产资本，就绝不会放弃"安全第一"的牧业生计。对于资源和资金匮乏的少畜和无畜户而言，唯一的选择就是通过其他职业尽快为牧业经济积累资本，以便重新进入牧业社区的身份和职业认同结构中去。"草原情结"像种子一样已经在他们的心里生了根，发了芽，即使从事了其他职业或转移进城，他们依然不会放弃草场和牛羊。因而结论是，定居并未使游牧经济断裂，而是使游牧经济延续的一种策略。

---

[1] 费孝通：《禄村农田》，载《江村经济》（修订本），上海人民出版社，2013；费孝通：《乡土中国 生育制度》，北京大学出版社，1998。

第四章

家庭与合作：
游牧生计的延续之道

前面的章节讨论了在国家、市场及生态合力影响下，家庭牧场的多样性经营策略及其表现特征。这就让我们进一步思考，牧民又会如何应对家庭内部成员增加而导致的人地矛盾，即草场面积日渐碎片化与家庭畜群规模扩大之间的矛盾问题？由此，本章将以嵌入牧民生计与生活的变量——草场的流转与整合——为切入点，来分析以家庭为单位的多元合作及其合作的组织化问题。

第一节　多元合作：以家庭为基础的合作策略

20世纪80年代的草场承包制度在一定程度上强化了牧民的家庭功能，自此，东乌旗的牧业经济以家庭为经营单位，他们独立经营，独自应对自然灾害及市场风险。但牧业生产的本质特征必然要求生产单位之间的分工合作与联合互助，从而在资源和劳力方面实现合理配置，这也正是自治区成立前，以家庭为单位组成的阿寅勒劳动组织被创造和长期存在的原因所在。如今，虽然草场和牲畜等生产资源的承包到户使这一劳动互助组织已解体，但是牧民家庭内部以及家庭之间的合作从未在牧业生产中消失，并且围绕草场和牲畜的合作和互助日渐频繁。这一节笔者将针对牧民的家庭与分家、家庭内部及外部的生计合作及其特点展开分析。

一　家庭与分家

什么是家庭？通俗而言，是指由婚姻结成的一对夫妻及其子女构成的基本社会单位，它的主要目的就是繁衍后代。麻国庆教授曾在费孝通"父、母、子"的三角结构所组成的家庭概念基础上，将家庭的定义拓展为"家庭本身是一个生物性和社会性的统一体。具体到家庭本身，其结合的基础为生物性的，这种生物性的双系的结合，父、母、子三角结构的形成，如果没有社会的承认，就形不成一个稳定的结构，更谈不上为社会结构的基础"。① 而在传统游牧社会中，一个蒙古包即组成了一个家庭，家庭是牧业生产的经济单位。"蒙古包"是满语对蒙古牧民住房的称呼，"包"满语是"家""屋"的意思，蒙古语称"蒙高勒格勒"，在蒙古语中，"包"和"家"是同义语。因此，在游牧民的传统观念中，家庭就是住在同一个蒙古包内的人。这里所说的家庭不包括牧民家庭的生产资料，即草场，但对于世代逐水草而居的牧民家庭来说，草场在他们家庭中的地位非常重要，他们世代以草场为生，为草场而活。

对此，王俊敏提出了"牧区家庭小区"②的概念，是指家庭的人口、固定的居室与其分得的草场联系在一起所组成的家庭。"区"即包括生产资料草场，这既是一个血缘概念又是一个地缘概念。在草场划分之后，父亲的家庭和儿子的新家庭共同在承包的草场上进行劳作，他们往往彼此毗邻。客观上地缘并没有扩大，但血缘在扩大，而这种血缘和地缘的结合又进一步加固了血缘关系，也固定了血缘家庭与承包草场的地缘关系。进而从空间角度固定了家庭内部成员及家庭与家庭之间的社会关系。而本书所探讨的"牧区家庭小区"概念，是指围绕草场联系在一起，共同拥有牲畜财产，按照劳动分工的原则共同生产，以维持生存的社会和经济单元。这一内涵类似于费孝通先生对江村农民家庭的定义，他认为，"家庭"是社会和经济的单元，共同拥有财产，除了临时外出之外，共同居住在同一房舍里，按照劳动分工的原则劳作，以维持生存。③

由此，在东乌旗的牧业生产中，家庭小区具有稳定的生产单元和生活单元，并组成了一个社会单元，一家一户的网围栏是家庭小区的标志。从权利上来讲，家庭小区具有草场使用权和租用权，对生产生活资料的拥有权和支配权，对牧养牲畜的所有权和买卖权，以及在承包草场上搭建固定居所，打井、修建棚圈等牧业基础设施的权利和使用的权利，在使用草场过程中所具有的雇工权利等。从功能上来讲，家庭小区具有产出牲畜及畜产品、传承牧业经验、继承牧业生产生活资料以及与社会各个层面交往的功能，而这些功能与20世纪80年代以前的牧业家庭有很大的不同，事实上目前的家庭承担了阿寅勒的部分权利，独立占有生产资料并组织全部生产过程，因此可以说承包制空前强

---

① 麻国庆：《家与中国社会结构》，文物出版社，1999，第18页。
② 王俊敏：《一种新型社区——牧区社区》，《内蒙古大学学报》1993年第2期。
③ 费孝通：《禄村农田》，载《江村经济》（修订本），上海人民出版社，2013，第498页。

化了牧民的家庭功能。

　　而家庭作为一个生产单位，必然会涉及子女成家后对于财产的分配问题。蒙古族谚语中，有"人生财生，财随人生"的说法。在牧民的家庭，婴儿出生后七天内就会分得第一份财产，一只母羊羔或一头小牛犊。孩子出生的第三天，除了举行财产赠送仪式，家长还会邀请亲戚朋友，嘎查有威望的长者和助产人员参加，首先为婴儿洗澡，再用奶油涂抹头顶，并由长者以祝赞词的形式，祝福婴儿健康成长，紧接着婴儿的母亲或父亲当众向大家宣布婴儿的第一份财产，有时还会把小羊羔抱进蒙古包放在大家面前，以便大家辨认，或者把小羊羔的特征——介绍给大家。这一仪式被蒙古民族称为"会僧切"。① 今后就由这只母羊羔或小牛犊陪伴孩子玩耍，直到孩子长大成人，相继结婚，建立新的家庭。其间，羊羔或牛犊的孳生畜也归孩子所有。因此，蒙古族牧民从小就具有独立的财产观。

　　当男孩子长到 18~25 岁，女孩子 17~21 岁时，父母就会让他们成家，这时父亲会分给成家的儿子财产使其独立生活，并让其将自己出生后得到的第一份财产和孳生畜带走，在此之前，他们没成家需要依靠父母生活；而女儿的财产是作为嫁妆获得的。对此，蒙古学家符拉基米尔佐夫在其《蒙古社会制度史》一书中也曾提到："儿子在娶妻之前所有财产都由父亲管理，……父亲在世时则给儿子分配财产，使之婚配。"② 原因是防止父亲死去，兄弟之间因争夺财产而关系不合，甚至破裂。因此，蒙古族的财产处理方式也使其家庭关系甚为和睦，在传统的游牧社会中，很少出现家庭财产存在纠纷的情况。

　　随着一个个孩子成家独立生活，最后只有末子留在父母身边，与父母一起生活，因此按照传统一般都是末子继承制。与闫云翔笔下所描述的 20 世纪 90 年代的下岬村类似，青年夫妇通过"系列分家"建立起核心家庭，先结婚者首先带着自己分到的那一份"口粮田"离开父母的大家庭，另立门户。然后是次子，这一过程会重复多次，直到幼子结婚为止，这时父母自愿选择跟某一个儿子或者在每个孩子家轮流居住，而东乌旗牧民大多选择和幼子一起生活，幼子继承制作为本民族传统一直沿袭至今。幼子因要承担赡养父母的责任，就理应继承父母的财产，包括草场和牲畜，其他儿子则遵循平均分配制。比如，嘎达布其镇希日哈达嘎查的牧民苏德毕力格：

---

① 参见普拉敖力布《我国游牧社会家庭财产的分配继承习惯法初探》，《中央民族大学学报》（社会科学版）1997 年第 5 期。

② 〔苏〕博·雅·符拉基米尔佐夫《蒙古社会制度史》，北京民族出版社，1981。

1984年分草场时我家6口人，4个孩子，按照2040亩/人划分，我家共分到了12240亩草场。我们哥儿四个结婚时，父亲给每个儿子都分了一个人的草场，另外还有200只羊，15头牛，7~8匹马。父母现在和我最小的弟弟一起生活，所以他们两个人的草场和牛羊都归弟弟了，我们也没意见，人家替我们照顾父母了呀。

又如，乌里雅斯太镇阿木古楞额尔敦乌拉嘎查的牧民其木格：

1983年分牲畜时，每人可以分到23只羊，我家6口人，2个儿子，1个女儿，还有孩子的爷爷，共分到138只羊。第二年就开始划分草场了，当时按1500亩/人划分，我家共分到9000亩草场。分草场之后，我们全家辛勤劳动，几年后羊群就发展到了600多只，牛50多头。直到1990年，孩子们也相继到了成家的年龄了，于是就给他们平分了草场和牛羊。给大儿子分了3000亩草场，200只羊，15头牛，其中包括爷爷的草场。给二儿子分了6000亩草场，400只羊，30头牛，因为我和他爸都和小儿子一起生活，所以我俩的草场和牛羊都分给了二儿子，女儿出嫁时没有带走草场，所以把女儿的草场也给了小儿子。但女儿结婚时，我们陪嫁了100只羊，10头牛，还买了一套楼房和家用电器。

与农业社会不同的是，游牧社会的家庭分配财产时，女儿通常可以分到一份畜产，而时间往往是在出嫁时，这和具有伊斯兰信仰的贝都因游牧民极为类似。在贝都因游牧家庭中，女主人一般都会拥有较大的权力，甚至"帐幕"也被看作家中女主人的财产。此外，我们从以上个案还可以看出，牧民家庭给女儿准备的嫁妆十分惊人，不仅分牛羊，还包括买楼房、买电器、缝袍子等。访谈中，牧民常和笔者说的一句话就是，"在我们这，嫁女儿就能把一个家庭嫁穷了"。对此，笔者将会在第五章进行详细的分析和论述。而在这里想要重点探讨的是，女儿出嫁时草场和牛羊的分配问题。

据牧民的回忆，以往女儿出嫁时只带走嫁妆，并不将草场带走，原因是那时草场并不值钱，牧业税也较为沉重，大多数女孩子都想远嫁牧区，最好将户口也迁到城里，过上不受冷冻、不放牛羊的"幸福生活"。但如今随着牧业税的减免、牲畜价格的飙升，草场面积紧缺导致的草场租金高涨，工业进驻草原之后对草场的征用，再加上2011年之后草场补贴的发放等原因，这些嫁出去的"姑娘们"开始逐渐意识到草场的商品价值。牧业税取消之前，占有的草场越多，就意味着交纳的牧业税越多，所以大多数牧民托关系找人改为城镇户口或迁出牧区。而如今草场变成了家庭收入的稳定来源和再生产资本，一些嫁出去的女儿和迁出的牧民都纷纷回到牧区向父母或者兄弟索要草场，甚至因此大打出手或将亲人告上法庭，目的是将原本属于自己的草场和补贴重新要回来，进而引发了许多家庭矛盾和社会矛盾，类似的草场纠纷也成为令政府头疼的问题。

为此，在笔者开展田野调查的 2012 年 12 月底，一个专门负责草场纠纷的"草原仲裁委员会"在东乌旗应运而生了，该机构隶属农牧业局，专门负责处理因草场边界、女儿索要草场等产生的纠纷问题。据工作人员介绍，如果牧民家庭之间因草场问题出现了纠纷，首先由嘎查进行调解，因为草场承包权在嘎查。如果嘎查调解不成，那么下一步就可以去苏木的调解办公室进行调解，而这两个基层部门都没有仲裁权，只有进行调解的权力。如果这两步都调解不成，那就可以来旗里的草原仲裁委员会开庭仲裁了，仲裁不成的话，20 天之后就可以移交法院，法院再根据仲裁委员会的仲裁协议书做进一步审理判决。工作人员进一步向笔者强调："一般调解都可以解决，我们调解时也会看情况。如果是牧民当时自愿放弃草场，已经将户口转为城镇户口了，那么这个牧民就不可能重新获得草场了。如果是被迫或由父母私自将草场分给其他子女，那么就可以考虑将草场还给他。"

根据访谈得知，从仲裁委员会成立到笔者离开田野的 2013 年 9 月底，他们进行调解的草场纠纷类型大致可以分为六方面，具体包括：嫁出去的女儿回来要草场，亲戚之间要草场，牧民和嘎查之间、嘎查与嘎查之间、牛羊放牧边界问题，以及历史遗留问题。关于牧民和嘎查之间的草场纠纷，主要原因是 1984 年分草场时，嘎查给牧民划分的草场少了，所以现在他们又要求补分。而嘎查与嘎查之间的草场纠纷多由行政区划的边界问题导致，历史遗留问题则是因第一次划分草场时是骑摩托或骑马，按照山、湖或者石堆为标记大致划分的，而部分嘎查在 1996 年第二次划分时就开始采用 GPRS 定位仪了，这就导致两次划分的草场面积存在误差。对于这种情况，一般解决的方式是，由草原监理工作人员下去重新测量，如果确实少分了，就会在双方调解的基础上，将嘎查的机动草场补分给牧民。我们以嫁出去的女儿向家人索要草场的现象为主要内容展开分析，因为这一现象不仅是近几年东乌旗非常尖锐的社会问题，也是相关部门难以处理的矛盾和纠纷。在笔者访谈的个案中类似的个案不少，这里就以其中三个个案为例：

个案1：赞丹其其格的娘家在西乌旗高力罕，家里姊妹10人，3个儿子，7个姑娘，赞丹排行老四。西乌旗1984年分草场时，按照2100亩/人划分，他家共分到了21000亩草场。1989年赞丹嫁到了东乌旗呼热图淖尔苏木的查干淖尔嘎查，当时父母陪嫁了30只羊，6头牛。因老公父母早逝，所以哥哥给他们分了老公一个人的草场2175亩，还分了70只羊，20头牛，8匹马，又给他们扎了一个新蒙古包，添置了一些家具。由于她的三个孩子都出生在1984年分草场之后，赞丹又是西乌旗户口，所以家里只有老公一个人的草场，而且近几年退化得厉害，于是在2003年大女儿上小学三年级来旗里陪读时，以4元/亩租给了别人，一年可以收入8700元，家里的60多只羊放在租草场的牧民羊群里一起放牧。老公冬天给租草场的牧民放羊，2500元/月，管吃管住，秋天就给人打草、拉草。眼看着家里的生活越来越拮据，于是就想着向西乌旗的娘家把她的2100亩草场要回来，可是父母已经把她的草场分给了最小的弟弟，弟弟不愿意给，争执了两年，直到2008年打了一架才要回来。

个案2：呼斯勒57岁，家里2个儿子，1个女儿，1983年分草场时，3300亩/人，全家5口人共分到16500亩。孩子们成家时，给他们每人分了一个人的草场，150只羊，但女儿只分了羊，草场没有带走。从禁牧补贴发放的2011年以来，为了公平起见，呼斯勒每年都会将6.36/亩×3300亩=20988元的补贴给女儿送去，而女儿每年夏天都会来她的草场上放牧4个月就回去了。

个案3：哈斯是嘎海勒苏木额仁宝力格嘎查的牧民，1984年分草场时她家6口人，按每人2632亩划分，她家共分到草场15792亩。1988年她嫁给了乌里雅斯太镇一个从林西迁过来的汉人，她的草场就留给了哥哥。结婚之后他们一直靠打工为生，但近几年眼看羊价上涨，就买了100多只羊在牧区租草场放牧，如今羊群已发展到了300多只，又没钱租更大的草场，于是就想回娘家和哥哥要草场。结果哥哥不愿意给，多次争执不下，她老公凭借旗里的关系找了律师，最后法院宣判的结果是，将她一个人的草场按照市场价租给哥哥，然后她再租别人的草场。

如上所述，笔者的调查结果显示，大部分嫁出去的女儿，近几年都回到娘家索要草场，原因是生计所迫以及草场补贴的诱惑。一般家庭条件好、草场面积大的牧民回去要草场的情况较少，因为他们的经济实力足够支撑租草场的费用，而要草场的牧民大多都是男方草场面积小或生活拮据的。只要一户牧民将草场要回，其他牧民就会相继效仿。赞丹进一步向笔者强调："刚开始我们也不懂，后来家里越来越困难，看人家都和娘家要草场，我也想要回来，要回来即使租出去也是一笔收入。"除了一些开明的父母如个案 2 中的呼斯勒为了减少家庭纠纷，主动将补贴给女儿，允许女儿在其草场上放羊外，大部分家庭都因草场的相互争夺产生了矛盾，比如赞丹其其格和哈斯。

事实上，这些外嫁的女儿，尤其是嫁到旗里的牧民，要草场的行为在很大程度上是可以成功的，因为她们长期在旗里生活，具备信息优势，可以及时了解政府政策，较早意识到了草场升值的事实。其次，她们在旗里拥有更多的人脉等社会资本，懂得如何利用法律手段为自身争取利益，个案中哈斯的老公就是通过请律师，最终将草场以市场价租给了哥哥，然后再用这笔租金租用其他牧民的草场，为家庭节省了一笔不小的支出。由此，从以往的女儿出嫁只带走嫁妆，并不带走草场，游牧社会很少出现财产纠纷，家庭关系甚为和睦的传统习惯，直到如今因草场纠纷而矛盾频发，甚至将兄弟姐妹告上法庭，牧民经历了一个从传统到现代的转变和适应过程，而这种转变和适应应该归因于市场化、城市化等现代性体系的不断渗透和侵蚀。在利益诱惑的强大威力下，任何传统和习惯都开始变得软弱无力了。

二　多样化的家庭合作方式

家庭、亲戚、邻居等生产单位之间的合作可以看作东乌旗真正的游牧经济策略。每个生产单位要想生存，都必须努力嵌入更大的群体，与其他牧民合作共用草场及其基础设施，合理调配劳动力，共同管理牲畜是牧业生计的延续之道。事实上，合作放牧的组织形式在游牧社会中一直存在，例如传统游牧社会中的生产劳动组织"阿寅勒"，经典文献中写为 ayil，现代蒙古文应写为 ail，表示单个或若干个牧户。阿寅勒通常是以一户牧主或富裕牧民为中心，由血缘关系较亲近的成员组成，规模为七八户或十几户，他们以牧场公有、牲畜私有的经济形式，共同从事牧业生产，比如合群放牧、接羔、剪毛等，需要进行户间协作，并按季节共同转场。在 20 世纪 50 年代时，东乌旗依然存在以合群放牧、牲畜合群由专人放牧、合伙雇工放牧形式为主的互助组生产单位。

如今，公有的草场被条块划分到户，牧区的经济组织由以往的阿寅勒、互助组、生产大队、人民公社转变为规模有限的家庭生产单位。由于单户牧民草场面积有限，给畜群的壮大、牲畜的增膘、牲畜走场以及围栏内部草场植被的恢复带来困难。因此，家庭内部、家庭与家庭之间的合作成为必要。根据调查，围绕草场、牲畜进行的家庭合作包括以下几种类型。

（一）以血缘为纽带的家庭合作

家庭成员之间的合作形式主要以有直接血缘或亲缘关系的家庭内部或亲属之间的合作为主。他们的合作包括夏季草场的共用、共同放牧牲畜以及牲畜寄养等。1983 年划分草场的标准是，按照家庭人口的多少进行分配，基本原则是"增人不增草场，减人不减草场"，即家庭人口增加，不再多分草场，家庭人口减少，也不再收回草场。人口多的家庭分到的草场自然多些，人口少的家庭草场面积也就少些。然而人口多的家庭，随着子女渐渐长大成家，一定面积的草场因分家就会不断被细分，这就导致家庭内部草场面积日渐碎片化，每个家庭的草场面积越来越小，从而限制了单个家庭畜群规模的发展及其植被的恢复。此外，家庭成员各自分到的草场面积有限、距离水源点位置的不同以及劳动力的不足等原因，都有可能促使家庭内部成员合作生产的出现。比如：

> 浩毕斯哈拉图，蒙古族，38 岁，道特淖尔镇乃人木都拉嘎查会计。1984 年分草场，按照 1500 亩/人划分，他家 3 个儿子，2 个女儿，加上父母，7 口人共分到 10500 亩草场。兄弟三人成家时，父母给每个人分了3000 亩，女儿没分草场，但陪嫁了牛羊。浩毕斯哈拉图排行老二，三弟在西乌旗上班，牲畜完全由父母放养，每年给父母 1000 元的托管费，他和大哥在嘎查放牧。兄弟三人的牲畜都和父母一起放牧，加起来共 800 只羊，30 多头牛，各自的牛羊都打了耳记。他们将老大的 3000 亩用于夏草场放牧，老三的 3000 亩用于接羔，而浩毕斯的 3000 亩则围封起来作为打草场，冬季则在父母的冬草场放牧结合舍饲。忙的时候，父母就帮忙放牧。接羔、剪毛、打草时三弟就会回来帮忙，等到秋天卖羊时，父亲在一张纸上用"正"字号，标注谁家卖了几只羊，按照各自牲畜的出售数量和价格各自获利。

以上个案表明，虽然家庭内部的草场和牲畜已经分开了，但在实际的牧业生产中，他们是一个以家庭为单位的紧密的劳动合作组织。例如草场的共用轮牧，牲畜的共同放牧，共同出售，甚至接羔、剪毛、打草等繁忙季节也需要共同劳作。而老三因在旗里有正式工作不能放牧，牲畜也完全由父母托管，但作为回报每年需要给父母一定的托管费，这样家庭内部的劳力余缺可以得到合理配置，同时又可以扩大放牧的草场面积，按照不同季节进行划区轮牧，可以使各自的草场都有休养生息的机会。但在出栏时，牲畜获得的收入又归各自的小家庭所有，这就说明了合作中的家庭成员，其资源和牲畜的所有权是明确的，但实际生产中的使用权又往往是模糊的，因此大多数家庭虽然草场分开了，但草场证却只有一个。因此，随着环境的变化，他们已经能够适应这样一种忙时合作、闲时分散，在合作中又各自受益的经营方式了。

也许，"分中有继也有合"①的分家制度可以解释这一现象，虽然作为经济的家分了，但围绕草场、牲畜、基础设施等家计生产资料要进行劳动协作，甚至老人本命年、敖包祭祀等活动，也需要家庭成员之间的相互合作才能完成。因此，麻国庆教授将这种作为文化的家的"合作"，定义为分家与本家、分家与分家，即使分了家，家庭内部还存在经济合作的优先性，以及参与文化礼仪和一致对外的共同义务。对于牧民来说，这种家计合作的优先性不能不说是一种理性的选择，而这种选择又是出于生产的实际需要。事实上，调查中，当笔者问到牧民家里的草场时，他们往往会回答包括父母和兄弟姐妹全家人的草场总面积，而当笔者问到"为什么这么大的草场你家养那么少的羊"时，他们又会说："我们各自的草场分开了，但还在一起放牧。"上面的个案是子女和父母之间合作的情况，而对于子女之间的合作，我们再来看看下面两个个案：

> 朝·巴特尔，46岁，嘎海勒苏木白音宝力格嘎查牧民。嘎查1983年划分草场时，按3370亩/人划分，奶奶、父母、兄弟2人及一个妹妹，6个人共分到20220亩草场。后来子女成家时父母将草场进行了平分，由于巴特尔是小儿子，所以父母和他一起生活，两个人的草场也归他所有，妹妹出嫁时没有带走草场，她的草场给了巴特尔，只有奶奶一个人的草场给了哥哥。因此巴特尔目前的草场面积为13480亩，而哥哥则为6740亩。虽然后来妹妹把草场要回去了，但姊妹三人一直在一起放牧，各自的草场也没用围栏拉开，还共同雇了一个羊倌，是西乌旗的一家人，一年2万元

---

① 麻国庆：《分家：分中有继也有合——中国分家制度研究》，《中国社会科学》1999年第1期。

的工资，冬天再给他们 2 只羊，还给他们盖了一小间砖瓦房，羊倌的 60 只羊放在他家一起放牧。由于家庭内部合作放牧，草场面积大，所以每年都会轮换不同地方围封 500 亩打草场，今年在西边打，明年可能就在东边打。以便让牧草有休养生息的机会。

哈·松来，28 岁，乌里雅斯太镇道木德嘎查牧民。1984 年划分草场时，按照 3896 亩/人划分，他家兄弟 3 人（当时松来尚未出世），3 个姐姐，加上父母，8 口人（实为 7 口人）共分到草场 27272 亩，其中包括离苏木 50~60 里地外戈壁滩的 487 亩湿地，因为都是水泡子，划分之后从未投入使用。由于哈·松来出生于划分草场之后的 1984 年，所以没有分到草场。父亲早逝，三个姐姐结婚时，分别分了一个人的草场，16 只羊，15 头牛。2000 年，大哥结婚时，母亲给他分了 1 个人的草场，300 多只羊，12 头牛及 6 匹马。2002 年，二哥结婚时，他和母亲都和二哥住在一起，二哥也分了一个人的草场，300 多只羊，12 头牛，6 匹马。2006 年，哈·松来结婚时，二哥给他分了一半的牲畜，即 150 只羊，6 头牛和 3 匹马，还把父亲的草场分给了他。母亲现在和二哥一起生活，她的草场给哈·松来和二哥每人各分了一半，所以他和二哥现在每人拥有 1.5 个人的草场，但草场补贴归母亲个人所有。紧挨着哈·松来的是二姐的两间砖瓦房，由于二哥和二嫂在旗里的乌兰牧骑上班，所以他家的 150 多只羊目前都放在旁边二姐家羊群里放，只要每年保证羊的数量就可以了，孳生畜、羊毛、羊绒全部归二姐。冬天的时候，二哥还会给二姐 300 只羊的草料钱，二哥的草场一直是由二姐用，目前二姐家的羊群已发展到了 1000 多只，草场不够用，于是又向其他牧民租了 10000 亩草场，位于哈·松来家草场上的机井，三家一起使用，打井时每家都出了 8000 元。

访谈中发现，不同于朝·巴特尔的是，哈·松来家的兄妹已经将各自的草场用围栏拉开了，尽管如此，直系亲属草场相互连接以及草场资源、人力资源紧缺等，也为家庭内部成员的合作创造了条件。他们在放牧、打草、剪毛等经济活动中，依然需要相互协作才能完成，例如在乌兰牧骑上班的二哥将其 150 多只羊放在了二姐家代为放牧，而二哥的草场又被二姐使用，位于哈·松来草场上的机井等基础设施为家庭成员共同使用。甚至，朝·巴特尔家的兄妹三人共同雇佣羊倌，通过在各自草场上的转场放牧及轮换打草实现家庭草场的保护和恢复。朝·巴特尔进一步向笔者强调："去年大哥本命年的时候，我们在三天前就带着蒙古包去大哥家的草场上扎了 9 个包，开始帮忙杀羊、煮肉，为迎接客人做准备。"由此可以说，家庭内部成员之间无论是在经济生产中，还是在文化礼仪活动中都表现出了优先合作的明显特征。

（二）以劳动力为资本的家庭与代牧人合作

代牧人，就是牧民口中所说的"羊倌"，指家庭牧场的牧民在牲畜规模大、劳动力不足的情况下，雇佣为自家代为放牧的牧羊人。根据调查，作为代牧人的牧民，一般都是无畜或少畜的贫困牧民，或者是没有分到草场和牲畜的当地居民以及外地汉人。代牧职业出现的原因是，草场承包后，牧民逐渐定居下来，一家一户局限在有限的草场范围内劳动，经过近 30 年的发展，牧民之间逐渐出现了分化。有的牧户畜群规模小，劳动力不能充分发挥作用，出现了劳动力的闲置，而有的牧户却由于经营规模的不断扩大对劳动力有迫切需求，这就在两种群体之间产生了劳动力资源的供求关系。尤其在春季接羔、夏季放牧、秋季打草等繁忙季节，劳动力紧缺的家庭就更加需要从外部寻求帮助，这就使劳动力如同"紧俏的商品"，在大户与小户之间、富户与贫户之间，甚至牧民与非牧民等群体之间开始流通起来。由此，在牧民之间就产生了劳动力的雇佣与被雇佣的关系。

这种雇佣关系似乎和解放前的"苏鲁克"制度有异曲同工之处，但二者性质不同。"苏鲁克"是牧区历史上长期存在的一种租放牲畜的形式。雇佣者被称为"牧主"，一般为王公、贵族或寺庙的喇嘛，他们占有大量牲畜，雇佣无畜或少畜的贫苦牧民为其放苏鲁克。但这些贫苦牧民获得的补偿是极少的，比如放羊的牧民，只得母羊双羔的一只和当年大羔母羊所生的羔羊、羊毛和奶食，有的牧民只得羊毛和奶食，养牛的只得奶，并且每年还要向牧主交纳一定数量的黄油和奶制品，牧主如果不满随时可将牲畜收回，这种制度对贫苦牧民的剥削是十分严重的。为改变这种不合理的制度，锡盟地区于 1953 年，在"牧主牧工两利"政策和双方自愿原则的指导下，又制定了"新苏鲁克"制度，即由双方签订合同，合同中规定延长双方雇佣期限，调高放牧户的收入，取消了不合理的赔偿，放苏鲁克的牧民不仅可以得到毛、奶制品，还可以得到仔畜和劳保用品，在保障牧民基本权利的同时也使牧主有利可图。这就改变了大畜户对少畜、无畜户的残酷剥削。

我们这里所论述的雇主和代牧人之间的关系，并没有剥削的含义，而是在市场经济和放牧生计中产生的一种劳动力资源互补、合作或平等的交换关系，双方通过订立合同或协议完成劳动力的交换。调查发现，熟悉的牧民之间只有口头协议，不熟悉的牧民就需要签订书面合同了，但大多数牧民都会雇佣熟悉的牧民代为放牧，因为他们对于不熟悉的外地人充满着不信任。据额吉淖尔镇布勒呼木德勒嘎查的牧民斯仁讲，他们嘎查的巴图就是因为把羊包给了不熟悉的外地汉人，结果让人把羊偷偷卖了，以致他们现在过着一贫如洗的生活。所以雇主大多愿意选择亲戚或亲近的朋友，或经亲戚介绍的熟人。这样，他们之间的协议也自然只需口头协商即可。口头协商时，双方一般会商量代牧人的工资，代牧期限，牲畜丢失的赔偿等问题。就东乌旗的代牧形式而言，可分为单纯代牧、带养和寄养三种类型。

单纯代牧是代牧人只给主人放牧牲畜，自己没有牲畜，按月领取工资。带养又可分为将自己的羊带养到雇主草场上放牧或将别人的羊带养到自家草场上放牧两种方式。前者是指代牧人将自己的草场出租，自己又给别人代牧，将自家所剩不多的牲畜带到雇主家的草场上或羊群里一起放养，并与主人共用其草场上的棚圈、机井等基础设施，这样，代牧人的工资就会按照自己羊群的数量相应降低。而后者是指自家牲畜少，草场面积大，代牧人将主人的羊群带养到自家草场上放牧的情况，这样既可以放牧自家羊群，也可以赚取额外的代牧工资，以此增加家庭收入。而寄养是指没有草场的牧民将牲畜寄存在有草场的牧民家里，由其代为放养的方式。以下举例来说明这三种代牧形式：

个案1：塔拉，蒙古族，45岁，赤峰林西人。由于要供儿子上学，2010年和妻子来到东乌旗乌里雅斯太镇达布希拉图嘎查当羊倌。每月工资3000元，年底雇主还给杀两只羊。目前住在雇主给他盖的一间不大的砖瓦房内，生活还算过得去。但自己没有羊群，光靠工资过日子家庭生活还是有些紧张了，所以打算年底到旗里打工。

个案2：哈斯巴根，蒙古族，37岁，乌里雅斯太镇道木德嘎查牧民。目前养羊200只，其中山羊40只，羊耙子①1只。1984年分草场时，他的户口已经迁到了旗里，因此没有分到草场。2011年，妻子和娘家把属于她的2000多亩草场要回来了，草场在距离嘎查40公里的萨麦苏木巴彦敖包嘎查，目前以5元/亩的价格租给了其他牧户，只领取每年3420元的草场补贴。而他从2007年，就开始给他的干弟弟当羊倌了，干弟弟家在乌

---

① 牧民所说的"羊耙子"，指种公羊。

里雅斯太镇达布希拉图嘎查，有1100只羊，40多匹马，30多头牛。他家的羊放在干弟弟家一起放牧，每月工资3500元，管吃管住。自家羊群卖羊、羊毛、羊皮等收入都归自己所有，机井、棚圈等基础设施与干弟弟共用。冬天需要给干弟弟2000元作为自家羊群的草料钱，这样自己也无须单独购买草料了。干弟弟对他十分照顾，去旗里买了生活用品还给他送来，每年冬天还给他杀一只羊。在放牧任务的分配上，哈斯巴根和干弟弟的侄子分工合作，他放400多只羊羔子，干弟弟的侄子放剩下的600多只绵羊。这些羊羔子中还包括嘎查其他牧民的羔子，按照150元/只收取放牧费，每年放6个月，十月份就给各家送回去配种。

个案3：米朝鲁门，蒙古族，37岁，嘎达布其镇巴彦都兰嘎查牧民。自家草场8200亩，养羊300只，由于草场面积大，畜群规模小，为增加家庭收入，带养了额吉淖尔镇一个亲戚的100多只羊。双方规定，一只羊一年支付200元的带养费，羔子归米朝鲁门，丢了或死了都需要赔偿，羊绒、羊毛归亲戚，亲戚收回羊群时必须原数奉还。

个案4：王翠云，汉族，祖籍河北宝昌，2002年和丈夫来到东乌旗已有10个年头了。她住在旗里，但一直靠在牧区租草场养羊为生，今年不想自己放牧了，于是就将家里的400多只羊，寄养在乌里雅斯太镇达布拉图嘎查的一户牧民家里。代牧人家里养羊800只，草场5800亩，每只羊每年需支付260元代牧费，羔子、羊毛、羊皮等都归代牧人，羊群收回来时必须原数奉还。

以上个案中，个案1属于单纯代牧类型，个案2和个案3属于带养类型，而个案4则属于寄养类型。个案1中，虽然代牧人的工资每月可以拿到3000元，年底雇主还给杀两只羊，但由于自己没有羊群，生活较为紧张，并且没有希望，因此大多数牧民代牧几年之后就会选择新的谋生出路，比如个案中的塔拉，代牧三年之后打算去旗里打工，另谋出路。个案2中的代牧人是将自家的草场租给了其他牧民，而将自己的200多只羊带养到雇主家的草场上放牧，成为雇主的羊倌。对于代牧人而言，他既可以拿到草场出租费和草场补贴，又可以挣得一份代牧工资，同时还可以和雇主共用草场、棚圈及水源等基础设施，减少单独经营的成本投入。最重要的是，代牧的同时还可以利用雇主的草场及基础设施等资源发展自己的羊群，因为自家羊群的孳生畜和羊毛、羊皮等畜产品收入都归自己。事实上，哈斯巴根信心十足地向笔者表达了他将来的发展计划："等到自己的羊群发展到了一定规模，并且挣够租草场的钱，就会分出去单独经营，到时再去租别人的草场，扩大自家的草场面积和畜群规模。"而对于雇主来说，合作的同时也可以解决家庭劳动力不足的问题。因此，这一合作策略对于双方是互惠互利的。

个案 3 是将其他牧民的羊群带养到自家草场上放牧的情况，这类群体一般是一些草场面积大、牲畜数量少的牧民。通过带养别人的牲畜，他们既可以放牧自家羊群，也可以充分利用草场，增加家庭收入。而个案 4 是近几年东乌旗出现的一个明显的现象，羊价的飙升吸引了许多外来汉人以及没有分到草场的城镇居民，将买来的羊寄养到牧民的草场上，他们通过支付带养费间接取得当地牧民草场资源的使用权，在经营其他职业的同时，也通过饲养牲畜增加家庭收入。

阿拉腾将牧民之间产生的这一代牧行为，称为家畜的信托。他指出，产生这一现象是由于放牧地植被恶化，该地牧民不能改变自己的现状以应对环境巨变，于是就退出自己的优势种群地位而让位于后来的农民，而这些农民是一般的物种，可以应付各种问题。于是，当地的文化系统就演化到了其系统的顶级阶段，即家畜信托现象兴起了。[①] 而他所描述的顶级论是指单元顶级论，即认为演替就是在地表上同一地段顺序出现各种不同生物群落的时间过程。到达稳定阶段的群落，就是和当地气候条件保持协调和平衡的群落，这是演替的终点，而这个终点就被称为演替顶级（climax）。

就东乌旗来说，牧民之间的信托并没有让位于后来的农民或汉人，而是在牧民种群内部策略性地进行着资源和劳动力的互助与合作。原因是，这是一个深处草原腹地，以草甸草原和典型草原为植被类型，以牧业为主的纯牧业社区，虽然也曾受到农业文化的影响，例如位于东北部的乌拉盖开发区曾在兵团时期将大片牧场开垦为耕地，和兴安盟交界的农民也对呼热图淖尔苏木扎格斯台嘎查草场进行过开垦等，但这对当地千百年来根深蒂固的牧业生计影响是微乎其微的。大多数移入的农民或汉人反而被蒙古族化或转而从事牧业生计方式了，比如早在 1992 年从河北宝昌迁来的杨平一家，除了将买来的 300 多只羊寄养在有草场的牧民家，每年农历腊月二十三也跟着当地牧民去广场祭火，5月带着牛奶、奶食品、糖果等去祭敖包，祈求来年风调雨顺，牧繁群兴，这在他们迁来东乌旗之前是从没有的习惯。

---

① 阿拉腾：《文化的变迁——一个嘎查的故事》，民族出版社，2006，第 184~189 页。

　　调查发现，许多汉人不仅从事的生计方式与当地牧民并无差别，而且穿着和生活习惯也极为类似，日常饮食中有奶茶、手把肉，甚至部分汉人也可以讲一口流利的蒙古语，这和阿拉腾所描述的阿达日嘎嘎查在汉族移民进入之后的发展趋势大相径庭。阿达日嘎嘎查的草原类型属于干旱草原，地理上为半农半牧区，由于环境及游牧生计的变化逐渐让位于清朝之后不断移入的农民或汉人，原来的游牧生计方式也逐渐被定居畜牧方式所代替，最终形成了蒙古族与汉族杂居的人口格局。而这些情况在东乌旗并没有出现，至今东乌旗都是一个以蒙古族为主的纯牧业旗。因此，东乌旗代牧现象的出现似乎更加类似于日本学者左藤俊[1]的研究结果，即游牧民通过家畜信托完成合作，构筑了互酬的人际关系及亲属关系，以此实现在恶劣自然条件下的共存。

（三）以地缘为基础的邻里合作

　　以地缘为基础的邻里合作，是指地缘相邻的牧户之间关于草场合租、牲畜共放以及季节性的生产互助等合作方式。从放牧形式来讲，存在以家庭为单位的多种联牧方式，也因而形成了多种层级的小联合群体。有的四季联合，例如上述个案中的哈斯巴根给雇主家和其他牧户代放的羊耙子，以每只 150 元的价格收取代牧费，这样嘎查大多数牧民就可以做到按照种畜和母羊进行分群放牧。由于每家的羊耙子数量不多，不可能安排专门一个人放牧几只或十几只羊耙子，于是就联合起来交给一个牧民代放，以支付代牧费作为报酬。由此形成了家庭之间的劳动力互补关系，这种劳动力的互补还体现在季节性的互助接羔、剪毛以及打草等协作生产中。例如笔者的关键报道人之一乌里雅斯太镇道木德嘎查的杨东，在笔者见到他的 2013 年 7 月，他已和嘎查另外一户牧民合租草场 6 年之久。具体合租情况如下：

　　　　因妻子去盟里陪读，家里劳动力紧缺，但他又想发展羊群规模，于是就找了一个既能合租草场又能共同放牧，关系较好的牧民合作。两家共同租用草场 6500 亩，租期为 2007～2010 年，3 元/亩，一次性交清租金 3 元/亩×6500 亩×3 年＝58500 元。由于放牧羊群的任务由合作牧户负责，因此在草场租金的分配方面，他家出 2/3，合作牧民出 1/3，各自的羊群打了耳记，接羔、剪羊毛、打草等繁忙季节互相帮忙。合作三年之后，两

---

① 同 130 页①，第 186 页。

家的羊群都发展起来了，这时他们又开始担心，如果继续合作，畜群规模太大，两家的羊都抓不起羊膘，于是就决定各自分开放牧。但为共同分担租金，草场续租三年，租金改为各出一半。由于合作的关系一直不错，所以两家合租的草场并没有用围栏拉开，只是说好各自放牧的范围，如果一家有事，另外一家就会帮忙放牧，机井共用。

这种合作方式的出现，一般是为了解决草场租金由一户牧民无力支付或劳动力紧缺的问题。东乌旗的草场租金大都是一次结算，租期一般长达几年甚至十几年之久。因而对于没有多少积蓄的牧民来说，一次性拿出那么多钱，势必有些困难，因此这种合作又形成了家庭之间的一种经济互补关系。在东乌旗，合租草场的牧民往往是经济条件差、草场和畜群规模少，并且劳动力紧缺的家庭。而以家庭为单位的合作既可以分担巨额的租金，又可以合群放牧、壮大畜群，同时还可以实现劳动力的互补。因此这种联合就必然要求合作的两个家庭畜群规模较小，属于弱弱联合的合作形式，一旦两家畜群发展到一定规模，他们就会各自分开，因为畜群规模太大，又会造成草场资源的紧张，且不利于牲畜的抓膘。另外，东乌旗牧民家庭之间的合作还有大量的强弱联合，如同上文中的代牧人哈斯巴根，将自家的少量牲畜带养到雇主的大畜群中放牧，合作的家庭一般是亲近的亲戚或邻里，如个案中的杨东。访谈中并没有发现共同分担草场租金的强强联合形式，即两个牧业大户之间合作租用草场的现象。原因是牧业大户往往可以独自承担巨额的租金，另外，合作双方如果畜群规模太大不仅不利于牲畜抓膘，还会造成草场再度紧张的局面。

（四）其他合作

随着市场经济、生态环境及地方政策的变化，在东乌旗，除了以上合作，还出现了其他类型的合作关系，比如企业+牧户、外地人和牧民的合作等。每到秋季的打草季节，就会有很多企业，如伊利、蒙牛等乳业公司以及外地汉人来到东乌旗的草原上承包草场，进行打草，他们将牧草捆成30～70斤的捆草，成车运到自治区，甚至远在上海的光明乳业出售。受高额租金的诱惑，牲畜较少的牧民就会将部分，甚至全部草场租给这些企业或外来汉人，而这些企业为了短期内实现利润的最大化，往往对草原进行掠夺性的使用。首先，打草的时间太早，他们在带籽牧草成熟之前的8月初就开始打，而当地牧民一般在8月20日以后才开始打草，这样容易对一些营养价值较高的牧草造成灭绝性的破坏。其次，他们打草打得太狠，以致草根都被搂草机的铁齿搂断了，这种"剃光头"式的打草方式，也被当地牧民认为是目前草场退化的主要原因。乌里雅斯太镇达布希拉图嘎查的牧民长锁就是一例：

> 我家拥有草场 6000 亩，400 多只羊，由于开始在乡镇企业上班，所以草场一直租给别人用，直到 2000 年买断工作之后，就买了羊回牧区放牧。今年秋天打了 600 多亩，3000 多捆草，管够 400 多只羊过冬了。想再多挣些钱，所以就将 1700 多亩租给了外地汉人打草 2 个月，7.5 元/亩，共收入 12750 元。我自己打草留茬高度一般为 8 厘米以上，租给外人打草留茬肯定低。不过我觉得草场退化是和老天爷有关系，如果不下雨，怎么保护也没用。

从长锁的言语中，我们可以发现为了"多挣些钱"，他几乎将自家草场的 1/3 都租给了外地汉人打草，尽管他明白租给外人打草，留茬肯定低于自己打草，但在经济利益的驱动下，他还是选择了出租。对此，一个精明的牧民为笔者算了一笔经济账："如果我们将草场围封三年之后打草卖钱，一亩地就可以打 3 捆草，而 1 万亩就可以打 3 万捆草，按目前的市场价，9 元/捆，收入就是 27 万元。因此，光打草不放羊，事实上要比单纯放牧收入高。所以这几年我们嘎查的好多牧民都把草场包给了外人打草。"因此可以说，如今的牧业生计再也不是过去自给自足的家庭生计了，牧民开始逐渐转变为适应市场的经济理性人。

此外，这里还出现了跨越旗界的代牧行为，比如 2003 年，额吉淖尔镇哈勒图嘎查的牧民孟克为东苏旗牧民的代牧行为。他为笔者讲述了他是如何通过为其他旗县的牧民代牧而使自家羊群发展起来的：

> 2003 年，我们从政府那边听说东苏旗草场旱得厉害，没有草，羊群过不了冬，政府号召我们帮助他们养羊。当时是由政府作担保，与东苏旗牧民签订合同。合同中规定：承包期为三年。第一年，保住大羊，羔子全归我们；第二年，60% 的羔子归我们；第三年，他们把羊全拿走。我想既然有政府做担保，肯定能赚钱，于是就承包了他们 300 多只大母羊。没想到那一次真是赚大了。承包之前我家羊 400 多只，到 2006 年，三年的时间，我家羊群一下子发展到了 1700 多只，牛 74 头。正是从那一年开始，

我家的羊群数量就开始不断增长，生活条件也越来越好了。

从以上合同中规定的内容来看，这种跨越旗界的代牧合作方式对东乌旗牧民而言，显然是有利的，因此那一年通过政府牵头，承包羊群的牧民大都借此机会迅速发展了自家畜群规模。但据孟克讲，能够把握机会的大都是一些有文化、有头脑，精明能干的牧民，比如孟克，他拥有高中学历，除了在牧区养牧，还在牧闲季节从事贩卖牛羊的生意，如今他是嘎查有名的牧业大户，家里养羊1000多只，牛20多头，除了自家的3119亩草场，还租用了其他牧民14520亩草场。因此，如果不能适时把握机会，精于经营，面对如今的草场退化，再生产资源日渐匮乏等问题的频频出现，家庭生活水平就会面临每况愈下的风险。

第二节　合作的组织化：合作社的复出与发展

自草场承包政策实施之后，以家庭为独立经营单位的牧业生计存在的弊端日渐凸显，一是家庭抵御自然灾害及市场风险的能力减弱，二是随着家庭成员的不断增加，草场面积日渐碎片化。这就迫使牧民进一步寻求和探索新的经营方式，以规避由风险和资源匮乏带来的经营困境。由此，以资源整合为策略的家计方式诞生了。从牧民自发到政府引导支持，从以家庭牧场形式的单户草场租赁到联户经营的多户整合，甚至股份制经营方式的出现都成为这一策略的产物。在上节内容的论述中，我们探讨了以家庭为单位的单户经营以及自发的合作策略，而这一节我们将分析牧民自发与政府支持下的多户资源整合生计模式，即合作开始走向组织化——"合作社"的复出与发展。

一　传统生产组织的延续：合作社的复出

在东乌旗，合作社的出现是与牧民之间进行的资源整合紧密联系的。因为每一个合作社都需要有一定规模的草场、畜群、劳动力等基础设施，此外还需要一个能够领导合作社经营运作的牧民精英。要想在大面积的草场上发展畜群规模，达到合作社的标准，就必须扩大草场面积，集中一切可以扩大生产规模的资源和资本。但目前的问题是，草牧场"双权一制"等确权政策的落实，使牧民只能在自家分到的有限草场范围内生产。由此，在牧民之间，以资源整合为策略的合作社组织就应运而生了。可以说，合作社的出现是牧民理性选择的适应策略以及诸多因素共同作用的结果。

首先，草场承包制度下的分户经营与传统轮牧制度存在的矛盾是合作组织出现的直接原因。草场承包制度实施之后，牧区的集体经济组织随之解体，代之产生的是以家庭为单位的生产组织，于是各家各户在自家承包的草场上自主经营、自负盈亏，这就激发了牧民的生产积极性，促使了牲畜头数逐年增长。但随着家庭人口的增加，草场面积的日渐缩小与牲畜头数的增长出现了不可调和的矛盾，再加上草原地区的气候、水分、土壤、生产要素的投入等因素，导致草原的生产潜力远远低于耕地，因此牧业生产需要较大面积的草场才能实现正常的转场轮牧。作为经济理性人，为了维持生计的可持续，牧民不会减少牲畜数量，那么最直接的选择只能是通过租草场来扩大自家的草场面积。

而全旗范围内地域之间的草场面积差异又进一步为草场资源的整合提供了条件。比如不同苏木、镇、嘎查的牧民所承包的草场面积大小存在差异，道特淖尔镇巴音图嘎嘎查人均草场面积为 1380 亩，相邻的道特淖尔嘎查人均草场面积为 2200 亩，而位于旗北部的满都宝力格嘎查的人均草场面积则高达 4467 亩。相比之下，巴音图嘎嘎查人均草场面积仅为满都宝力格嘎查的 1/3。因此，在同一嘎查的不同牧户之间，不同嘎查之间，就相继出现了以草场整合为策略的合作方式，而当单户家庭的草场和畜群发展到一定规模时，牧业生产中对于劳动力和基础设施的需要又会促使牧民对于其他生产资源进行进一步整合。事实上，当草场对畜群规模扩大的限制导致家庭收入下降之时，草场的集中就会成为必然。此外，草场承包之后，由于经营能力不同，牧业大户牲畜多，草场少，人力少，无畜少畜户草场面积大，劳动力剩余的两极分化，也给以资源整合为基础的合作社的出现创造了条件。

其次，牧民对传统生产组织的"路径依赖"是牧业合作组织产生的理性选择。对于草场承包制度带来的一系列问题，他们试图通过改变经营方式来减少这些问题对家庭生计带来的影响，以维护自身的利益。而选择新的经营方式又会受到诸多因素的限制，如经济利益、从业技能、经营观念以及语言问题等，其中最为关键的是利益因素。理性的牧民在选择经营方式时考虑的利益因素应该包括现有成本和现有利益以及预期成本和预期利益。只有在现有成本高、现有利益低，而预期成本低、预期收益高的情况下，牧民才会采取新的经营方式。

预期成本的投入很容易计算得出，而预期收益具有不确定性，所以相比而言，牧民更愿意选择预期利益比较确定的经营方式，而不是预期利益大但不确定的经营方式。这类似于斯科特笔下东南亚农民"安全第一"的道义经济选择。在现有的经营方式必须变革的情况下，预期利益的不确定性使牧民不愿采取高收益、高风险的经营方式。这就使他们在采用新的经营方式时，往往对以前的经营方式加以借鉴，在传统的经营方式里寻找现有问题的解决方法，选择经过实践的、预期利益相对确定的经营方式。

正如道格拉斯·斯诺提出的"路径依赖"观点，"人们过去做出的选择决定他们现在可能做出选择的范围"。① 出于畜牧业生产经验以及知识技术限制的考虑，他们就自然优先借鉴了传统的畜牧业生产组织方式，即阿寅勒制度下的合伙放牧和雇工放牧方式以及生产队和人民公社时期的互助组、合作社的生产方式。因此，可以说，这是传统生产合作组织的复出和延续。事实上，访谈过程中，牧民如今依然称嘎查为"大队"，称嘎查长为"队长"，并且时常告诉笔者："经历了从公有到私有的草场制度，现在又开始重新成立合作社了，想回到人民公社时代的经营方式了。"但他们明白，目前的合作社已不同于人民公社时代的合作社了。人民公社时代的合作社是在国家自上而下的制度安排下，草场、牲畜、基础设施等生产资料全民公有的基础上，形成的一种由大队统一计划和安排生产以及分配劳动力的经济组织形式。而目前的合作社是在草场所有权共有，使用权以及其他生产资料私有的基础上，牧民自发或政府引导和支持的，自下而上的市场化经济组织形式。

从一定意义上说，东乌旗的合作社组织，是在政府项目的大力支持下，通过单个牧户的取长补短，将他们的草场、牲畜、人力、基础设施等生产资源，集中在一个牧区合作组织中进行"组装"。而参与合作的不同牧户分别承担不同的角色，善于经营的牧区精英成为管理者，少畜、无畜户作为雇佣者或转移进城者，通过相互之间的分工合作实现利润的广泛分配。而地方政府对合作社的资源整合和规模化发展给予的政策支持，是通过《东乌旗引导扶持牧区人口向城镇转移实施意见（试行）》② 的出台实现的，意见中规定了整合户和被整合户的补贴方式。

对于整合户，按照租赁草场的面积大小，每亩补贴 0.5 元，如果把全部草场围封为打草场三年以上，若需要新建围栏，新增部分的 70% 可由相关项目提供资金。而被整合户如果在锡林郭勒盟各旗市购买房屋，政府给予协调贷款，一次性补贴 5000 元，免交房屋交易手续费、登记费和契税，牧民个人转移进

---

① 〔美〕道格拉斯·斯诺：《经济史中的结构变迁》，上海三联书店，1991，第 1~2 页。

② 资料来源：东乌旗人民政府文件，2013 年。

城就业，给予每月 25 元的租房补贴，可参加医疗保险，子女接受教育享受"两免一补"①的优惠政策。此外，政府还以项目和资金支持方式，鼓励无畜少畜户将草场租赁给经营大户，形成集中连片、有一定规模的家庭牧场及合作组织。由此可以看出，政府对于以资源整合为主的牧民合作是大力支持的。

综上所述，我们发现，合作社组织是个体、市场与政府三者互动的结果。一方面是牧民适应市场化的社会行动选择，另一方面是市场化与国家权力对牧民家庭生计的作用机制。韦伯和吉登斯等人也曾强调了个人对整体社会结构的能动建构作用。而牧民正是在草场承包所导致的家庭经营的压力下，能动地建构了参与市场竞争的理性选择机制。就牧业生产而言，地方政府推行的现代化畜牧业经营在现有条件下还无法实现牧户自身的扩大再生产，而行政权力最大的优势就是能够在短时间内相当有效率地完成生产要素的组合。因此，如火如荼地推进牧业新型合作社试点，就成为其发展地方经济的有效手段。自然，牧区精英就成为国家采取行动的代理人，他们在国家所提供的机遇面前，根据自身的生计状况进行相应的策略调整，例如首先在资源整合及示范经营中获利。因此，我们认为，个人、市场和政府三者之间的互动都使合作社应运而生。事实上，这一家计经营形式的出现，也隐含了由集体化到个体化、原子化，又走向合作社这样新形式的集体化，是牧区核心凝聚力的流失，个体家庭缺乏安全感，希望重新回归一种新的共同家园的愿望表达。

二　合作社的类型及其发展

根据《中华人民共和国农民专业合作社法》②的规定，农民专业合作社是指在农村家庭承包经营基础上，同类农产品的生产经营者或者同类农业生产经营服务的提供者、利用者，自愿联合、民主管理的互助性经济组织。农民专业合作社以农牧民为主体，以服务成员为宗旨，谋求全体成员的共同利益。在合作社的设立方面，采取入社自愿、退社自由的原则，合作社必须满足成员数量、资本、章程、固定住所等要求，并向工商行政管理部门申请登记才能成立；在合作社组织管理方面，社员地位平等，实行民主管理，合作社设理事长一名，为本社的法定代表人，可以设理事会、执行监事或者监事会履行管理监

---

① "两免一补"，即免学费、免书费，补生活费。
② 中华人民共和国主席令（第五十七号）：《中华人民共和国农民专业合作社法》，2006 年 10 月 31 日颁布。http：//www.gov.cn/flfg/2006-10/31/content_ 429392.htm，2014 年 3 月 1 日访问。

督职能；关于利益的分配，农民专业合作社成员以其账户内记载的出资额和公积金份额为限对农民专业合作社承担责任，盈余主要按照成员与农民专业合作社的交易量（额）比例返还。合作社是农民为应对市场风险而采取的抱团、整合、协作的经营方式。2007 年开始实施的这一法规，也为我国广大牧区畜牧业专业合作社的发展提供了一个有益的参考。

依托政府的政策支持和引导及牧民的参与热情，2003 年开始，东乌旗的专业合作社如雨后春笋般遍布各个苏木、镇。截至 2013 年 8 月，在工商局登记注册的专业合作社已达 169 个。① 其中包括草业专业合作社、畜牧业专业合作社、蒙古马马业专业合作社、西门塔尔牛养殖专业合作社、乌珠穆沁羊养殖专业合作社、乌珠穆沁羊选育专业合作社、羔羊育肥合作社、畜牧业机械化服务专业合作社、奶食品加工合作社、冬羔合作社等。以下就以前进草业合作社及哈日高毕畜牧业专业合作社为例来介绍东乌旗合作社的现状和发展过程：

前进草业合作社位于乌里雅斯太镇达布希拉图嘎查，成立于 2005 年，从最初的 5 户、20 人增加到了目前的 30 户、100 人，资金总额也从最初的 50 万元增加到了现在的 170 万元。据合作社的负责人霍巴特讲，合作社成立之前，他家承包草场只有 5000 亩，可以放牧 200 只牲畜，年收入仅 2 万元，当他看电视听说一些地方的农牧民组建协会，转变传统的单户生产经营方式，通过合作经营增加了收入时，他就算了一笔账，如果将草场围栏封育经营草产业，按每亩打草 60 公斤，每公斤 0.30 元计算，年可打储草 30 万公斤，那么年收入就可以达到 9 万元。而当时正值当地政府出台《发展牧区合作经济组织实施办法》以及《发展畜牧业的鼓励政策》之时，于是他在 2004 年，先后去黑龙江、大庆、呼伦贝尔等地参观学习了当地的牧业合作社，回到东乌旗就开始动员相邻的 5 户牧民，组建以经营天然牧草收割—生产—销售为一体的畜牧业专业合作社。动员过程中，一些牧民却说："现在走合作经营，那不是倒退吗？"对于牧民的质疑，他耐心解释，耐心和牧民说明现在的合作社和人民公社时期合作社的不同，一个月之后，终于有一些人开始支持他的想法了。于是他就在承包的5000 亩草场基础上，以租赁方式，按 5 元/亩的市场价格先后整合草场达10 万亩。同时又投入 50 多万元加强了配套的基础设施和机械化建设，如

---

① 数据来源：东乌旗畜牧业经营管理站提供。

建标准棚圈 18 间，500 平方米，畜圈 90 间，900 平方米，青贮窖一座，48 平方米，机井一眼，又购置了拖拉机、摩托车、打草机、搂草机等牧业生产机械。通过他多方联系省内外销售渠道，仅 2005 年，就打草 100 万公斤，收入 60 万元。而关于合作成员的利润分配原则是，按照在合作牧民草场上的打草捆数和出资额度分红，同时留下一定的周转资金用于合作社规模的扩大。如果牧民愿意留下为合作社打草，就按照相应的劳动成果给予分红，如果不愿意可以进城从事二、三产业。目前霍巴特家牲畜总数为 1200 头（只），其中大畜 1100 头，小畜 100 只，牧业收入加上合作社的收入，使他成为东乌旗有名的富裕户。

而位于额吉淖尔镇哈日高毕嘎查的哈日高毕畜牧业专业合作社，则早在 2003 年就成立了，是东乌旗成立较早的畜牧业专业合作社。最初是由嘎查长浩毕斯图牵头组织 8 户牧民组成的（参见图 4-1），现已发展成员为 44 户，80 人，其中包括优质母羊专业户及种羊专业户，由专人分群放牧。牧民可采取资金、草场、牲畜、劳动力等多种形式入股。2007 年 12 月，合作社在工商部门正式注册登记，同时注册了"乌珠穆沁额尔敦"奶食品及种畜商标。合作社以转变畜牧业经营方式、完善基础设施、引进新技术为目标，整合合作成员的草场、牲畜、劳动力及基础设施，进行划区轮牧。成立之初有草场 21000 亩，之后先后整合草场达 38 万亩，牲畜 3 万头（只），种植饲草料基地 1000 亩，拥有 500 只乌珠穆沁良种羊，15 万元的周转资金，80 平方米暖棚 15 处，机井 10 眼，56 平方米的乌珠穆沁羊人工授精室，牧业机械设备齐全。2009 年，经自治区农牧业厅批准，该合作社被认定为自治区级示范合作社。合作社注重提纯复壮及冷配繁殖多肋骨乌珠穆沁种公羊技术，并于 2005 年，将选育的 300 只多肋骨优质种公畜，按每只 350 元的价格租给牧民提高牲畜个体质量，通过接早春羔+补饲育肥+提前出栏，及与旗元盛肉业公司签订羔羊销售合同，实现了以企业+协会+牧户（会员）为主要形式的产、供、销一体的产业化经营模式，年收入为 170 多万元。此外，合作社还邀请种植技术人员，种植青储，为羔羊育肥提供饲料。在劳动力整合方面，44 户成员中有 15 人转移进城在旗里经营了蒙餐饭店、奶食店等二、三产业。政府对于合作社的扶持力度非常大，2013 年为支持该合作社的基础设施建设，为其申请了一个 50 万元的基础设施建设补助项目。

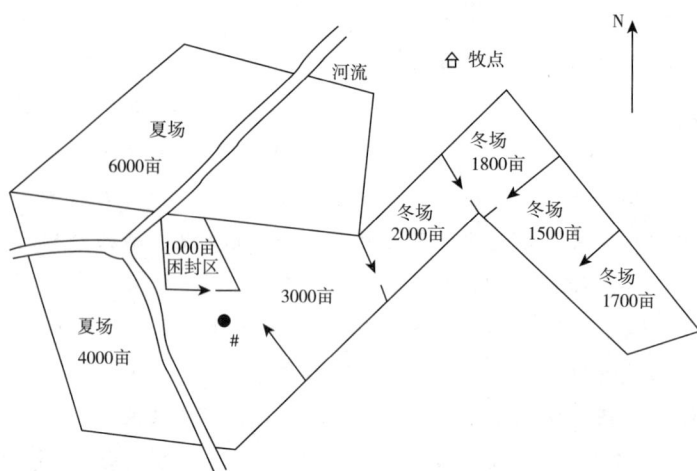

图 4-1　畜牧业专业合作社最初的 8 户牧民联户划区轮牧示意

资料来源：2013 年 3 月制作于额吉淖尔镇哈日高毕嘎查。

从以上两个合作社的成立以及发展经营过程可以发现，东乌旗的合作社经济组织经历了一个逐步探索和完善的阶段，首先是由具有领导能力和经营头脑的牧区精英牵头和组织成立的。比如草业合作社的负责人霍巴特，通过电视得知转变单户经营方式、成立合作社组织可以增加家庭收入，就开始先后对黑龙江、大庆以及呼伦贝尔等地的合作社进行参观和学习，积极争取政策支持，耐心说服其他牧民加入合作社等，最终成立了以经营天然牧草为主的草业合作社组织。与以往单户经营方式不同的是，合作社以收割—生产—销售一体化规模生产经营方式为主。参与合作的其他牧民也同时经历了一个思想观念转变的过程。而哈日高毕畜牧业专业合作社也逐渐由最初的 8 户牧民发展成为如今 44 户、80 人加入的经营规模。相对于草业合作社，它是自治区重点支持的合作社，因此更加注重新技术的引进和推广，如提纯复壮及冷配繁殖多肋骨种公羊技术等，同时通过接早春羔+补饲育肥+提前出栏，与肉业企业签订羔羊销售合同，实现了以企业+协会+牧户（会员）为主要形式的产、供、销一体的产业化经营模式。

一些学者将这种合作经营方式称为"合作的组织化"。比如刘培和丁森林认为，合作组织化是指同一区域内农户根据当地自然资源及经济市场中的产品需求或空缺安排农产品生产，以期形成地区品牌效应，达到对该农产品的相对市场垄断，从而获得经济利益，提高农户收入。① 这种经营方式不是要形成竞

① 刘培、丁森林：《转型期提高农户经济效率：分工专业化与合作组织化》，《安徽农业科学》2012 年第 5 期。

争关系，而是使参与合作的牧户之间形成一种平行合作、共存共赢的关系。合作牧民通过对资源的有效整合和对劳动力的合理调配，可以凝聚单一牧户的力量，取得利益共享、风险共担的规模效益。地方政府也认为："畜牧业合作社的发展，不仅能够有效解决我旗西部苏木灾年的饲草料短缺问题，还为草场严重退化以及由于牧民经济收入下降和牲畜头数增多而无法进行可持续发展的顾虑带来了新的曙光。"① 同时，基于政策的支持和倾斜，许多合作社负责人在经营过程中不断调整经营策略及整合方式，努力争取项目的资金支持和扩大整合规模，以实现合作社利益的最大化。

可以说，合作社对于牧业经营所需的主要资源，即草场、牲畜、劳动力、基础设施的整合是其发展运作的主要内容。首先，牧业大户通过租赁方式，扩大草场面积。我们也可以将租入方和出租方称为整合户和被整合户。在草场租赁中，出租草场的被整合户与租入草场的整合户之间，通过签订租赁协议，流转草场使用权。协议内容一般包括出租草场的面积和出租期限，出租期间基础设施的使用情况，整合户对被整合户草场的生态维护义务，租金数量以及支付方式等。如果被整合户将牲畜交给整合户带养或成为整合户的羊倌，还要规定牲畜的带养方式及劳动力雇佣的报酬等内容。

调查发现，在这种租赁经营过程中，出租草场的被整合户，往往是无畜或少畜的贫困户。一方面，这些牧户的家庭生计往往难以维持，导致他们开始寻求牧业之外的职业增加家庭收入，进而导致牧民的劳动力同草场、牲畜等生产资料的日渐分离，于是雇佣劳动的供应方逐步形成。另一方面，牧业生产的规模扩大产生了整合户对劳动力的需要，雇佣劳动的需求方也开始形成。由此，被整合户成为整合户的雇工，比如牧业合作社的羊倌及草业合作社的打草工等。可以说，直接生产条件同劳动的分离是雇佣关系产生的前提，而租赁制草场整合则恰恰为其创造了前提条件。此外，被整合户如果不愿成为整合户的雇工，那么可以选择进城从事二、三产业，但由于牧民知识和技能的局限性，大多数牧民进城之后找不到合适的工作又会重返牧区成为整合户的雇工。

而对于基础设施的整合，我们认为，如果是真正的合作，牧民就应该将各自的网围栏拆除，这样既可以节省维修成本，又可以方便各方的合作经营。但目前存在的问题是，由于出租草场的牧户在租赁期内继续保留对草场承包期内的使用权，因而作为使用权标志的网围栏就不能被拆除。可见修建和维修铁丝

---

① 《东乌旗 2010~2015 年牧民专业合作社发展规划》，2012 年。

网的费用并没有因草场整合、合作社的成立而降低。据专门为牧民修建铁丝网的赛·乌力吉介绍："一个拥有万亩草场的牧户，光铁丝网费用就需要花 5 万~6 万元，200 米一捆，细铁丝网每捆 200~300 元，质量好的铁丝网每捆 400~500 元。如果购买细铁丝网，使用 2~3 年就需要更换，购买粗铁丝网，使用的时间最长也不超过 10~12 年，而且需要常年性的维修投入，维修工钱每捆为 70~80 元。"草场整合之后，如果牧户居住较远，房屋和水井还可以在不同季节使用，这样整合效益就会在较高的租金价格中得到体现，如果是相邻牧户整合，他们一般都会使用自家的瓦房和水井，因此会导致大多数被整合户的房屋和水井可能被废弃，这样整合效益就会大大降低。

随着被整合户进城打工、经商或者到其他牧户家当羊倌现象的频繁出现，他们有的在城镇买房或租房，有的居住在雇主牧场的蒙古包里，出租草场上的住房因不能迁移只好闲置在草原上。调查中发现，大多数牧民在草原上和城镇都有住房，一是由于陪读需要，二是大概游牧民族历史上早已习惯了有多处住所，他们一旦离开草原就会自然选择废弃住房。事实上，牧民以户为单位的分散居住现状，就注定了固定住房被废弃的命运，这就印证了可移动毡房在草原上存在的合理性。此外，整合双方虽然在书面或口头协议中规定了整合户有维护被整合户草场生态的义务，但出租者往往缺乏准确衡量草场生态完好的标准，更无法监督承租者的使用情况，因此整合户更加倾向于在被整合户的草场上进行过度放牧，从而将自家草场保护的生态压力释放到被整合户的草场上。

因此，以租赁制整合方式形成合作社出现的诸多问题，迫使当地政府和牧民开始探索新的合作整合方式。于是从 2008 年开始，东乌旗出现了联营制合作经营方式。但根据调查，目前只有以道特淖尔镇巴音图嘎嘎查的嘎查长浩·乌云和副嘎查长阿·明图为首的两个个案，涉及 9 户牧民。以前者为例：

> 2008 年 5 月底，浩·乌云选择了 6 户牧民联合经营，其中包括他的 3 个兄弟。他将兄弟四人因分家而各自分开的 15000 亩草场，大哥的 50 多只羊，他家的 800 多只羊，100 多头牛，20 多匹马，三弟的 400 多只羊，50 多头牛和马，四弟的 300 多只羊，10 多头牛整合起来，又整合了苏·萨仁格日勒、明阿图、萨·包音德勒格尔 3 户牧民的 19750 亩草场和 1000 多只羊，60 多头牛和马。因牧民之间不习惯订立合同，于是他们经过协商达成了口头协议。协议内容一是关于草场的利用，具体规定七家草场的

围栏仍保留，根据各户草场面积，确定在各家草场上放牧的天数，实行轮牧；二是围栏封育，将一定面积的草场围封起来作为打草场和春季草场；三是将各户的牛羊统一放牧，统一销售，具体将牲畜分成两群，每群雇一个羊倌，1000元/月，七家共同支付。目前只有乌云兄弟四人轮流放牧，其他三户已经转移进城。新建基础设施的费用70%由国家补贴，项目在哪家草场上，哪家就出三分之一的剩余费用，其他的三分之二由六家共同分摊。

按照乌云的设想，今后有两种可以选择的联营方式，一种是股份制，即各户的牲畜和草场按照数量和质量折价入股，各家按所持股份分配收益。第二种是租赁制，牲畜仍然归各联营户所有，交给一户牧民专门放养，出栏后的30%给放养户，70%由联营户按草畜比例分配，后者类似于中华人民共和国成立后民主时期实行的"牧工牧主两利"政策。根据调查，当地政府和牧民更加赞同联营制合作方式。原因是这种方式打破了初期草场整合中单纯的"强弱联合"格局，出现了"强强联合"形式，从而避免了草场整合只局限于大户租赁小户的草场，而当无畜少畜户被整合后，大户再想扩大生产规模就会面临无草场可租的局面。从联合的性质来看，这是一种具有资本联合和劳动联合性质的股份合作经营形式，有助于利益分配的公平合理。但笔者认为，乌云的计划还只是一种设想，虽然看起来更有利于成员之间的合作生产，但在实际经营中，由于其他三户已经转移进城，只有负责人兄弟四人留在草场上经营牧业，是否会随着生产规模的不断扩大而演变成利润逐渐向兄弟四人流动的家族式经营方式，还有待于进一步考察。

小　结

从上面的分析中我们可以看到，以家庭为单位从事牧业生产，所面临的生态退化、畜群规模的扩大与草场面积日渐缩小形成的草畜矛盾等问题，迫使牧民不得不主动寻求和探索新的经营方式。因此有效整合生产资源、合理调配劳动力的家庭内部及外部之间的合作，成为他们维持生存的最佳策略。其中出于"路径依赖"所形成的合作社，可以被看作传统游牧社会中，基于血缘和友好网络以及以家庭为单位的阿寅勒、互助组等生产合作组织的复出和延续。尽管这样一种合作组织不再是传统意义上的互助与合作，而是被市场和经济改头换面之后的"互助合作"。因而可以说，以家庭为单位的合作组织在草场承包之后的解体只是一种暂时现象，其种子一直被埋在土里，一旦得到政策上的支持，具备成长的条件，就会马上发芽，显示出生命力。同时，也表明了他们希望以合作社的形式把牧民"再组织"① 起来，重新回归一种新的共同家园的愿望。透视牧民家庭生计的适应策略，我们发现，牧民不再是政策实施之初的被动接受者，他们已经成长为主动寻求和调整家庭策略的理性生产者，以及努力维系和延续游牧经济的主动适应者。

---

① 周立、姜志强：《竞争性牧业、草原生态与牧民生计维系》，《中国农业大学学报》（社会科学版）2011 年第 2 期。

第五章

生计与社会:
定居之后的牧民生活

　　关于生产方式与生活方式之间的相互关系，最早是由马克思提出的。他认为，生产方式决定生活方式，有什么样的生产方式就会有什么样的生活方式；而生产方式是生活方式的另一个表现，生活方式影响生产方式并反作用于生产方式。因此生活方式是用来界定其他社会现象、区别不同阶级差距的一个重要指标。① 后来韦伯和凡勃伦在马克思定义的基础上，把生活方式引进社会学视野进行研究，并逐渐将生活方式与社会变迁联系在一起，使其发展成为社会学界研究的一个焦点。韦伯认为生活方式与社会地位有着不可分割的关系，而"一种'生活方式'对于地位受尊敬程度的决定作用意味着，地位群体是一套'习俗惯例'（conventions）的专门拥有者"。② 凡勃伦则运用历史社会学的方法，进一步阐述了生活方式除了阶级的重要标志和社会地位外，还与阶级的炫耀性有密切关系。③ 就东乌旗来说，20 世纪 80 年代初开始的一场声势浩大的牧业体制改革使牧民从以往大范围、长距离的游牧生产方式转变为如今网围栏内的定居放牧生活。从游牧到定居，首先发生改变的便是群体的居住格局，其次随着经营观念的不断转变，定居化程度的逐步完善，牧民的生活习惯和消费方式也在缓慢地发生变化，东乌旗的整体生活面貌相应呈现出一种共同的表现特征。由此，这一章内容笔者将从社会的视角出发，围绕空间转变、经营意识以及全旗范围内的社会分化问题几方面展开分析。

---

① 马克思：《路易·波拿巴的雾月十八日》，《马克思恩格斯选集》（第 1 卷），人民出版社，1995。

② Weber, Max. *From Max Weber: Essays in Sociology*. New York: Oxford University Press. 1946.

③ Robert Lekachman, Thorsten Veblen. *The Theory of the Leisure Class*. London: Penguin Classics. 1994.

第一节　空间与生活：居住格局转换中的家庭生活

从游牧到定居，首先反映在居住空间的变化之上。台湾学者黄应贵曾指出："空间是社会文化现象不可或缺的基本因素而又有其特定性或内在的逻辑。人类学的空间研究，不仅能提供我们对于人类学研究议题的新的着手点与探讨方式，而且有助于对空间本身能有新的认识和了解。"① 因而他认为空间是以自然的地理形式及人为所建构的环境为其基本要素及中介物的，它是一种社会关系及文化习惯，同时也是"某种先验的非意识"认知架构，一种象征或宇宙观及意识形态或政治经济条件。② 因而本书所探讨的空间是指从游牧到定居以及再定居过程中，牧民以根据地理及环境变化所建构的居住环境为其基本要素的家庭关系及文化习惯。这就让我们思考，居住空间的不断改变，是否对生活于其中的"人"的思想观念及行为方式产生影响，他们的家庭生活又会发生怎样的变化，作为思想和行为主体的牧民将会如何适应。这一节内容将为读者展示一幅牧民与空间、文化与环境互动与博弈的生活图景。

一　房屋格局及生活空间的改变

（一）传统房屋形式及活动空间

20 世纪 80 年代以前，东乌旗牧民一直过着"逐水草而居"的游牧生活，他们根据季节和草场情况移动放牧。蒙古包、草原、羊群、袅袅炊烟似乎构成了一幅草原民族浪漫、豪迈的画面。夏季他们寻找靠近水源、水草丰茂的地方扎包，冬天则选择地势平坦、背风挡雪的山窝居住，在他们的脑海里并没有固定居所的概念。由此蒙古包对于蒙古族牧民来讲，是其最重要的民族文化符号，也是与其所生存的草原环境和处于"游""走"动态之中的家庭生计方式相适应的一种特殊居住形式。

"蒙古包"一词的叫法始于清朝，满语将家、屋称为"BOO"，而将蒙古包叫作"MONGGO BOO"。我国蒙古族长期受满汉文化的影响，又逐渐将其由满语的"蒙古博"改为"蒙古包"一称。实际上游牧民一直称其为"格日"（гэр），从来不在前面附加"蒙古"一词，直到今天蒙古国还是如此称呼。汉

---

① 黄应贵：《空间、力与社会》，《广西民族学院学报》（哲学社会科学版）2002 年第 2 期。

② 黄应贵：《空间、力与社会》，"中央研究院"民族研究所，1995，第 4 页。

代的《史记》《汉书》等典籍中，将其称作"毡帐"和"穹庐"。其种类可以分为移动式及固定式两种。前者为逐水草而居使用，蒙古语称"乌尔郭格尔"，后者为定居放牧使用，蒙古语称"托克日克格尔"。就东乌旗而言，游牧民居住的多为移动式蒙古包。

其搭建材料一般由木头、毡子、毛绳组成，从结构上说，包括哈那、乌尼杆、陶瑙、门和柱等五部分。[①] 陶瑙是一个圆拱形的天窗，由三个大小不一的圆环形木梁和四个粗细不等的拱形横梁组成，乌尼相当于蒙古包的肩，上连陶瑙，下接哈那，长度、粗细相等，其数量多少由陶瑙的大小决定，而哈那是支撑整个蒙古包的网状木墙，外围用一层或两层毛毡覆盖。搬迁时，哈那和乌尼杆可随时折叠，便于装卸。蒙古包的大小以哈那区分，通常分为6个、8个、10个及12个，12个哈那的蒙古包较为少见，面积可达600多平方米，一般在大型活动中使用。扎包时尽量选择靠近水源的平地，以便放牧时可以以蒙古包为中心做往返及辐射状移动。

按照传统，蒙古包内的正北方为箱柜摆设之位，上面叠放主人、主妇的被褥，一般正上方都挂有成吉思汗像，而西北方为神位，供桌上摆放佛龛，紧靠佛龛的为马头琴、四胡、笛子等男人用品之位，西南为马鞍、马鞭、酸奶桶之位，天寒地冻之时也会将刚出生的小羊羔放在此位。而东北方为女人用品之位，箱柜里放着女人的衣服、首饰等用品，东南方是摆放奶食品、碗柜、炊具之位，紧靠门口的东南位置摆放水桶，如图5-1。包内面积虽小，但生活用品种类齐全，蒙古包不仅是他们冬天温暖的避风港，也是他们生活用品的储藏室。牧民一家老小吃饭、睡觉、娱乐、待客都是盘坐在包内的地毯上，因此地毯承载了多种功能，可以说这个不大而紧凑的蒙古包是他们日常生活的主要活动空间。

事实上，游牧民族的传统空间本身就代表着一种文化空间。这表现在蒙古包内关于寝位、座次、性别、长幼尊卑等一整套严格的习惯法及知识体系。性别的区分表现在，正北以及西半部分为上，东北及东半部分为下，包内西半部分为男人们休息或活动的空间，而东半部分为女人们的活动空间。而长幼尊卑的身份区分则表现在对于座位和寝位的安排顺序上，以对着门的正北方为尊位，年龄大的男主人或一家之主一般都坐在此位，过本命年的老人也是坐在这个位置接受小辈们的礼物。如果是十分尊贵的客人，也会被邀请坐在这个位

---

① 哈那指网状木墙，乌尼杆指椽子，而陶瑙则指天窗，是搭建蒙古包时基本的组成部分。

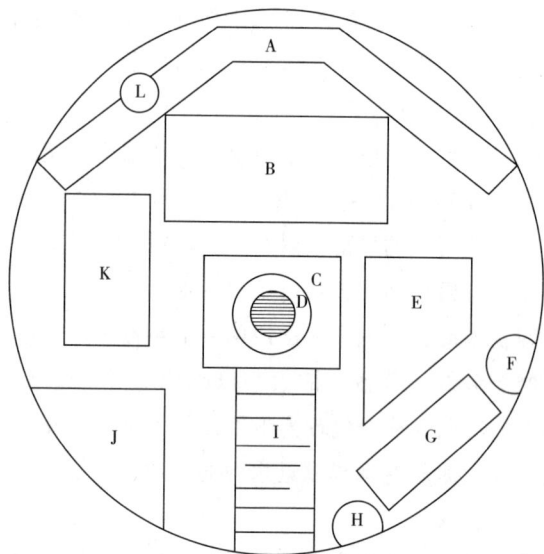

图 5-1　蒙古包内座次、寝位及设置平面图

注：A. 箱柜摆设；B. 主人寝位及贵客座位；C. 灶圈；D. 灶台；E. 妇幼寝位；F. 乳品食品位；G. 炊具锅架；H. 水桶乳桶位；I. 进门木踏板；J. 羊羔圈地或鞍具地；K. 客人寝位；L. 佛台。

置。以正北的尊位为分界线，从西北方向开始按照年龄大小依次安排男人们的座位及寝位，紧靠门口的西南方一般是年龄最小的家庭男成员的位置。从东北方向开始同样按照年龄大小安排女人们的座位和寝位，年老的母亲坐在尊位旁边的东北方向，家里的媳妇和女儿一般都会坐在或站在紧靠门口的东南位置上，原因是这个位置靠近炊具和橱柜、水桶等厨具，便于随时为客人或家人倒茶和拿肉。

　　田野工作期间，笔者在进行访谈或参加敖包祭祀时，座位和寝位一般被安排在西半部分。比如 7 月份的巴彦敖包祭祀活动中，我所居住的敖包长额尔敦朝鲁家的蒙古包里共有 18 个人休息，睡在正北方的是额尔敦朝鲁的父亲，从西北方开始，依次是他的岳父、舅舅、嘎查的其他牧民以及额尔敦朝鲁，他的妻子，而我的位置是紧靠门口的西南方向。东半部分按照年龄大小依次是他的母亲、岳母、妹妹和孩子们。从笔者所睡的寝位来看，我确实属于他们眼中的客人，虽然是靠近门口的位置，而他的妻子之所以睡在西南位置，是避免我和他家男人们挨在一起的尴尬。但如果我要帮忙倒茶、拿肉、拿果条、刷碗等，就要站在蒙古包西南门口的位置了。这时我就成为她家女人行列中的一员了。

图 5-2 笔者在牧民的蒙古包内做调查

资料来源：2012 年 11 月 4 日摄于道特淖尔镇白音宝力格嘎查。

　　然而蒙古包内的有限空间并不能完全代表游牧民的生活空间，一是包内面积较小，功能复杂；二是牧民习惯野外生活，他们的生计生活，已经习惯了与自然、草场融为一体。以蒙古包为圆心，四周延伸出了半径 10~20 米的辅助空间。夏天或祭敖包时都会在靠近蒙古包的西南方搭建一个以牛粪作为燃料的简易炉灶，用于烧茶或做饭。蒙古包的正南方，夏天会拴着牛犊，原因是方便坐在包内的人随时照料。西南方为牛粪堆，有的牧民会用栅栏或哈那将牛粪堆围起，也有的散放。再远的地方是拴马桩。正西方竖立着玛尼杆，①套马杆插在围绳上，紧靠玛尼杆一列勒勒车呈南北向停放，每辆车相互联结，最前面的是篷车，后面是箱子车，再后面是蒙古包车。其中最前面的篷车不能超过蒙古包陶瑙的主梁，要与其辅梁平行，现在许多牧民家买了打草机和搂草机，冬天不用时也会将这些新式牧业工具摆放在勒勒车前面的草地上。

　　而夏天挤马奶、赛马等活动都要在停放勒勒车的西面进行。蒙古包后面，一般会放多余的套马杆及酒瓶、破旧家具等杂物。以蒙古包为中心，东半部分的建筑和牧业工具摆放位置如下：东北方向扣着不用的锅，东面为羊圈，现在

---

① 玛尼杆：又称苏鲁锭，高 3 米左右，分两种。一种是上面有矛饰的，称苏鲁德，另一种没有矛饰的叫玛尼杆。苏鲁锭是成吉思汗出征使用过的武器，是蒙古民族崇拜和敬重的力量。

大多数牧民家为砖砌棚圈，少部分牧民用栅栏围起或索性让羊卧在空地上，原因是牧区大多数天气刮西北风，将羊圈安排在下风向，以避免羊粪和尿骚味吹进蒙古包，并且小畜不禁冻，卧在上风向容易发生"压摞摞"①的情况，导致幼畜死亡。如果家里雇羊倌，那么为羊倌搭建的蒙古包位于羊群的东面。东南方向摆放水车，离蒙古包稍近些，便于随时拉水。但需要注意的是，水车和牛粪车不能放在一起，也不能同时将水和牛粪拉回来，因为他们认为水火不容。包前摆放晒奶豆腐的架子，也可以将奶食摊晒在蒙古包上，平时使用过的灰要倒在东南稍远的地方，禁止随地乱倒。

事实上，可以简单地说，传统蒙古包的居住形式和空间格局可以概括为几个圈层结构，从蒙古包内开始，最里面的是香火圈，包括火撑子、锅灶、粪斗、火钳等，而第二个大圈是铺垫圈，包括木地板和毡垫、地毯等，家庭成员和宾客圈往往与铺垫圈重合。第三个大圈则是家具圈，包括上文中所提到的箱柜、鞍具、马头琴、酸奶桶等用品的摆放位置，而第四个圈层则指蒙古包外所延伸的生活空间（见图5-3）。

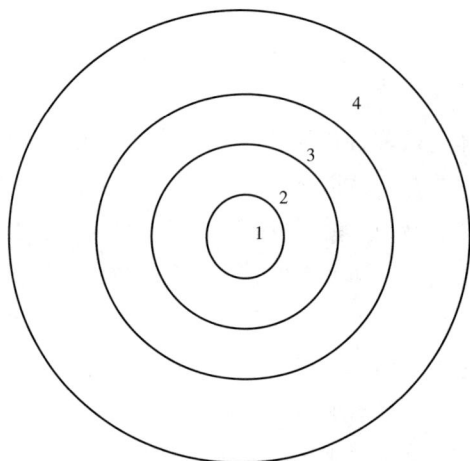

图5-3　蒙古包空间圈层结构

注：1. 香火圈：火撑子、锅灶、粪斗、火钳等；2. 铺垫圈：木地板、毡垫、地毯等以及家庭成员和宾客圈；3. 家具圈：箱柜、鞍具、马头琴、酸奶桶等用品的摆放位置；4. 包外的辅助空间：延伸半径为10~20米。

---

① "压摞摞"：当地牧民的说法，指天气寒冷时羊群互相争着趴到对方身体上取暖，这样有可能将幼畜或弱畜压死。

如今牧民已经实现了定居，居住蒙古包的时间大大缩短，因此它在牧民生活中的地位也有所下降，大多数牧民家的蒙古包只在夏季放牧时使用，这时只有部分家庭成员或家庭男子在夏草场内短暂居住几个月。此外，常住蒙古包的就是牧业大户的羊倌了，这些牧民一般都较为贫困，属于无畜、少畜户。笔者访谈的牧户中，代牧人巴达玛斯楞就是一例：

> 我是萨麦苏木陶森宝力格嘎查牧民，家里只有50只绵羊，去年6月把自己的5600亩草场，以6元/亩，租给了别人，来到苏布敦其木格的草场上放羊，他们管吃管住，给我们一家搭了蒙古包，一个月2500元。他家有800只羊，我家的羊放在他家羊群里放，他们在旗里买了楼房，冬天就住在旗里，一般春天接羔、夏天剪毛、秋天打草等繁忙季节都会回来。

除此之外，最让笔者感到奇怪的是，每当跟着局长下牧区了解牧业情况时，几乎每个嘎查长或书记家的瓦房旁边都会搭建一两顶蒙古包，它的功能主要是接待来客以及旗内外的领导，尤其在夏季。这时我会发现，代替传统蒙古包内三个圈层结构的香火圈、铺垫圈及家具圈的文化空间俨然已经被现代化的知识空间所代替。比如去年7月的一个周末，我和局长及局里其他领导去乌里雅斯太镇的达布希拉图嘎查长家了解情况，一下车我们就被迎进了他家瓦房旁边的蒙古包内：

> 包内的地面自下而上是由砖头、木板以及大红色的羊毛地毯组成，进门中间留有空地，绘着祥云纹的四到五张蒙古地桌几乎围着哈那墙放了一周，桌前放着小凳子，对着门口的正北哈那墙上，一个上面写着"党员中心户"的金色牌子取代了传统的成吉思汗像，牌子下面放着几张玻璃柜，玻璃柜里放满了动植物防疫知识、东乌珠穆沁旗传统文化、政府新闻报纸等各种蒙文书籍，紧靠柜子两边的哈那墙上挂着一排玻璃展板，上面介绍了嘎查的基本情况，近几年的牧业发展成绩以及作为牧业示范户的嘎查长家的牧业发展规模等。此外，包内的西南位置摆放着蒙古歌手带来的电子琴、马头琴等的乐器架，夏季是蒙古族歌手奔走各嘎查演出的繁忙季节，而进门靠右的东南方摆放着蒙古橱柜，橱柜旁边便是整箱的"草原王"白酒和啤酒。我们十几个人围坐在桌前喝茶、吃肉、喝酒，这就是牧民招待客人最热情的方式了。

由此我们发现，游牧生活的结束并没有使蒙古包退出他们的生活，在各种场合我们都可以看到蒙古包的出现，但它所发挥的功能已经开始由一元转向多元。过去的蒙古包只用来转场放牧，而目前它身兼居住、待客、文化展演，甚至牧区精英展示牧业成绩等多重功能。因此，虽然牧民的居住格局发生了改变，但并不代表他们放弃了蒙古包，只能说他们的居所数量增加了。一个家庭的部分成员在不同季节居住在不同的居所里，除了天气寒冷的冬季，很少有家庭全部成员常年居住在同一种类型的居所中，这主要是由他们的生计方式决定的。夏季他们需要到租草场或远离砖瓦房的夏草场上转场放牧，有孩子的家庭还要到旗里陪读。

许多家庭将暂时不用的蒙古包木架立在房子一角。同时我们还可以看到一些崭新的砖瓦房旁边保留着几间破旧的土房，几乎快要坍塌或已经过简单修改成为牲畜棚圈，可以说这种多样化民居类型的保留和组合，为我们展示了一幅牧民从游牧到定居的历史图景。此外，最让笔者耳目一新的便是停放在瓦房东边的"可移动游牧房车"（见图5-4）了，这是一种新式的包车组合游牧工具，集传统勒勒车和蒙古包的双重功能于一身，是2011年政府推行"大划区轮牧"项目时为牧民配备的转场工具，项目补贴40%，方便牧民在划定区域内季节性轮牧，拥有游牧房车的经牧户主要集中在道特淖尔镇的试点嘎查。

图5-4　外部空间的砖瓦房、蒙古包及可移动游牧房车
资料来源：2013年6月摄于乌里雅斯太镇达布希拉图嘎查。

房车采用太阳能发电作为动力系统带动行驶，由于内部保暖性较差，牧民一般转场到夏季草场时才会使用，到达夏草场之后就使用便携式手摇支架将房车支起来，房车内床、床头柜、厨房、电视等一应俱全。2013年的7月笔者曾因牧民家没有空屋子，就住在他家的移动房车内半个月，但用电用水极为不便，操作也较为烦琐。主人告诉笔者，正因如此，现在房车成为他家的摆设而被放在瓦房旁边的一角，他们还是喜欢使用传统的蒙古包，易搭易拆，方便携带，可见牧民对现代化的新式游牧工具及新技术的接受程度，还需要一个过渡阶段。

（二）定居之后的房屋格局及其生活空间

可以说，20 世纪 80 年代的草畜双承包牧业体制改革使牧民彻底结束了"逐水草而居"的游牧生活以及蒙古包的居住方式。麻国庆教授在对锡林郭勒盟白音锡勒牧场进行调查研究之后，对牧区的定居历程进行了详细的划分，即20 世纪 50~60 年代的比较分散时期、60~70 年代的相对集中时期以及 80 年代家庭承包责任制之后的集中分散时期。[1] 他认为，随着定居的深入，牧民的居住格局由最初的沿袭传统、因地势而建逐渐转变为套用农区做法集中修建居所直到后来为了生产经营的便利，在集中居住的前提下分散居住，一家一户进行流动放牧。就东乌旗来说，由于深处锡林郭勒草原腹地，牧民定居的时间和过程较为缓慢，在 60 年代中期的互助组、合作社时期，才由大队盖起了土房子，因而仅仅经历了一个相对集中到目前的集中分散的过程。乌里雅斯太镇昂格尔嘎查现已 65 岁的牧民沙娜为笔者讲述了东乌旗逐渐定居的过程：

> 记得东乌旗 1965 年人民公社的时候，苏木和大队开始建起了土房子，那时大队组织我们打井、建棚圈，但牧民都住蒙古包。到了 70 年代，有钱的牧民也开始盖土房了。到了 1983 年，牲畜开始分到个人，第二年草场也相继划分到户了，于是东乌旗的土房开始大量出现，后来大家又流行盖砖瓦房，一户盖了，其他人也就学着盖。直到 90 年代，我们就开始盖起了四五间的瓦房，学习城里人的装修。2005 年苏木开始合并，学校撤回旗里，有孩子的牧民开始去旗里陪读。2009 年之后，条件好的牧民大都在旗里买了楼房。

定居之后的房屋主要为土木和砖瓦结构。土木结构的房子大多在 20 世纪60 年代以后建成，结构简单，一般为两到三间。以三间格局为例，进门靠左

---

[1] 麻国庆：《人文因素与草原生态的关系——内蒙古锡盟白音锡勒牧场的研究》，《内蒙古生态与环境的社会人类学研究》，未刊稿，2011，第 120 页。

西南方砌有灶台，两边为卧室或一间为卧室，另一间为杂物储藏室。与土房不同的是 80 年代之后盖起的砖瓦房空间更大，分区更多，三到五间不等。一般进门为过道，过道上面的门梁上挂着五色的哈达。西屋为客厅，东屋和后面两间均为卧室，客厅后面为厨房，有的在西卧室后面还隔出了一小间卫生间，卫生间内淋浴、洗脸池、梳妆台等一应俱全，俨然已经成为城镇的装修风格。厨房里摆放着餐桌、蒙古碗柜、油烟机、铁制暖气炉，暖气炉通过暖气管连接着每个房间，旁边的铁筐内放着牛粪。

然而，让笔者疑惑的是，冬季的 11 月在牧民家访谈时，穿着羽绒服坐在瓦房内的客厅里不到十分钟我就开始打哆嗦，似乎牧民们已习惯于在寒冷中生活，也许是因为他们都穿着蒙古靴和蒙古袍根本就感觉不到冷。在他们滔滔不绝地为我讲述过去难忘的游牧生活时，我的手脚早已冻僵，我怀疑屋子里的暖气到底是为了摆设还是为了取暖。还有一次当我在寒冷的冬季打车找不到牧户家时，却看到穿着蒙古靴的牧民一整天都站在风雪中牧羊，每当此时我便由衷地佩服他们的勇敢和坚韧。

事实上，面对恶劣的气候条件他们自有一套取暖的策略和技巧，那就是在房屋前面罩上一个方形的玻璃罩，牧民称之为"太阳罩"，高约 3 米，宽度和整个房子相同，在离地面 0.7 米左右的高度砌一节水泥墙，为了达到较好的采光效果，从水泥墙到罩檐的窗框及上面都装有玻璃，像农村的地膜种植技术一样采用温室效应原理，将阳光全部阻挡在罩子里，以至于太阳罩内的温度比室内温度还要高。有一次笔者竟然看到一个牧民在室外 -40℃ 的天气里，甜美地躺在太阳罩内摆放的单人床上熟睡。事实上我宁愿选择待在太阳罩内而不是室内和牧民聊天，也证明了太阳罩在牧区所起的保暖作用。

我们再来看看他们的室内陈设有何改进。和蒙古包不同的是，瓦房的卧室内修建了土炕，炕上铺着羊毛毡子或地毯，而另一间卧室却更显示出现代化的气息，铺着流行颜色床单的双人床，崭新的床头柜，有时还可以看到笔记本电脑甚至跑步机，墙角的跑步机上放着各种杂物，可见他们买来并不是为了运动，而是作为摆设吧。其中最有特色的当数牧民的客厅了，客厅里一般都会安装很多格子的木制壁柜，壁柜的每个格子里都放满了政府或农牧业局颁发的"星级文明小康户""党员中心户""乌珠穆沁羊标准化畜群""乌珠穆沁羊评比种公山羊第一名""农机推广科技示范户"等奖牌，这是他们生活水平提高和家庭财富的象征，每当谈起获得的奖牌时，他们就会表现出一副得意的神态。此外，客厅内还摆放着沙发、茶几、电视、马鞍等。电视柜旁边放着"风

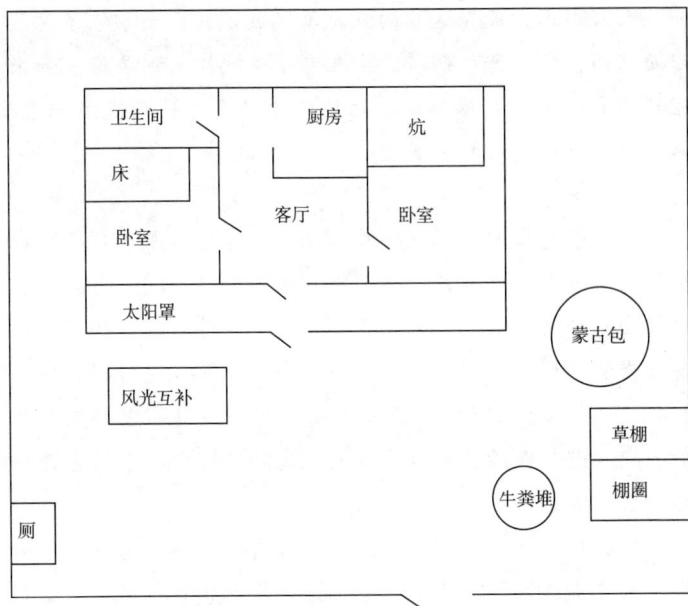

图 5-5　东乌旗牧民居住空间格局

注：图中外围方框表示牧民砖瓦房周围的网围栏。

光互补"储电箱，连接屋外的发电机，但大多数牧民反映储存的电根本不够日常使用。沙发旁边的角柜上放着过世父辈的照片，上面挂着哈达，桌上摆着奶食、果条等供品。沙发上面的墙壁上挂着身着蒙古袍的全家福，一般都是一家三代的主干家庭。更多的家庭已经铺上了光滑的地板砖，窗台上晾晒着奶食和奶皮。

关于瓦房的选址，相比 20 世纪 80 年代以前，选择范围大大缩小，原因是草场已经划分到户，牧民只能在自家草场内盖房，一般需要考虑的因素为草质、水源和地势。尽量选择靠近水源、草质较好或地势稍高的平坦草地。乌里雅斯太镇哈拉盖图嘎查的牧民王瑞民为笔者讲述了如此选址的原因：

> 1985 年 7 月 24 日，我在现在房子前面的 5 公里处盖了 2 间土房，是亲戚们帮忙盖起来的，只花了几百元的木头钱，住了十多年。孩子们 20 多岁了，心想是给孩子娶媳妇的时候了，可是人家来了一看我家的房子那么破，不太好，就想给儿子盖两间瓦房。于是在 2001 年的 10 月 1 日，花了 5 万元，又盖了这两间瓦房，儿子结婚以后就去旗里住了，所以我和老

伴儿就搬过来了。当时选择这个地方的原因是前面不远处有大队时的一口大口井，人畜用水方便，这儿的五花草也最多，冬天羊吃了保膘，并且地势平坦而稍高，冬天好关照羊，坐在房子里就能看到羊群。如果选在前面的凹地就不太好了，没想到这个地址还选好了，后来修了一条 204 省道，去哪都方便，政府还给拉了长电。

可见，牧民一般是将瓦房建在冬季草场上，靠近水源、草质较好、地势稍高而平坦都是为了牲畜保膘、饮水方便以及照看羊群，因而可以说，家庭生计决定居住格局及其房屋选址。此外，我们发现子女分家时往往又会在父辈老房子的旁边继续修建新房，血缘逐渐与地缘结合，事实上这可以看作一种空间的结合。"随着个人社会行为空间的扩大，其社会关系也随之增加，并且形成特定的空间范围内，把个人的社会行为及人们之间的综合关系结合在一起的社会结合方式即为空间的结合。"①

按照"差序格局"② 理论中所探讨的亲属关系网络结构进一步分析，应该将其解释为一种"血缘圈"。在这个圈子里，有一个中心，就是父亲，通过分家方式将家庭成员的草场和牛羊各自分开，然后分别在父亲的房子周围盖起瓦房，"聚族而居"③，形成一个以父亲为"中心"而推出去的亲属关系圈子。因而调查中发现，挨得很近的几户牧民不是父子，就是兄弟关系，这也有利于亲属之间的家计合作，比如共同利用大面积草场的转场放牧，牲畜的分群管理，打草季节的互相帮忙等。此外在大雪弥漫的冬季，只要其中一家去旗里购买生活用品，就会将附近几家亲戚的东西全部买回来，这样既省事又可以节省交通费用。

二　空间变迁中的家庭生活

（一）空间变化对传统生活习惯的影响

从游牧到定居以至再定居，东乌旗牧民的居住空间逐渐经历了一个从蒙古包到砖瓦房，再到楼房的变化过程。空间的不断位移将他们相继置于一种新的生存环境及生活空间中，也对他们传统的生活习惯产生了巨大的冲击。事实

---

① 麻国庆：《社会结合和文化传统——费孝通社会人类学思想述评》，《广西民族学院学报》（哲学社会科学版）2005 年第 3 期。
② 费孝通：《乡土中国、生育制度》，北京大学出版社，2010，第 24 页。
③ 同②，第 182 页。

上，这种传统生活习惯是牧民在长期的游牧生活场域中形成的一种"惯习"。

所谓惯习，是指一种社会化了的主观性。[①] 皮埃尔·布迪厄将惯习看作一种知觉、评价和行动的分类图式构成的系统，并认为它具有一定的稳定性，但又可以置换，同时它来自社会制度，又寄居在身体之中或生物性的个体里。而"惯习"这一概念并不总是单独存在的，而是和场域有密切关系的。场域，是客观关系的系统，也是社会制度的产物，但体现在事物中或具有类似于物理对象那样的现实性的机制中。[②] 他将二者的关系界定为一种"双向的模糊关系"：

> 惯习与场域之间的关联有两种作用方式。一方面，这是种制约（conditioning）关系：场域形塑着惯习，惯习成了某个场域（或一系列彼此交织的场域，它们彼此交融或歧异的程度，正是惯习的内在分离甚至是土崩瓦解的根源）固有的必然属性体现在身体上的产物。另一方面，这又是种知识的关系，或者说是认知建构的关系。惯习有助于把场域建构成一个充满意义的世界，一个被赋予了感觉和价值，值得你去投入、去尽力的世界。这里有必要补充两点。首先，知识的关系取决于制约的关系，后者先于前者，并塑造着惯习的结构。其次，……更确切地说，是在不同类型的场域和不同类型的惯习之间的方面，存在一些不变的因素和可变的东西，所以要用这种以社会学为基础的现象学来考察这些方面的原初经验。[③]

同样，我们可以将东乌旗牧民定居前后的两种生活方式看作两种场域。一种是逐水草而居的传统生活方式，那么这种场域自然形塑了和传统游牧生活所契合的一系列惯习，比如上文中我们提到的蒙古包内以辈分、年龄和性别为基础的座次、寝位安排顺序以及包外牧业工具的摆放位置。而进入 20 世纪 80 年代之后，由传统的大范围游牧生活转变为如今各家各户网围栏内的定居放牧，随之牧民逐渐走出蒙古包，住进了砖瓦房，新的场域又开始制约并塑造他们新的惯习以及生活方式。"我们把惯习看成一种发条，需要去发动它。完全相同的惯习，在不同的场域刺激和结构中，会产生出不同的，甚至是相互对应的结

---

① 〔法〕皮埃尔·布迪厄：《实践与反思——反思社会学导引》，李猛、李康译，中央编译出版社，1998，第 170 页。
② 同①，第 171。
③ 同①，第 171~172。

果。"① 比如，区别于以往蒙古包内有限而紧凑的家庭生活空间，如今宽敞而明亮的砖瓦房内，每个家庭成员都拥有属于自己的私人空间。年轻人可以在自己的房间里贴上喜欢的流行照片，也可以一觉睡到自然醒，更可以自由选择待在自己的屋里还是客厅，是否要见来访的任何客人等。阎云翔曾将家里的年轻人伴随居住格局的空间分离而产生的这种现象称为"青年亚文化"②。这种变化也标志着年轻人对他们个人权利的要求和愿望在增加，个人化程度正在日渐增强。

由此，蒙古包内传统的座次和寝位安排次序也没有特别严格的要求了，比如老人不再坐在对着门的正北位置，女人们也开始离开以往蒙古包内东南门口的位置，和老人以及男主人们同样坐在餐桌前就餐，家里的成员可以由她们盛饭，也可以自己盛饭或填茶。沙发、茶几、电视、组合柜等新式家具的使用方式也变得更加平等了。因此，无论在座次和寝位的安排秩序还是在家庭的日常生活中，居住空间的变化直接导致的，是反映在空间安排上的传统家庭等级关系被打破，老年人发现自己不再是家庭生活的中心并在家庭空间的使用上享有特权了。访谈中，他们也经常抱怨现在的年轻人没有尊卑意识，越来越不像话了。嘎达布其镇已 70 岁的老阿爸东日布和告诉笔者：

> 记得住蒙古包的时候，队长甚至苏木长来我家蒙古包，都是他们先给我敬酒，然后我才给他们敬，女人们也是先给家里的男主人倒酒、倒茶之后才给客人倒，割手把肉也是同样的顺序。而现在嘎查长和上面的领导来了，我都是先敬他们酒，心里感觉不舒服。

从他的脸上看到了他对以往蒙古包生活的怀念与向往，也感觉到了他对以往"男主人"地位丧失的失落。事实上，年老的牧民每每提到他们过去的生活时，都会神气地为笔者讲述他们如何受到尊敬，如何被家庭成员及来客敬重的美好的往事。但每当谈到失落之时，他们又会兴致勃勃地表示：

> 不过我过 61 本命年的时候那才神气呢，当时我坐在蒙古包里的正北

---

① 同 157 页①，第 179 页。
② 包括年轻人不听父母命令以及在家庭的私人空间里开辟同辈人的独立王国，如同龄人自由聚会，恋爱等。参见阎云翔《私人生活的变革：一个中国村庄里的爱情、家庭与亲密关系（1949~1999）》，龚小夏译，上海书店出版社，2009，第 146 页。

位置，家里的孩子们、亲戚们，还有朋友们都送礼物给我，有袍子、靴子，还有衬衣、点心等，整整持续了一个多小时。大家把我回送给他们的礼物当作宝儿一样，因为那些礼物可以带给他们运气和福气。

尽管他们感觉到自己在家庭生活中的地位有所降低，但还能够，甚至期待在本命年、春节、祭敖包等传统节日中找回往日的"位置"和"分量"。然而，毕竟他们如今已经住进了砖瓦房甚至楼房里，现代化的生活方式正在日渐改变着他们的行为方式和思想观念，甚至惯习。比如20世纪80年代以来，他们已经习惯了居住瓦房，即使住进夏天搭起的蒙古包内，也开始不习惯盘腿坐在包内的地毯上了，于是大多数牧民的蒙古包内出现了许多小凳子、单人床等现代化新式家具。嘎达布其镇巴彦都兰嘎查的呼其图回忆了他从蒙古包住进砖瓦房的居住变化及适应过程：

我们小时候没有房子，冬天、夏天都住蒙古包。夏天住蒙古包舒服，可凉快了。到了冬天我们就在蒙古包外面盖上一层塑料布之后再盖羊毛毡子，一点都不透风，炉子的火着起来可暖和了，但到后半夜火灭了可冷了，我脸上的伤就是3岁时在包里的炉子上烫伤的，我觉得还是砖瓦房好。在地上（蒙古包内）睡那会儿，牧民不是腰歪了就是腿歪了，我们放牧的时候走到水草好的地方就一屁股坐在湿湿的草上，得关节炎和风湿的可多了。开始我们在地上铺上厚厚一层毡子和地毯，睡在上面，等到1990年我十几岁时，就改成板凳高的木板床了，钉一个不高的腿儿，将厚木板铺在上面，然后再铺毡子和地毯。我们放牧回到包里就盘腿坐在地毯上。可现在我们住惯瓦房了，大部分牧民住蒙古包开始不习惯了，盘腿坐不住了，蒙古包里全是坐小凳子。有的牧民会在砖瓦房旁边扎一个包夏天住，冬天住的很少了。除了本命年、祭敖包等节日，平时不太讲究长辈和小辈应该坐在哪了。牧民一开始都想住土房，那时候流行，土房可高级了，一个人盖了，其他人就跟着盖。88年我家条件好点了，我爸就盖了土房，1994年花了14万元又盖了7间瓦房。刚住上土房有些不习惯，但后来觉得挺好。我感觉最大的变化就是交通方便了，现在每家都有摩托车，有的还买了小汽车，现在到夏草场搬家都用拖拉机或汽车，还有手机、电视，而我小时候的蒙古包里就一个收音机。

因此，大多数牧民认为无论在生活条件还是身体健康方面，目前的居住环境都优于传统的蒙古包，这样就使蒙古包只是作为砖瓦房、夏草场临时放牧及举办婚礼或本命年等传统节日的补充角色而存在。如上所述，代替过去的勒勒车，现代交通方式和动力系统也逐渐出现在家庭生活中。出于生产生活的需要，牧民家里一般都有两种以上的交通工具，三轮车或拖拉机用于拉水和搬家，摩托车主要用于放牧和日常交通，甚至越来越多的家庭开始拥有小汽车，呼热图苏木查干淖尔嘎查的牧民赞丹其其格为笔者讲述了她家来往于牧区和旗里所用交通工具的变化过程：

> 1983年我刚结婚时还没来过旗里，我们买生活用品一般去苏木，当时骑马得走20多里地，到1987年我才第一次来旗里，坐嘎查牧民的拖拉机来的。当时有拖拉机的家庭并不多，一个嘎查也只有7~8辆，来趟旗里得花一天时间，夏天还行，冬天特别冷。1993年我家卖了25对羊，花了6300元才买了一辆三轮车，现在家里买了农用卡车、摩托车，丈夫秋天给其他牧民拉草，现在夏天来往于牧区和旗里一般都骑摩托车，冬天太冷，就会打出租车。

伴随着牧民家庭交通工具的变化以及生活条件的提高，他们来往于牧区和旗里的时间和频率也在不断增加。移动范围也从嘎查到苏木再到旗里，逐渐扩大。在交通更为方便的同时，打草机、搂草机等牧业机械以及摩托车、小汽车等动力系统的增加也使家庭支出的费用快速上升。大部分牧民都反映来回旗里的交通费用，汽油、柴油费用等使他们无力承担。

此外，大众传媒特别是电视、电脑等家电及手机等先进通信手段的普及给牧民带来了现代化的知识信息和价值观念。乌里雅斯太镇哈拉盖图嘎查的王瑞民见到笔者时一脸笑容，他说道："现在的电视可方便了，天气预报可以告诉我们哪天下大雪，哪天下大雨，我们可以提前做好准备。如果天气预报告诉我们是晴天，我们就去离家远的地方放牧，如果有暴雨，我们就在近的地方放牧，我去年冬天之所以准备了那么多草料，就是因为天气预报告诉我们有雪灾。以前暴雨淹死羊的事情可多了，冬天遭灾我们也不知道。"而同嘎查的额尔敦则认为："以前好几年一次那达慕，我们天天盼着举办那达慕，只要知道的牧民都去参加，可是现在有些牧民都不来了，因为每年电视上都有直播，坐在家里看就好了。"

可见信息和大众传媒的普及也是一把双刃剑，在有助于提高牧业生产抗灾能力的同时也淡化了牧民参与传统活动的积极性，这就导致牧民如今越来越依赖现代化的技术手段，比如上文中天气预报重要性凸显，开始逐渐代替以往依靠本土知识体系对天气的判断来安排放牧活动了。但调查中发现，牧民家播放的似乎永远都是蒙文频道，蒙古国、内蒙古、锡盟及东乌旗蒙文频道是他们时常观看的四个主要频道，甚至祭敖包时通过发电机在幕布上播放的流行电影《人在囧途》里，王宝强说的都是蒙古语。笔者曾就此问题请教过我的报道人，他们的回答是"蒙文频道看着舒服，其他频道的汉话听不太懂"，这足以说明他们对于汉语的掌握程度还不太理想，以及对蒙古语之外的其他节目还不太习惯。

事实上，伴随着牧民生活空间的不断延伸和扩展，笔者也经历着一个在不同地点和空间开展田野工作的感受变化过程，也体会着他们居住空间的变化对调查开展所带来的影响。例如，区别于蒙古包内的访谈，我不能对一个家庭的生活水平通过观察做出全面的判断，更不能因同时见到他们所有的家庭成员而获得较为全面的信息，因为大多数时间里，即使在家的成员，如果不想和我谈话，他们也会躲进属于自己的私人空间而房门紧闭。

与此同时，我发现被邀请进入卧室的机会也越来越少了，在蒙古包内，我通常会被邀请坐在进门东北位置的地毯上，而在瓦房或楼房内，大部分家庭都会邀请我坐在客厅里的沙发上。刚刚进入田野之时笔者的确有些沮丧，但后来渐渐发现，这样的行为并不代表牧民不热情好客，而是他们认为客厅里的沙发是招待客人最好的位置，而不是以往蒙古包内狭小的地毯上或瓦房内有限的土炕上。比如有一次当笔者带着翻译来到额吉淖尔镇一个70多岁的额吉①家时，我们坐在她破旧土房的炕上刚聊了一会儿，她就急切地带我来到旁边儿子的瓦房客厅里坐下陪我聊天，原因是"这间屋子舒服"。唯一不变的是，每当坐下之后他们都会为我端上一碗热腾腾的奶茶和各种奶制品、果条及手把肉。事实上各种蔬菜比重的增加，使他们的饮食结构也开始日渐趋于平衡。

（二）"一家变两家"：定居之后的家庭生活

东乌旗牧民从游牧到定居，进而到再定居，这样一个渐进的定居过程其实是与两次大的关键转折点息息相关的。第一次是1983年之后的草场承包到户，

---

① 额吉：蒙古语表达中的"母亲"之意。

这使他们走出蒙古包，住进了砖瓦房。定居前，家庭成员逐水草而居，全家人居住在一个不大而紧凑的蒙古包内，有更多的时间在一起劳动、生活、吃饭、娱乐。定居之后由于季节草场分布于网围栏内的不同位置，一般夏秋草场离居住点较远，冬春草场被安排在定居点周围，因此家庭中的部分成员如老人、小孩及妇女，居住在砖瓦房里照顾幼畜或打理家务，而男人们则需要到较远的夏季或秋季草场扎包放牧，这样就形成了家庭内部一部分成员的定居与另一部分成员的移动。与此同时，草畜矛盾的日渐突出也使东乌旗出现了一种以草场整合为策略的草场租赁现象。大多数牧民都会通过租赁草场扩大家庭草场的面积以壮大畜群。由此就形成了家庭部分成员在租草场与自草场之间的空间分离。

而第二次则为 2000 年之后的生态项目、撤乡并镇及合校工程等一系列政策的推行与实施。截至 2006 年，东乌旗将原来的 15 个苏木合并为 5 个镇 2 个苏木，所有的苏木学校都撤回旗里，就在笔者田野调查期间的 2012 年 12 月，又重新划出两个苏木，成为目前的 5 个镇 4 个苏木。这就迫使牧民为了陪读纷纷进城买房，家庭较为富裕的牧业大户买了楼房，而少畜、无畜家庭只能租房。由此，空间的不断变化与位移对牧民的家庭生活产生了巨大的影响。原东乌旗教育局的退休老干部达尔呼为笔者讲述了撤并学校的具体过程及影响：

撤乡并镇的同时，2002 年开始，15 个苏木加上宝格达山林场，共 16 个学校陆续全部撤回了旗里，与旗里的 6 个学校合并。目前只有最北部的满都宝力格镇还有一个小学，当时是考虑到矿区孩子的上学问题没撤并，此外道特淖尔镇还剩下一个旗中学的附属幼儿园。撤并时，牧民非常反对，担心他们的孩子上学怎么办。我觉得撤并学校不适合咱们这么大面积的牧区，我们东乌旗光一个满都宝力格镇就和镶黄旗的总面积一样大，这么大的面积，离旗里 200 多公里，骑马一天都来不了，孩子三四岁就得来旗里上学，那么小，连自己都照顾不了，太可怜了。对于陪读家庭来说，妻子陪读，丈夫留在牧区放羊，有的雇人放羊，负担太重了，夫妻两地分居还容易导致离婚。有钱的牧民可以在旗里买楼，但没钱的牧民只能让孩子住宿或寄养在亲戚朋友家里，现在每个学校周围，全都是租房子的牧民，生活条件太差了。虽然牧民的孩子都有免学费、免书费，补生活费的"两免一补"政策，但补贴远远抵不上花销。政府对进城陪读的贫困家庭进行了引导就业，但不起作用，牧民什么都干不了，只会放羊。现在学校的教学质量是提高了，但蒙古族的传统习俗也快被忘完了，孩子们连马鞍的结构、名称都不知道了。他们高中毕业如果考不上大学，也不想回牧区，家里不给钱，自己又没钱可挣，于是就成天待在游戏厅，赌博、喝酒，最后偷抢、犯罪，现在旗里的社会秩序越来越乱了。

由此可以说，区划的变动及学校的撤并是牧民再定居的一个重要推动力，为了陪读，牧民家庭大量涌入旗里，使他们的生活举步维艰。首先再定居增加了家庭的经济负担。交通费、水电费、孩子的生活费都使牧民无法承受，旗里和牧区两套房子，两套家具。牧民常常向笔者抱怨："一个家变成两个家了。"陪读的家长来到旗里找不到合适的职业，加上支出的增加及生活条件的下降，使牧民出现返贫现象。其次，离婚率开始大幅上升。妻子在旗里陪读，丈夫在牧区放羊，他们的家庭更大程度上处于分离状态，最终很容易导致离婚。此外，教学质量虽有提高，但民族文化正在淡化，考不上大学的孩子享受了城镇生活的安逸之后，往往不愿再回牧区受苦，反而学会了喝酒、赌博等不良习惯，从而影响了社会秩序。

相对于无畜、少畜的贫困牧民，牧业大户或家庭条件较好的牧民基本都在旗里买了楼房。事实上，调查显示，无论家里有没有需要陪读的孩子，他们都会在旗里买楼，甚至别墅，喜迁新居之后还会在饭店办宴请客。冬季他们选择居住在旗里温暖的楼房里，为他们放羊的是雇来的羊倌，而到了夏季他们则会回到牧区放牧羊群。因此一个家庭的居住空间与其家庭经济水平有直接关系。笔者清晰地记得2013年8月期间访谈的一个牧民，他是满都宝力格镇陶森淖尔嘎查的嘎查长，他家拥有草场28700亩，羊1500只，牛40多头，马20多匹，应该算是名副其实的牧业大户了。当我走进他旗里的楼房时，看到电视、冰箱、沙发等家具都是从北京买回来的名牌，豪华无比。他的两个女儿都已考上大学，所以他只有冬天或平时来旗里办事时才会住在楼房里，平时都在牧区，而如此舒适的楼房只是作为他们办事歇脚的居所而已。

由此，从牧区到城镇，从瓦房到楼房，随着时间的推移，居住格局及活动空间的延伸和扩展，牧民家庭成员的分离程度开始逐渐加剧。事实上，访谈期间我所拍摄的照片中，很少有家庭成员是齐全的。有的丈夫在夏草场放牧，有的妻子或父母在旗里陪读，而适龄的孩子在旗里上学，假期又会回到牧区，也有的家庭部分青年外出打工，有的搬到了移民村。但同时他们在牧区还有房子和草场。只是更加频繁地移动及往返于牧区和旗府之间，所以一定意义上，再定居在很大程度上扩大了牧民的移动范围，也延伸了牧民的生计生活环境。

第二节 意识与贫困：牧业经营中的生活图景

马克思曾指出："在不同的所有制形式上，在生存的社会条件上，耸立着由各种不同情感、幻想、思想方式和世界观构成的整个上层建筑。"[①] 这就意味着，人的思想观念、思维习惯和精神交往都是物质生产交往关系的产物。物质生产产生意识形态，而意识形态又会反作用于物质生产，这也是我们儿时教科书中时常提及的话题。就东乌旗来说，20世纪80年代初期的草畜双承包牧业体制改革，使牧民家庭成为独立的生产经营单位，由此经营意识、管理经验、消费方式，甚至经营者掌握的人力、社会、物质、经济资本等都会影响家庭的富裕程度和生活水平。这就让我们进一步思考，意识影响下的生活图景在当地社会如何展现，这是本节想要探讨的问题。

一 "提溜一只羊"与"推倒一头牛"：何以致贫

调查期间，"提溜一只羊"与"推倒一头牛"成为政府以及当地汉人形容牧民消费习惯和思想意识的形象比喻。为何如此形容，首先我们来看看东乌旗政府会议报告中的一段陈述：

> 据初步统计，全旗牧区贷款和民间高利贷款合计8000多万元，户均贷款1.2万元，其中高利贷达600多万元。……我旗牧民人均收入5610元，为什么还有如此巨额的贷款呢？除基本建设投入和天灾人祸所致外，不善理财、超前消费、不合理消费也是一个重要原因。一些牧民在消费上盲目攀比，超前消费，不惜重金购置交通工具，装饰住房，大办婚嫁、寿宴庆典，甚至不惜举债消费，有的牧户不但有大、小汽车，而且摩托车还有三四辆，车辆维修、油料等开支可想而知。据统计部门提供，2002~2003年，牧区新增小汽车126辆，摩托车1170辆，数字是十分惊人的。[②]

而扶贫办公室主人孟克巴特告诉笔者："如果按照国家的贫困标准，家庭

---

① 《马克思恩格斯全集》（第8卷），人民出版社，1961，第149页。
② 乌力吉：《统一思想，振奋精神，真抓实干，全力推进经济社会跨越式发展——在中共东乌旗委十届五次全会（扩大）会议上的报告》，2004年4月24日。

人均不足 20 个羊单位计算，目前全旗贫困户已有 1200 多户，一个嘎查就有 3~5 户。那么如果按照东乌旗的贫困户指标，人均不足 30 个羊单位计算的话，会更多。"

以上表述道出了当前东乌旗牧民不善理财、不合理消费、盲目攀比以及讲究面子等社会现象以及贫困的基本情况，也从另一方面折射了牧民致贫的一个重要原因：个人意识决定生活贫富。而在挂职期间的牧业工作开展过程中，笔者也对此深有体会。2013 年的 5 月初，由于上年冬季积雪较深，因此位于东北部满都宝力格、萨麦、阿拉坦合力等苏木镇的牲畜患红细胞体病而大量死亡，不到半个月的时间，仅萨麦苏木就死亡 2500 多只羊，因此全旗召开紧急会议，由农牧业局对受灾牧户的牲畜死亡数据进行调查统计。可是经过一周的入户走访，让我们感到苦恼的是，反复调查都无法确定具体数据。原因是，一些牧民担心我们说他们不会放牧，往往谎报或少报死亡牲畜的数量，这也揭示了他们讲究面子的性格特征。

事实上，牧民具有如此的性格特征和他们从事的生计方式有一定关系。由于他们的家庭收入主要来自每年秋季的羔羊出栏，每到此时，家家成百甚至上千头牲畜开始出售，收入可以达到数万元，甚至十几万元到几十万元，这就使刚刚从自给自足的传统游牧生计方式转型到市场经济环境的草原牧民有些不知所措。乍一看，他们的收入确实很高，但除去每年修建棚圈、打井、修补围栏等高额的固定资产投入，以及购买牧业机械、打草、燃油等各项生产成本支出后，收入高达 10 万元的家庭每年可能只会剩余 2 万~3 万元的盈余。如果不懂以收抵支的平衡原则，不善计算这些成本的开支和收入，以及在实际经营中做到与目前的市场经济相适应，就会导致家庭经济入不敷出，最后只能陷入资不抵债的恶性循环困境中。

与此同时，在传统的游牧社会人际交往中，牧民普遍重礼节、爱面子，亲朋好友婚嫁寿宴，他们都会祝贺随礼。对此，他们往往出手大方，互相攀比，礼金非常厚重。尤其在女儿出嫁时。当地牧民告诉笔者，东乌旗嫁一个姑娘就可能使一个普通家庭沦为贫困户之列。事实上，笔者在田野工作期间参加的几次婚礼中已对此深有体会。牧民嫁女儿，不仅陪嫁牛羊和电器，较为富裕的家庭还要买车买房。笔者在 2013 年的 6 月，参加了乌里雅斯太镇达布希拉图嘎查一个牧民的婚礼，以下为女方家的陪嫁礼单：

牛 5 头；绵羊 300 只；山羊 30 只；

房子（博奥小区）一套；小轿车一辆；

电视一台；冰箱一台；笔记本电脑一台；

滚筒洗衣机一台；热水器一台；饮水机一台。

如此高昂的陪嫁礼金足以使刚刚成婚的年轻牧民成为富裕户。事实上，调查期间笔者发现许多周围旗县的小伙子们因家里贫困而来到东乌旗寻求"发财之路"，只要娶一个牧业大户家的女儿，他们就可以成功实现致富梦想。笔者的老乡刘哥就是很好的例子，目前已经依靠岳父的陪嫁资本在旗里开起了一家眼镜店。因而，每到秋天牲畜出售刚刚结束之后，一年一度的寿宴、婚嫁，甚至喜迁新居宴就会接踵而来。这时，东乌旗大街小巷的银饰店、蒙古服饰店里就会挤满前来挑选礼物的牧民。开蒙古服饰银饰店的老板告诉笔者："这里的牧民参加婚宴和寿宴相当大方，除了随礼钱，还要买礼物，几百元甚至上千元对他们来说连眼睛都不眨一下。"

调查期间让我感受尤为深刻的是，在这样一个地理较为封闭的北国草原，其消费水平并不比沿海开放之都的广州低，比如一碗牛肉拉面，东乌旗18元，而在广州也不过16元。当地女孩子十分讲究吃穿，原本还有些自信的我在东乌旗俨然已经变成了一个十足的村姑，商店里的衣服和日用品价格都极为昂贵，当然，这也和东乌旗距离内地遥远、交通不便有一定关系。手机、电脑等电子产品也出现在牧民的砖瓦房甚至蒙古包内，摩托车更是牧民不可或缺的放牧和交通工具，农用车、小汽车也开始更加频繁地出现在牧民的生产生活中。生活条件的逐步改善，使他们的婚丧嫁娶、节日仪式、宗教活动等支出逐年增加。当地牧民告诉笔者，满都宝力格镇的一个牧民，请朋友在KTV一晚上的消费竟高达5000元，在笔者为此惊讶的同时，牧民却认为这是极为平常的事情。

美国人类学家里卡多·戈多伊等人对土著居民参与市场活动的动因进行了分析，他们将这种动因概括为内部推力和外部拉力两方面。在推力方面，内部人口压力、移民入侵可能是土著居民参与市场经济的原因；而在拉力方面，提高食物的消费水平、减少食物消费的不稳定性和国外商品的诱惑，可能促使土著居民参与到市场活动中来。[1] 可以说，政策、市场等现代性体系的影响以及

---

[1] Ricardo Godoy, Victoria Reyes-Garcáa, Tomás Huanca, et al., "Why Do Subsistence-level People Join the Market Economy?" Testing Hypotheses of Push and Pull Determinants in Bolivian Amazonia in *Journal of Anthropological Research*, Vol. 61, No. 2（summer, 2005）, pp. 157 - 158.

牧民自身对食物、生活用品、交通条件改善等内在需求构成了他们参与市场活动的推力和拉力因素。

而笔者每到一户牧民家进行访谈时，他们都会拿上各种糖果、饼干、饮料等食品招待客人，即使是被列为贫困户的牧民家庭也不例外。在他们的厨房柜子上总能看到成箱的方便面、挂面、矿泉水、饮料等各种小吃，牧民在旗里的商店成箱购买白酒、饮料的事情并不鲜见。可见，草场承包之后，作为独立生产者的大多数牧民家庭并没有掌握和学会与市场经济相适应的理财观念，即使已经学会，那也只是头脑灵活的部分牧民。此外，那些本就不善理财、没有多少结余的牧民家庭，如果遇到天灾人祸或者家人患病等突发事件，他们的生活就会变得更加难以为继。比如呼热图苏木查干淖尔嘎查的牧民阿迪亚所经历的生活就为我们刻画了一部心酸而无奈的致贫史：

> 1984 年国家开始将牲畜和草场承包到户，阿迪亚的 7 口之家分到了14000 亩草场，100 多只羊，20 多头牛，20 多匹马。开始的很长一段时间里，他家和其他牧户并没有拉起网围栏，依旧以游牧方式在没有边界的草场上放牧牲畜。之后的 1986 年和 1989 年，阿迪亚的两个弟弟相继成家，于是兄弟三人就平分了牲畜，但三家依然在草原上共同放牧。到了 1990年，有了一定积蓄的阿迪亚开始在自家草场上建房，拉围栏，过起了定居生活，当时建房花了 3000 多元，拉围栏 800 元，几乎花去了他家的大部分积蓄。之后的 1993 年，给奶奶治疗胃病花了 2000 多元的医疗费，这对阿迪亚是一个不小的数目。但由于草场好，他家的牛羊头数增长很快，到1995 年兄弟三家养羊总数已达到 400 多只，牛、马各达 50 多头，其中阿迪亚家就有 130 只羊，十几头牛，8 匹马，虽然花销不少，但日子过得也不算太差。
>
> 到了 1997 年妹妹出嫁时，作为家中长子的阿迪亚给妹妹陪嫁了 50 只羊，5 头牛，因此牲畜数目减少了不少，但他只想好好放牧，继续扩大牲畜规模。然而 1999 年的一场大雪灾让阿迪亚家的牲畜死伤过半，仅剩 30多只羊，这对阿迪亚一家来说是个沉重的打击，但不幸并没有就此打住，就在雪灾发生的年底，他的妻子因身体突感不适而住院，经医院化验确诊妻子患的是胆结石加肺病。自此一家人就开始为妻子治病而忙碌，吃药输液花钱不断，家里的钱不够就卖几只羊。由于镇上医疗条件差，2000 年阿迪亚带着妻子住进了盟里的大医院，医药费和住院费就花了 5000 元，

但妻子的病依然不见好转。

由此家里不仅缺少了一个劳动力，而且每年还需支出医药费 2000 多元。实在无力支撑的阿迪亚听说参加镇上的合作医疗每年只需交 10 元，就可以报销住院费的 40%，于是 2006 年他毫不犹豫地参加了，但后来妻子因没钱住院，使他期待已久的住院费报销希望也破灭了。阿迪亚向笔者抱怨："来回旗里的报销程序太过复杂，几次下来，报销费用还不及油费和交通费呢。"所以他并没有因合作医疗而得到实际的好处。现在他家兄弟三人合起来的羊只数量仅为 300 多只，就在笔者离开田野之时，他因草场大而牲畜少，被迫在自家草场上和他的小弟弟一起给别人放羊 500 多只，每月两人收入工资仅为 800 元。

当笔者坐在他家不到 60 平方米的一间土坯房里时，从昏暗的光线中看到他平静而麻木的眼神，他只是不住地抽烟，一支接着一支，我注意了一下，是最便宜的红双喜，大概每盒 2.5 元。在没有几件像样家具的屋里，最显眼的莫过于那个铺着红色羊毛毯的大炕了，整个屋里显得静悄悄的，不像别人家还有一条甚至几条看家狗。提到"看家狗"，至今让我心惊胆战，原因是每每在牧区访谈时，在见到主人之前，几条气势汹汹的狼狗就会向我狂奔过来，似乎见到了它们渴望已久的猎物，这时在我声嘶力竭的求救声中，主人才会将他们"温顺"的看家犬呵斥开来。看家犬可以帮他们看管羊群，因此它们的存在对于牧民极为必要。而对于阿迪亚来说，大概他家也不需要这种动物。一个四口之家，年纯收入为 2000~3000 元，人均 600 元左右，已经达到了东乌旗低保户的标准，因此 2013 年他向镇里提交了申请，10 月份的时候镇上给他送来七袋面。但据镇工作人员介绍，他家这种情况可以每月到民政部门领取 300 多元的低保金，奇怪的是，到目前为止，阿迪亚对此事却一无所知。

如果说这是一家因灾因病等不可抗力而沦为贫困状态的无奈牧户的话，那么因酗酒、赌博等思想意识而成为贫困线以下的家庭就让我们有些"恨铁不成钢"的心情了。据牧民介绍，近几年东乌旗牧区非常流行的赌博游戏包括打麻将、调金花、转盘子等。由于牧区冬天漫长而寒冷，一些牧民无事可做，就开始召集附近牧民聚在一起喝酒、赌博，甚至连续几天几夜，输完现金就开始抵押牛羊，因此将草场以低价抵押给债主的事情越来越多。单位同事经常谈论的一个笑话是，某个嘎查的某个牧民开车去喝酒、赌博，输光钱和小车之后步行回家，走到半路快要冻死的时候就给政府打来电话要求救援，结果政府派车把他送回了家。这不仅是一个笑话，也展现了当地部分赌博牧民的可怜和可恨之处，也让我们触摸到了转型社会过程中牧民迷茫而无奈的心态和心理。

为帮助因此致贫的牧民摆脱贫困，近几年东乌旗政府提出了"思想扶贫"的口号，决心从思想上改变牧民的贫困现状，于是为每个行政单位都分配了1~2户帮扶对象，一是帮助牧民理财，引导其合理投资经营；二是以低保金及面粉、煤炭等生活用品发放的形式对其进行补贴。但结果是，经过帮扶已经脱贫的牧民又出现了返贫现象，政府一旦撒手不管，他们又开始陷入以往缺乏理财、嗜酒、赌博的生活状态中，不到两年，窘迫的一幕又会重新上演。一些牧民甚至将政府提供的牧业贷款给儿子娶了媳妇，当问及原因时，他们的回答是"偿还政府贷款能有我家娶媳妇重要吗？"而当为牧民送去面粉之时，他们竟然会说："以后送挂面来好了，送来面粉我们还得擀成面条呢，那多麻烦。"虽然这只是单位同事的日常玩笑，但从另一方面揭示了，牧民意识是决定家庭贫富的关键因素。

二　从饮酒到酗酒：生计变迁中的困苦与无奈

饮酒是许多少数民族共有的习俗。正如英国人类学家凯·米尔顿所指出的，"环境因素不仅决定文化特性，而且也对文化产生作用"。[1]东乌旗所处的气候环境冬季漫长严寒，最低温度甚至达到-40℃以下，饮酒不仅可以起到防寒保暖的作用，而且对他们日常饮食中占主要比例的牛羊肉也有一定的助消化功能。事实上，牧民的饮酒习俗与其从事的游牧生计方式密切相关。游牧民长期生活在荒无人烟的广阔草原上，从事着单调而乏味的放牧活动，没有可以倾诉和宣泄的对象，往往会产生一种难以排遣的寂寞与苦闷，加之没有多少娱乐和休闲活动，而由于风光设备的发电限制，即使看电视都成为他们的一种奢侈品。因此，大多数牧民喜欢以酒来消遣度日。在祭敖包、那达慕等节日上，久未谋面的亲朋好友通过饮酒、吟唱长调和赞歌互相祝福，对于情感的交流、宣泄、共鸣和满足都有很大帮助，客观上起到了一种社会调适的作用。

对于牧民来说，喝酒可以调整他们的身心，早已成为其文化的一部分。这让笔者不禁想起史禄国先生对通古斯人醉酒的认知观点。他认为，在通古斯人的精神世界中，酒被看作人神交往的一种通道，因此他们对于酒有一种特殊的偏好。例如通古斯人对醉酒之人所犯的错误并不加以责罚，原因是他

---

① 〔英〕凯·米尔顿：《环境决定论与文化理论——对环境话语中的人类学角色的探讨》，袁同凯、周建新译，民族出版社，2007，第52页。

们认为醉酒时人被神灵附体，此时所发生的行为并不是他本人所为，因此他们对醉酒之人持非常宽容的态度。正如上文所说，在东乌旗，一个醉酒之人在天寒地冻的草原上因喝醉而找不着回家的路时，只要给政府打电话，政府就会即刻派车去接，除了避免他被冻死，大概也是因为传统文化中对醉酒之人的宽容态度吧。

每每在单位聚会以及参加敖包祭祀、本命年等传统节日之时，他们惊人的酒量和一连数天的饮酒实力曾数度让我惊叹。就在开题前回学校的 2012 年 12 月 16 日的那一晚，我在局长的送行宴上"光荣"倒下，当时的痛苦和彻夜未眠至今让我记忆犹新。回想起田野工作的日子，似乎每一次的离开都是一个醉酒的记忆。单位同事曾和笔者说过："我们初交一个朋友，连喝三次酒就知道这个人可交不可交，如果每次喝倒就是哥们，如果还可以站着出去，就代表这个人不可交。"由此，我也曾因数次没有倒下而被他们列为不可交之列。

开始我对于同事们所说的"硬早点"疑惑不解，但最后终于明白，是将早点改为喝酒。他们吃饭时通常是成箱买酒，一般十人左右的饭局为两箱 39 度的"草原王"白酒，一箱六瓶。在牧民的婚礼上，笔者也曾目睹了草原上的"女中豪杰"，就连五十多岁的中年妇女，都可以用碗大口喝酒。婚礼的大部分时间大家都是喝酒、唱歌，直到摇摇晃晃时，才相扶走出饭店各自离去。由此可知，喝酒对于牧民来说，没有男女之别，只论酒量大小，这就是他们在长期的牧业生活中所形成的"酒文化"。而这种对酒的偏好和宽容态度事实上也导致了部分牧民酗酒成风的不良习惯。

牧区的孩子十七八岁就开始喝酒，直到老年。由于长期酗酒，牧民酒精中毒，甚至患高血压、糖尿病、肝炎、肝硬化等疾病的现象极为常见。笔者的关键报道人之一布·呼其图的父亲和哥哥就因喝酒患病先后去世。牧民酗酒之后，可以离家数日，不知去向，家中女人对此已经习惯，从不规劝，因酒发生交通事故的也不在少数。在东乌旗调查的一年时间里，笔者曾耳闻目睹、亲身经历了单位同事以及牧民因酒丧生而造成的伤痛与苦楚。笔者熟识的搏克手色音孟克特木尔，如今是一个腿部残疾的年轻人。他的母亲淖根塔日，一个朴实而慈祥的额吉，伤痛而无奈地为笔者讲述了老公和儿子是怎样因酒丧生和致残的：

> 我 18 岁就嫁给了前任老公巴特，他每天喝酒，家人说也不听，一喝就是好几天，一顿可以喝一瓶 50 多度的二锅头。喝了酒还总发脾气，我

也没办法。1985 年 3 月的一个下午，他喝了一瓶酒之后说是去西边草场上的牧民家串门，然后骑了一匹性格比较凶的马就走了，第二天也没回来，于是我骑马就去邻居家的草场上找他，没找到，后来全家人，还有邻居找了一天，才发现他死在了南边的草场上。第二年我改嫁了现在的老公赛·乌力吉。我儿子的腿也是因为喝酒被打残的。2005 年的 7 月，他和朋友喝了酒骑摩托在去旗里的路上拦了一辆下乡视察干部的小车，因为他们的摩托车没油了，所以把人家车里的油抽走了，后来被盟里公安局的人拘留起来，把右腿也打残了。

就在我恋恋不舍地告别单位领导和同事回到学校之后，10 月的一个清晨，当我坐在桌前，打开电脑，准备撰写论文之时，接到了挂职单位同事的一个电话。电话里的事实至今让我揪心地伤痛并难以接受，我朝夕相处的和蔼的局长在下乡检查工作的路上撞车丧生。身边的领导、同事，田野点的人和事，冲击着我内心的情感与悲痛。而笔者也曾感同身受这种经历，曾在访谈结束打车回去的路上，被一辆失控的黑色越野车横撞过来险些丧生。回想起田野工作的一幕幕，记忆与伤痛不仅成为笔者田野经历中难忘的经历，也成为论文撰写过程中苦楚的一笔。

虽然表面看起来，这是一些醉酒之后的交通事故，但进一步思考，原本过着无拘无束游牧生活的蒙古民族，在毫无心理准备，甚至还没明白怎么回事的情况下，就被一系列的牧业体制改革先后卷入集中体制下的互助组、人民公社，再到承包到户之后的个体经营，以至如今的现代性体系中。这使他们难以快速适应，因而就会出现文化失调现象。牧民酗酒成性固然具有历史遗风，但也有变迁过程中无奈与苦闷的现实因素。如果把酗酒这一社会问题纳入社会变迁与文化调适的关系范畴，可以发现，在社会变迁过程中，传统的思想、感情和价值观念被日益破坏，在还没有出现一套新的适应时代变化的体系能够替代的情况下，很可能会造成他们精神上和道德上的空虚，出现精神文化失调的现象。文化是各个部分构成的有机体，任何一个部分的变化都会带动其他部分的改变与调适，从而带动文化整体的变迁。但调适不会立刻发生，而是隔一段时间之后才会出现，这就是文化的滞后现象，尤其是精神文化的变迁往往滞后于物质文化。[①]

---

① 包路芳：《社会变迁与文化调适——游牧鄂温克社会调查研究》，中央民族大学出版社，2006，第 101~102 页。

对于牧民来说，生产生活方式的快速转变他们可以试图紧跟步伐，但精神文化的重构并不是一蹴而就的，适应新环境下的政治体制、思想观念、文化氛围以及行为方式都需要一个过程。长期以来，由于生存环境的相对偏远以及人口数量的相对稀少，牧民游离于竞争激烈的现实生活之外。传统的生产生活以及思想观念正在瓦解，但适应现代化的全新观念还未被整合。由此，许多固守传统的牧民无论从身体上，还是心理上都不能很快适应，尤其是那些少畜、无畜户，面对生计、生活环境的快速转变，他们内心充满着迷茫和紧张，往往会表现出与现代社会的格格不入与无所适从，甚至在心态和行为上产生矛盾和困惑。因而，他们只能通过喝酒，甚至酗酒来麻痹自己，以此来宣泄他们内心的苦闷与迷茫。

第三节 以"旗"为视角：牧民的社会分化

关于社会分化的研究，一直是社会学界颇为关注的问题。究其理论渊源，莫过于马克思的阶级理论和马克斯·韦伯的三位一体分化理论。这两大传统在目标上有着重要分歧，韦伯从后现代视角阐述了三位一体理论的社会协调性，而忠于古典主义的马克思阶级理论则更强调社会冲突。[①] 按照马克思的阶级划分标准，生产资料和劳动的占有关系是关键因素，而共同的生活方式、阶级利益和教育程度是划分阶级的必要条件。[②] 韦伯在《经济与社会》一书中认为，阶级是由于人们的市场能力和社会机遇的不同而产生的。[③] 因而他主张从经济、政治和社会三项标准来进行社会分层。所谓经济标准，又称财富标准，是指社会成员在市场经济中的机会，即个人能够占有商品或劳务的能力。政治标准，又称权力标准，权力可以产生于对匮乏物质的供给和对生产资料的控制以及个人或群体在科层组织中的地位，还可以产生于法律或其他因素。而社会标准，即声望，决定于个人的身份、教育水平以及生活方式。不论以上两位学者或西方其他学者所依据的标准是出于主观还是客观的态度，我们都可以将它们归入法国社会学家皮埃尔·布迪厄的经济资本、文化资本以及社会资本的外在表现中。[④] 就东乌旗来说，探讨社会分化的视角应该以"旗"为单位，围绕牧

① 李春玲、吕鹏：《社会分层理论》，中国社会科学出版社，2008，第 6 页。
② 《马克思恩格斯选集》（第 1 卷），人民出版社，1974，第 677 页。
③ 马克斯·韦伯：《经济与社会》，商务印书馆，1999，第 81 页。
④ 刘洪仁：《我国农民分化问题研究》，山东农业大学博士学位论文，2006。

民家庭所占有的草场资源，牧民本身所具备的文化水平和经营意识以及声望、权力及人际关系等方面来分析。从本质上来讲，这正符合以上学者讨论社会分化理论所依据的经济资本、文化资本以及社会资本这三个标准。

一　经济分化

首先，我们来分析由草场、牲畜等经济资本占有的多少所导致的全旗范围内的经济分化现象。1983 年，东乌旗在集体牲畜"作价归户、户有户养、保本经营"的政策指导下，首先将大队的集体牲畜作价分给个人。之后的 1984 年，又开始将集体草场承包到户，与此同时，棚圈、水井等集体财产也作价划归个体，人民公社彻底解散，重新建立苏木、嘎查行政体制，公社变回苏木，大队变成嘎查。当时东乌旗共划分了 13 个苏木、2 个镇、3 个牧场。由于各苏木（镇、牧场）的牲畜和草场多少不一，因此不同苏木、嘎查牲畜和草场划分的具体标准也存在差异，对此，我们可以从以下几个个案中窥见端倪：

宝林，35 岁，满都宝力格镇额仁宝力格嘎查牧民，2006 年撤苏木并镇之前属于额仁高壁苏木额仁宝力格嘎查。1983 年开始分牲畜，每人 30 只羊，5 头牛，7 匹马，每头牛作价 30 元，马 60 元，绵羊 15 元，山羊 20 元。小时候家里人多，加上未去世的爷爷共 7 口人，分到 210 只羊，35 头牛，49 匹马。紧接着 1984 年嘎查又开始分草场了，每人 4500 亩，共分到 31500 亩。

斯仁，57 岁，额吉淖尔镇布里和木德禾嘎查牧民，家里 5 口人，2 个儿子，1 个女儿。1983 年开始，嘎查第一次划分草场时，是按照地图大致划分的，具体划分时由农牧业局的工作人员骑摩托车为牧民丈量范围，当时也没有什么标志物，相邻两家的界限大多以石堆或山头为标记，每人 3300 亩，家里五口人共分到了 16500 亩草场。到了 1996 年，嘎查又进行了第二次草场的划分，这一次是用 GPRS 定位仪划分的，比较精确。由于原来用于区分他家和邻居家草场的石堆不见了，所以他家又多划出 300 亩，成为如今的 16800 亩。不久之后大家就拿到了草场本。

萨日苏和，77 岁，年轻时他曾是东乌旗南部乌尼特国营牧场的工人，乌尼特牧场在 1978 年之后就改为乌尼特苏木了，2006 年撤乡并镇时又改称为乌里雅斯太镇哈拉盖图嘎查。当时，萨日是牧场的牛倌，负责从宝格达山往回拉木头。据他回忆，走过的最远的地方是兴安盟的乌兰浩特和吉林的白城子。当时他们车队往那些地方送盐、送草料，每走一趟至少包括20个牛车的车队（一起走）。此外，他还在牧场帮忙放羊、放牛、下夜，干些杂活。牧场从1983年开始分牲畜，每人50只羊，7头牛，7匹马，50亩地，他家8口人共分到了400只羊，56头牛，56匹马和400亩地，后来的1985年又开始分草场，按每人1250亩，他家共分到10000亩。

从以上个案我们发现，无论是将集体牲畜作价归户，还是将草场承包到户，东乌旗大多数嘎查都是在1983年以后对草场和牲畜进行划分的，并且和全国大部分牧区类似，先分牲畜，后分草场。与其他旗县不同的是：部分嘎查只进行了一次划分，而部分嘎查又进行了第二次划分，进一步确定了牧民草场的界限和面积。很明显，第二次比第一次的划分精确了许多，原因是先进的现代定位仪开始出现并得到运用。但据草原监理局当时负责二次草场划分的工作人员介绍："第二次划分基本没有太大变动，因为我们当时考虑到，大的变动会引起牧民反对，再加上牧民经营了十几年的草场如果变动太大，对我们工作的开展也不太方便，因此第二次基本上是按照第一次的界限划分的。"

而不同苏木、嘎查所占草场面积不同，人口不同，人均分得的草场面积也会有所不同。这也是笔者在田野中发现的最为明显的现象，也是牧民向笔者抱怨最多的问题。就个案中的三户牧民来说，位于旗北部的满都宝力格镇宝力格嘎查的牧民人均为4500亩，中西部的额吉淖尔镇布里和木德禾嘎查的牧民人均为3300亩，而南部哈拉图嘎查的牧民人均草场面积则仅为1250亩。这三个嘎查分别位于东乌旗的东北部、中部以及南部，因此在旗域范围内形成了一条草场划分面积的走势线，即自东北向西南呈逐渐减少趋势。

以满都宝力格镇为例，如果划分草场时，家里人口多达十几人，那么一次就可分到近10万亩草场。因此，嘎查所占总面积越大，人口越少，人均草场面积就越多，那么牧民家庭分到的草场面积就越大，反之，人均草场面积越少，家庭分到的草场面积也会越小。而对于以天然草场资源为再生产资本及经济资本的牧民来说，分到的草场大小直接关系到畜群的规模以及家庭生计发展的前景，因此在东乌旗，随草场面积占有的大小形成了一条自东北向西南的贫富分化线，可以说牧民的贫富分化具有地域性特征。

此外，自东北向西南，不同地理位置，即不同苏木镇或嘎查的牧草类型、高度、盖度、密度以及退化程度也是决定牧民家庭贫富的重要因素。就全旗来看，地带性植被主要由草甸草原和典型草原组成。根据《重点牧区草原资源调查大纲和技术规程》及《内蒙古自治区天然草场资源调查暂行规程》中列出的草场分类原则和标准，东乌旗天然草场共分八大类、三十四个组、六十二个型（参见附录二）。这八大类分别为山地落叶阔叶林林缘草甸、低山丘陵草甸、高平原草甸、低山丘陵干草原、高平原干草原、沙丘沙地植被草场、河泛地湖盆地草甸、草本沼泽草甸。各类草场的自然特点如下：

山地落叶阔叶林林缘草甸草场分布于东乌旗东北部，军马场以北的宝格达山地区，平均海拔 1155 米，面积 147.35 万亩，占全旗草场面积的 2.73%，其中可利用草场面积为 117.88 万亩，处于森林区向草原区过渡地段，分布于林缘、林间空地或砍伐的森林迹地及乌拉盖河上游沟谷、河漫滩等低湿地区，降水及地下水补给充足，条件优越，因此属于典型的杂类草草甸，草群高大茂密，夏末和秋季远远望去，外貌非常好看。按可食产草量计算，平均每 9.95 亩可饲养一只绵羊。

低山丘陵草甸草场分布于乌尼特、宝力格、沙麦苏木一线以东，向东与山地落叶阔叶林林缘草甸草场相接，海拔 565.3～753.3 米，面积 901.99 万亩，占全旗草场面积的 16.67%，其中可利用草场面积为 766.69 万亩，牧草生长的水分条件较好。按载畜量 9.05 亩/只羊计算，可饲养 10696 个绵羊单位。

高平原草甸草场主要分布在东乌旗东南部和中北部，其中呼热图淖尔苏木面积最大，为 23.76%，其次查干淖尔、白音呼布、额仁高壁、乌拉盖所占比重也较大，军马场、道特淖尔、道木德高壁、宝力格、乌尼特也有零星分布，总面积为 656.52 万亩，占全旗草场面积的 12.13%，其中可利用草场面积为 623.69 万亩，海拔 830～1030 米，地势平坦而开阔，由于地表水缺乏，水分条件较差。载畜量为 21.17 亩/只，可饲养 9004 个绵羊单位。

低山丘陵干草原草场分布于道特淖尔镇以西地区，总面积 1125.17 万亩，占全旗草场总面积的 20.80%，其中可利用草场面积为 1012.65 万亩，地势起伏不平，平均海拔 900～1010 米，此区域内牧草产草量有所下降，载畜量为 31.02 亩/只，可饲养 2197 个绵羊单位。

高平原干草原草场分布在东乌旗中、西部地区，总面积 1710.68 万亩，占全旗草场面积的 31.62%，其中可利用草场面积为 1625.15 万亩，海拔为 863～1200 米，地势开阔，地表水缺乏，产草量较低，按载畜量

42.50 亩/只计算，可饲养 7500 个绵羊单位。

沙丘沙地植被草场所占面积较小，仅有 63.32 万亩，占全旗草场面积的 1.17%，其中可利用草场面积 53.82 万亩，主要分布在东南部和北部的沙麦苏木，海拔为 832～980 米，沙丘均已固定，丘间有少量湖泊，在顺主风向斜坡上有大小不等的风蚀窝，由于土壤基质松散，吸水性强，因此保水性较好，地下水位较高，水分条件较优越。载畜量为 19.03 亩/只，可饲养 12300 个绵羊单位。

河泛地湖盆地草甸草场广泛分布于各苏木、镇，面积 762.19 万亩，占全旗草场面积的 14.09%，其中可利用草场面积为 685.97 万亩，生长地形相对低洼，为河流下游及湖盆低地边缘，除降水外，主要依靠地下水补给，还可吸收河流泛水或高处径流水，因此水分条件优越。载畜量为 8.92 亩/只，可饲养 6500 个绵羊单位。

草本沼泽草甸草场主要分布于乌拉盖河下游，面积 42.95 万亩，占全旗草场面积的 0.79%，其中可利用草场面积为 30.07 万亩。此类型的草场生长在地表积水土壤及湿地环境下，芦苇为主要的建群植物，载畜量为 7.51 亩/只。[①]

由上述材料可以看出，这八种类型中，中、西部地区如额吉淖尔、道特淖尔、阿拉坦合力等苏木镇的主要草场类型为高平原干草原草场，此种类型草场面积在总面积中所占比例最大，可利用草场面积也最大（可将其称为典型草原），是东乌旗的主要草场类型，每个标准羊单位所需的草场面积较多，而中、西部正是东乌旗降水量较少的半干旱区，因此生活于此区域的牧民家庭占有的草场资源等级较低，退化程度也较严重，维持家庭生计的难度也更大，导致他们家庭生活也较为贫困。而位于东部、北部如满都宝力格、萨麦、呼热图淖尔等苏木镇的草场类型为低山丘陵，高平原草甸以及河泛地、湖盆地等类型的草甸草场，草场等级较高，高度、盖度、密度以及草质也较好，水源和地理位置也较为优越，所以畜群规模发展更加迅速，牧民生活也更为富裕。位于这些嘎查，尤其满都宝力格镇的许多牧业大户都在旗里买了楼房，甚至住进了别墅。随着东北向西南的地带性过渡，植被类型和载畜量也在逐渐递减，如位于萨麦一线以东的部分苏木载畜量为 10696 个绵羊单位，而到了中北部的呼热图淖尔

---

① 数据来源：东乌珠穆沁旗草原工作站：《东乌珠穆沁旗天然草场资源调查报告》，1985。

苏木则下降到 9004 个绵羊单位，再到道特淖尔以西地区仅为 2197 个绵羊单位。

可以说牧民的富裕程度、生活水平和草场资源的优劣以及面积大小有一定关系。正如马克思所言，"每一个农户都是直接生产自己的大部分消费品，他们取得生活资料多半是靠与自然交换，而不是靠与社会交往"。① 生活在乌珠穆沁草原上的牧民世代依靠与草原资源的自然交换来维持家计。因此，在自然条件及社会条件的合力影响下，即依照地理、植被类型、草场退化程度以及草场、牲畜等再生产资本占有的不同，牧民的家庭生计状况呈现出自东北向西南的贫富分化线，表现为，东北部区域的牧民较为富裕，中部处于中等水平，西南部则较为贫困。因此每年秋天都会出现西南部苏木镇的牧民向东北部牧民购买牧草的现象，也形成了一条自西南向东北的资源及现金流，所以西南部苏木镇的牧民维持家计的难度也大于东北部。

二　身份分化

早在韦伯和吉登斯时期，他们就倾向于借助"市场能力"的概念划分一个社会群体的身份及阶层。换言之，这是对实践主体参与市场经营意识的肯定。他们认为，在理想型市场经济里，市场能力决定市场地位，进而决定阶层地位。② 吉登斯在韦伯靠"获取有价物品能力"来划分阶级的基础上，认为市场能力是以人们所占有的财产，所拥有的教育、技术和劳动力为基础的，人们的市场能力差异，不但决定了雇主和雇工的分野，还决定了人们的收入差异。③ 而在东乌旗，草场承包到户之后，家庭作为独立的生产经营单位，需要独立面对自然灾害以及市场风险。因此经营者的思想观念，所具备的教育程度、经营意识以及理财能力，同样也成为决定家庭收益的关键因素。

调查显示，受自给自足的传统牧业生计的影响，大多数牧民接受教育程度低，经营管理能力差，市场意识弱，不懂合理投资以及经济核算。比如在繁忙的羊毛销售季节里，外地客商出价每斤 2 元，他们不愿意出售，但当客商改为每公斤 3 元时，他们就会很高兴地全数售出。此外，牧业生产投入成本大，拉铁丝网、打井、修建棚圈、冬天买草料等，每项投资均需数万元，一些牧民不

---

① 〔德〕马克思：《路易·波拿巴的雾月十八日》，载《马克思恩格斯选集》（第 1 卷），人民出版社，1995，第 67 页。

② Waters, Mary C. *Ethnic Options* [M]. Berkeley：University of California Press，1990.

③ 〔英〕安东尼·吉登斯：《失控的世界》，周红云译，江西人民出版社，2001。

懂成本核算，通常在秋天出售牲畜之后进行一次性巨额投入，一旦生产不能正常运转，将面临数年都无法收回成本的风险，导致家庭的巨额负债。

在竞争极为激烈的市场经济时代，配种、繁殖、接羔、阉割、育肥、防疫、品种改良等生产环节都需要牧民时刻掌握先进技术和实践经验，但文化水平本来就低的牧民通常不愿投入精力去掌握，结果牲畜死亡率较高，畜群规模日渐缩小。但部分头脑灵活、善于经营的牧民懂得如何合理投资、精打细算，这部分牧民以嘎查干部等牧区精英为代表。他们能够适时运用地方政策积累家庭再生产资本，在出售牲畜时往往具备较强的谈判能力，甚至部分牧民在从事牧业的同时贩卖牛羊，通过其他途径增加家庭收入，扩大畜群规模，也因此这些牧民的家庭生活水平逐步提高，渐渐成为东乌旗较为富裕的牧民群体。

然而，通过对上一章内容的阐述，我们发现，在以草场整合为策略的家庭合作经营中，因对草场、牲畜、劳力及基础设施的整合，牧民群体整体分化为整合户、被整合户和单独经营的牧民三大群体。整合户通过契约关系将被整合户承包的草场租赁过来，可以在万亩以上的草场范围内通过划区轮牧方式，扩大家庭的畜群规模，在扩大草场面积的同时也增强了其规避自然灾害的能力。牲畜规模的扩大，又使整合户增加了对雇工的需求。而被整合户将承包的草场租赁出去之后，基本上有三条出路：一是在整合户或其他牧户家做牧工；二是在工商业等二、三产业当雇工；三是自己学习经营二、三产业。

因此，在新的经济关系中，牧民的身份出现了分化。对于整合户来说，他们既是牧民，也是雇主。在自己承包的草场上放牧经营时，他们的身份是牧民，在草场租赁关系中他们需要支付租金，成为佃户，而在雇佣劳动力为自己放牧时，他们又成为雇主。他们拥有自己的劳动力使用权，自己承包的草场以及租入草场的使用权。而对于被整合户来说，他们既是牧主，又是牧工，也是雇工，同时也是工商业主，可以说既是有产者又是无产者。一方面，尽管草场被整合了，但他们依然拥有草场承包期内的使用权，所以并不会拆除表明拥有财产权利的铁丝网。因而在租赁关系中，他们是牧主，同时又是有产者，也是租金的收取者。另一方面，他们又丧失了租赁期内的草场使用权，成为无产者，只能出卖自己的劳动力，给整合户或其他牧户当羊倌，由此他们又成为牧工。如果到其他行业打工，他们又成为雇工。如果自己从事工商业，则又成为业主。此外，既没有出租草场又没有承租草场的单独经营牧户，则成为拥有草场承包期内使用权及劳动力所有权的"完全所有者"（见表5-1）。

表 5-1　东乌珠穆沁旗草场承包及整合中的身份分化

	身份	权利	生产方式	所需劳动技能
草场承包时	单独经营牧民	承包草场的使用权 劳动力所有权	在承包草场上放养或小范围轮牧	接羔、放牧等畜牧业劳动技能
草场整合后	整合户	牧民 佃户 雇主	承包期草场的使用权 租赁期草场的使用权 劳动力所有权	轮牧	接羔、放牧等畜牧业劳动技能 市场开拓，经营管理
	被整合户	牧工 牧主 雇工 工商业主	承包期草场的使用权 租赁收益权 劳动力所有权	轮牧	工商业生产 接羔、放牧等畜牧业劳动技能（牧工） 工业、服务业劳动技能（雇工） 市场开拓，经营管理

　　调查发现，草场整合之后，整合户虽因草场面积的扩大而为划区轮牧的实现提供了可能，但草场的租赁造成了使用权被分割，30 年的草场承包期使用权始终归承包户，他们租赁流转的是 30 年中的某一时段。毫无疑问，承包期使用权大于等于租赁期使用权。租赁期使用权归整合户，而承包期使用权却归被整合户。因而整合户在租赁期内也可以把草场出租给他人，这种情况在东乌旗外来牧民承租草场的情况中较为常见，甚至他们多次转让承租期内的草场，造成了草场的掠夺性使用。道特淖尔镇汗敖包嘎查的道·巴雅尔就是此种类型的典型代表：

　　1983 年分草场时，他家草场和嘎查集体草场的边界标志被确定为中间的石堆。后来由于牧业收入微薄，他一直没有将自家草场与嘎查草场用网围栏拉开，结果原来确定边界的石堆不知让谁搬走了。5 年前的一次打草中，他一不小心打过了界，于是嘎查就让他赔 10 万元，他没钱赔偿，无奈之下只好将草场低价租给嘎查。当时的合同中规定，他还可以在自家的草场上放牧 100 只羊。但嘎查后来又将该草场转租给了其他牧民，其他牧民又继续转租，这样草场被接连转租之后，合同中"可以放牧 100 只羊"的规定早已没了踪影。最终的结果是，夫妻俩现在被迫成为其他牧户的羊倌，给牧主放牧羊群的同时也可以将自己的 100 只羊放在人家羊群里一起放。相比其他牧民，他们常年居住在牧主为其搭建的蒙古包内，家里还有两个正在上学的孩子，生活条件的每况愈下，使他有些绝望。

关于整合户，他们不仅需要接羔、放牧等劳动技能，生产规模的扩大使他们面临的市场风险也相应增大，如果出现皮毛、肉类产品的价格大幅下跌，他们还可能遭受巨大损失。同时他们还需要投入更多的生产成本，因此合理投资，控制成本，合理安排生产和消费以及扩大销售渠道等，都要求他们不仅要做精于养畜的牧民，还要成为会经营的牧场主，不断学习更多的新知识和新技能。而对于被整合户而言，做牧工或雇工是他们目前的唯一出路，因为仅靠微薄的草场租金远远不能满足家庭生活的需要。如果做牧工，意味着他们依然要靠畜牧业技能生存，而进入工商业，无论是做雇工还是自己经营，都要学习服务业的从业和经营管理技能。调查发现，真正进城成为雇工或自己经商的牧民并不多见。由于知识、技能以及长时间养成的放牧习惯，他们不愿被时间约束，因而难以胜任新的职业角色。他们即使进城打工，也难以适应新的身份角色，所以大多数牧民进城不久后又重新返回牧区放牧牛羊，因为他们只会放羊，并且也只愿无拘无束地和他们心爱的牛羊漫步在广阔的草原上。

然而，在草场整合与被整合的过程中，大多数牧民还处于从自给自足的传统生计向市场生计转变的适应期，他们市场信息及谈判能力的缺乏，在一定程度上为部分头脑灵活、善于经营的外地汉人或当地牧民提供了"搭便车"的条件，如果遇到生病、自然灾害等突发事件，他们本身就难以为继的家庭生计就会变得更加脆弱。对此，我们可以通过以下两个个案展开分析，白音孟克是萨麦苏木吉仁宝力格嘎查的牧民，是农牧业局二级部门草原站按照"扶贫帮扶计划"进行帮扶的牧户之一。据杜站长所言：

> 牧草还没返青时，我们去他家的草场上进行了摸底调查。我一看他的草场，12000 亩，在东乌旗可算是面积较大的牧户了，我就奇怪了，这么好的草场，怎么就贫困了呢？据他本人说，是因为母亲看病需要钱，于是就在 2010 年将草场租给了一个四川人，这个四川汉人和当地的牧民合作放牧，当时按 3 元/亩的价格租用了他的草场，租期为 2010～2015 年，一次性收取承租方五年的租金 18 万元。但当时的草场出租市场价格已经是 5 元/亩了，因为他急用钱，承租方就借此以低价租用。可是根据我们后期

的调查，这个牧民嗜赌如命，又爱喝酒，至于他租草场的钱是真的给他母亲看病了，还是挥霍了，这就不得而知了，后来媳妇也跑了。为了帮他解决贫困，我们找到承租方进行协商。第一种解决方式是，希望四川人归还草场，允许他在草场上打草，以偿还剩下2年欠承租方的租金。于是我们帮他算了一笔账，一亩可以打3捆草，1捆草可以卖9元，而雇打草、搂草、捆草机及卖草的运输费成本是一捆草的费用，那么剩下的2捆草就是纯利润，如果打10000亩，一年收入就是9元/亩×3捆×10000亩＝27万元，再去除成本费9元/捆×1捆×10000亩＝9万元，一年就可获得纯收入18万元。这样经营用不了多久就可以还清承租方2年的租金了，除了可以把草场要回来，还有剩余。第二种解决方式是，不归还草场，出租方将草场租金提高到4元/亩，因为现在草场租金的市场价格已经涨到10元/亩了。但最终解决未果，原因是承租方威胁他，他害怕了，主动找我们，不要草场了，给他补助一两千块的生活费就可以了。

而乌里雅斯太镇的牧民孟克则作为整合户，义愤填膺地为笔者展示了一个整合户与被整合户之间互动与博弈的故事：

2006年，我以2元/亩的价格，在离家60多公里的额吉淖尔镇哈日图嘎查租了兄弟三人共有草场的一部分，3300亩，租期为2006～2024年，一次性支付租金118800元。而今年草场费已经涨到7～10元/亩了，他们就想把草场要回去。于是当时和我签订合同的这个牧民在2012年的时候，就悄悄将草场的承包权转给他弟弟了，今年就来告诉我，草场所有人是他弟弟，而不是他，让我归还草场或提高租金。当时我就生气了，于是就在5月份拿着当时经过嘎查长签字的租赁协议找了律师，将他们告到了法院，他们一听就害怕了，后来也就不了了之了。而后我一气之下6月份又将草场转租给另外一户牧民了，租期到2024年。

以上两个个案的主角身份分别是出租方和承租方，即被整合户和整合户，而他们在草场整合与被整合过程中所表现出的互动与博弈过程值得我们思考。个案中一次性支付5～10年的巨额租金，对于整合户与被整合户各有利弊。对于整合户而言，虽然一次性支付一大笔租金有些紧张，但可以防止草场价格随市场价格的波动不断上涨，保证了草场价格在长期内的稳定性。对于被整合户来说，一次性可以拿到一大笔钱，不仅让他们感到拥有"巨额收入"的宽慰，而且也可解"燃眉之急"。事实上，这背后揭示的是一种隐性的搭便车行为，整合户通过一次性的租金支付等于给草场的使用价值以及长期内的牧业经营上了一份双保险，从长远来看利大于弊，而被整合户则因贪图短期利益，有可能会坐吃山空，给今后的家庭贫困埋下隐患。

进一步分析，即使有一天他们意识到了自己的利益受损，想将价格提高，比如个案中草原站的帮扶户，由于缺乏处理经济纠纷以及维权的能力，以及租赁协议的不完善，他们也只能是"徒劳无功"。只要对方疾言恐吓或者告上法庭，他们就会"乖乖就范"，任人摆布，甚至政府帮他们出面解决他们都不敢接受，只有靠央求而来的"一两千生活费"过着依然窘迫的日子，或干脆安于清贫，沦为整合户的羊倌。而面对草场被整合户作为商品多次转租的现状，他们也只能无可奈何。事实上，由于草原法的不完善以及租赁协议的不合理，当地政府"清理非牧户"活动的开展和实施也一度陷入困境。因而我们说，现代化和市场化因素日渐植入传统之后有可能使部分弱势牧民成为时代转型的受害者或牧区社会的边缘群体。如今东乌旗的此类草场租赁协议被牧民形象地惯称为"霸王合同"，而以上因素就是其被称为"霸王合同"的原因。

根据调查，作为合作社带头人和领导者的牧区精英，大都是嘎查干部或牧业大户。这就使他们具有了由权力而衍生的寻租能力。刘欣所提出的"权力衍生论"[①] 认为，在"放权让利"改革和市场化过程中，公共权力的一部分衍生成权力精英牟取私利的寻租能力，已成为决定人们生活机遇差异的重要因素，构成了阶层分化动力基础的一个新维度，且寻租能力越强，在生活机遇上越有可能处于优势地位。[②] 事实上，牧区精英在政府和群众的双重鼓励和支持下，已经承担了企业家的责任，他们兼有明确的个人利益，在依靠个人力量无法达到预期时，就会经过一定的寻租过程加以促进。"托关系办事情"的机会越多，他们的寻租能力就越强，能力越强，利益就越集中，而利益集中的结果就是两极分化的出现。赋予这些精英权力享有者和嘎查领导者的双重身份，使其在原本就较为丰厚的资本积累基础上，再次获得了经济和权力资源的增长机会，从而在某种程度上加剧了牧区再分配的不平等，致使牧民间收入差距越来越大。最终，在地方政策支持以及精英参与市场能力强化的作用下，草场资

---

① 刘欣：《当前中国社会阶层分化的多元动力基础——一种权力衍生论的解释》，《中国社会科学》2005 年第 4 期。
② 同①。

源、劳动力资源以及权力资源的重新分配和调整，导致了牧区整体经济结构的分化。

小　结

在这一章中，我们从社会的视角，阐述了牧民定居之后居住空间的改变及其生计策略的调整对其家庭生活产生的影响，以及在此过程中出现的社会问题和社会分化现象。首先，牧民的传统居住空间作为一种文化空间，代表着与其生存环境及生活方式相适应的社会关系及文化惯习，如蒙古包内家具、马具、灶具、琴具的严格摆放位置，传统的长幼尊卑座次、寝位安排顺序以及包外牧业工具的放置方位。而从游牧到定居到再定居的过程中，居住格局的不断改变不仅使家庭成员拥有了各自的私人空间，而且使他们的生活空间和活动范围得到了扩展和延伸，由此，家庭成员之间空间距离的改变使其思想观念、行为方式及人际关系等社会距离也发生了改变，传统惯习及生活方式也在根据变化不断进行调整和适应，表现出极强的适应性与灵活性。

其次，现代化、市场化的牧业经营体系要求牧民所具备的经营、管理意识以及经济、文化和社会资本成为决定家庭生活和贫富差距的关键因素，同时也成为嵌入东乌旗牧区社会分化的重要变量。由此，地理位置、草场类型、退化程度以及家庭生产资源占有多少形成的贫富分化线，在全旗范围内表现出贫困程度自东北向西南逐渐递增的地域性特征，同时伴随着多元以及合作生计策略的不断调整和调适，牧民群体日渐分化为整合户、被整合户和单独经营者三种身份，这三种身份作为经济主体进行博弈与互动的图景也成为我们理解东乌旗游牧社会变迁的另一种视角。

第六章

自觉与回归：
作为游牧基础的精神世界

东乌旗游牧民虽然世代生活在中国的边缘，甚至内蒙古草原的边缘，但在现代化、城市化以及全球化的大背景下，他们正在以全新的姿态日渐进入更加广阔的经济生活与文化生活中去。因而本章的任务是，探究原本较为封闭的游牧社会，如何在主流文化的不断冲击与阵痛中做出调适与选择。作为游牧经济及文化传统的精神世界何以延续，而草原情结又在精神世界的延续过程中如何发挥作用。带着这样的问题，我们展开讨论。

第一节　生态观念与文化自觉：敖包祭祀

敖包祭祀作为蒙古民族的民间信仰，一直是草原人民最重要的传统节日。它包含了迄今为止蒙古文化所受到的各种影响，是一个集宗教、文化于一体的复合文化载体。[①] 关于敖包祭祀的研究，大多数学者都从民俗视角对其起源、宗教功能及祭祀仪式的变迁等问题进行了探讨。如刘文锁和王磊、包海青、任洪生、拉巴次旦[②]对敖包的基本形制和祭祀方式的起源进行了详尽的分析，而张曙光及王伟、程恭让[③]等人则从组织形式、组织原则及宗教信仰视角对敖包

---

① 阿拉腾：《文化的变迁——一个嘎查的故事》，民族出版社，2006，第213页。

② 刘文锁、王磊：《敖包祭祀的起源》，《西域研究》2006年第2期；包海青：《蒙古族敖包祭祀仪式渊源探析》，《青海民族研究》2009年第1期；任洪生：《蒙古族敖包习俗的文化渊源考述》，《青海民族研究》1999年第3期；拉巴次旦：《试探"堆尼玛"和"敖包"的起源》，《西藏大学学报》（汉文版）2006年第1期。

③ 张曙光：《自愿、自治与平衡——关于白音敖包祭祀组织的考察》，《内蒙古民族大学学报》（社会科学版）2008年第2期；王伟、程恭让：《敖包祭祀：从民间信仰到民间文化》，《宗教学研究》2012年第1期。

祭祀的仪式过程及其意义进行了考察。陈烨、艾丽曼[1]等人论述了敖包祭祀内容和方式的变迁问题。还有一些学者是将其放在蒙古族的民间信仰或生态功能框架下进行探讨的，一方面是由于敖包信仰中所体现出来的自然崇拜和生态观念起源于萨满教"万物有灵"的原始信仰，另一方面是由于敖包祭祀是蒙古族传统生态文化及信仰体系的重要组成部分，如波·少布、周玲、韩官却加、纳钦及阿拉坦宝力格[2]等人。而民俗学家邢莉[3]可谓是对整个敖包信仰及祭祀习俗在内蒙古地区的勃兴及传承做了一个总体的概括和深入的研究，她的研究涵盖了生态、宗教、组织、传承及变迁等几个方面。本节将对东乌旗游牧民在敖包祭祀中所体现的生态观念及自觉意识进行论述。

一 敖包祭祀与生态观念

东乌旗境内有 100 多座敖包，到 1999 年为止仍有 69 座敖包在进行祭祀活动，祭祀日期主要集中在阴历五月至六月，每个敖包都有固定的祭祀群体。在持续一年的田野调查过程中，笔者曾多次参与东乌旗的敖包祭祀活动，包括小型的嘎查敖包以及大型的旗敖包祭祀仪式。在此，笔者就以当地规模最大、祭祀仪式最为隆重的巴彦敖包为主，参考其他敖包祭祀的田野调查情况，对东乌旗敖包祭祀活动中所体现的生态观念进行一个全面的考察。巴彦敖包位于东乌旗萨麦苏木巴彦敖包嘎查南 500 米处，整个祭祀活动由三个文化空间构成，位于北部山顶的巴彦敖包与西南距此 1 公里柴达木湖畔的额吉敖包构成一个神圣的祭祀空间，山下平坦草地上的蒙古包和摔跤场地构成一个神圣与世俗交汇的

---

① 陈烨：《蒙古族的祭祀习俗及其变迁》，《内蒙古社会科学》1994 年第 5 期；艾丽曼：《青海河南蒙古族自治县敖包（拉卜则）祭祀调查》，《青海师范大学民族师范学院学报》2012 年第 1 期。

② 波·少布：《蒙古族的自然神与自然崇拜》，《黑龙江民族丛刊》1994 年第 4 期；周玲：《蒙古族的自然崇拜》，《殷都学刊》1994 年第 4 期；韩官却加：《青海蒙古族的原始崇拜及生态价值观》，《青海民族学院学报》（社会科学版）2000 年第 4 期；纳钦：《蒙古村落多层次信仰》，中央民族大学博士学位论文，2003 年 5 月；阿拉坦宝力格：《祭祀游艺的人类学研究——以蒙古族祭敖包为例》，载《中国·内蒙古第三届草原文化研讨会论文集》，2006 年8 月。

③ 邢莉：《蒙古族敖包祭祀的生态功能及文化价值》，《云南师范大学学报》2013 年第 2 期；《祭敖包与蒙古族的民间信仰》，《内蒙古社会科学》1997 年第 1 期；《蒙古族与藏族的天体神话与天神信仰的比较研究》，《中央民族大学学报》2005 年第 6 期；《当代敖包祭祀的民间组织与传统的建构——以东乌珠穆沁旗白音敖包祭祀为个案》，《民族研究》2009 年第 5期；《蒙古族敖包祭祀文化的传承与变迁——以 2006 年 5 月 13 日乌审旗敖包祭祀为个案》，《中央民族大学学报》（哲学社会科学版）2009 年第 3 期。

空间，而场地前 500 米处临时搭建的商业区又构成一个世俗空间。这一祭祀是对象征父亲和母亲的"巴彦敖包"和"额吉敖包"的联合祭祀，因此在全旗敖包祭祀中最为隆重。祭祀仪式具体分为两部分：神圣的主祭仪式及之后的娱乐活动。而整个祭祀活动的准备及安排由一个完全自愿组成的民间组织来承担。

（一）敖包主祭仪式、生态与心态

莫妮卡·威尔森（Monica Wilson）将仪式定义为，具备法律效力的部分，主要是被当作古代的一种制度。[1] 而在埃文斯·普理查德看来，社会制度是生态学系统内的一个系统，它一部分依赖着生态学系统，一部分是依靠自身而存在的。[2] 因此，从某种意义上说，敖包祭祀仪式中所体现的生态观及禁忌是游牧社会中的一种规范制度，而这种制度又会指导牧民建构适合在草原环境下生存的价值体系。如在古代，蒙古族生活的草原地区天气变化无常，气候恶劣，他们对很多自然现象难以理解，于是就产生了万物有灵的自然崇拜意识，他们试图将控制天地的神灵赋予某种实物，如敖包、树木、山石等自然物，希望通过祭拜来控制环境。所以对敖包的祭祀，本身就体现了一种与自然相互依存的生态观念。

祭祀时间及敖包的形制因苏木、嘎查不同略有差异，一般规定农历初三、十三、二十三等单数日期祭祀，而形制基本为单座、三座到十三座不等。巴彦敖包祭祀时间为每年六月初三，共由 13 个敖包组成，中间 1 个主敖包，东西两侧各 6 个小敖包，而在通往敖包的山路上有 70 多个小敖包，据当地人说是20 世纪 80 年代恢复祭祀以后人为加上去的，并不是其本来面貌。祭祀时间和形制数量均为单数的原因是，单数是蒙古族的圣数，尤其"13"。"10"是整数，有整合之意，而"3"是全数，即代表天、地、人与万物是一个统一体，象征完美无缺的苍天之力，因此大多祭祀都定在带有"3"的日期进行。

整个主祭仪式包括三部分内容：敖包的祭拜、喇嘛念敖包经文及祭祀之后关于"贺西格"和"查卜"[3] 的分享。笔者分别于六月初二下午及六月初三上午参与了额吉敖包和巴彦敖包的祭祀全过程。负责祭祀的 17 个敖包长七天前

---

[1] Monica Wilson, "The Wedding Cakes: a Study of Ritual Change." *The Interpretation of Ritual.* EDITEDJ. S. La Fortain Tavistock Publications. 1972.

[2] 〔英〕埃文斯·普理查德：《努尔人》，褚建芳、闫书昌、赵旭东译，华夏出版社，2002，第 114 页。

[3] "贺西格"：祭祀的整羊；"查卜"：主祭祀仪式之后牧民吃的羊肉粥。

就已在敖包山下的平地上搭起了 17 个蒙古包，蒙古族以西为尊，最西面的第一个蒙古包为敖包总长家搭建的，而笔者所住的蒙古包是敖包长萨麦苏木陶森淖尔嘎查书记额尔敦朝鲁家，按照自西向东的顺序，他家是第 9 个蒙古包。与其他敖包不同的是，这次蒙古包门的两旁插着两个风马旗，笔者跟随敖包长额尔敦朝鲁分别于六月初二下午三点和初三凌晨三点将其插在祭祀的两个敖包上，而后开始供奉"贺西格"，在煨桑台前点燃香和桑草，在烟雾缭绕中边绕敖包顺时针转三圈，嘴里边高呼"呼瑞，呼瑞"，进行召唤仪式，并将奶食、鲜奶洒向敖包，跪拜磕头之后坐在敖包西北角静听喇嘛念额吉敖包、巴彦敖包及敖包总经等经文一小时之久，最后回到蒙古包里分享圣餐。

在仪式过程中敖包承载着能使草原风调雨顺、牧草繁茂、牛羊肥壮的神圣职能。牧民认为树木和雨水有一定关系，因此在祭祀的前一周就从巴彦毛都林场运回新鲜柳条插上敖包，以石与木组成的二元结构象征吸引雨水的意义，向神灵表达祈雨的心愿，这一点我们也可从额吉敖包西边修建的龙王庙窥见一斑。他们认为人类与万物都是自然的组成部分，来自自然，必然要回归自然，这体现为他们将奶食、牛奶、整羊贡献给天神，通过归还天神恩赐的畜产品并让天神享用来祈求天神赠予他们更多的牲畜和畜产品，实现人与自然之间生存资料的物质循环，达到永续利用的平衡关系。这类似于范·吉内普（Van Gennep）的通过仪式。[1] 在神圣与世俗之间，有一条中间地带，比如这里的敖包，在这里举行这样一种特定仪式，就表示人或物和宇宙之间建立了某种联系，包括最后共同分享的"贺西格"，通过喇嘛诵经及烟雾缭绕的祭祀，已经具有了神圣性，而这种神圣性又通过分享而使所有牧民都获得了拥有雨水和牲畜的机会，因此牧民认为每年只有"祭过了敖包，心里才觉得踏实"。

笔者认为，牧民通过祭敖包所表达的这一共同的价值取向可以用"心态"解释。费孝通先生对"心态"一词曾有过这样的概括：在不同的价值取向中找出共同的、相互认同的文化价值取向，建立共同的心态秩序。而麻国庆又对这一理论进行了更为详细的拓展，他认为"心态"一词，包含两个层面。第一，寻求不同文化价值取向背后人类文化和心理的一致性的东西；第二，在不同的文化之间寻求理解、互补、共生的逻辑。[2] 固然，参加仪式的每个牧民在生活中都可能存在不同的个人价值取向，但他们通过祭敖包这一特殊形式向神灵表达了牧繁群兴的共同愿望，从而建构起一种文化和心理上一致性的信仰，

① Arnold Van Gennep, *The Rites of Passage*, the University of Chicago Press. 1960, pp. 19-20.

② 麻国庆：《走进他者的世界》，学苑出版社，2001，第 364 页。

做到人的心态秩序的协调统一，这也从另一方面体现了牧民对其传统文化的"自知之明"。

（二）敖包祭祀娱乐与自然生态

每年六月初三敖包祭祀结束之后的上午九点，都会举行赛马和摔跤两项娱乐活动，这是为了取悦神灵，做到祭祀之后的人、神共乐。只要神灵高兴，就会下雨，使牧草繁茂，保证牲畜的产量及生计的稳定，实现人、草、畜的动态平衡。负责祭祀的敖包长额尔敦朝鲁告诉笔者："敖包那达慕办得越红火，敖包神就越高兴，就越会保佑我们人畜平安。"如同盖山林所说，蒙古人祭敖包的主要对象是天、地、火、龙，而敖包祭祀的主要目的是祈福禳灾、驱恶避瘟，祈求水丰草茂、人畜两旺、风调雨顺、国泰民安。① 在这样一个看似简单的逻辑关系背后蕴含着牧民朴素的行为动机和美好愿望。

在广阔的草原上，中年、青年，甚至十几岁的小孩都参与到马速的比拼与较量中，赛程为35公里，人与蓝天、绿草交相组成一幅豪迈而浪漫的自然美景。赛马结束之后的摔跤选手为128名，英勇的搏克手模仿老鹰、老虎、鹿等动物的动作跳跃入场，这些动物还通常被视为传说中的祖先或可以保护草原的神力。这种模仿飞禽走兽的肢体语言表明了人与自然的关系，因而这些动作也被相应赋予了一种社会和文化意义。如今获胜的前32名的奖励改为300~3000元不等的现金，据访谈得知，中华人民共和国成立前东乌旗传统的前三名奖励骆驼、活牛及活羊，而前三名也被封为"雄狮"、"大象"及"雄鹰"。

比赛过程中，牧民吟唱的"呼麦""长调"等民歌及最后为获胜冠军颁奖时咏诵的"伊茹勒"②，几乎全是对于蓝天、草原、牛羊、牧民等草原生态的描述和赞美。首先从"呼麦"的起源来看，其最初是人模拟大自然的美妙声音而来，此后在呼麦的基础上逐渐形成了长调。色·巴彦吉日嘎拉在其《蒙古长调歌概论》③ 一书中指出，据传，源于阿尔泰山脉的鄂毕河流经一处穿洞岩时发出美妙的声音，后有人模仿此美妙声音而产生了古老的喉麦（后演化为今日的呼麦）。史书中另有记载：长调是以狩猎为生的林中百姓，为呼唤猎物而产生的一种吆喝之声，或与狼嚎有关。最初古代蒙古人与狼、海东青等野生动物关系亲近，他们召唤狼的方法便是模拟狼嚎。后来他们从狩猎转向畜牧业，

---

① 盖山林：《蒙古族文物与考古研究》，辽宁人民出版社，1999，第142页。
② "伊茹勒"，蒙古族的祝赞词，一般在那达慕、本命年、婚礼等特定场合吟诵。
③ 色·巴彦吉日嘎拉：《蒙古长调歌概论》，内蒙古人民出版社，2000，第10~11页。

开始驯化野生动物，狼从人类的伙伴变为敌人，这时为防止狼袭击家畜，牧民
会大声呼喊或指使家犬驱赶狼，久而久之逐渐形成呼麦和长调。由此可以看
出，特定的草原生态环境是这些词曲形成的基础。其次，我们就这些词曲的歌
词含义做进一步考究。如敖包那达慕上播放的一首关于乌珠穆沁搏克手的长
调，名为《褐色的雄鹰》，其中一段歌词如下：

> 褐色的雄鹰俯冲猛，
>
> 捕取猎物双翼壮，
>
> 勇猛的狮子呦，
>
> 在深山里威风四射，
>
> 喷涌的泉水呦，
>
> 永远舀不尽，
>
> 耿直的好汉，
>
> 永远不给低头，
>
> 爱护我的青春。

从这段长调的歌词来看，"雄鹰、狮子、深山、泉水"等都是关于草原自
然的词语，而"勇猛、威风四射、永远舀不尽"等词语，又表达了蒙古民族
对自然万物的崇敬和赞美，甚至渴望之情。因此，他们始终将人与生态紧密联
系，而且这里出现的都是与其密切相关的动植物，他们不可能去崇拜从未出现
在生活环境中的自然现象。在当地牧民的分类系统里，草原上每一种草的种
类、名字、特征都非常细致，甚至通过气味就可以嗅到附近草的种类和土质，
人们对周围的草原环境高度熟悉，因为他们置身其中，世代生活在草原上。正
是通过崇拜牧业生活中出现频率最多的动植物，他们才形成了珍爱自然、保护
生态的意识。由此，牧民以绵延千百年的朴素生态观与赖以生存的自然生态形
成了一种相互平衡的适应模式。

（三）敖包祭祀组织与人文生态

负责祭祀的组织是在自愿、平等的基础上，由民间自主决定的。巴彦敖包
属于寺庙敖包，早期由库伦庙的喇嘛主持祭祀，后来逐渐改为僧俗联合的祭祀
形式，即寺庙和民间共同祭祀，这种祭祀方式一直持续到1956年停祭之前。
1984年祭祀恢复以来，就改为由民间负责，喇嘛只保留祭祀仪式程序和规范

的话语权。敖包修葺、圣餐开锅、祭祀前三日邀请神灵的降临及主祭祀仪式都需要喇嘛念经。刚刚恢复之时，东乌旗有15个苏木，因此规定每年每个苏木出一位德高望重的牧民组成祭祀组织，但由于苏木建制的变更，2009年又增加了2个苏木，因此至今实施的是敖包总长领导下的敖包长组织制度，17个敖包长中，只有1位敖包总长需要集体商量确定，其他16位敖包长均由各苏木上一年的祭祀负责人进行传递，但原则上只能在本苏木牧民之间传递。其组织基本结构如图6-1所示。

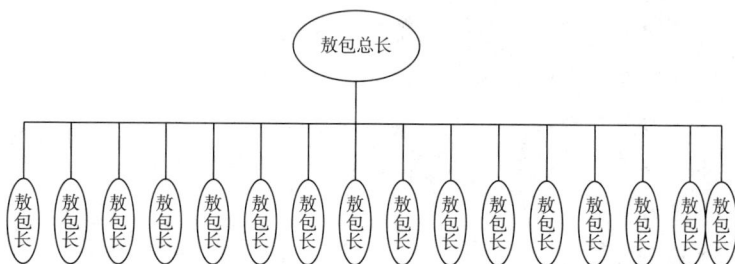

图6-1 巴彦敖包组织结构

任何一位有意承担敖包总长的牧民，都可以向上一年的敖包总长提出申请，然后由敖包总长和其他敖包长共同商量确定。敖包总长在17个苏木之间轮流产生，不能由同一苏木的人连任两次，这样就可以平衡各苏木之间的关系及财力、物力和人力等资源，使每个苏木都有平等的机会承担祭祀仪式，避免某一个苏木在祭祀中占据绝对的话语权。按照牧民的传统，对于公共敖包的祭祀，一个人一辈子只能承担一次祭祀任务，除特殊情况很少有终身制的敖包长。

张曙光[1]将其原因归纳为三点：经济原因，敖包的集体性、公共性及蒙古人讲究的"度"。每年祭祀宰杀的牲畜及所需资金动辄数万元，如2013年17户每家出5000元，共85000元，此外除敖包总长宰杀4只羊，其他敖包长每家各杀2只。这样轮流分担祭祀，一可以减轻组织者的负担，二可以避免组织者经济能力无法承受而导致祭祀中断。敖包是公共的神灵，起着调节牧民社会内部关系，保佑整个社区风调雨顺、牛羊肥壮的重要作用。因此每个人都有享受雨露的机会和权力，同时又有承担组织祭祀的责任和义务，这样就可以做到

---

[1] 张曙光：《自愿、自治与平衡——关于白音敖包祭祀组织的考察》，《内蒙古民族大学学报》（社会科学版）2008年第2期。

社会内部结构的平衡及责任的分担。由此，他们在社区内部实现了一种人文生态的平衡与和谐。

费孝通先生认为："人文生态是指一个社区的人口和社会生产结构各因素间存在适当的配合以达到不断再生产的体系。"[1] 在东乌旗敖包祭祀组织的平等分配和安排之下，由人与人建构起来的"等级生态"在群体内部得到了仪式和组织的疏导与平衡，这样就有效保证了祭祀的延续性和永久性。事实上，这种"人文生态"不仅体现在组织内部，也同样体现在组织领导之下的程序中，如主祭仪式结束之后对"贺西格"的共同分享，以及祭祀前一周负责祭祀的17个敖包长之间就开始互送礼物，如同涂尔干（又译杜尔干）[2] 所说，人吃进同样的食物就能产生与人具有相同血缘的同样的效果，一起分享圣餐就意味着在参加的人群中间建立了一种人为的亲属关系，通过分享礼物进行感情交流，从而使社区内部的关系更为亲密。对于当地牧民来说，任何一个来参加祭祀的人都会被热情邀请喝茶、吃肉，进餐过程中也可以深刻感受到他们长幼有别的尊老习俗。更重要的是，通过这种礼仪还可以重塑群体的道德规范，使牧民从小就知道保护草原、热情好客、尊敬老人的良好习惯（参见图6-2、图6-3）。

图6-2 攀登巴彦敖包山路的牧民（农历六月初三 巴彦敖包嘎查）

---

[1] 麻国庆：《走进他者的世界》，学苑出版社，2001，第357页。
[2] 〔法〕爱弥尔·杜尔干：《宗教生活的基本形式》，林宗锦、彭守义译，林耀华校，中央民族大学出版社，2002，第373页。

图 6-3　额吉敖包祭祀仪式（农历六月初二　巴彦敖包嘎查）

二　敖包祭祀与文化自觉

费孝通先生身体力行，他在 20 世纪 80 年代及 90 年代末，相继对以狩猎为生的内蒙古鄂伦春人聚居地区以及从事渔猎生产的黑龙江赫哲族进行了考察，发现中国一些"人口较少民族"，在社会的大变动中，特别是跨入信息社会之后，所面临的问题是：自身文化如何保存下去？于是在 1997 年北京大学举办的第二届社会学人类学高级研讨班上，他提出了"文化自觉"这一概念，即指生活在一定文化中的人对其文化有"自知之明"，明白它的来历、形成的过程，所具有的特色和它发展的趋向。有自知之明是为了加强对文化转型的自主能力，取得决定适应新环境、新时代文化选择的自主地位。① 这个概念以小见大，可以从人口较少民族看到中华民族以至全人类的共同问题。可见，费孝通先生的"文化自觉"来自特定时空条件下的现实诉求，也是处于快速转型过程中的任何民族，包括东乌旗的游牧民族今天所面临的问题。

东乌旗自古就是一个以牧业生计为主的纯牧业旗，气候条件及草原植被构成了当地牧业生计的主要生态基础，但恶劣多变的气候及草场的日渐退化使当地牧民的牧业生产及生存状况充满了不确定性。东乌旗深处内蒙古高原内陆地区，气候条件较为恶劣，自然灾害频发，比如倒春寒、寒潮、干旱、雪灾等，

① 费孝通：《关于"文化自觉"的一些自白》，《学术研究》2003 年第 7 期。

诸如此类恶劣气候严重影响牧业生计，拥有几百乃至几千头牲畜的牧民可能在一夜之间就会一贫如洗。由于气候、人为等因素的综合影响，东乌旗草原植被处于日渐退化、沙化的趋势中，具体表现为生态结构趋于简单化，草原自身生态调节能力及抵御各种灾害的能力降低，产草量和人均、畜均草地面积减少。

数百年来，生活在乌珠穆沁草原上的牧民在与自然生态的不断调适中，形成了与此相适应的牧业生计及对生存环境的独特理解。东乌旗博物馆展厅内的民族迁徙图上清楚地显示了，乌珠穆沁部落是13世纪时，随成吉思汗的长子拙赤从蒙古国境内阿尔泰山脉"乌珠穆山"森林里迁徙而来的一个林中部落。最初部落民在森林里从事狩猎生计，迁徙以后改为牧业生计，但无论狩猎还是牧业，这两种生计方式都属于自然经济范畴，对自然环境高度依赖，而这种绝对的依赖也决定了他们对自然的态度，他们认为狩猎和游牧过程中所接触的山水、草原植被，甚至雷雨、闪电等自然现象都具有一种神圣的力量，于是就将大自然人格化，进而神圣化，如果顺从自然，神灵就会带来好运，反之自己就会遭灾。由此产生了以"万物有灵"为基础的萨满教信仰，进而在萨满教基础上又形成了通过祭敖包来表达愿望的文化形态。

斯图尔德的文化生态学强调了生计方式与文化的关系，并认为文化的形成和分布在很大程度上受环境因素的制约，而生计方式在一定程度上又会对文化的各方面产生影响。由此，他将核心文化解释为"与维持生命的活动及经济结构具有密切关系的集团特性"。[1] 事实上，一个民族具体文化形态的形成取决于这个民族从事何种生计方式。对于牧民来说，世代从事的游牧生计决定了以自然崇拜为核心的敖包祭祀是与其相适应的文化形态。

此外，敖包祭祀过程中播放的呼麦、长调等民歌的产生以及包括骑马、摔跤、射箭的"男儿三艺"也和牧业生计密不可分。当牧民从狩猎转向牧业之初，需要将野生动物驯化为家畜，在此过程中他们逐渐开始尝试用声音和动物沟通，母羊不要羔子或羔子不吃奶时，就用劝奶歌对其进行感化，牛羊挤奶不配合，就用催奶歌和其沟通，他们在牧业活动中细心观察牲畜的习性、特征、发声方式，并相应发出与之适应的各种呼叫声，而在广阔的草原空间内，又要求呼唤声能够足以控制牲畜，这种控制又需要借助马头琴、鞭声、套马杆等声音的配合才能完成，由此便产生了呼麦、长调。牧民根据季节游牧、接羔、剪

---

[1] 〔日〕绫部恒雄：《文化人类学的十五种理论》，中国社科院日本研究所社会文化室译，北京国际文化出版公司，1988，第185页。

毛、制毡，这种连续的牧业生产安排又为呼麦、长调等牧业歌曲的产生创造了条件，每一个牧民在襁褓中就开始接触长调，耳熟羊羔的咩咩叫声，四五岁就开始放牧羊羔、牛犊，七八岁就开始赛马，游牧生计需要体质强壮，他们十二三岁就开始学习摔跤、射箭、吟诵赞词，祭敖包时又需咏唱，歌声几乎伴随他们的整个人生。由此可以说，祭敖包、祭祀之后的敖包那达慕及其配乐因生计需要而生，是牧民在与物质环境的特殊关系中所产生的文化形态及其求生的适应策略。

更进一步思考，世代生活在草原环境中的牧民，在日常生产及长期实践中已经明白了决定其家庭生计可持续的根本外部条件是自然，并已认识到，如果要维持生计，就必须慎重保护自然及生物的充足能量，因而牧民往往会说"我们保护环境，就是保护自己"。换言之，保护自己就是维持牧业生计的可持续。而近几年草原生态的不断恶化，又导致牧民对人与自然关系的重新认识及保护环境意识的强化。因此，他们充分发挥了适应自然环境变化的自主能力，策略性地与草原生态建构起一种"自然—水草—牲畜—人群"环环相扣的生物链，根据水草而季节性地选择放牧草场，在移动的生计中做到适度利用又能保证牧草的周期生长及植被的多样性。

与此同时，为保证牧业生产的顺利进行，他们又必须寻找可以减轻自然对生计产生影响的方法，以及可以让他们表达心愿的物化形式，敖包便充当了这一物化的角色。敖包多选择在水草丰美、辽阔雄伟的山丘之上，一旦建成并用来祭祀之后，作为神的附属物其在人们的观念中便成为神圣的地方，人们就会对其十分崇敬、爱护。由此，也衍生出许多关于这种特殊祭坛的行为禁忌。如严禁在敖包附近的河流或湖泊内洗手、洗澡、洗脏衣服、钓鱼等。与笔者一同祭敖包的图雅讲述了一个亲身经历的故事：

> 有一年夏天我和朋友去敖包附近的湖里玩，当时正值经期，可我不懂，也跟着他们下水，结果回去就得了一场重病，怎么看也不好。后来去庙里让喇嘛看，说是因为我的经血污染了敖包附近的湖水，触犯了敖包神，让我去虔诚地祭拜敖包，向敖包神赔罪，尽量连祭三年，尤其是神力较大的敖包。所以我特意从通辽赶来祭拜东乌旗神力最大的巴彦敖包。

从图雅的经历中，我们可以发现，如果不慎污染了敖包附近的水源，敖包神就会降罪于污染者，污染者要虔诚祭拜，不再行污染之举，才能消除灾难。事实上，史禄国①在其对通古斯人的描述中对此也有提到，通古斯人认为女人的经血是非常厉害、危险的东西，因此禁止经期或分娩不久的妇女进入水中，如果其经血混入水中，她就会患病。这样，牧民往往在敬畏之下对敖包进行祭祀，祭祀会强化牧民的行为禁忌，而禁忌又反过来会规范祭祀者的行为，使牧民做到对草原环境的珍惜和爱护。

此外，这些禁忌还规定不能在敖包附近的草场上挖土、伐木、捕猎、便溺、乱扔杂物，甚至开荒种地，更不能随便挪动敖包上的石子、柳条。为了不动土、不挖坑、不劈材造棺及不破坏草原，古时游牧民多行"野葬"，将尸首载于牛车之上，送到野外，任老鹰、狐狼等野生动物啄食或风化。而现在从游牧转为定居后，牧民一般实行"火葬"，他们这种行为的目的在于让死者的遗体在草原上不留任何痕迹，作为生态系统循环往复的一种物质，从自然而来又回到自然。其实早在一些蒙古史书中，对牧民保护水源、植被及动物的生态观念就有所记载，如"鞑人地饶水草，宜羊马，其为生涯，只是饮马乳，以塞饥渴。凡一牝马之乳，可饱三人。出入只饮马乳"，②"他们非常注意，绝不喝清水"。③ 在对动物进行狩猎时，他们遵守打大放小、打公放母、适当放生等原则，特别不能捕杀有卵飞禽、怀胎母兽及哺乳期的母畜、幼畜，狩猎时间一般都在秋末或初冬，尽量避开动物繁衍期间的春夏季节进行，以防止物种灭绝。

东乌旗各苏木、嘎查散布着 40 多座大小不等的敖包，每一座敖包周围的草场，都受到牧民特别的重视和保护，实际上由这些敖包联系起来的草场形成了一个个自然保护区，其对全旗草原的整体生态意义明显。牧民之所以如此虔诚地祭拜敖包，究其根本，是因为其生计与自然有着密不可分的关系，所以其对草原生态的反哺意义值得我们关注。正如马克思、恩格斯将实践活动看作人类有目的、能动地改造世界的客观物质活动一样，祭祀敖包这一文化形态，也可以被看作牧民有意识、有目的的创造性和适应性的活动，以及其能动性、主体性的自觉发挥。面对如今草原面积的日渐碎片化及草原生态的日渐退化，他们正在以其特定的经验、习俗及传统惯习，践行着一种延续式的"文化自觉"。

---

① 〔俄〕史禄国：《北方通古斯人的社会组织》，吴有刚等译，内蒙古人民出版社，1984，第410 页。

② 赵珙：《蒙鞑备录》，黑龙江人民出版社，1979，第 18 页。

③ 〔英〕道森：《出使蒙古记》，吕浦译，中国社会科学出版社，1983，第 117 页。

费孝通先生身体力行，对中国社会进行了跨越东西南北的深入调查之后，提出自然生态、人文生态及人类心态的问题，并多次强调人类社会系统内部的人口与社会生产之间要做到人与自然、人与人及人类与自身之间心态秩序的相互平衡。就本书所论来看，东乌旗牧民在敖包祭祀展演中所体现的与环境共存的自然生态观，群体内部和谐的人文生态以及与自我心态秩序的相互平衡，都反映在人们敬畏的观念和创造的实践之中。正是他们独特的生态观念和信仰实践，才使其在人类生存与草原生态这种二元对立的矛盾结构中实现了生存的可持续。另外，由于敖包文化形态的创造主体以高度依赖草原的牧业为生，因此恶劣的环境及生存的需要迫使他们必须策略性地适应环境，敖包祭祀正是他们的适应策略之一。他们试图通过这种文化媒介表达对草原生态环境适应的心意。反过来，这种敬畏所衍生出来的文化观念和行为禁忌又对草原生态的保护起到了一定的反哺作用。

第二节 "大传统"与"小传统"合力
维系下的那达慕展演

1956 年，美国人类学家罗伯特·雷德菲尔德提出了一对阐释文明结构的概念——"大传统和小传统"。他认为，大传统指代表国家与权力，由城镇的知识阶级所掌控的书写的文化传统，而小传统则指代表乡村的，由乡民通过口传等方式传承的大众文化传统。[1] 他的这种二元区分被学术界广泛接纳，并在实际运用中被改称为"精英文化与通俗文化"等表述。事实上，早在 2500 年前，孔子在《论语·阳货》一文中就已提出了类似的对现实社会中的人群一分为二的概念，即"唯上智与下愚不移"。这里可以将"上智"解释为代表社会统治阶层的知识分子，而将"下愚"理解为被统治的平民百姓，孔子所说的"不移"则意味着他所认识到的社会结构具有二元对立的特征，并且永恒不变。而关于二者的关系，简单来讲，经过大传统形塑而成的文化基因和模式，成为小传统发生的母胎，会对小传统形成巨大而深远的影响，反过来，小传统之于大传统，除继承、拓展之外，还有取代、遮蔽与被取代、被遮蔽的关系。本节内容就将作为东乌旗牧民重要传统节日的那达慕大会置于这一分析框架之下，来阐述如今的民间那达慕如何在"大传统"与"小传统"的互动中

---

① 叶舒宪：《中国文化的大传统与小传统》，《光明日报》2012 年 8 月 30 日第 015 版。

被生产和再造，而牧民又是如何努力延续和维系这一文化传统的。

一 那达慕的符号阐释

那达慕，蒙古语解释为"游戏""娱乐"之义，即指"蒙古族传统的群众性盛会"。① 事实上，"那达慕"一词出现较早，有文字记载最早出现于15~16世纪的喀尔喀地区，当时是指相邻旗县的蒙古族定期聚会，会上各札萨克互通有无，通报一年的牧业情况，并举行"男儿三艺"那达慕比赛，选出快马、神箭手及大力士，被称为"七旗那达慕""十札萨克那达慕"。对于这一节日的界定，学界有不同的表述，但当我们去民间寻找那达慕的时候，会发现牧民对那达慕有不同的说法。一位前来参加那达慕大会的牧民告诉笔者，"我们管那达慕叫'耐亦日'，小孩子剪头发，老人过寿时都会举办那达慕"。可见，牧民只要有特定的传统节日，都会举办那达慕。蒙古语中的"耐亦日"有联欢、喜庆、盛会以及友情、友谊、情面之意，指的是一种包括"男儿三艺"的游戏，而牧民认为至少包括赛马、搏克、射箭这三种游戏之中的两项才称得上那达慕。

在牧区，蒙古族民间对于那达慕多有"耐亦日""巴亦日""好日暮"之称，所有这些名称下的聚会、祭会、庆祝会、联欢会其实都可用"耐亦日"统称，如"敖包因耐亦日"（敖包会）、"乌热本耐亦日"（周岁礼）、"纳森坦乃耐亦日"（老人寿辰会）、"呼训耐亦日（旗那达慕）"等，即便是官方举办的那达慕大会，蒙古语也会称之为"阿日达因·伊和耐亦日"（人民的聚会），而很少说"那达慕因忽日拉"（那达慕大会）。这里所称的"耐亦日"是一个较为宽泛的概念，因此所有庆典、祭祀时的聚会都可以被称为"耐亦日"，但无论是哪种称呼，都包含有"聚会"之意，因为在与牧民的交谈中，他们反复强调的一个词即为"聚会"。

众所周知，牧民在广阔草原上的居住格局较为分散，而牧业生计的脆弱性和地广人稀的生活条件等因素，都使牧民定期的物质交流和精神交流成为需要。而"耐亦日"正充当了他们彼此之间物质与精神交流的媒介。这可以从清代至近代以来，草原那达慕上出现的大型商品交易活动窥见一斑。因此，在他们看来，聚会是与日常生活有区别的日子，平日居住生活的分散性与节日的聚集性形成鲜明对比。在举行聚会的时间和空间里，他们将平日生活空间中的

---

① 中国非物质文化遗产网，http://www.ihchina.org.cn/inc/ guojiaminglunry.jsp? gjml-id = 496，2014年1月10日。

"小我"，纳入聚会情境下的"大我"之中，从而实现了从个体中的"我"到集体中和社会中的"我"的转变。

笔者在田野调查中，有幸参与了四次规模不同的"耐亦日"活动，分别为 2012 年 8 月 5 ~ 9 日在锡林浩特举办的"天堂草原那达慕"，2012 年 8 月 21 ~ 23 日在东乌旗珠恩嘎达布其口岸举办的"嘎达布其镇首届那达慕大会"，2013 年 6 月 24 ~ 27 日在旗府乌里雅斯太镇东郊举办的"锡林郭勒盟第八届搏克排位赛暨东乌珠穆沁旗第二届'蔚蓝的乌珠穆沁'马文化那达慕"，以及 2013 年 8 月 18 ~ 21 日的"东乌珠穆沁旗第七届'绿色乌珠穆沁'草原那达慕——首届牧民文化节"。

这四次那达慕虽在举办的地点和内容上有所差别，但我们发现，举办的时间均集中在 6 ~ 8 月水草丰美、牛羊肥壮的夏秋季节，从生态环境及牧民的生活节律来说，这是草原即将收获的季节，也是牧民展示其一年家庭牧业经营成果的季节。自古以来，5 ~ 9 月都是北方游牧民聚会、祭祀、课校人畜的季节，入清后，各盟旗的札萨克大会也都定在 8 月举行，故有"札萨克八月会"之称。届时旗内官员齐聚一堂，商议一年的政务、财务以及官员换班等工作，会后还会举行保卫本旗神灵的敖包祭祀活动。

节日给了物理时间以丰富的文化意义。传统的那达慕是蒙古民族的一个标志性的文化符号，但随着社会的变迁，这些文化符号也在发生着巨大的变迁。因此可以说，在研究本土文化的"小传统"之时，必须要关注其在"大传统"影响之下的重新建构，因为在这个政治与权力并行的时代，没有任何一种土著文化可以不受官方话语的影响。因此，笔者在探讨那达慕大会展演的过程中，试图将其放在雷德菲尔德关于"两个传统"的分析框架下进行解读，从而厘清作为"小传统"的民间文化如何被"大传统"所重构，而民间的"小传统"又是如何被维系和延续的。

根据调查，东乌旗历次那达慕大会的举办日期，都是由乌里雅斯太镇库伦庙或道特淖尔镇新宿莫寺的格根，即活佛，选定吉日。一般都定在农历的单数日期，原因是单数是蒙古族的圣数。就这四次那达慕的规模来说，锡林浩特的"天堂草原那达慕"是规模最大的全盟性大会，而嘎达布其镇的首届那达慕是苏木、镇级大会，除参会人数及大会规模有所区别之外，活动举办的文化空间以及具体程序基本相同。就那达慕大会的文化空间来看，主席台、主赛场、生活区、商业区、娱乐区等相对分隔的不同场域，相互之间又有联系，共同构成了大会的节庆空间。这几次那达慕都是在政府的组织和引导下进行的。以

2013 年 8 月 18～21 日的"东乌珠穆沁旗第七届'绿色乌珠穆沁'草原那达慕——首届牧民文化节"为例，这一年的举办地点仍然定在乌里雅斯太镇东南10 公里处的草原上，这是一个面积为 4.8 万平方米的那达慕会场，包括正中的主席台，两边各一座可容纳五百人的观众席。这是旗政府于 1986 年修建的用于每年那达慕举办的固定场所，在城镇化的推动下，那达慕会场的主席台也被修建成了固定的水泥建筑（见图 6-4）。

图 6-4　经过那达慕大会主席台的勒勒车队
资料来源：2013 年 8 月 18 日摄于乌里雅斯太镇。

　　人类学家认为，人类是符号化的动物。那达慕大会上所展现的仪式符号体现着特定的文化意义。接下来，我们就顺着人类组织和参与活动的符号体系去探寻国家与民间合力形塑下，这一文化形态的具体展演方式。

　　首先，开幕式进行的第一项为入场仪式。第一方队是由 20 名组成的国旗方队，第二方队是本届大会的会旗方队，第三方队是蒙古族姑娘方队，第四方队为搏克方队，他们相继进入会场并从主席台前走过。其次，走进会场的是东乌旗 9 个苏木、镇的各代表方队，与往年不同的是，2013 年 12 月增加了两个苏木，因此在以往 7 个苏木镇方队的基础上增加到了目前的 9 个方队。在主持人的介绍下，笔者得知，各苏木镇代表队各有特色。其中，道特淖尔镇代表队以搏克健将的摇篮著称，方队由 12 名青年和少年搏克手、手拿银饰制品的 18位蒙古族姑娘以及 6 名"乌珠穆沁民族服饰刺绣传承人"组成。由于珠恩嘎达布其是与蒙古国接壤的口岸所在地，因而其方队由骑着扎嘎拉泰蒙古马的骑兵组成。额吉淖尔镇有内蒙古甚至华北地区生产规模较大的大青盐池，因此其方队以具有"额吉淖尔盐湖"特色的传说形象出场。呼热图淖尔苏木因出现了许多搏克手、长调歌手以及牧民作家，因此其方队在民歌和地方文化的氛围中出场。而满都宝力格和萨麦苏木是东乌旗草质较好、面积较大的草甸草原分布区，也是旗政府家庭牧场及合作社重点扶持和发展的苏木镇，因此其方队以所取得的牧业成绩为特色，而新增加的 2 个苏木——阿拉坦合力及嘎海勒的方队则以"当代和谐牧业家庭"的形象出现在会场上。在各苏木镇的代表方队出场后，第二项活动为升国旗、奏国歌。第三项是旗领导及邀请的外旗领导和专家讲话。整个大会过程中都播放着长调、呼麦等民族音乐及用蒙、汉两种语言交叉宣读的广播稿等。

进一步分析，从出现在入场仪式中的以上象征符号来看，整个入场仪式既有国家操控的一面，也有民间传统展示的一面。首先，大会的参与者包括领导和牧民两个群体。而这两个群体又有鲜明的身份之别，一是作为官方标志的主席台，而主席台又根据不同职务和身份安排了不同的位置：

主席台上	⟷	主席台下
领导		牧民
位尊		位低

从国家层面来讲，官员和牧民同为国家的公民，但在那达慕大会上的身份显然有所区别。主席台上和主席台下的空间划分，显示了两种不同的社会身份，以及国家举办那达慕的权力和性质。而会场上出现的红旗、会徽、标语，甚至在锡林浩特天堂那达慕开幕式时燃放的五彩烟花、从天而降的降落伞都是出现在传统文化体系中的新符号，而这些符号都是通过国家权力建构的具有现代性意义的文化符号，目的是将国家权力的身份嵌入那达慕的语境下进行确认和巩固。与此同时，在那达慕的展演过程中不仅体现了现代话语的表述，还体现了传统与现代的结合，如在 2012 年 8 月 21~23 日举办的那达慕，将珠恩嘎达布其口岸通关 20 周年纪念日和该镇首届那达慕大会两个不同的文化空间进行了整合，从而使传统在现代的传递中展示出新的意义和内涵。

此外，大会开幕仪式结束之后，政府还组织牧民和参赛选手在距离主会场东北部的 1000 米处，进行了搏克敖包的祭祀仪式。早在仪式开始之前，笔者就已来到搏克敖包前面，只见广阔的草原上矗立着三个敖包，中间一个大敖包，南北各一个小敖包。一个结实的蒙古族中年汉子正在准备着祭祀的奶食品和牛奶，笔者忍不住上前与他攀谈起来。言谈中，笔者得知，这个搏克敖包去年才堆起来，敖包上面放着搏克将嘎①的标志，文体局的人提前一天就来将敖包上面的柳条插好了。提起这次敖包祭祀的时间，他一脸愤怒："以前我们祭敖包是有时间规定的，必须是在太阳出来之前或在太阳升起的时候进行祭祀，一般到 5 点多就结束了。可是现在已经 9 点了还不祭，我们也搞不懂了，哪有大白天祭敖包的？"

从牧民的愤怒与不满情绪中，我们可以发现，原本作为承载传统的民间主体也因权力的参与而变得"搞不清楚了"。前来参加大会的牧民还告诉笔者，20 世纪 80 年代之前的那达慕大会两三年才举办一次，那时没有话筒，也没有音响，只是用大喇叭讲话，但他们都骑着马、套着牛车从各苏木、嘎查赶来参加，比赛选手的奖品一般是骆驼、牛羊、毛巾、砖茶之类的牲畜和生活日用品，而现在不仅出现了麦克风、音响，就连奖品也改为奖金了，比如笔者参与的这次那达慕，获得前三名的搏克手获得的奖金分别是 8 万元、6 万元及 3 万元，而蒙古包评比的奖金则为 2000 元、1000 元及 800 元。

据调查，如今的那达慕举办次数也呈逐年增加趋势，笔者开展田野调查的一年里就参加了四次，并且每次都有电视台等媒体摄像，通过电视进行传播，以致许多牧民宁愿选择待在家里从电视上观看，也不愿像以往那样到现场参加，从而降低了那达慕的聚会功能。取而代之的是，那达慕更多地发挥着政府宣传政绩和确立权威的功能，也成为地方政府"文化搭台、经济唱戏"的品牌发展策略。正如麻国庆教授②所说："不同文化之间的互动，特别是随着全球化进程的加快，不同国家、地域和民族的文化其'无意识的传承'传统，在不同的时间和空间背景下，常常为来自国家和民间权威的力量，进行着'有意识的创造'。"而千百年来存在于牧区的祭敖包及那达慕传统，如今也正面临着这种被创造及被生产的过程。

二　那达慕的传承与延续

通过以上论述，我们认为原本作为民间聚会、民间娱乐以及感情交流的那

---

①　将嘎：指搏克手脖子上戴的彩带，是搏克手屡次获胜的标志，是摔跤比赛获得荣誉的象征，老搏克手退役时，就会举行授予仪式，将其传承给优秀的年轻搏克手。

②　麻国庆：《全球化：文化的生产与文化认同——族群、地方社会与跨国文化圈》，《北京大学学报》（哲学社会科学版）2000 年第 4 期。

达慕大会如今更多地受到了权力的一系列操控，而使一些原生态的文化符号或多或少地背离了传统。但根据调查，笔者发现，在这一生产与再生产过程中，牧民和自组织通过与国家的互动与沟通，正在以他们自己的方式努力维系和传承着本民族的文化传统，例如代表东乌旗传统文化的长调、呼麦、祝赞词以及马头琴表演，马群出场时的绕桑和打马印仪式，搏克健将和蒙古族服饰刺绣传承人的展示，蒙古马仪仗队的表演以及距离主会场西南 500 米处搭建的、由 18 个蒙古包组成的"蒙古包评比区"（见图 6-5）。

图 6-5　蒙古包评比区

资料来源：2013 年 8 月 18 日摄于乌里雅斯太镇。

一位参评的年老牧民告诉笔者，这些蒙古包是由东乌旗 9 个苏木、镇的牧民自愿搭建起来的，每个苏木镇搭 2 个，包内传统的碗柜、板柜、板箱、方桌、马头琴、马鞍、火撑子等家具都是牧民从牧区带来的。每户牧民展示的蒙古包内容各不相同，具体包括奶食品、乳品、奶酒、蒙古袍等。事实上，东乌旗牧民如今已经完成了从游牧到定居的过渡，目前他们居住的房屋为固定的砖瓦房甚至楼房建筑，蒙古包只是作为夏季放牧及敖包祭祀等节日使用的暂时居住场所。居住空间的改变使他们对传统的生活空间充满着怀念。由此，他们通过在那达慕大会上搭建的蒙古包，重新建构起了共同生活的传统空间，组成了一个互相帮助、和谐温馨的蒙古族大家庭。当笔者走进他们搭建的蒙古包时，看到了来自各苏木的年老、年轻牧民坐在蒙古包内，穿着蒙古袍，说着蒙古语，大口吃肉、大口喝酒，无拘无束地畅谈、交流。

　　蒙古包中央放着炉子，炉子上正烧着奶茶，大家聚集在这样一个传统和娱乐的空间里，说祝词，吟长调，下蒙古象棋，共同度过那达慕期间短暂的四天聚会时间。因而可以说，生活在现代环境下的蒙古族牧民，正在通过这样一种重构的方式，重温蒙古包内的温馨与情感交流生活，蒙古语、蒙古式家具、蒙古袍、马奶酒、沙嘎游戏及蒙古象棋等一系列文化符号，重现了蒙古包传统生活的集体记忆。这种集体组织的建构不仅仅是将分散在各苏木嘎查的牧民重新聚集在一起，形成那达慕节日期间的联合体，而且还可以追溯到传统游牧时代，族群历史记忆中的"古列延"社会互助组织。如果说主席台上展现的文化符号是作为"大传统"的国家政治权力话语形塑下的文化形态，那么这一图景所展示的则是作为"小传统"的民间知识体系。在同一种文化空间里，这两种传统互相渗透，互相诠释，但又相互分隔，各自表述。

　　此外，在蒙古马仪仗队的出场和展演仪式中，包括9列马队，领头者骑乘着高大英俊的白马，高举苏鲁德，紧随其后的是象征成吉思汗64匹神骏的方队，包括8种不同颜色的马匹，而每种又由8匹组成。这种队列源自乌珠穆沁民歌《吉祥八骏》中所描述的8种毛色的神马，即枣红、淡黄、枣骝、灰白、斑毛、黑色、褐色、白色。走过会场时，每个骑手都手持马鞭、马刷、套马杆等马具。而马群"绕桑"是比赛开始之前的一项祈福仪式，主席台的西北方摆放着一个铜制大香炉，点燃的艾草、檀香及柏枝等香草料正在冒着缕缕白烟，身穿蒙古袍的骑手们骑马虔诚地绕煨桑炉顺时针转三圈。这样做一是希望祛除污秽，净化心灵；二是祈愿骏马奔驰，名列前茅。虽然在这次的那达慕大会上没有看到喇嘛主持，但这一传统依然被传承和保留下来。相对于其他牧业旗县，东乌旗的草原生态保护较为完好，因此至今还是一个以牧业生计为主的纯牧业旗，这也为这些传统文化符号的保留创造了延续与传承的有利条件。

　　据文体局文化遗产办公室的工作人员介绍，近几年出于当地文化发展的需要以及牧民的热衷与要求，传统正在复兴，比如由民间自发成立的蒙古族象棋协会、长调协会、伊茹勒协会等自组织，以及民族服饰制作、马头琴制作、骨雕制作中心等。每年的农历腊月二十三，在库伦庙喇嘛的主持下，生活在旗府的牧民都在旗广场举行隆重的全民祭火仪式，大家从家里带来牛奶、羊肉、果条等祭品共同祭祀。因此可以发现，政府对传统文化的生产和再造过程，表面上看起来是对蒙古民族意识的弱化，但实际上，又是对民族意识的一种强化。变迁是一个民族在生存和发展的过程中不可避免的趋势，关键在于变迁中的社会、群体和个人如何进行调适。作为传统的民间知识体系，如今正经历着牧民主动地调适与选择，逐渐被纳入更广阔生活空间的牧民正在与"大传统"的博弈与互动中，努力寻求着"小传统"的生存空间。这也显示了，那达慕等传统文化在全球化以及剧烈的社会变迁过程中，再生和重构的能动力和影响力。

第三节　寻找失落的草原情结：传统文化与传统教育

由于东乌旗深处锡林郭勒草原腹地，优越的自然生态及牧业生计为游牧传统文化的保护和传承创造了条件。这是一个蒙古族传统民族文化较为浓厚的牧业旗，也是内蒙古自治区及锡林郭勒盟非物质文化遗产保护项目最为完善的牧业旗。因此，无论在政府主导下，还是牧民自发，对于代表他们民族身份的传统文化，牧民们都具有极强的保护意识。前两节内容我们阐述了作为乌珠穆沁草原生态文化的知识体系，祭敖包及那达慕如何在"大传统"的权力和话语下不断选择与调适，努力寻求"小传统"的生存空间。而这一节内容我们将进一步关注，作为民间知识体系的传统文化如何被牧民带入饭店，带进楼房，甚至搬进课堂，而这一文化形态又是怎样不断得到传承与保护的。

一　传统文化的保护与传承

（一）传统的延续与文化商品化

2009 年底，东乌旗被内蒙古自治区列为"内蒙古自治区文化生态保护区"，原因是东乌旗符合"保护区"的认定条件：一是当地传统文化历史积淀丰厚，存续状态良好，并为社会广泛认同。二是非物质文化遗产资源丰富，分布较为集中，且具有较高的历史、文化、科学价值和鲜明的区域特色、民族特色。三是非物质文化遗产所依存的自然生态环境和人文生态环境良好。四是当地群众的文化认同和参与保护的自觉性较高。[①] 该旗能够获得如此殊荣，既得益于当地民族文化生长的草原生态，又取决于当地政府的积极宣传和不懈努力。

据调查，目前东乌旗的长调已被列入世界级非物质文化遗产名录，而蒙古

---

① 马威、邱泽媛：《文化生态保护区的"空间生产"——以东乌珠穆沁旗"那达慕"节日为例》，《中南民族大学学报》（人文社会科学版）2013 年第 4 期。

族勒勒车制作技艺（见图6-6）以及乌珠穆沁伊茹勒①两个项目被列入国家级
非物质文化遗产名录，具有民族特色的骨雕制作技艺、马鞍具制作技艺、奶
酒酿制技艺、乌珠穆沁婚礼、祭火、祭敖包等11个项目已被列入自治区级
非物质文化遗产名录，此外包括乌珠穆沁蒙医、熏皮袍制作、喜塔尔②在内
的14个项目也相继被列入盟级非物质文化遗产名录。与此同时，相关部门还
确认了自治区级非物质文化遗产传承人11人，盟级27人。就在笔者田野调查
的2012~2013年东乌旗又申报了蒙古族刺绣、蒙古族图案、额吉淖尔传说等
项目。

图6-6　勒勒车制作技艺

资料来源：2012年8月摄于乌里雅斯太镇。

当地政府制定了"建设民族文化强旗"的发展目标，以夏季的"绿色乌
珠穆沁"与冬季的"银色乌珠穆沁"作为两大文化品牌，连续举办了四届绿
色地平线——乌珠穆沁草原文化旅游节、七届吉祥·乌珠穆沁——冰雪那达慕
传统文化活动以及600人长调合唱、千人蒙古长调大赛，并组织民间文化传承
人参加省内外，甚至国内外（如在蒙古国举办的"中、俄、蒙服装服饰大赛"

①　乌珠穆沁伊茹勒，即祝赞词，是蒙古族一种典型的民间文艺形式，也是婚嫁、寿辰、节日
　　等日常生活中频繁出现的重要礼仪。它运用诗样的语言、一气呵成的韵律，祝福与赞美美
　　好的事物。
②　喜塔尔，指蒙古象棋，类似于国际象棋，由棋盘和棋子组成，棋盘有深浅两色间隔排列
　　的64个小方块，棋子共32枚，双方各16枚，有诺颜（王爷）、哈屯（王后，也称波日
　　斯）各一枚，哈萨嘎（车）、骆驼、马各2枚，厚乌（儿子）各8枚。

等）传统文化比赛。固然，政府的发展方向不可避免地会受到现代化、市场化现代性体系的渗透和影响，但根据调查，大多数民间传承人认为，这些活动和比赛的组织反而为他们提供了一个传承和延续本民族文化的平台和机会。如今已创立了"乌博马头琴制作室"的嘎达布其镇希日哈达嘎查牧民苏德毕力格告诉笔者：

> 正是政府转移创业优惠政策及资金的支持，才使他重操马头琴制作技艺，他们先后到北京和呼和浩特等地咨询专家、考察市场，又积极争取了政府关于牧民转移创业的优惠政策，于 2006 年 3 月，组织了 5 个马头琴制作爱好者成立了"嘎达布其镇乌博马头琴、工艺品制作室"，并注册了"乌博"商标，成为东乌旗第一家生产马头琴的制作室。他们生产高、中、低音马头琴，琴身手工雕刻，图案精美。产品种类包括乐器和工艺小马头琴两种，并对马头琴的马头制作技艺进行了创新，改为"狼头修饰"。之后的 2009 年，该制作室开始扩大规模成为民族工艺品制作厂，又增加了纪念品马头琴、"淘奴"工艺品表和乌珠穆沁服饰三种产品。通过吸引更多的爱好者加入，目前参与制作的牧民已达到 40 多名。演奏用马头琴年生产量达到 120 把，工艺品马头琴 600 件，利润为 46 万元。他们生产的 30 把乌博工艺品马头琴还参加了法国格勒诺布尔市举办的"多彩中华·中国民族文化展演交流会"。

正是政府的鼓励与引导，使他们不仅转变了经营方式，而且能够将本民族的传统文化不断发扬和传承下去。苏德毕力格进一步向笔者强调："这些马头琴虽以出售为主，但我们每天聚在一起进行制作、研究，如今的制作手艺越来越熟练了，而且还吸引了不少爱好者加入。"又如乌里雅斯太镇达布希拉图嘎查的牧民布和额尔敦所述：

> 我家承包草场 6300 亩，牲畜 1400 只，牛和马共 300 多头，羊 1100 只。2005 年，又以 2 元/亩的价格租用相邻牧户的草场 25000 亩。为了增加家庭收入，并将我们的民族传统传承下去，我通过积极争取政策支持，卖掉绵羊，开始培育蒙古马，投入 12 万元建设了马圈及配套基础设施，成立了"蒙古马保种基地"及"马文化协会"。同时开始经营"牧人之家"旅游业，包括住宿、蒙餐、娱乐等项目，雇佣牧民服务员 5 人。每年

夏季我都会举办 2 次打马鬃、打马印、驯马、套马等特色马文化活动，不仅带来了可观的旅游收入，而且传承了驯马、套马、皮质马具及马奶酒制作技艺等传统文化，如今我家马群已发展到 400 多匹。

事实上，在政府的引导和鼓励下，近几年蒙古民族服饰、皮靴、骨雕、马鞍具等制作室纷纷出现在东乌旗的大街小巷。他们在适时利用政策支持维持生存的同时也维系着民族传统。调查期间，与笔者聊天的妇女通常会一边聊天一边缝制蒙古袍和蒙古靴，细问其用途，基本都是为其他结婚的牧民缝制的，每缝一套需要付给她们 2000 元左右的手工费，如果图案较为精细，往往需要 4000~5000 元。部分牧民还开起了蒙古族服饰店，她们的布料需要从二连浩特、北京，甚至杭州、苏州进货。可见他们的家庭生计活动空间在不断延伸和扩展，从牧区到旗里，甚至旗外和国外。缝制袍子的繁忙季节一般为夏季和秋季。因为水草丰美及出售牲畜的夏季和秋季是大多数牧民婚礼及本命年的举办季节，这个季节也是牧民获取现金收入的季节。就在笔者进入田野的 2012 年 8 月初，见到了第一个报道人，一个 70 多岁的老额吉正在缝制蒙古靴，聊天过程中，不一会儿就聚来几个缝制靴子的妇女，她们告诉笔者，缝制靴子都是用来卖钱的。

而让笔者更为惊讶的是，传统那达慕和祭敖包时的摔跤、赛马比赛如今都已成为牧民的谋生方式。牧民色音孟克特木尔就是以此为生的一个典型，他是东乌旗有名的搏克手，他的母亲淖根塔日告诉笔者：

　　因为儿子每年夏、秋季节参加搏克和象棋比赛都获得了可观的奖金收入，他们才在旗里买了楼房，日子一天天好起来。旗里大小那达慕、祭敖包等搏克比赛时，色音孟克特木尔都会去参加，甚至还参加了盟级、自治区级、国家级甚至蒙古国的搏克比赛。他 5 岁时，父亲就开始教他摔跤及蒙古象棋，7 岁参加了公社那达慕大会的象棋比赛，当时获得了第一名。他于 2010~2012 年参加了鄂尔多斯少数民族传统体育运动会、阿巴嘎旗首届那达慕大会的"成人喜塔尔比赛"及自治区的首届蒙古象棋、自治区其他旗比赛，都获得了第一名，共获得奖金 21 万元。只要嘎查、旗里甚至自治区外有比赛，他都会去参加（参见图 6-7、图 6-8）。

图 6-7　以"博克和蒙古象棋"比赛奖金为生的牧民色音孟克特木尔

资料来源：2012 年 11 月摄于乌里雅斯太镇。

图 6-8　色音孟克特木尔获得的奖项和奖金

资料来源：2012 年 11 月摄于乌里雅斯太镇。

　　事实上，笔者在参加的几次敖包祭祀活动中都看到了他开着小车来参加比赛，比赛之前，选手们都从后备厢里拿出摔跤服，赛后领取奖金之后就会开车离开。

　　市场化及全球化的不断影响和渗透，最终使牧民将传统民族文化也纳入市场体系中，将其作为文化展演的商品，在市场交换过程中以独特的形式进行流通。原本作为日常生产生活中的传统技能和文化如今也被赋予了市场价值。由此，一些学者提出了"文化商品化"的概念，这一概念一直是旅游人类学研究的热门问题。对此不同学者围绕文化的"商品化"及"真实性"展开了激烈的讨论。最具代表性的当数格林伍德（Greenwood）、科恩（Erik Cohen）及格雷本（Graburn）三位学者。格林伍德认为，民族文化商品化后，不仅使当地民族对本土文化失去兴趣与信念，而且还会使文化本身丧失原有的内涵，进而使文化的真实性被弱化。① 他进一步指出："把文化当作商品展示，这对于政府来说只需花几分钟的时间，而这一做法却把具有 350 年历史的传统仪式毁于一旦。"② 可见他的论述强调了文化商品化对传统文化产生的不良后果。

而科恩则认为，所谓"真实性"取决于人们的感受，它并不等于原始，而是可以转变、被创造和变化的。③ 因此商品化使真实性丧失的说法是荒谬的。一种新的商品化了的民族文化，可以随时被接受为"真实"，同时这种产品还会获得新的意义，并且有了资金、技术和设备的不断更新，生产出来的工艺品将更加完善，这反而会更加有效地保护地方文化。因此，商品化常常有利于文化传统的保护，而不是破坏。否则，某些传统文化将濒临灭绝。而格雷本也认为，"所谓真实，是一种人的概念。只有当他们到达某个目的地的时候，他才能体会到什么是真实。其实真实是在不断变化着的，并不是真正存在于某地……"④ 这与科恩的看法如出一辙。

笔者认同科恩和格雷本的观点。认为"文化商品化"是当今社会不可回避的社会现象，它不一定只产生负面影响，在某种程度上会给地方文化带来好处。固然，将传统文化商品化可能会因经济利益的诱惑使其丧失完全原生态的内涵和意义，但不断的商品化可以使真实的文化被再现、再造和发明，并使传统文化得到修饰和重新注入活力，这不仅可以使民族地区摆脱贫困，还可以使其传统文化得以传承与延续。城市化和现代化是当今任何一个民族都不可阻挡的历史进程，关键是人们如何在现代生活中对传统进行合理的延续，民间传统

① 黄松：《民族文化商品化与旅游工艺品》，《西南民族大学学报》（人文社科版）2004 年第 3 期。
② 戴维·格林伍德：《文化能用金钱来衡量吗——从人类学的角度探讨旅游作为文化商品化问题》，瓦伦·L. 史密斯：《东道主与游客：旅游人类学研究》，张晓萍、何昌邑等译，云南大学出版社，2002。
③ 廖杨：《旅游工艺品开发与民族文化商品化》，《贵州民族研究》2005 年第 3 期。
④ 同③。

文化在适当的时候需要政府的引导、支持以及文化的商品化来获得自觉的延续（参见图6-9、图6-10）。

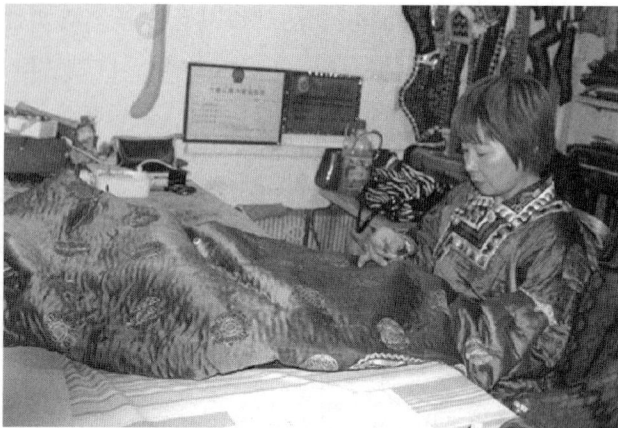

图6-9　蒙古族服饰传承人正在缝合吊面皮袍

资料来源：2012年11月摄于乌里雅斯太镇。

图6-10　冬季那达慕上穿着熏皮袍的蒙古族青年

资料来源：2012年12月摄于乌里雅斯太镇。

（二）自组织的萌生：伊茹勒传承人

笔者的关键报道人之一，那仁朝克图和他的妻子分别为祝赞词及乌珠穆沁服饰的传承人，并于 2010 年先后被授予代表性传承人称号，他妻子的"乌珠穆沁贝勒艺术服饰店"里摆满了他们的奖杯和荣誉证书。年近 60 岁的那仁和蔼而纯朴，一口不太流利的普通话，体现了乌珠穆沁蒙古族的典型特征，他也是田野工作中给予许多帮助的阿爸，他曾数次介绍笔者参加牧民的祭敖包、那达慕等节日和仪式，为笔者安排居住的蒙古包，让笔者至今感恩在心。由于他曾经当过苏木的老师，后又在旗教育局任副局长，同时又爱好写作，于是笔者在田野工作期间，通常称其为那老师。那老师家上下几代都生活在乌珠穆沁草原上，父亲是乌珠穆沁最后一代王爷道尔吉王的办公室主任，道尔吉王在新中国成立之前的 1945 年，将东乌旗 6 个苏木的大部分牧民和牲畜带到了蒙古国境内，成为蒙古国公民，而那老师是留下来的 3 个苏木当中的牧民之一。他的许多亲戚至今生活在蒙古国，与其来往频繁，因此他是典型的乌珠穆沁游牧民代表。

访谈中得知，他的人生经历非常丰富，1964 年 11 岁时，是额仁高壁苏木小学成立时的第一批学生，到 1967 年"文化大革命"时，四年级的那仁就因老师和父亲被批斗而被迫辍学，1972 年他们平反之后那仁成为大队管理员，1975 年又成为大队的老师，之后相继担任了苏木兽医站站长、道特淖尔苏木苏木长、旗教育局勤工俭学办公室主任及副局长，以及后来的旗统战部副部长，如今已退休，又和北京一个牛羊育肥基地的朋友合作，在萨麦苏木承包了3 万亩草场打草，将捆草运到北京。而以上经历并不是笔者在这里想要阐述的重点，他对祝赞词的爱好、学习经历，以及由其组织的祝赞词协会的成立是本节重点描述的内容。

那老师的父亲祝赞词说得很好，于是他八九岁时就耳濡目染，和父亲学习说词，并在亲戚和苏木牧民的祭敖包、婚礼、本命年、过寿等节日上主持和演说。但到了 1967 年的"文化大革命"时期，就被迫停止，不再说了。那时他和父亲只能在家"悄悄地说或心里说"，后来的 1972 年，"国家又允许说了"，于是他就又开始在亲戚朋友、苏木牧民的婚礼和过寿仪式上说。直到 2002 年，地方政府鼓励牧民保护和传承祝赞词、长调等传统文化，那时那老师调到了旗统战部工作，除在日常牧民的节日上说，也开始频繁参加旗里的那达慕、祝赞词比赛等文化活动。他在夏季那达慕和冬季那达慕上都会说，包括单人祝赞词、多人祝赞词以及马上单人和多人祝赞词演说等类型。他自豪地告诉笔者，内蒙古电视台还专门为他的赞词做过节目呢。

随着频繁参加活动，每次参加活动和比赛时民间牧民爱好者开始经常聚会并交流，他们在聚会上共同演说，目的是想将本民族的传统传承下去。因此在 2007 年 4 月 19 日，他们自发组织了"东乌珠穆沁旗伊茹勒协会"，组织者为三个年老有经验的民间爱好者，包括那老师以及两个年近 70 岁的老牧民。成员有 60 多人，都是爱好说伊茹勒的牧民，谁要入会就需要交 100 元的会费，用于日常活动开支。还印了专门的会徽，会徽上面是由红色的太阳、蓝色的天空、绿色的草原、白色的哈达以及苏鲁德五个元素组成的标志，所有会员活动时均须佩戴会徽，除了平时在那达慕以及牧民的婚礼和本命年上演说，每年他们还会举办一次比赛，参赛者可以是协会成员，也可以是牧民爱好者。那老师告诉笔者：

> 到后来，政府慢慢知道我们的组织了，于是文联说要参与管理我们的组织，并且组织的领导、举办的活动内容都需要和他们协商决定。开始我们并不同意，后来经过再三商议，我们决定将组织的名字改为"东乌珠穆沁旗文联'伊茹勒'协会"，组织者增加至 5 人，1 个主席，由当时的旗文联主席额尔敦朝鲁担任。3 个副主席由原来组织的我们三个年老负责人担任，还有 1 个秘书长。组织制定了《伊茹勒协会章程》。自此，旗里的那达慕、祭火、祭敖包等大型活动都会让我们去参加。那达慕上我们 9 个人说词，曾经我们 60 多名成员一起表演过马上伊茹勒（见图 6-11）。还参加了几届祝赞词比赛活动，比赛中设置的奖项为一等奖 1 名，二等奖 2 名，三等奖 3 名，优秀奖 6 名，共 12 个人。奖金一等奖为 2000 元，二等奖 800 元，三等奖 300 元，优秀奖 100 元。而其他协会如蒙古象棋协会、长调协会等都与之类似。

从那老师的讲述中可以发现，自组织成立的初衷是，试图通过文化的"再活性化运动"保护和传承本民族的原生态文化。所谓再活性化运动，是指为了创造出更加满意的文化来，由社会的一部分成员进行的有意识、有组织的活动。[①] 于是自组织的成立就被用作文化再活性化的手段。但事实上，协会的成立正在逐渐由牧民自发到政府参与进行演变，组织的领导者也由民间爱好者改为政府文联和民间艺术精英共同担任，并制定了规范协会活动的章程制度，就连自组织的名称也加入了"文联"二字，协会组织在逐渐完善的同

---

① Wallace, Anthony F. C. Revitalization Movement. *American Athropologist*. New Series 58（2）：264–281. 1956.

图6-11　马上伊茹勒

资料来源：2012年8月摄于珠恩嘎达布其镇。

时，无不渗透着官方的话语和表述。因而在这一过程中，既有牧民爱好者与政府之间的博弈，又有二者的相互妥协，更有协商之后"共同决定"结果的努力与艰辛。

由此，形成了如今政府倡导、管理之下的"民间参与"发展模式。今后这一组织是否会发展成政府全盘包办、权力高度集中的官方文化组织，还有待于进一步考察。但如今政府至少应该在目前发展模式的基础上，做到切实汲取民间爱好者的草根智慧，激发他们的"文化自觉"，由牧民自己在政府及社会力量的协助与支持下，设计、执行以及评估保护自身传统文化的方式和方法，这样才有可能达到保护与传承的效果和目的。因为"保护区"内的牧民才是原生态文化的创造者、承载者和传承者，他们正在创造性地建构着地方的文化，因而应该具有对文化空间的阐释权和最终决定文化以何种方式得以存在和延续的话语权。

（三）将传统带入饭店：乌珠穆沁婚礼与本命年

乌珠穆沁婚礼繁缛而热烈，具有浓厚的游牧文化韵味。婚礼多选择在夏秋季节举行，原因是这个季节不仅是水草丰美、牛羊肥壮的季节，也是牧民因出售牲畜而获得畜产品和现金的季节。因而草畜"双丰收"的秋季也成为牧民一年之中难得的娱乐季节。在东乌旗草原上举办的乌珠穆沁婚礼，至今还保留着传统的习俗和惯例。其特点是礼节多、讲究多。一般程序包括放哈达定亲、请喇嘛选定日子、男女双方向各自的亲朋好友发出邀请、接亲、婚礼、送亲、回门等二三十个细节。正式婚礼的前一天为准备阶段，包括双方亲戚相继到来，分别在新郎和新娘的蒙古包旁边新扎蒙古包。蒙古包越多，就代表场面越大，扎好蒙古包之后就开始在蒙古包内布置柜子、皮箱、衣被、皮靴、马头琴、火撑子、马鞍、马具等用品，还要杀羊、煮手把肉，准备给客人的回礼、接待来宾等。其间，新郎还要派 2~3 人去新娘家询问接亲人数、马匹数量以及接亲时间。而这些数字必须是单数，这样就保证了第二天接上新娘之后的数字会成为双数，他们认为"去时单数回时双数"意味着新人今后的生活风调雨顺。

第二天，新郎一早就会佩戴全套弓箭出发，这种习俗不仅可以显示出新郎的威武，似乎还可以看到蒙古民族古代抢婚制的迹象。当接亲队伍到达新娘家时，首先要围着新娘家的蒙古包转三圈，然后双方在门前用祝赞词的方式展开一番刁难答辩。之后新郎先进入新娘父母居住的蒙古包给长辈们敬酒，敬酒之前，须将奶酒先倒在炉子上面的锅里，并在锅的四角抹上黄油，代表东、南、西、北四个方向的天神，紧接着开始用勺子舀起温热的奶酒上下扬撒，这又代表敬天和敬地。当这些程序全部结束之后，新郎才给长辈们敬酒。敬酒之后一项非常重要的环节便是"哭嫁"仪式了，这时，出嫁的女儿要敬母亲一碗牛奶。敬奶之前先由德高望重的长辈用祝赞词的方式说唱，说唱内容为女儿 1~18 岁的成长经历和取得的成绩，也正是这个环节可谓婚礼中最让人潸然泪下的仪式了，说唱持续的半个多小时里，母亲不住地流泪。之后的仪式是对新郎力气与技巧的考验，这就要看新郎是否能够顺利掰开羊的胫骨，如果能够一次掰开，就代表新郎英勇威武，反之则会被大家笑话。

而敬酒和互送礼物的场面从头到尾都弥漫着长调和赞词的气氛。唱歌和喝酒大约持续 2 小时，之后新娘哭着离开父母的蒙古包，随接亲队伍回到新郎家。到达新郎家之后，首先要绕火堆转三圈，然后才进入蒙古包。这时新郎的父母为新娘安排的梳头爸爸和妈妈①来为新娘梳头发，将新娘出嫁前的一根发辫梳成两根，这是出嫁的象征。之后参加新郎家的敬酒和互送礼物仪式，一直

---

① 梳头爸妈：在东乌旗牧民的习俗中，出嫁的女儿都有六个爸妈。其中四个为男女双方的爸妈，另外两个是由男方的父母为新娘认的干爸干妈，一般年龄比新娘和新郎大 13 或 23 岁。但现在一般是和新郎父母关系较好的朋友。据牧民讲，原因是草原上的牧民居住分散，距离遥远，如果新娘受了委屈，可以去找梳头爸妈诉说苦衷。

持续到下午三点结束。其间，新郎还会派车去新娘家拉回新娘的嫁妆，包括牛羊、电器和各种物品。这些陪嫁的物品也需要用祝赞词的形式说唱出来。东乌旗牧民为女儿准备的嫁妆十分惊人，第五章已作讨论，在此不再赘述。

然而调查显示，随着城镇化及牧民生活条件的改善，近几年在东乌旗出现的一个现象是，一些条件好的牧民开始把传统的婚礼现场搬进饭店，笔者称之为"将传统带入饭店"。之所以有如此感受，原因是笔者田野工作期间曾参与了两次"被带入城镇和饭店"的婚礼。一次是参加人数较少、家庭条件较差的牧民，另一次为规模较大、家庭条件较为富裕的牧民。就以2013年6月17日家庭条件较为富裕的牧民婚礼为例：

> 婚礼的前一天下午，笔者就和负责摄像的哈斯尔登夫妇，在位于旗府南部的野岛大酒店对婚礼现场进行了布置，和牧区不同的是，我们在饭店里搭建了蒙古包。搭包的所有材料都是从哥哥旗里的仓库里拉来的，举办婚礼的牧民只需支付租金即可。当蒙古包搭好之后，笔者却发现和草场上的蒙古包有所不同，这是由三个哈那组成的半个蒙古包，背靠舞台后墙，前面向客人的餐桌敞开，这是一顶我从没听说更没见过的新式蒙古包。哥哥说这是经过他改装之后用于牧民饭店仪式的蒙古包，除了需要在前面加固两个铁桩子，还需将哈那和陶瑙上的乌尼杆减少一半，不安装木门，其他并没有太大改动，搭建程序和草原上的蒙古包规则基本相似。
>
> 而当我打开红色的蒙古柜之后，沙嘎①、马头琴、马鞭、成吉思汗毡像、哈达等蒙古包内的家具和用品一应俱全，看得我眼花缭乱。之后笔者按照哥哥的吩咐首先将成吉思汗毡像挂在蒙古包对着门的哈那正北方，上面挂上蓝色的哈达，之后依次在成吉思汗像左边、蒙古包的西北位置上摆放红色的电视柜，上面放置电视，电视下面安装了DVD播放机，用于第二天婚礼时播放新人的婚纱照，紧靠电视柜左边的西北方摆放马头琴，左边摆放马鞍，然后将弓箭、马镫、马鞭、马笼头挂在马鞍及后面的哈那上。哥哥说，这都是他亲手制作的。
>
> 而成吉思汗像右边的东北方则摆放红色的箱柜，箱柜的东南方放置橱

---

① "沙嘎"：为蒙古语，又称嘎拉哈或"虾"，汉语称踝骨。是用牛、羊后两腿胫骨顶部的一块小骨头制作而成的一种蒙古游戏用具，有四个面，分别为牛、马、山羊、绵羊，每个面代表的分数不同，以掷出各面所得总分取胜，或掷出四个马取胜，这是乌珠穆沁蒙古族的玩法。

柜，橱柜旁边摆放酸奶桶。最后在正对陶瑙下方的蒙古包中央放上图勒嘎，图勒嘎里面燃烧的火是用红绸子和彩灯模拟而成的，插上电之后，看起来就像燃烧着的火焰一般。最后一道程序是在舞台通向门口的过道上摆放9个苏鲁德，过道两边各四个，门口一个门楼式的苏鲁德是第二天新人通过此门走向舞台，举办他们神圣仪式的地方。在哥哥的嘱咐下我为每个苏鲁德系上白色和蓝色两条哈达，在连接舞台和门楼苏鲁德的地面上铺上红地毯，看起来非常喜庆（见图6-12）。一切就绪之后，就等着第二天的接亲仪式了。

图6-12　笔者和哈斯尔登共同搭建的饭店蒙古包
资料来源：2013年6月摄于乌里雅斯太镇野岛大酒店。

早上6：30笔者就跟着接亲队伍出发了，接亲人数为5人，轿车为7辆，这样就可以保证接上新娘的人数为6人，车队为8辆，做到"去时单数，回时双数"的吉利数字了。由于女方要求的到达时间是7：00，我们到达的时间晚了五分钟，因此进门时每人被罚了一碗马奶酒，之后坐下来开始吃肉、喝茶、互相敬酒以及唱歌大约一小时之久。

接亲人员和迎亲双方喝酒期间，新娘还会进行吃饺子和洗脸仪式。之后的一项重要仪式便是女儿给母亲的"敬奶"仪式了，只见银碗下面托着蓝色的哈达，这时德高望重的长辈开始用祝赞词的形式演说女儿1~18岁的成长经历，妈妈伤心地流着眼泪，以至于我是在边哭边录的状态下完成了整个摄像过程的。其间一位年长的牧民代表新郎家将带来的银碗、哈达、衬衣以及钱等礼物送给新娘的母亲。礼物的放置顺序是，哈达在最下面，上面为衬衣，衬衣上面放着装钱的红包。敬奶仪式结束后已是9：00整，这时接亲的每个人出门前都会喝上一杯"上马酒"，这时母亲就会亲吻女儿的脸颊，然后哭着将女儿送出家门，敬奶和此项仪式被牧民称为"哭嫁"仪式。新娘上车之后，我们一行8辆车按照喇嘛指点的路线又走了约半小时，才来到新郎家。这时梳头爸妈开始给新娘将一根发辫梳成两根，然后换上另一套蒙古袍。整个仪式结束后的11：00，大家来到了酒店。酒店的门口放着一张收礼金的桌子，桌旁两个蒙古族姑娘手捧一个装满奶食、奶皮的木盘子，来的客人都会掰一块放在嘴里，前来的亲朋好友除了给钱，还带来了蒙古袍、蒙古靴、衬衣等礼物。

在主持人的介绍下，两位新人走进主席台的半个蒙古包内，开始给父母敬酒，之后全家合影。合影完毕，大家就开始争相上台演唱，一首首长调、呼麦、蒙古民歌飘扬在整个婚礼中，即便是四五岁的小孩也会上台演唱。其间，台下的亲戚朋友不时地跟着齐声吟唱，甚至舞蹈起来，以至于笔者也情不自禁地加入了朋友们的行列，至今我都记得当时的感动场面及欢娱的心情，这真是一个能歌善舞的民族。就在大家载歌载舞之时，这对新人拿着上面放着红绸子的木盘开始挨桌敬酒了，我注意到，红绸子的上面放着两个银碗，亲朋好友享受着他们幸福的美酒，并为他们送上衷心的祝福。敬酒期间久未谋面的朋友也在互相亲吻着脸颊，互相敬酒，共同唱歌，一直持续到下午3：00左右，才走出饭店，三两结伴打车，回到牧区。

此外，本命年也是东乌旗牧民非常重视的节日，一般牧民都在13岁、25岁、37岁、49岁、61岁、73岁、85岁时举办仪式，即每隔12年就过一个本命年，49岁之前是过本命年的人去亲戚家拿礼物，49岁之后则改为亲戚来家里送礼物。年龄越大，本命年仪式越隆重，其中最重要的是61岁以上的三个本命年，牧民非常重视，请客的同时，还要举办规模不同的家庭那达慕。呼热图淖尔苏木查干淖尔嘎查的赞丹其其格是笔者田野调查中熟识的牧民之一。由于之前笔者多次拜托她带我去参加牧区的仪式，因此她老公哥哥赛因的本命年邀请我去参加了。仪式举办的时间为2012年10月2日：

笔者到达嘎查的前一天，就看到砖瓦房旁边已整整齐齐扎了7个蒙古包，这7个包自西向东排成一排，是三天前由赛因家里的亲戚帮忙共同扎起的，亲戚们带来5顶，他家2顶。这时，蒙古包后面煮手把肉的一口大锅正冒着热腾腾的香气，据说上午才杀了1头牛、10只羊。女人们正在忙着煮查卜、炸果条、烧奶茶。蒙古包里，大家正在热闹地喝茶、吃肉。晚上，大家共同聚在蒙古包里下喜塔尔、玩沙嘎①直到凌晨一点。按照蒙古族的习惯，赛因属虎，所以应在凌晨三点到五点举行祝寿仪式，因此我们只休息了2个小时，就开始准备仪式了。只见赛因坐在蒙古包西北柜子前面的尊位上，年龄大的长辈依次坐下，笔者作为尊贵的客人紧挨着赛因也坐在西北的位置上。这时亲戚朋友开始赠送礼物，给礼物的顺序首先是直系亲属，如儿子、儿媳、孙子等家庭内部成员，然后是亲戚和朋友。礼物包括衬衣、袍子、靴子、绸缎料子、砖茶、月饼、糖果和钱等。都需要放在蓝色的哈达上面双手送出，接过礼物的赛因会说一些如"祝你像我一样长寿"之类祝福的话，之后他的儿子将哈达系在赛因背后的哈那墙上。接到礼物和现金之后，赛因还会给对方回礼，大人50元，小孩20元，据赛因说以往牧区过寿的回礼是碗、奶粉、砖茶、秋衣等日用品，但如今除了礼物还会给钱。此项仪式结束之后大家开始分享全羊。全羊只有辈分稍大的老人和男人才能分到，女人和小孩一般是没有的。分享全羊之后，大家就开始喝茶、敬酒了，一直到第二天天刚刚亮起的6：30左右，开始准备赛马了。比赛分为少年组、男子组和女子组。此时，选手们在蓝天白云的草原美景中，放马驰骋，最终以一个年龄大约20岁的小伙子首先拿到上面标有1号的号码牌②而宣告结束。接下来要进行的是摔跤比赛，同样，比赛也分为成年组和少年组。少年组由4~11岁的孩子组成，12岁以上就归为成年组。摔跤获胜者可以得到一只母羊的奖励。赛马获胜者的奖励是1匹2岁马。比赛一直持续到下午3：00结束，胜出的牧民开着卡车将奖品拉走了。

---

① 沙嘎：指羊踝骨，有四个面，每一面的名字都与牧民的五畜相关。横的平面叫"好尼"（绵羊），背后凹进去的面叫"牙玛"（羊），竖立凹进去的面叫"毛日"（马），有耳朵的一面叫"乌和日"（牛）或"特摸"（骆驼）。一下子撒出四个马是最为吉利的。具体玩法和规则将在本节第五部分详细介绍。

② 号码牌：是笔者为其所起的称呼，由于牧民无法用汉语对其进行表达，因此暂且将其称为"号码牌"。这是一个上面绘有祥云纹图案和标有数字的红色木牌，由等在出发地点，即比赛终点的牧民持有，按照回到终点的顺序分别将标有次序号码的牌子递到骑手手中，他们手中的号码牌就代表获得的比赛名次。

此后的 11 月 14 日笔者又跟随那老师夫妇参加了在东乌旗嘉裕酒店举办的一个本命年。过本命年的额吉是那老师的一个朋友，跟随那老师夫妇到达酒店时已是中午 11：00，只见进门左手边摆放着两张长桌，桌前坐着四个收礼钱和礼物的牧民，桌子两旁各站着一个身穿红色蒙古袍的姑娘，手捧的木盘子里放着四五层奶食，前来的亲戚朋友都会上前掰一块放在嘴里。笔者也跟随那老师吃了一小块之后走进餐厅，对着门的 LED 屏幕上正在播放过寿老人的照片、全家福及生活照。有 20 多桌的样子，桌前坐满了提前从牧区赶来的牧民。

年老牧民基本都穿蒙古袍，年轻牧民穿袍子的并不多。其间大家互相问候，亲吻脸颊。这时笔者看到，最前面的桌子上放着一个酸奶桶，而进门靠右的桌子上则放着两个铺着红色毡子的托盘，上面是四个动物踝骨做成的沙嘎。就在宴会刚刚开始时，在主持人的介绍下，手拿托盘的蒙古姑娘主动走到每桌亲朋好友面前，让其投掷，然后记录得分情况，等宴会结束时宣布获奖者的名字，获奖者就可以领取奖品了，奖品是早已被拴在酒店门口的一只母羊。投掷沙嘎的仪式结束之后，儿女们开始给过寿老人敬酒，敬完酒之后全家合影，朋友们争相上台演唱长调、呼麦等蒙古民歌，直到下午三点左右，才离开饭店，三两结伴，打车回到牧区。

从以上"被带入饭店"的婚礼及本命年仪式过程中，可以发现"被带入饭店"的传统中一些原有的繁缛礼节得到了简化和省略，比如婚礼中接亲队伍绕蒙古包和新娘的绕火堆仪式，蒙古包内敬天敬地的扬酒仪式，以及说赞词、敬酒、梳头等长达 4~5 个小时的礼节被缩短为 2 个小时。哈斯大哥告诉笔者，这是因为要赶酒店的开席时间。与此同时，婚前双方在牧区搭建的蒙古包，以及包内的家具布置等程序如今也被摄像者搬进了城镇的饭店内。区别是，一个蒙古包变成了半个蒙古包，而 DVD、LED、新人的照片这些新元素也出现在了蒙古包内。尽管如此，我们依然可以感受到饭店内所表现出来的传统和惯习。比如摆在半个蒙古包内的酸奶桶、马头琴、马鞍、马具，甚至经过改装的图勒嘎，本命年仪式中大家争相投掷的沙嘎游戏以及牧民所咏唱的长调、呼麦等文化符号。

事实上，在此，我们也看到了一幅传统与现代杂糅与交织的博弈图景，也可以感受到，生活在现代化与城镇化过程中的草原牧民，对于传统的依恋表现得如此强烈。伴随着定居深度及广度的不断加强，他们一方面需要适应空间的不断转换、时代的剧烈转型，另一方面，又执着地维系着本民族所具有的惯习和传统。访谈中，牧民常说的一句话是，"传统的蒙古包永远不能丢，这是祖先留下来的，我们祭敖包和婚礼中总是要用的"。这一句话道出了他们内心的想法和情感，由此便催生了这样一种"被创造的"饭店婚礼。然而，这种传统的维系方式也带来了一些问题，如将以前的赠送礼物改为用现金代替，再加上来回牧区的交通费用，家庭的消费支出就会大幅增加，这样就导致家庭贫困的牧民可能会出于经济考虑，难以参与宴请，从而降低节日聚会的功能。大多数牧民告诉笔者，近几年在饭店举办婚礼及寿宴的牧民越来越多了，甚至孩子百岁、上学、喜迁新楼等都要举办宴请，这让他们感到经济上无力支撑。

（四）将信仰带进楼房：小年祭火与神圣的空间

开始于 2006 年的撤乡并镇以及合校工程政策，使东乌旗牧民的再定居趋势日渐加重。出于孩子陪读的需要，大多数牧民都在旗里租房或买房，频繁来往于牧区和旗府之间。如果在旗里过年，那么春节前的传统祭火仪式就无法进行。因此，他们就选择了将祭火所用的图勒嘎①（见图 6-13）带进楼房，放在楼房客厅沙发的一角，以备在城镇的楼房里祭火之用。那么，我们就会进一步思考，处于变迁中的牧民究竟如何将信仰带进楼房，而被带进楼房的信仰，如祭火传统又将被如何"生产"和"再造"，以下为三个报道人所讲述的情况：

个案 1：祭火是我们祖辈留下来的传统，是在每年腊月二十三吃过晚饭的五六点钟开始祭祀。以前我们在牧区祭火都是放在炉子上祭，可方便了。自从搬进楼房后，我们就开始将图勒嘎放在煤气上，打开火，进行祭拜，原因是怕失火。祭拜时，我们全家人把奶食、黄油、羊肉、糖果等撒入火里，然后磕头，供奉一周才收起来。据爷爷说，这样做的意思是牛羊是自然给我们的，那我们也要将获得的食物回馈自然，希望火神保佑来年五畜兴旺。

个案 2：我家祭火是在每年的农历腊月二十四下午 5~6 点。农历腊月二十四至二十六这三天是不能给别人东西的，这样做是怕把福气给了别

---

① 图勒嘎：指蒙古族祭火时所用的器物，汉语称火撑子。一般为铜制或铁制，火撑子四周雕刻有牛、马、骆驼、山羊、绵羊五畜，寓意五畜兴旺。腰缠四箍，即火撑子上下有四个支撑点，但在东乌旗的一些家庭中，笔者曾见到了上下有六个支撑点的火撑子。

人。在牧区祭火时，我们前一天就会去庙里请喇嘛念经，第二天吃过饭的5~6点钟，阿爸将图勒嘎放在燃烧着羊粪的砖炉子上，然后在上面的四个角抹上羊油。喇嘛念经的时候，我们全家人将红枣、奶食、羊肉等供品撒到火里。可现在只能放在楼房的煤气上祭了，只能一点一点地撒祭品，祭品也烧不干净。这样祭太不方便了，所以今年没在家里单独祭，是在旗广场上和大家统一祭的，广场上燃烧的火旺，人也多，还请喇嘛念经，比较正式。

个案 3：住进楼房之后，祭火特别不方便，由于怕失火，无奈之下，我们就将铁盘子放在客厅的地板上，用酒精在上面点火祭。相比牧区，酒精炉上只能放一个小图勒嘎，我们全家人跪在地上，将糖块、红枣、不同颜色的绸子、黄油、酒、羊肉等祭品一点一点撒在火里，磕头。以前在查干淖尔嘎查的蒙古包里祭火时，用的是一个很大的图勒嘎，放在炉子上，火特别旺，每年都会请喇嘛念经主持，喇嘛白天就来家里给牛羊念经，往牲畜身上涂抹东西，希望来年牛羊肥壮，还要杀羊、买糖、买酒、香等祭火用品。但我家的女人不能参加祭火，听父亲说是因为我家的火神见了女人就会害羞。祭火结束后我们还会喝羊肉煮的稠米粥，里面放白糖和葡萄干，叫查卜。

图 6-13　沙发一角的图勒嘎

资料来源：2012 年 11 月摄于乌里雅斯太镇。

如同被带入饭店的婚礼和本命年仪式，搬进楼房之后的祭火仪式也开始越来越简单易行，许多礼节都被省略，如请喇嘛念经、给牲畜念经、杀羊、煮粥等，原因是害怕楼房失火，因此，祭祀的条件就受到了空间的限制。尽管如此，牧民还坚持祭火，只要"每年祭过了火，心里才觉得踏实"。由此，在进城牧民的强烈要求下，2008年之后，政府开始组织库伦庙的喇嘛于每年的农历腊月二十三，在旗广场举行集体祭火仪式（见图6-14）。他们在广场正中央放一个很大的图勒嘎，由喇嘛在一旁念经并组织大家祭祀。牧民将从家里拿来的祭品撒向燃烧的旺火。因此每年的这一天，广场上就会人山人海，冲天的旺火照亮了漆黑的夜幕，前来的牧民可以在这样一种情境化的祭祀环境下表达各自的向往和心愿，从而建构起传统游牧社会组织下的集体意识，同时也表达了搬到旗里的牧民对于传统和草原的眷恋之情。可以说，在某种程度上，政府的干预和引导，是在均质化的城市空间里建构了一个差异化的文化空间，他们的努力是建立在牧民强烈的要求和愿望基础之上的。通过这样一种集体的建构方式，传统在政府及牧民的合力之下得到了维系和延续。

图6-14　农历腊月二十三的旗广场祭火仪式
资料来源：2012年摄于乌里雅斯太镇。

事实上，在祭火仪式被带进楼房的同时，蒙古包内的成吉思汗像以及佛教的唐卡也跟着他们走进了楼房的卧室里。在笔者的请求下，部分关系较好的牧民也会让笔者参观他们的卧室。这时就会看到双人床上方的墙壁中央挂着一张羊毛毡或皮质的成吉思汗像，上面挂着哈达，南部靠窗户的墙壁上又砌有一个供台，上面摆放着一张佛教的唐卡，相框下面放着香炉和奶食、炒米、黄油等供品。可以说，他们将传统蒙古包内对着门口正北哈那墙上的神圣位置，转移到了楼房卧室的墙壁中央，而他们神圣的信仰也从传统的蒙古包被带进了砖瓦房，甚至如今的楼房里，将传统植入现代，在新的生活环境中建构起家庭的信仰空间（见图 6-15、图 6-16）。

图 6-15 楼房卧室内的神圣空间

资料来源：2012 年 11 月摄于乌里雅斯太镇。

图 6-16 楼房客厅的羔羊耳记环

资料来源：2012 年 11 月摄于乌里雅斯太镇。

但田野调查期间令笔者疑惑不解的是，当笔者问到他们是否信仰萨满教时，牧民的回答是"什么是萨满教？"而当问到"那你们敬畏长生天、大地和火吗？"他们却又回答"当然了，我们家里都挂着成吉思汗像，祭敖包和祭火都是很重要的节日"。由此可知，"萨满教"一词只是一个学术概念，在牧民心中并没有这一概念，但他们通过自身的信仰实践表达着对自然力的敬畏和崇拜。正如涂尔干所言："在所有方面，自然都超过了人类。在人类能够觉察到的距离之外，还有着无限延伸的更遥远的广袤；在每一个刹那的前后，都存在人们无法确定其界限的时间；汹涌奔腾的河流体现着无穷的力量，任何东西都不可能使它干涸。自然的各个方面，都足以使我们的内心强烈地感受到，有一种无限始终包围着我们。"[①] 千百年来，正是这样一种敬畏和力量塑造了蒙古民族内心最为执着的宗教信仰。

但他们已在萨满教信仰的基础上融合了喇嘛教的教义因素，他们将萨满教的天命观和喇嘛教的仁爱观相结合，塑造了如今的宗教信仰和实践活动，比如敖包祭祀及祭火的初衷是敬畏天、地、火等自然神，而整个仪式的进行又由喇嘛组织和主持，按照喇嘛的安排完成祭祀。事实上，自清朝统治者大范围推行喇嘛教以及在草原上广建寺庙之后，蒙古民族就开始信仰喇嘛教，一直延续至今。笔者曾在2012年的农历九月十三日参加了库伦庙的念调解母经祭拜活动，牧民称之为"祭拜额吉佛"。只见许多牧民拿着奶食、羊肉、果条等祭品，甚至烤全羊前来祭拜。访谈得知，大多数牧民在前一天就从牧区赶来旗府的亲戚朋友家，准备第二天的祭拜活动了。在苏古沁殿进门靠右的长桌上摆满了牧民带来的羊肉和食品，祭拜完毕后他们就围着喇嘛静听调解母经的诵读。

可以说，牧民的所有仪式和活动，包括日常生活，无一不需要向喇嘛寻求帮助。如果遇到灾病、新丧、婚嫁、本命年或孩子考学等，牧民也会去找喇嘛为其"净身"或看日子。家住额吉淖尔镇的牧民其其格就在2013年正月，带着女儿去喇嘛庙净身了，原因是今年女儿要考初中："首先喇嘛让我女儿在一个盛满水的铜盆里洗脸、洗头，然后用孔雀毛从铜壶里蘸神水往女儿头上滴，女儿喝三口水再吐掉，在她面前还放着一个装满五谷的盆子，之后点燃香，念经10分钟，最后告诉我们净身的水应该倒在哪个方向。净身之后，我给了喇嘛20元表达心意。"

在他们心里，喇嘛的"净身"仪式非常灵验，"女儿果然考上了初中"，

---

① 〔法〕爱弥尔·涂尔干：《宗教生活的基本形式》，渠东、汲喆译，商务印书馆，2011，第100~101页。

一语道出了牧民对喇嘛教崇拜和信仰的坚定信念。此外，预示着五畜兴旺的羔羊耳环也随着牧民空间的扩展和延伸，被他们带进了城镇，带上了楼房，访谈期间笔者经常会看到楼房客厅的柜子上挂着一串羔羊耳记做成的圆环，牧民告诉笔者，这代表着来年水草丰美，五畜兴旺。而在一次对博克手的访谈中，笔者也发现他将比赛中获得的所有奖牌和奖章都摆放在客厅的柜子上，上面写着所获的奖金和金额。在他的讲述中，笔者不仅感受到了他对于以传统谋生的自豪与自信，也触摸到了他对于民族传统的执着与热爱。

（五）沙嘎游戏

沙嘎，是指动物的踝骨、距骨，古史称"骸石"，蒙古语称"沙嘎"。自古以来，游牧民族都有收集家畜踝骨，以及狍、鹿、狼、豹等野生动物踝骨的习俗。他们将这些踝骨收拾干净并加以装饰后，用于占卜、祭祀、生产生活等方方面面，并发明了丰富多彩的沙嘎游戏。在东乌旗，"沙嘎"是由羊踝骨制作而成，它有四个面，每一面的名字都与蒙古族游牧文化当中的五畜相关，如横的凸起的一面叫"好尼"（绵羊），另一个横的凹进去的面叫"牙玛"（山羊），而竖的有耳朵的一面叫"毛日"（马），另一个竖的没耳朵的一面叫"乌和日"（牛），将沙嘎立起来最高凸的一面叫"特摸"（骆驼）。在乌珠穆沁的沙嘎赞词中有着这样的描述：

> 平的一面是飘鬃的马，天之骄子在飞驰扬鞭；弯的一面是有耐力的牛，拉着勒勒车把世界走遍；凸起的一面是满地的绵羊，牧民喜爱的羯子在奔走撒欢；凹下的一面是洁白的山羊，在广阔的草原上随处可见；扬起的一面是戈壁的骆驼，聪明机敏为百兽之冠。

可以说，传统的沙嘎游戏是蒙古民族游戏的源流，也代表着蒙古游牧生活的传统记忆。仅用四个沙嘎便可玩出 35 种不同的游戏，包括抛掷手技、棋局对弈、竞智猜谜、民族三技等玩法，而每一种玩法又有不同的细节规则（如图6-17）。但根据笔者的田野调查，无论是在祭敖包、那达慕，还是本命年仪式中，当地牧民均以投掷玩法为主。具体游戏规则为：在一个铺有红色绸子的木盘范围内投掷，不能掷出这一范围；当第一次掷出牛、马、山羊、绵羊四个不一样的面时，才可以开始计分，如其中一人首先开始计分，那么他还可继续投掷一次；先达到 100 分者取胜，如果其间想终止，则计算各自的得分，分数多者取胜。

在牧民心目中，马是五畜当中最有灵性的牲畜，纯种的蒙古马被认为有八九岁儿童的智商，因此马名列第一，骆驼第二，绵羊第三，牛第四，山羊最后。因此投掷过程中，无论得分多少，如果一下子掷出四个马，用牧民的话说，代表"赛因"，即最好的意思，就可以计100分，成为获胜者。投掷总分的计算规则为：如果一下子掷出四个马，一个马计25分，四个共计100分，获胜；如果掷出的是牛、马、山羊、绵羊各一个，每个计2分，共计8分；四个一样的山羊各计1分，共4分，其中掷出两对一样的，则各计1分，共2分；一个马三个绵羊计25分；一个马三个山羊扣15分；三个马一个绵羊计75分。田野调查期间，笔者曾多次在那达慕及祭敖包活动中投掷玩耍，曾经还赢得50元的奖励。从游戏得分来看，五畜中，马在牧民心目中的位置极为重要，因此无论哪种投掷方式，只要一次掷出四个马，即可获胜。而山羊在五畜中的位置则较低，因此如果掷出三个山羊就会相应扣除一定的分数。虽为游戏，但其与牧业生计密切相关。

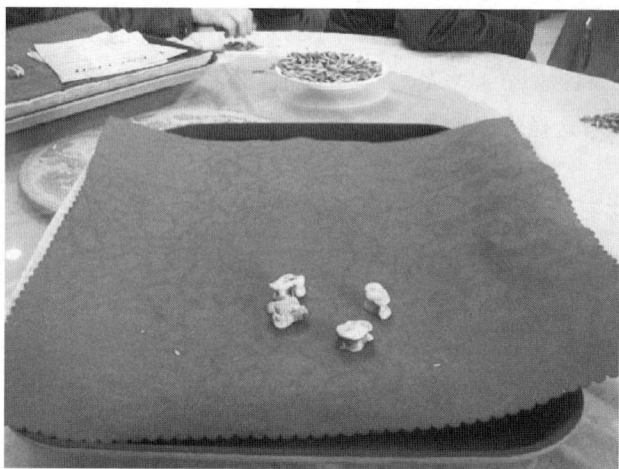

图 6-17 酒店本命年的沙嘎游戏

资料来源：2013 年 8 月摄于乌里雅斯太镇。

此外，沙嘎游戏中的"牧放五畜、牲畜集群、数牲畜""繁衍畜群、接羊羔、生驼羔"等玩法，既体现了游牧民日常从事牧业生计的意义，同时也起到了教育牧民重视畜群生育繁衍的作用，使家庭畜群逐渐壮大，五畜兴旺。而游戏中的"贩卖牲畜玩法"则揭示了游牧民在满足自给自足的生产生活之外，将一部分剩余畜产品用于交换的"畜牧交换知识"，通过不断投掷，还可以强化牧民进行社会商品交换的技能，提高牧业生产的家庭效益。因此，产生于特定自然及牧业生计之下的沙嘎游戏不仅为牧民枯燥单调的生活带来了乐趣，而且承载着强化牧业生计技能的文化功能。因而近几年虽然牧民实现了定居及再定居，但传统因素从未在牧民的仪式活动或日常生活中消失，如饭店里的沙嘎游戏、传统婚礼以及楼房里的图勒嘎等。甚至在旗府广场上，每天都会看到沙嘎游戏的身影，牧民围坐在一起，争相投掷。由此可以发现，沙嘎游戏也开始随着牧民的再定居走进楼房、走进酒店，走进城镇的大街小巷。

二　将传统搬进课堂：校本课与传统教育

东乌旗牧民的传统教育以生产生活为直接内容，主要目的在于培养孩子成为优秀的牧人。这一教育形式是通过家庭生活环境以及父母的言传身教对孩子产生影响，同时也是一种代际的语言和行为教育方式。父母是子女的首任老师，不仅要将孩子抚养成人，更重要的是将放牧技能、牲畜管理技能、道德传统及蒙古族习惯法传授给孩子。教他们学会如何在广阔的草原上维持生存，掌握游牧生计的本领和技能，并且做一个尊老爱幼、孝顺父母、遵守道德传统的合格牧民。就其类型而言，可以大致分为家庭教育、道德教育和礼仪教育三种。

家庭教育主要集中在牧业生计技能的传授方面，按照传统，一般在孩子满周岁时，父母就会送给他们一只羊羔或牛犊，这是孩子出生后的第一份礼物和财产，此后一直陪伴孩子成长，而孩子也会在和羊羔、牛犊玩耍的过程中，模拟家畜的动作，建立起人畜之间的亲密关系。等到十岁以后，他们就开始跟着父母放牧牛羊，参与管理牲畜、剪羊毛、挤奶等牧业生产劳动。因此，父母在言传身教以及实践训练中完成对孩子的家庭教育。女孩子更多的是和母亲学习缝制蒙古袍、蒙古靴及刺绣等家务活。

道德教育是和当地的地方性知识体系联系在一起的，通常以禁忌、习惯法与传统仪式相结合的方式对孩子进行教育。父母和长辈从小就开始给孩子灌输保护草原、尊老爱幼、诚实守信等意识和观念，并且尽量让孩子参与祭敖包、那达慕等传统节日。在节日的惯习及氛围中，孩子们通过耳濡目染，自然就会遵守本民族的习惯法并以此来约束今后的行为和实践。因此可以说，他们的文化传统是通过民间生活的惯习维系并建构起来的。正是在这样的教育环境下，牧民养成了诚实、团结和互助的精神品德，路不拾遗是他们的传统美德。至今牧民的家门都不会上锁，网围栏门的钥匙也通常是放在大家熟知的石头下面或旁边，出入围栏的牧民打开之后都会轻轻锁上，这是他们在长期的默契中形成的共识。然而，对于初次进入草原的笔者来说，这些似乎就不那么容易了。就在笔者数度被头疼的网围栏挡住去路而不知所措之时，布仁巴雅尔，一个和我年龄相差不多的牧民小伙帮我解开了谜团，当看到石头下面的钥匙时，我才恍然大悟。以至于此后的很长一段时间里，笔者自诩为"土著"而效仿此法，可以很容易进出牧民的围栏。

礼仪教育更多的是关于节日和日常礼节的教育，包括互相敬献哈达、屈膝坐姿、见面招呼以及长幼尊卑的家庭关系等。每个牧民从小就已熟知蒙古包内严格的家具摆放位置，按照长幼尊卑安排的座次和寝位秩序，及如何敬酒、倒茶，如何割肉，如何礼貌待客等道德规范。蒙古族的习惯是见面之后，就会相互问好，蒙古表达为"赛嗨"，这应该算是笔者最为熟悉和经常使用的词语了。如果得知对方家里有新丧，见面一般不去问好，这可以从男性的胡子来判断，如果他们的胡子很长，就代表他家可能会有新丧。这三种家庭教育方式构成了牧民孩子成长过程中必不可少的传统教育内容。

如今，传统教育只是牧民对孩子教育的一部分内容，甚至只是一小部分内容。自开始于 2002 年的撤乡并镇及合校工程之后，对于孩子的传统教育也开始日渐淡化，取而代之的更多是学校的现代教育模式了。东乌旗的现代教育大致经历了马背学校、庙宇学校、起步阶段的民族教育及合校工程之后的民族教育几个阶段。笔者的关键报道人那老师曾是苏木学校的一名老师，后又任旗教育局副局长，他为笔者讲述了东乌旗现代教育的发展历程：

> 自治区成立的 1947 年以前，牧民的孩子基本以家庭传统教育为主，并没有专门的学校教育机构，当时只有"马背学校"，是指比较富裕的牧民单独请先生教自己的孩子算数识字，而先生是骑马来家里给孩子教学的。直到 1952 年，旗里的喇嘛库伦庙开始动员各庙仓支援学校集畜集资，成立了东乌旗第一所文化学校，牧民称之为庙校，庙校分 3~4 个班，每班学生为 30~40 人，当时寺院共有 700 多个喇嘛，他们中的 300 多人都报名参加了庙校，主要教授的是回纥蒙文和斯拉夫蒙文，对学业已成的学员颁发毕业证书，前来报名的学生年龄不等。其实在 1949 年及 1958 年，东乌旗就成立了第一所民族小学和中学，但报名学生并不多。到了 1964 年，部分苏木和大队开始兴办学校了，当时全旗共建了 21 所小学，牧民也开

始认识到学校教育的重要性了，所以报名学生逐渐多了起来。到了 2001
年，全旗大小学校共有 23 所，在校学生达到 9000 多人。但从 2002 年开
始，国家将 15 个苏木的学校陆续撤并回了旗里。目前全旗有民族幼儿园 2
所，初中 2 所，高中 1 所，各类民办学校和教育机构共 6 所，基本以蒙古
语教学为主。学校撤并虽可节省财政支出，但也带来了不少社会问题，比
如家庭消费增加，离婚率上升以及孩子传统文化和语言的丢失等。

由此可知，随着教育体制的相继改革和变动，东乌旗现代教育也经历了一
个从无到有，从小到大，从民间的马背学校，到庙宇学校，直到如今现代教育
模式逐步完善的漫长历程。进一步思考，这一教育的变迁历程其实也正是牧民
传统教育日渐式微的过程。从先生来家里教学，到孩子去庙宇学校，直到如今
孩子的所有时间都生活在现代化教育体系建构的环境中。

传统教育生长土壤的消失，使孩子们接受传统家庭教育的机会也越来越
少。一些接受汉语教育的孩子，甚至将本民族的语言都丢失了，笔者就是一个
鲜明的例子，身为蒙古族，却并不会讲蒙古语，因此大多牧民都为此心存担
忧。他们告诉笔者："现在的孩子连马鞍上的部件名称，蒙古包内的座次顺序，
甚至连马匹和牛羊的种类都不知道了。我的孩子怎么变成这样了？" 57 岁的淖
根塔日对自己小时候的生长和教育环境充满了向往：

　　我 7 岁时就开始和父亲学骑马，14 岁就能单独骑马放羊了。那时候
父亲是大队的马倌，所以我 16 岁时就开始帮父亲放马，17 岁那年又学会
了套马。我家姊妹五个都是套马能手，记得有一次我还用马镫打死了一只
狼，把它托回了家。除了放牧、套马，母亲还会教我缝袍子、做靴子，大
概因为我是女孩子，哥哥们却很少做这些针线活。我的儿子今年 39 岁了，
在他 5 岁的时候，他爸爸就骑骆驼来旗里给他买了蒙古象棋，每天教他学
习。他 7 岁时参加了公社那达慕大会的蒙古象棋比赛，得了第一名。现在
儿子经常参加旗里的象棋比赛，还参加过自治区和蒙古国的好多比赛，得
过很多奖。可是现在的孩子就不行了，他们从小就离开了牧区，来旗里上
学。家里教给他们放牧的机会越来越少了，更多的教育是靠学校。我认为
这对孩子们的传统学习非常不好，所以孩子一放假，我就让他们回牧区参
加劳动。

对传统的回味与向往如今已成为东乌旗牧民时常谈论的话题。在他们的心里，和草原相关的文化和知识才是极为重要的。这又可以从牧民对于孩子升学的学科种类中窥得一斑。调查显示，他们并不重视孩子的理科教育，孩子如果考上了理科专业，就会被认为以后没有出路，因此大多牧民选择让孩子学习音乐、舞蹈、乐器等专业。笔者熟识的一个额吉萨木坦，她的外甥和孙女等几乎家里所有的孩子都在学习长调和马头琴等音乐课程。她告诉笔者，最大的希望就是希望孩子们以后可以考上好的音乐学校，出人头地。每当笔者坐在她家的沙发上时，都会作为她孙女朝木日勒格忠实的听众。悠扬的长调，优美的蒙古舞蹈，额吉脸上的自豪，让笔者感受到了他们对于传统的热爱与执着。事实上，维系传统的努力并不仅仅来自牧民，作为现代教育体系载体的学校也表现出了极大的热情。自2010年开始，东乌旗每个学校都在现代教育课程中加入了一门传统教育课程，他们将其称为"校本课"，即在学校教学过程中每周必须给学生讲授一门当地民族传统文化的课程，以避免孩子们从小离开牧区造成民族文化的淡化与断层。

东乌旗蒙古族第二小学的萨校长可谓笔者田野工作中的一个姐姐和朋友了。田野工作的一年时间里，她曾数度给予我关心和帮助。据她讲述，目前学校正在组织老师们进行《乌珠穆沁蒙古族传统文化教材》的编写，计划每个年级编写上、下两册，六个年级共12册，均为蒙文版。学校每个年级的老师每人负责编写8~9个小专题，包括目前还保留或已消失的传统文化，包括乌珠穆沁部落历史、传说、牧业用具、节日礼仪、家训等本土知识。另一位熟识的老师斯日古楞为笔者介绍了她负责编写的具体内容：

> 我负责编写9课，目前已完成了8课，内容包括乌珠穆沁羊、蒙古马的品种、习性介绍；蒙古族孩子周礼时举行的仪式，包括第一次穿蒙古袍时老人送黄油、奶食、肉等礼物给孩子的过程和意义；3~4岁的孩子穿着一件上下连体的开裆皮衣（现在已经没有这样的穿法了）；马头琴的故事；蒙古包的组成部分；乌珠穆沁婚礼的介绍等。我们在每一个小专题旁边都配有插图，做到文字和图例搭配讲解，这样孩子们接受起来会更加直观。现在试教学的效果不错，孩子们都很喜欢。

他们为了使教材更加翔实和富于生活性，还寻求了一些有经验的年老牧民协助编写。就在笔者离开田野的2013年9月份，每个年级的上册已基本编写完成，正在试教学过程中。他们将完成的书稿送往内蒙古教育出版社，即将出版。与此同时，笔者还参观了学校里设置的传统文化教学空间——学校三楼的一间教室。当笔者走进现代教学环境中的这一"差异空间"时，几乎被眼前的一幕惊呆了，蒙古包、包内的家具、马具、酸奶桶，装羊羔的毡带，放牧时所用的毡壶，勒勒车、弓箭、羊皮坎肩，乌珠穆沁牛、马、羊等，一应俱全。那一刻，笔者着实领略到了乌珠穆沁游牧民日常生产生活及祭祀仪式中的所有传统及文化。当然，安静地站在教室里的牛、马、骆驼、羊只是模型而已。萨校长告诉笔者，这些模型都是由当地一些年老牧民手工制作而成的。此外，他们还在体育课上，教孩子们摔跤、射箭、下蒙古象棋等传统技能，并经常举办全旗性的蒙古族中、小学传统体育运动会，主要项目是围绕传统的"男儿三艺"进行竞技和比赛。

2013 年的 8 月底，笔者参加了在蒙古族第二小学举办的"锡林郭勒盟第二届中学生蒙古族传统体育比赛"运动会，选手为全盟 13 个旗县中学的学生，182 人。[①] 比赛项目包括搏克、蒙古射箭、喜塔尔三项。当笔者到达蒙古族第二小学时，孩子们正在学校操场的草丛中激烈地摔跤，裁判席上坐着旗里有名的搏克手白音巴特及每次那达慕大会上都可以看到的裁判员巴达木。萨校长的办公室里堆满了孩子们的奖品，是他们比赛开始前请牧区妇女缝制的蒙古族皮靴。教学楼的活动室里，孩子们正在进行着激烈而紧张的喜塔尔比赛，每个课桌上放着一个钟表，桌前相对坐着两个孩子，但年龄并不相仿，原因是蒙古族搏克和喜塔尔对决的选手不论年龄，而是论成绩和实力，比赛规则也较为随意。

今年 12 岁的西乌旗小选手孟克吉雅，曾在 2011 年还和 50 多岁的国际象棋棋后谢军和过棋。[②] 他的妈妈，一个和蔼的蒙古族喜塔尔裁判告诉笔者，今年的喜塔尔比赛计分规则已由以往的单淘汰制改为电脑积分编排制了，最后的名次是按照多次的积分总数进行排列的。每个选手在比赛期间都可以下 7 轮，可以多次和不同的选手进行对决，这样就增加了每个选手多次下棋的机会，从而避免了以往只要在第一局输给对方就马上退出全部比赛过程的弊端。由此她认为，这样的计分规则更加人性化和科学化了。她还强调，孩子自从学习了喜塔尔之后，学习成绩提高很快，而且还可以将自己的民族传统传承下去，一举

---

① 数据来源：《锡林郭勒盟第二届中学生蒙古族传统体育比赛》秩序册，第31页。主办单位：锡林郭勒盟教育局；承办单位：东乌珠穆沁旗人民政府。

② 和棋：指平棋的意思，下棋的双方不分胜负。

两得，因此只要有比赛，她就会让孩子去参加。

由此可知，在现代化和城市化的冲击下，以及孩子们失去传统文化学习实践土壤的条件下，地方政府和民间力量都在以他们各自的方式努力寻求一种传统的延续及传承模式。以上教育模式的探索过程可以被看作一种本土化的教育模式。这样的教育模式不仅有利于民族文化技能、智慧的传承，而且有利于民族品质和精神的传承以及牧民对本民族文化遗产的认同。人是文化的人，文化不是与生俱来的，而是习得的。在目前学校撤并，孩子因接受现代教育而离开牧区的现实情况下，他们不可能让教育和时代逆转，再回到以往与草原、与牛羊朝夕相处的年代了。因此，在现代教育过程中重视传统教育，将传统合理地植入现代知识体系中，是东乌旗游牧民族维系和延续其传统的最佳方式。事实上，大多数牧民都强调，只要孩子放假，就会尽量带他们回到牧区，参加放牧和节日礼仪活动，对其进行言传身教。正如胡森等人所言："社会化互动的本质是价值、习俗与观念同个体的互动，以及通过全体成员之间的协商而对这些价值、习俗与观念的适应。"保护和传承需要牧区社区全体成员行动起来，发挥集体和个人的能动性和自觉性。如同当年"定牧"是在政府主导下一步步走向成功的，如今传统游牧文化也需要在政府和民间的双重合力下一步步走向回归。

小　结

这一章的内容重在阐述，传统文化底蕴较为深厚的蒙古民族，如何在社会变迁和主流文化的不断冲击和影响下，进行自主的调适和选择，他们对于本民族的传统文化又表现出了怎样的自知之明。事实上，我们可以看到，受到定居以及再定居影响的精神文化多少已经偏离了传统，而世代延续的传统也正在不断被地方权力生产和再造，表面上看起来这是对蒙古民族意识的弱化，但实际上，在一定程度上，又是对民族意识的一种强化。而正是这样一种经过新的社会适应之后的重新强化，使民族传统随着牧民的不断移动，被带入饭店，带进楼房，带到牧民生活的大街小巷。敖包祭祀及那达慕的展演，民间自组织的复兴，本土化教育模式的探索，都是土著民族在与"大传统"的不断博弈、互动与妥协中，努力寻求"小传统"生存空间的行动表现，也是实现传统文化自觉与回归的愿望，更是对割舍不断的草原情结的努力维系。

第七章

结论与探讨

　　本书以生活于内蒙古锡林郭勒草原腹地典型的蒙古族游牧民作为研究对象，在田野调查的基础上，通过对以生计选择和草原情结为中心的研究，展示出实践主体如何维系和延续游牧生计及其精神世界的动态图景。这是一个以研究者身份的多重性及调查点特征的多样性为切入点开展的由点及面，由部分到整体，以旗为单位的多点民族志研究。笔者所依托的材料不仅有历史、地方志等文献，更多的是近一年的田野调查资料。因此，本书通过一个个案例研究，对我国民族地区的地方社会如何对变迁做出响应及其自身的生存和文化逻辑如何被维系和延续等问题，进行了民族志深描，期待为厘清各民族普遍遭遇的现代与传统之间的矛盾，提供一种解释的视角。行文具体探讨了以下三个方面：在国家引导下的社会文化变迁过程中，牧民怎样以家庭为载体，弹性调整和变化生计策略，来维系游牧生计的延续性；定居之后的空间改变及生计策略的调整对牧民生活产生了哪些影响，及这一过程带来的社会分化及社会问题；而定居与生计策略的调整是否对他们的心态及地方性文化机理产生了影响，作为游牧经济及文化传统的精神世界如何延续，草原情结又如何在生计延续过程中起作用。这三个问题从写作伊始就一直在笔者心中盘旋，现在可以做一番梳理了。

第一节　从游牧到定居：家庭生计的适应策略

　　探讨一个民族的生存策略具有什么样的意义呢？我们要把思考拉到20世纪80年代之后对于少数民族，尤其是游牧民族掀起的一场改天换地的定居化运动中来。随着农区土地承包到户政策的推行，牧区也开始了"草畜双承包"的体制改革。就东乌旗而言，首先是1983年的牲畜作价归户，紧接着就是第二年的草场承包到户，牲畜和草场等生产资料的划归个人，使家庭成为牧业生产的基本单位，这就意味着需要单个家庭独自面对来自自然和市场的经营风险。事实上，伴随着国家政策的一系列改革，市场经济的影响也接踵而至。笔者认为，在这个人类历史的"大转型"时代，没有任何一个封闭的世外桃源可以保持它原有的悠然自得。在国家权力的操控下，市场迅速地膨胀起来，价格机制开始从波兰尼笔下的英国席卷了差不多全部文明世界，侵入人类的政治、文化以及社会生活的每一个领域。但是，人类并不是被动的接受者，即使是一个边缘民族，在外力的侵蚀逼迫中他们也会做出能动的响应。因此，如果将这样一个原本封闭的草原社区作为人类如何面对变迁做出选择和适应的研究范本，似乎更能使我们深刻认识到社会变迁与文化调适的真正内涵。

东乌珠穆沁旗游牧民的特殊性在于，它是一个游牧生态和传统文化至今保留较为完好的纯牧业社区，位于锡林郭勒草原深处，北以珠恩嘎达布其口岸与蒙古国的苏赫巴托省交界。从水平分布来看，自东北向西南主要为草甸草原和典型草原两大类地带性草原植被，就退化程度而言，顺着此方向可分为轻度、中度及重度退化三个地理小区域，而草场承包之初的家庭再生产资本也随着这一水平线逐渐递减，因而牧民家庭的贫富程度也依此呈现出富裕、中等及贫困的地域性特征。但相对于锡林郭勒盟西部的荒漠、半荒漠草原来说，这里的植被类型、草质、密度和盖度都较为优越。

丰富的水草资源和地理条件，决定了牧业作为家庭生计从部落产生之初一直延续至今。然而定居之后的近30年里，从最初的土房到砖瓦房，直到目前部分牧民住进了楼房，从游牧到定居以及再定居，居住空间及活动范围的日渐延伸和扩展，不仅打破了他们以往蒙古包内的传统文化空间及家庭关系结构，也使他们世代从事的游牧生计发生了改变。事实上，定居及草畜的承包到户使家庭的功能空前强化，在市场经济的影响和刺激下，以往的生计经济开始转向现金经济，牧民的经营意识也开始变得更加理性。

不断扩大畜群规模以获得更多的现金成为每一个牧民追求的目标，他们亲身实践着波兰尼所说的那个"预言"，如今是根据市场而不是草场类型调整畜群结构，畜种改良、羔羊育肥、先进牧业机械、放牧结合补饲等现代养殖技术更多地出现于家庭牧业经营中。家庭生计除了围绕牧业展开，也开始扩展到游牧经济生活之外，季节性打工，为其他牧民打草、拉草，进城创业，甚至将传统文化商品化，成为他们根据环境和市场变化对资源进行重新组合的家庭策略，也成为他们根据环境变化有意识地对传统生计进行生产与再造的结果。如今的家庭经济结构开始从一元向多元，从纯牧业向以牧为主多种经营相互结合的经营方式转变，并根据不同季节、草场和劳动力资源弹性调整家庭成员的经济活动。

与此同时，牧民家庭开始处于更加频繁的移动中，季节草场之间的移动，定居点与夏草场之间的移动，自草场与租草场之间的移动，旗府和牧区之间的移动，甚至向区外及国外的移动。无论是定居前为了水草而移动，还是定居、再定居之后为了生计和现金的获得而移动，总之，移动构成他们生产生活的主流，他们在移动中扩展自己的社会网络，在移动中寻找更多的经济机会，也在移动中对变迁做出选择和调适。正如哈扎诺夫（Khazanov）[①] 所言，季节性迁徙甚至不是一种游牧生产的"类型"，而仅仅是一种"移动性"的策略。自古以来，游牧民族通过移动适应自然，通过移动躲避灾害，也通过移动维持生存，正因如此，游牧民才形成并具有了适应性极强的特性和本质，今日的频繁移动对于他们来说并不新鲜。

然而，纵使他们不断调整策略，更多地参与市场和向外迁徙，终究不能阻止生态恶化的历史进程，家庭成员的不断增加导致草场面积的日渐碎片化，一系列草畜平衡生态政策的相继推行等诸多因素都限制了家庭畜群规模的扩大与再生产，迫使牧民不得不主动寻求和探索新的经营方式。由此，可以有效整合草场、牲畜、基础设施等生产资源，合理调配劳动力的家庭内部及与外部之间的多元合作，成为牧民维持家计可持续的最佳策略，其中包括家庭成员之间，家庭与代牧人之间，家庭与家庭以及更大规模的合作社生产组织，甚至与外地汉人、企业之间进行的合作。

在一定意义上，这种合作是通过草场的流转与整合实现的，通常是牲畜规模较大而草场资源匮乏的牧业大户通过承租方式将少畜、无畜户的草场流转过来，对其家庭生产资源进行有效整合。因此，如今的东乌旗草原，草场作为一种资源正在快速频繁地流动起来，这一资源已经实实在在地成为嵌入牧民家庭生计的重要变量，也成为影响家庭生计的重要砝码。从游牧到定居，不仅是一个居住空间的转变和适应过程，还是与之相关的生计、生活、文化、惯习等一系列社会结构的再社会化过程。这就要求人们必须调整原有的行为方式、思想观念、文化惯习以及认知方式，需要做出痛苦但又必要的选择，来适应新的环境、新的草场利用方式及生计方式，这是一个逐渐调整和调适的过程。也许，草场承包之初，他们是被动的接受者，但如今为了生存和家计的可持续，他们

---

① Khazanov, A. M. *Nomads and the Outside World*. Cambridge，1984.

已经在适应和选择的阵痛中成长为主动和能动的生产者和再造者，正在通过极具弹性和灵活性的生计生活方式融入市场、国家，甚至全球化的广阔环境中。

第二节　游牧经济并未因定居而断裂

许多文章将游牧与定居对立起来，认为从游牧到定居是游牧生计的彻底结束，进而宣称中国最后的游牧民①即将消失。实际上，游牧是畜牧业的一种类型，而定居也并不表示一定与农业生计相联系，当对家庭的一个完整的生活周期进行观察时，他们的家庭是游牧的，但在不同季节，家庭成员有可能参与到定居经济模式中来。就东乌旗牧民来说，他们已经定居，但家计方式并没有转变为种植农业。固然，斯图尔德②所谓的"文化现象是某种特定生态特征的产物"式的"环境决定论"在这里完全奏效，但其所提及的"社会对环境的能动适应"也是我们不可忽视的因素，这表现在他们始终忠实地坚守着直接向草原"讨生活的传统"③，尽管可能从事着其他生计。草原的种子在牧民心中生根、发芽的过程是笔者在下一个问题中想要重点探讨的主题，在这里笔者只想说明游牧经济为何并未因定居而发生断裂。

首先，研究显示，牧业与多元职业的选择紧密联系，原因是家庭的多元职业选择只是作为牧业的补充角色而出现的，从事其他生计是为满足牧业所需而积累资本。它们之间的关系可以表示为，从事其他生计是为了获得更多的现金，进而可以租用更大面积的草场，购买更多的饲草，最终满足牲畜所需和家庭畜群规模扩大所需。这就是许多牧民抱有"等赚够了钱，还回牧区放羊"计划的原因所在。事实上，如同斯科特笔下"生存安全比高平均收入更优先"的东南亚农民，"生存伦理"及"道义经济"④的理性思考使他们懂得，只要有足够的草场、牲畜及现金等再生产资本，他们绝不能放弃"安全第一"的牧业生计。在他们看来，草原是最重要和最稳定的收入来源，也是最有安全感的生存资源。因此，对于资源和资金匮乏的少畜和无畜户而言，唯一的选择就是通过其他职业尽快为牧业经济积累资本，以便重新进入牧业社区的身份和职业认同结构中去。

---

① Benson, L. & Svanberg, I. *China's Last Nomads*. Armonk, New York：M. E. Sharpe, Inc. 1998.

② 斯图尔德：《文化变迁的理论》，张恭启译，远流出版事业股份有限公司，1989。

③ 费孝通：《乡土中国　生育制度》，北京大学出版社，1998。

④ 〔美〕詹姆斯·C. 斯科特：《农民的道义经济学：东南亚的反叛与生存》，程立显、刘建等译，译林出版社，2001，第36页。

　　这种不懈的努力又进一步体现在以家庭为单位进行合作的牧业生产互助组织，即合作社的出现之上。草场承包制度所带来的一系列问题，如家庭再生产资料的匮乏、草场的碎片化、劳动力的紧缺等，都逼迫他们做出新的选择。那么对于如今变得更加理性经营的牧民来说，采取怎样一种应对策略能够保证预期利益更加安全和确定，是他们首先需要考虑的问题。我想，道格拉斯·斯诺的"路径依赖"思路也许可以为我们理解牧民的认知和行为提供一种合理的解释，她认为，"人们过去做出的选择决定他们现在可能做出的选择范围"[①]。对于牧民而言，当采取一种新的生计方式时，预期成本的投入很容易计算，而预期收益具有不确定性，所以相比而言，他们更愿意选择预期利益比较确定而不是预期利益大但不确定的经营方式，如果选择后者就意味着在追求高收益的同时还需要承担高风险。

　　事实证明，"安全第一"的生存策略并不只存在于东南亚的农业社会中，东乌旗牧民如今的理性选择正践行着斯科特的结论。在采用新的经营策略时，他们往往会在传统当中寻找现有问题的解决方法，对以前的经营方式加以借鉴，原因是以前的经营方式经过了实践，预期利益相对确定。由此，东乌旗牧民出于"路径依赖"所形成的合作社，可以被看作传统游牧社会中基于血缘和友好网络且以家庭为单位的阿寅勒、互助组等生产合作组织的复出和延续，尽管这样一种合作不再是以往的那个完全意义上的互助与合作了，而是被市场和经济改头换面之后的"互助与合作"。同时，从集体化到个体化，又走向新形式的合作社集体化这样一种循环方式，表明了个体家庭因牧区核心凝聚力及安全感的流失，希望以合作社的形式把牧民再组织起来，重新回归一种新的共同家园的愿望表达。

　　吉登斯的"现代性断裂"及"非连续的现代史观"思想为更多的研究者提供了一个倾向于一种社会延续性断裂观点的参考范本。在吉登斯看来，现代社会是与先前所有各类社会都存在巨大差异的社会，以至于早期的解释社会次序的知识系谱的作用是有限的。"断裂"是现代性的基本特征，现代社会变迁的速度、范围和深刻性都是以往社会无法比拟的。[②] 而对于笔者所研究的东乌旗游牧社会而言，当现代性植入这样一个原本封闭的边陲社会之后，这个社会并没有发生永久的断裂，而是在刚刚定居之时，从没有限制的远距离迁徙进入

---

① 〔美〕道格拉斯·斯诺：《经济史中的结构与变迁》，陈郁、罗华平等译，上海三联书店，1994，第1~2页。

② 〔英〕安东尼·吉登斯：《现代性的后果》，田禾译，译林出版社，2000，第4~6页。

网围栏内有限迁徙的短暂断裂之后的重新延续。家庭生计的多元化和多样化，以及以往合作互助社会组织的复出都是这种重新延续的具体体现。尽管牧民的生存环境、居住空间、思想观念，甚至传统的生产技术和手段已经发生了改变，市场机制的逻辑也侵入了传统。但这种侵入同时也遭遇了传统的有力回应与博弈，从被动的接受到主动的适应和选择，游牧民族善于攻击性和适应性极强的民族本性发挥得淋漓尽致。

如今的东乌旗游牧社会，无论是牧业生计，还是日常生活，抑或是祭祀习俗，无一不体现着传统与现代的杂糅与互补。这种杂糅和互补并未使传统的游牧经济出现断裂，如今的牧民依然游牧，但这是一种在定居点与夏草场、自草场与租草场、牧区与城镇以及更大范围内的游牧，"居而不定"一词也许更能确切地表述如今牧民的游牧生活。多样化的经济策略强化了游牧经济在更广阔社会中的位置，它可以使牧民将更广阔范围中的可利用资源转化为维系牧业生计的再生产资本。因此，我们说定居并未将游牧经济断裂，而是一种断裂之后将其重新延续的策略，也是游牧经济在面对生态和社会变迁状态下的一种理性选择。

第三节 "动中有定"：精神世界与草原情结

植入传统社会的现代性体系到底对一个传统保留较为完整的草原社区能在多大程度上起作用，或者说游牧生计及其文化传统维系与延续背后的深层文化机理如何起作用，这是笔者在本书最后想探讨的一个问题。20世纪80年代初的牧业体制改革，使牧民实现了集中居住前提下的分散放牧，自此，一座座砖瓦房零星出现在广阔的草原上，成为一幅诠释游牧到定居历史进程的完整图景。就东乌旗而言，后来的撤乡并镇、合校工程以及生态平衡等一系列政策的推进又进一步强化了牧民定居的范围及深度。他们的居住格局先后由蒙古包变成砖瓦房，进而部分牧民住进了楼房。进一步思考，从游牧到定居以及再定居，这样一种空间距离的相继改变是否影响了包括思想观念、行为方式及家庭人际关系的社会距离。事实上费孝通先生早已为我们厘清空间距离和社会距离的关系提供了一个研究的视角和门径：

> 居处的聚散多少是有关生活上的亲疏的，因之，空间距离给了我们研究社会联系的一个门径。从人和人在空间的分布和移动所发生的距离和接

触上去考察它给予社会生活上的影响，是社会区位学的研究方法。可是在过去社会学里用区位学方法去研究的对象却时常偏于较大的社区；其实这方法同样可以用来研究亲密的团体生活。[①]

费先生所描述的从空间距离来看社会距离的区位学方法与雷蒙德·弗思研究提科皮亚人所运用的方法如出一辙。弗思[②]就是从空间入手来探究提科皮亚人亲属间的联系及这种联系如何在财产所有权中得以表现，他们又怎样通过这些联系最后结成较大的亲属团体的。最后他将其归因于空间的位置往往容易观察，因此从居处入手是了解亲属关系初步工作的最易路径。所以本书也试图运用这样一种有效的方法去探究在牧民家庭这一亲密团体中，空间距离与社会距离之间的关系及其相互适应的文化图式。研究发现，随着居住格局及生活空间的不断扩展和延伸，以蒙古包为载体的文化空间和家庭成员之间的社会距离也发生了相应的变化，如蒙古包内家具、马具、灶具、琴具的严格放置方位，传统的长幼尊卑座次、寝位安排秩序，以及一种等级化的家庭关系结构已被如今较为平等、分离的家庭私人空间所取代。与此同时，传统的思想观念、生活习惯、行为方式及人际关系也逐渐开始不受传统的束缚，不断做出调整和适应，表现出极强的适应性与灵活性。

但这些传统并没有因此在游牧文化中消失，我们依然可以在祭敖包、婚礼、本命年等节日和仪式中触摸到这些惯习在发挥作用。面对社会的变迁和主流文化的不断冲击，他们通过与"大传统"的博弈与互动，不断弹性适应并维系着"小传统"的生存空间，将传统带入饭店，将信仰带进楼房，跟随着人的移动，文化也被带入了他们生活的大街小巷。最终笔者在牧民的楼房里及旗广场的祭火仪式，甚至牧区的祭敖包等传统仪式中如此深刻地感受到他们内心的草原情结是多么强烈，这种情感已经像种子一样种在了他们的心里，一旦得到成长的条件，就会马上发芽，显示出强大的生命力。这种作用的力量还体现在游牧民对于牧业家计的执着及其传统合作生产组织的延续之上。

尽管生计方式的改变，以及货币、市场的进入改变了传统中的很多重要元素，但他们是在地方性文化逻辑延续的基础上，适应性地调整着自身的谋生方式及精神生活。这也可以用来解释为何牧民在从事了其他职业或进入城镇之后

---

① 费孝通：《乡土中国 生育制度》，北京大学出版社，2010，第171~172页。
② 同①，第172页。

依然不会放弃草场和牲畜的行为，如同费先生笔下"宁愿以苛刻的利率借钱，也不愿出卖土地"① 的云南农民一般，他们对草原的执着和割舍不断不仅代表了一种为生存而进行的斗争，而且表明了他们是一个世代以草为生，为草而活的"草根民族"。

可以说，今天的生态恶化已经成为中国草原地区一个无法阻止的历史进程，植被类型的减少，牧草高度、盖度及产草量的降低，都使牧民，甚至所有人类都无能为力，但是我们可以试图为维持自身与社会生产结构中的生计、文化、心态等各要素之间的合理配合而做出努力。费孝通先生曾在不同场合，分别提到自然生态、人文生态和心态的问题，他认为"自然生态的平衡问题只是整个社会经济发展大系统中的一个组成部分"②，而另一部分则可称为"人文生态"的平衡问题。人文生态是一个社区的人口和社会生产结构各因素间存在适当的配合以达到不断再生产的体系。而心态则是在不同的价值取向中找出共同的、相互认同的文化价值取向，建立共同的心态秩序。③ 而麻国庆教授又在此基础上，对这一理论进行了更为详细的拓展：

> 人类系统和自然系统之间是一种共生的关系，人类自身内部这一大的生态系统如果失衡，就会直接作用于人类所依托的自然系统。因此，人类要循得合理化的维系人群的组织、政策及引导人们正常行为的管理和制度。如果系统内部诸要素之间，不能循得合理化、规范化的标准来维持系统内部的平衡，不能处理社会复杂性、文化多元化与社会单一性和文化一体化之间的关系，则这一系统就会出现广义的人文生态失衡，同时，我们还应注意隐藏于人类系统内部最深层的伦理和价值判断问题，即心态问题。心态是一种文化态，是人们固有的一种文化习性及文化惯性，及其在现实生活中所表现出的价值取向。这一心态问题反映了人类文化的稳定性，同时又作用于人类的外在行为。另外我们更应强调人文生态、人类心态和自然生态的协调统一，即"三态统一"，只有这样，我们才能在这个地球上安然地生存下去。④

---

① 费孝通：《云南三村》序，载《江村经济》（修订本），上海人民出版社，2013，第510页。
② 费孝通：《边区开发与社会调查》，天津人民出版社，1987，第81页。
③ 麻国庆：《走进他者的世界》，学苑出版社，2001，第357页。
④ 麻国庆：《人文因素与草原生态的关系——内蒙古锡盟白音锡勒牧场的研究》，载《内蒙古生态与环境的社会人类学研究》，未刊稿，2011，第125页。

东乌旗牧民的日常实践和文化逻辑正说明了这一问题。比如他们通过敖包祭祀责任的共同分担来实现社会内部结构的平衡，祭祀任务在组织内部的平等分配和安排，使人与人之间的"等级生态"在群体内部得到了仪式和组织的疏导和平衡，这样就会避免某一苏木在祭祀中占据绝对的话语权，以及因经济能力无法承受而导致祭祀中断，同时也可以合理调节牧民社会内部的相互关系，围绕信仰在社区内部建立一种更加亲密的亲属关系及合作互助的网络结构。因而人文生态的合理建构有效保证了祭祀的延续性和永久性。

这一文化传统的维系和延续也成为牧民向神灵表达牧繁群兴共同愿望的特殊心理诉求方式，从而建构起一种文化和心理上一致性的信仰实践，做到人的心态秩序的协调统一。而这一心态问题不仅反映了游牧文化的稳定性，同时又作用于人类的外在行为，比如他们在生计选择及精神世界的日常实践中所表现出来的伸缩性。当他们需要进城陪读或从事牧业之外的其他职业来增加家庭收入时就会向牧区之外进行移动，这时生计活动的空间范围就得到了延伸和扩展，而当他们需要获得社区内部的身份认同及精神归属之时，又会回到牧区，这时空间范围随之缩小，"钟摆运动"不仅作为一种生存策略，也成为他们保持族群边界以及在不同生活空间和价值取向中寻求文化及心理认同的"心态秩序"。又如每年按时举行的敖包祭祀、那达慕大会以及祭火仪式。这些礼仪的共同实践，不断重塑着群体内部的道德观念及行为规范，使牧民从小就习得保护草原、敬畏自然的生态意识。由此可以说，牧民以其绵延千百年的朴素生态观与其赖以生存的自然生态形成了一种相互平衡的适应模式。

总而言之，东乌旗牧民在其传统文化的展演过程中所体现的与环境共存的自然生态，群体内部和谐的人文生态以及他们自我心态秩序的相互平衡，都反应在他们敬畏和创造的观念和实践中。正是他们独特的生态观念和信仰实践，才使其在人类生存与草原生态这种二元对立的矛盾结构中做到生存的可持续。另外，由于传统文化形态的创造主体是以高度依赖草原的牧业生计为生的，因此恶劣的环境及生存的需要迫使他们必须策略性地适应环境。敖包祭祀、那达慕大会等一整套地方性文化知识体系正是他们适应的策略之一，他们试图通过这种文化媒介表达对草原生态环境适应的心意。反过来，这种敬畏所衍生出来的文化观念和行为禁忌又对草原生态的保护起到了一定的反哺作用。因而自然生态、人文生态以及心态三者之间是一种唇齿相依的关系，这也揭示了在基于草原生态环境建构起来的草—畜平衡互动格局中，不应忽视环境中"人"对于结构再造的能动性和影响力。可以说，蒙古族牧民在当下剧烈的社会变迁过程中，以其自身的"文化根基"努力寻求着传统与现代的最佳结合点。正是生存实践与文化传统的一来一往、互进互退，使草原情结的种子在他们心里生根、发芽。

附　录

附录一　东乌珠穆沁旗历年人口普查情况（1981~2012）[①]

单位：户，人

年份	总户数	总人口	蒙古族	年份	总户数	总人口	蒙古族	年份	总户数	总人口	蒙古族
1981	10566	50309	29653	1992	10211	49026	35632	2003	15639	55537	40065
1982	10738	52822	31241	1993	10357	49162	35673	2004	16318	56324	40621
1983	10833	52788	31718	1994	12176	48861	35621	2005	16455	56527	40819
1984	11071	52824	32511	1995	12468	48829	35650	2006	16624	57402	—
1985	11024	52847	33127	1996	12966	49799	36404	2007	17198	58965	42817
1986	11190	53482	34329	1997	13102	50409	36810	2008	17521	59131	42847
1987	11240	53936	35097	1998	13918	50490	36814	2009	18037	59789	43394
1988	11376	54226	35562	1999	14267	51463	37738	2010	18464	60220	—
1989	11581	55318	36450	2000	14684	52537	38460	2011	19007	60977	44397
1990	11893	57603	37328	2001	14900	53794	38983	2012	19148	60865	44373
1991	10065	48702	34310	2002	15066	54448	39350				

注：图表中 2006 年、2010 年的蒙古族数据缺失，未能纳入统计。

[①] 图表数据：1981~2000 年来源于东乌珠穆沁旗统计局编《东乌珠穆沁旗国民经济与社会发展统计资料》；2001~2011 年来源于东乌珠穆沁旗统计局编《东乌珠穆沁旗统计年鉴》（各年单行本）；2012 年来源于东乌珠穆沁旗统计局编《2012 年国民经济统计资料》2013年版。

附录二 东乌珠穆沁旗草场分类系统[①]

草场类	草场组	草场型
Ⅰ 山地落叶阔叶林（林缘）草甸草场	黑钙土中生杂草类草场	地榆+针苇+裂叶苇
Ⅱ 低山丘陵（丘间窄谷）草甸草丘草场	1. 黑钙土禾草、中生杂类草草场	羊草+杂类草+贝加尔针茅
	2. 淋溶黑钙土线叶菊、禾草草场	线叶菊+贝加尔针茅+杂类草
	3. 暗栗钙土丛生禾草、杂类草草场	线叶菊+羊草+贝加尔针茅+隐子草+冷蒿
	4. 暗栗钙土具旱中生灌丛的禾草、杂类草草场	山杏+贝加尔针茅+杂类草
Ⅲ 高平原草甸（丘间宽谷）草场	1. 黑钙土丛生禾草、中生杂草类草场	贝加尔针茅+羊草+杂类草
	2. 暗栗钙土线叶菊、丛生禾草草场	线叶菊+贝加尔针茅+羊草
	3. 暗栗钙土丛生禾草、杂类草草场	贝加尔针茅+羊草+杂类草+隐子草
	4. 暗栗钙土根茎禾草、杂类草草场	羊草+杂类草+贝加尔针茅+隐子草
	5. 暗栗钙土具旱生小半灌木、禾草草场	冷蒿+羊草+贝加尔针茅
Ⅳ 低山丘陵干草原草场	1. 暗栗钙土根茎禾草、杂类草草场	羊草+大针茅+杂类草+冷蒿+粗隐子草
	2. 栗钙土丛生禾草、杂类草草场	大针茅+粗隐子草+杂类草+羊草+冷蒿
	3. 暗栗钙土具旱生小半灌木、禾草草场	冷蒿+粗隐子草+杂类草
	4. 栗钙土根茎禾草、杂类草草场	羊草+大针茅+杂类草+冷蒿+粗隐子草

---

① 根据东乌旗草原站《东乌珠穆沁旗天然草场资源调查报告》的相关数据和内容整理制作。

草场类	草场组	草场型
Ⅳ低山丘陵干草原草场	5. 栗钙土丛生禾草、杂类草草场	羊草+大针茅+杂类草+冷蒿+粗隐子草+小叶锦鸡儿
	6. 粗骨质栗钙土禾草草场	大针茅+粗隐子草+杂类草
	7. 暗栗钙土具旱生灌木、小半灌木的禾草草场	小叶锦鸡儿+冷蒿+粗隐子草
Ⅴ高平原干草草场	1. 暗栗钙土丛生禾草、杂类草草场	大针茅+粗隐子草+杂类草+羊草
	2. 暗栗钙土根茎禾草、杂类草草场	羊草+大针茅+杂类草
	3. 暗栗钙土葱属、禾草草场	羊草+大针茅+杂类草
	4. 栗钙土丛生禾草、杂类草草场	大针茅+粗隐子草+杂类草+羊草
	5. 暗栗钙土根茎禾草、杂类草草场	大针茅+粗隐子草+杂类草+羊草
	6. 栗钙土具旱生灌木的禾草草场	小叶锦鸡儿+羊草+大针茅+杂类草
	7. 具覆沙的栗钙土丛生禾草草场	冰草+粗隐子草+针茅
Ⅵ沙丘沙地植被草场	1. 具榆树疏林的固定沙地风沙土灌木、半灌木禾草草场	榆+小叶锦鸡儿+沙蒿+山竹+岩黄耆+冰草+粗隐子草
	2. 固定沙地风沙土禾草草场	冰草+羊草+杂类草
Ⅶ河滩丘地湖盆低地草甸草场	1. 草甸土根茎禾草、杂类草草场	羊草+杂类草+苔草
	2. 盐化草甸土根茎禾草、盐生杂类草草场	羊草+杂类草
	3. 盐化草甸土具芨芨草的禾草、盐生草本植物草场	羊草+碱茅+碱蓬+野大麦+杂类草+芨芨草
	4. 盐化草甸土盐生草本植物草场	羊草+碱葱+碱蓬+碱蒿+野大麦+杂类草+芨芨草
	5. 草甸盐土具盐生小半灌木的禾草、杂类草草场	盐爪爪+红砂+杂类草+羊草
Ⅷ草本沼泽草甸草场	盐化草甸土具潜水中生芦苇、杂类草草场	芦苇+莎草+杂类草

附录三　2013 年东乌珠穆沁旗巴彦敖包
祭祀活动记录^①

　　巴彦敖包位于东乌旗萨麦苏木巴彦敖包嘎查，据笔者的关键报道人之一那老师说，这是原东部联合旗西乌旗的敖包，后来东乌旗和西乌旗政区分开之后就成为东乌旗的旗敖包了。由于这一祭祀活动并不是对单独一个敖包的祭祀，而是对巴彦敖包山上的"巴彦敖包"和山下的"额吉敖包"两个敖包的联合祭祀，并且和旗政府驻地乌里雅斯太镇库伦喇嘛庙"甘珠尔经"的开经仪式同时进行，因此这是东乌旗四十多个敖包中祭祀规模最大，人数最多，也是每年东乌旗牧民最为隆重的祭祀仪式了，男女老少都可以参加。按照巴彦敖包每年的祭祀时间农历六月初三，笔者于 2013 年 7 月 9 日，也就是敖包祭祀前一天的农历六月初二住进了负责今年敖包祭祀的敖包长蒙古包里，开始了观察与记录。

　　2006 年撤并苏木之前东乌旗包括 15 个苏木，每年负责祭敖包的敖包组织成员为 15 户牧民，但随着苏木建制的变更以及大家都想负责敖包祭祀，从 2009 年开始增加到了 17 户，其中包括一个敖包总长（敖包达日嘎），16 个敖包长（敖包达嘎玛拉）。早在 7 天前，各敖包长就已在巴彦敖包山下平坦的草地上自西向东并排扎了 17 个蒙古包。蒙古族以西为尊，因此最西面的第一个蒙古包为敖包总长家搭建的，而笔者所住的蒙古包是萨麦苏木陶森淖尔嘎查书记额尔敦朝鲁敖包长家，按照自西向东的顺序，他家是第九个蒙古包。额尔敦朝鲁告诉我，每年负责敖包祭祀的组织成员是完全按照自愿原则，在每个苏木中轮流产生的，上一年负责祭祀的牧民只能传给本苏木的牧民，这是一个完全靠牧民自发组成的民间组织，政府只负责解决祭祀过程中遇到的困难，以及调派警力，维持会场秩序。

　　从空间布局来看，巴彦敖包位于巴彦敖包嘎查的北部山顶上，坐北朝南，中间是 1 个主敖包，东西两侧各有 6 个小敖包，共由 13 个敖包组成。在通往敖包的山路上还有 70 多个用石子堆起的小敖包，额尔敦朝鲁告诉我，这是祭祀的牧民后来加上去的，以前没有这么多小敖包。只见山脚下正南方的草地上立着一个石碑，上面写着"巴彦敖包，东乌旗人民政府颁发"几个大字。在

---

　　① 记录时间：2013 年 7 月 9 日，地点：东乌旗萨麦苏木巴彦敖包嘎查。

石碑以及山上的敖包前面，即正南位置各有一个煨桑台。距此西南 1 公里的柴达木湖畔，还有一座称为"额吉敖包"的子敖包，又名"柴达木敖包"。额吉是母亲的意思，顾名思义，这是一座和女性有关的敖包，传说这是一个人面蛇身的女性神灵。每年在祭祀巴彦敖包前一天的六月初二下午都会先对额吉敖包进行祭祀。在敖包山下的 17 个蒙古包前面是摔跤比赛及颁奖的场地，场地前面 500 米处是临时搭建的商业区。因此可以说，整个祭祀空间是由三个临时建构的场域构成的，巴彦敖包和额吉敖包构成了一个神圣的祭祀空间，17 个蒙古包搭建的场地和摔跤场地构成神圣与世俗交汇的空间，而固定的商业区又构成了一个世俗空间。各场域各居其位，又密不可分。

在祭祀活动开始前的一个月，敖包总长就开始召集其他 16 位敖包长进行聚会了，他们聚集在旗里的库伦庙里，商谈当年敖包祭祀的各项活动，确定各负责人的出资数额，杀羊数量，活动安排等工作。据额尔敦朝鲁的妻子说，2013 年每家出了 5000 元，共 85000 元统一交给敖包总长，用于祭敖包的全部开销及获奖牧民的奖金颁发。共杀了 36 只羊，其中敖包总长杀 4 只，其他敖包长各杀 2 只。此后在祭祀前一周所要完成的工作主要包括：去喇嘛庙请喇嘛来念经举行净化仪式，其间敖包长们轮流陪伴，指派特定牧民去旗里采购茶、米、面、酒、油、糖等日常用品及祭祀所需的香、桑、风马旗等。还要去旗里邀请祭祀当天的摄影师和裁判员，并到巴彦毛都林场运回柳条对敖包进行修饰。

事实上，笔者在参与六月初二下午的额吉敖包祭祀仪式时，也看到敖包东北方向替换下来的大捆旧柳条和风马旗躺在草地上，经风吹日晒之后已经失去了原有的颜色。额尔敦朝鲁告诉我，每年都需要为敖包换上新鲜的柳条，这样就意味着可以更好地吸引雨水，明年的牧草也会更加繁茂。一周前还指派了专门的人员，负责去旗里协调调派维持祭祀当天会场秩序的警力。而祭祀的前一天必须进行的一个程序是，由喇嘛主持开锅仪式，宰杀敖包"贺西格"，即用于祭祀的整羊和前来祭祀牧民分享的大羯羊。就在这一天，也开始接受赛马、摔跤手的报名，同时需要测定比赛的场地。在笔者到达巴彦敖包的中午时分，只见蒙古包后面搭建的六口大锅正冒着热腾腾的香气，锅里散发出来的羊肉味道扑鼻而来。

下午 2：30 的时候，我跟着敖包长额尔敦朝鲁来到总敖包长西边第一个蒙古包内，依次围坐在请来的八个喇嘛身后静听喇嘛念经，念经持续 15 分钟之后，我们走出蒙古包，回到自家的蒙古包前，将蒙古包右侧系着写有藏族经文的风马旗杆摘下，插在皮卡车的后面，哥哥说，门左边插着的另一风马旗杆留着第二天早上祭祀巴彦敖包使用。之后我们带上奶食、牛奶、糖果、香、桑草等祭祀用品，一家老小穿戴好蒙古袍、蒙古靴，坐在他家的皮卡车上向距离西南半里地的额吉敖包驶去。这时只见 17 户敖包长的汽车排成一排，车后面都插着风马旗杆，还有开车、骑摩托、骑马、步行的其他牧民和负责摄像的车一路驶向额吉敖包，场面非常壮观。到达敖包之后，敖包长们首先爬上敖包，将系着蓝、红、白、黄、绿绸子的五色风马旗杆插在敖包上，然后在煨桑台前点燃香和桑草，在敖包前下跪磕头，绕敖包顺时针转三圈。他们一边向敖包抛洒奶食、牛奶、龙达，一边高呼："呼瑞，呼瑞……"举行召唤仪式。

这些祭祀敖包的程序结束之后，敖包长的全家老小相继盘腿坐在敖包西北角的草地上，开始静听喇嘛念经了。只见摆在草地上的红色矮木桌上放着经文，八个喇嘛各自手持摇铃、喇嘛鼓及镲等法器，开始念额吉敖包经文及敖包总经。最后排的敖包长家人手里端着一个放有大块奶食的木盘，上面放着蓝色的哈达，哈达上面是写有经文的纸条，还有的敖包长手里拿着佛珠不停转动。念经的同时，赶来的其他牧民有的趴在地上祭拜，有的将敖包上滚下来的石子认真地填上去，还有的牧民骑马绕敖包转圈，祭拜完的牧民也先后簇拥在喇嘛身后静听念经。一时间敖包被人们的鲜奶撒成白色，煨桑台前燃烧的桑草和香冒着浓烟，在场的祭拜者都被神圣的气氛所笼罩。这时我注意到，在额吉敖包的西南方有一个龙王庙，牧民也将哈达系在上面，然后往上面不停洒牛奶，进行跪拜。一个祭祀的牧民告诉我，这是后来才修建的，将敖包和龙王庙一起进行祭祀，表达了牧民希望来年雨水丰满。喇嘛念经的时间大约持续了一小时，之后我又坐上哥哥的皮卡车回到蒙古包。只见大家都坐在蒙古包里吃肉、喝茶、聊天，聊天的内容大致为互相询问其他嘎查的雨水怎样，牛羊如何等。

我们喝茶聊天的时候，只听喇叭里通知 17 户敖包长到蒙古包前面的摔跤场地上开会，于是我跟着额尔敦朝鲁哥哥走出蒙古包。这时，敖包长们围坐成一圈商量第二天祭敖包、摔跤、赛马等比赛的分工、具体负责的任务等工作，并分发了第二天赛马的名次牌。商量完毕，各敖包长的家人还一起拍摄了"全家福"，集体拍完之后，每个家庭再进行拍摄。不知不觉中，泛红的晚霞已出现在辽阔的绿野上，欣赏着这人间美景，享受着美味的奶茶和手把肉，那一刻宛若进入了仙境。坐在蒙古包里，不时看到前来的亲戚朋友送来礼物。其间我也跟着哥哥的妻子和干女儿，挑选了一盒饼干、两瓶酒，然后在上面放上哈达，来到前几天没有拜访的第二个蒙古包里赠送礼物。他们告诉我，其实早在祭祀开始的前一周，各敖包长就开始互送礼物了，这种互送礼物的礼节一直持续到祭祀当天，目的是相互交流感情。整个晚上，我都和家里的女人们站在蒙古包进门靠右的碗柜旁边帮忙，给来客倒茶、割肉并且洗碗。直到晚上9：00，我们一同来到蒙古包前面500米处的临时商业区，并加入人流沸腾的娱乐项目中。许多牧民正围坐在幕布前津津有味地看着电影，这时我看到了小时候姥姥村里用发电机播放电影的场面，仿佛回到了儿时的情景，但我发现，《人在囧途》里的王宝强竟然说着蒙古语。而商业区内的蒙古包里，做生意的牧民正在蒸蒙古包子，这是哥哥妻子的一个朋友，他们前一周就搭起了蒙古包，做起了卖包子的生意。这时我仿佛已身置小时候跟着爸妈"赶交流"的情境中了，饭店、小吃、游戏、彩票、蒙古银饰、沙嘎游戏等琳琅满目。

逛了一大圈之后，我们就回到了蒙古包。这时已经10：00多了，大家又喝茶、聊天直到晚上12：00。女人们从蒙古包后面的卡车上拿下两大包被褥，将地桌挪到门口，然后将被褥铺在地毯上，这就是我们晚上睡觉的地方了，我被安排在门口靠左的位置，紧挨哥哥的妻子。看到大家都没脱衣服和鞋子，就直接钻进被窝里睡觉，我也选择了入乡随俗。躺在蒙古包内，只听卷起的羊毛毡下，凉爽的夜风呼呼作响，蚊子的嗡嗡之声也不时在我耳边萦绕。还没等我入睡，大约在凌晨2：40的时候，大家就开始起床了，起床之后大家并不洗脸就开始喝茶、吃肉。哥哥把赛马的名次牌给了他一个20多岁的侄子，然后大家穿戴整齐，拿着和昨天一样的祭祀用品走出蒙古包。将门左边的风马旗插在皮卡车后面驶向北部山顶的巴彦敖包。

我看了看表，已是3：00，东方开始露出一缕鱼肚白，但前来祭祀敖包的牧民早已纷纷聚集在敖包前。与昨天下午额吉敖包祭祀不同的是，今天的祭祀物品中有整羊，喇嘛所念的经文也改为"巴彦敖包桑""图门德姆布日勒桑"。参加比赛的摔跤手将其摔跤服在燃烧着桑叶的煨桑台上认真烤过，带着孩子的妇女也将孩子抱起在煨桑台前全身烤过，拿着牛奶的牧民一直从山下70多个石堆抛洒到山上最大的13个敖包前，他们在攀登的山路上一直虔诚地往敖包上填石子。祭祀过程和额吉敖包基本相同，整个仪式持续一个小时之后，人们回到蒙古包，开始分享敖包"贺西格"（祭祀的整羊）和"查卜"（羊肉粥），大家聚集在一起分享附着了神灵力量的食物，心里充满着喜悦。至此，主祭祀仪式全部结束。

接下来就开始举行赛马和摔跤项目了。首先是赛马，赛程为35公里，摔跤比赛的参加人数为 128 名，都是奖励前 32 名，奖金从 3000 元到 300 元不等，比赛一直持续到下午三点，在摔跤即将结束的时候，除了对获奖选手颁发奖品之外，还会向大家宣布下一年负责祭祀的敖包长名单。其中最有特色的莫过于赛马冠军的颁奖仪式了，在主持人的宣布中，英勇的骑手拉着他们的赛马首先绕会场走一圈，然后停在主持人面前，这时，主持人手里的蓝色哈达上面放着一个银碗，银碗里盛满牛奶，他一边拿着牛奶一边嘴里念念有词，用祝赞词的形式对骑手和赛马进行长达 5 分钟的赞美和祝福之后，将牛奶全部倒在马头上。一位年老牧民告诉我，这样就代表天神赋予马儿力量，来年能够获得更好的成绩。其间笔者还看到许多年轻人争相拍照，这时骑手就像万众瞩目的明星一样，在大家的赞美和佩服声中走出会场。相比之下，摔跤冠军的颁奖仪式看起来较为逊色，只是领取获得的奖金，并没有特殊的仪式。

就在颁奖过程中，笔者注意到，妇女和一些男人们开始拆卸敖包了，他们将蒙古包及炊具等用品装上卡车，然后将草场上的杂物清扫干净才离开，而与我在 7 月 1 日参加的额吉淖尔镇恩和吉日嘎拉嘎查的钢格尔敖包祭祀不同的是，前面商业区的垃圾并不是由做生意的摊贩清理干净，而是负责人派人清理，因为这一次收取的摊位费并没有退还，而钢格尔敖包的敖包长则是通过收取摊位押金来控制摊贩对垃圾的清理程度，如果没有清理干净，那摊位费可能被扣掉，因此通常他们会将周围的草场收拾得较为干净。此外，由于钢格尔敖包的规模相对较小，因此草场上并排只扎了五个蒙古包，即只有嘎查的五户牧民负责祭祀，摔跤选手也只有 64 名，赛马为 38 名。祭祀仪式结束的第二天，在牧民家访谈时，他们很高兴地向笔者强调："祭敖包之后巴彦敖包附近的几个嘎查都下了大雨，这就是祭敖包的好处呀。"从牧民的眼中，我看到了他们心中神圣而坚定的信念……

参考文献

一　中文论著

（一）专著及论文集

1. 阿德力汗·叶斯汗：《从游牧到定居》，新疆人民出版社，2005。

2. 阿拉腾：《文化的变迁——一个嘎查的故事》，民族出版社，2006。

3. 包路芳：《社会变迁与文化调适——游牧鄂温克社会调查研究》，中央民族大学出版社，2006。

4. 达林太、郑易生：《牧区与市场》，社会科学文献出版社，2010。

5. 额尔登泰、阿尔达扎布：《蒙古秘史还原注释》，内蒙古教育出版社，1986。

6. 费孝通、王同惠：《花篮瑶社会组织》，江苏人民出版社，1988。

7. 费孝通：《边区开发赤峰篇：开发边区与三力支边》，内蒙古人民出版社，1986。

8. 费孝通：《江村经济》（修订本），上海人民出版社，2013。

9. 费孝通：《进入21世纪时的回顾和前瞻》，载《费孝通九十新语》，重庆出版社，2005。

10. 费孝通：《乡土中国、生育制度》，北京大学出版社，2010。

11. 盖山林：《蒙古族文物与考古研究》，辽宁人民出版社，1999。

12. 高·阿日华：《乌珠穆沁蒙古人》，内蒙古人民出版社，1998。

13. 高丙中、纳日碧力戈：《现代化与民族生活方式的变迁》，天津人民出版社，1997。

14. 贺学礼：《自治区人口迁移的探讨》，载斯平主编《内蒙古社会发展与变迁》，内蒙古大学出版社，1991。

15. 侯向阳：《中国草地生态环境建设战略研究》，中国农业出版社，2005。

16. 黄淑娉、龚佩华：《文化人类学理论方法研究》，广东高等教育出版社，1998。

17. 黄应贵主编《时间、历史与记忆》，"中央研究院"民族学研究所，1999。

18. 李廷宪：《社会适应论》，安徽人民出版社，1999。

19. 李文军，张倩：《解读草原困境》，经济科学出版社，2009。

20. 罗康智、罗康隆：《传统文化中的生计策略——以侗族为例案》，民族出版社，2009。

21. 李春玲、吕鹏：《社会分层理论》，中国社会科学出版社，2008。

22. 林耀华主编：《民族学通论》（修订版），中央民族大学出版社，1997。

23. 麻国庆：《家与中国社会结构》，文物出版社，1999。

24. 麻国庆：《农耕蒙古族的家观念与宗教祭祀——以呼和浩特土默特左旗把什村的田野调查为中心》，摘自《日本国立民族学博物馆报告别册》，2001。

25. 麻国庆：《永远的家：传统惯性与社会结合》，北京大学出版社，2009。

26. 麻国庆：《走进他者的世界》，学苑出版社，2001。

27. 麻国庆等著：《文化生产与民族认同——以呼和浩特、银川、乌鲁木齐为例》，社会科学文献出版社，2011。

28. 马戎、周星主编：《多民族地区：资源贫困与发展》，天津人民出版社，1995。

29. 那·陶布敦、瓦·那木吉拉斯楞、扎·斯楞东加布、扎·德木布日勒：《清朝时期乌珠穆沁左旗》，内蒙古人民出版社，2000。

30. 纳·布和哈达：《蒙古秘史研究》，内蒙古文化出版社，2010。

31. 萨冈彻辰：《蒙古源流》，内蒙古人民出版社，1981。

32. 赛因吉日嘎拉：《蒙古族祭祀》，内蒙古大学出版社，2008。

33. 色音：《蒙古游牧社会的变迁》，内蒙古人民出版社，1998。

34. 孙海涛：《母亲湖畔绘彩虹——东乌珠穆沁旗发展纪实》，新华出版社，2011。

35. 王明珂：《游牧者的抉择——面对汉帝国的北亚游牧部族》，广西师范大学出版社，2008。

36. 王晓毅、张倩、荀丽丽等：《非平衡、共有和地方性——草原管理的新思考》，中国科学出版社，2010。

37. 王晓毅：《环境压力下的草原社区——内蒙古六个嘎查村的调查》，社会科学文献出版社，2009。

38. 温世贤：《家计与市场》，社会科学文献出版社，2013。

39. 乌日陶克套胡：《蒙古族游牧经济及其变迁》，中央民族大学出版社，2006。

40. 邢莉等著：《内蒙古区域游牧文化的变迁》，中国社会科学出版社，2013。

41. 闫天灵：《汉族移民与近代内蒙古社会变迁研究》，民族出版社，2004。

42. 杨思远：《巴音图嘎调查》，中国经济出版社，2009。

43. 杨晓冰：《环境变迁与生计方式的调适——曼暖远克木人的刀耕火种文化》，载尹绍亭主编：《人类学生态环境史研究》，中国社会科学出版社，2006。

44. 杨蕴丽、乌力吉：《保护、传承、创新——乌珠穆沁文化研究》，内蒙古教育出版社，2011。

45. 尹绍亭：《人与森林——生态人类学视野中的刀耕火种》，云南人民出版社，2000。

46. 张文英：《游牧随记——乌珠穆沁写真集》，远方出版社，2010。

47. 庄孔韶：《人类学概论》，中国人民大学出版社，2006。

（二）论文

1. 阿拉坦宝力格：《祭祀游艺的人类学研究——以蒙古族祭敖包为例》，《中国·内蒙古第三届草原文化研讨会论文集》2006年8月。

2. 艾曼丽：《从传统游牧走向定居游牧——青海省河南蒙古族自治县定居游牧调查》，《柴达木开发研究》2010年第6期。

3. 包庆德：《清代内蒙古地区灾荒研究》，《中央民族大学学报》（哲学社会科学版）2003年第5期。

4. 包智明、孟琳琳：《生态移民对牧民生产生活方式的影响——以内蒙古正蓝旗敖力克嘎查为例》，《西北民族研究》2005年第2期。

5. 波·少布：《蒙古族的自然神与自然崇拜》，《黑龙江民族丛刊》1994

年第 4 期。

　　6. 陈祥军：《生计变迁下的环境与文化——以乌伦古河富蕴段牧民定居为例》，《开放时代》2009 年第 11 期。

　　7. 陈烨：《蒙古族的祭祀习俗及其变迁》，《内蒙古社会科学》1994 年第 5 期。

　　8. 崔延虎：《游牧民定居的再社会化问题》，《新疆师范大学学报》（哲学社会科学版）2002 年第 4 期。

　　9. 东安：《定居游牧》，《中国草业科学》1988 年第 4 期。

　　10. 恩和：《内蒙古过度放牧发生原因及生态危机研究》，《生态经济》2009 年第 6 期。

　　11. 方李莉/问，费孝通/答：《西部开发中的人文思考》，《广西民族学院学报》（哲学社会科学版）2005 年第 3 期。

　　12. 费孝通：《百年中国社会变迁与全球化过程中的"文化自觉"——在"21 世纪人类生存与发展国际人类学学术研讨会"上的讲话》，《厦门大学学报》（哲学社会科学版）2000 年第 4 期。

　　13. 费孝通：《边区民族社会经济发展思考》，《北京大学学报》（哲学社会科学版）1993 年第 1 期

　　14. 费孝通：《关于"文化自觉"的一些自白》，《学术研究》2003 年第 7 期。

　　15. 费孝通：《民族生存与发展》，《中国民族报》2001 年 11 月 20 日第 003 版。

　　16. 费孝通：《人的研究在中国——缺席的对话——个人的经历》，《读书》1990 年第 10 期。

　　17. 费孝通：《三访赤峰》，《瞭望新闻周刊》1995 年第 39、40 期。

　　18. 费孝通：《再谈人的研究在中国》，《东亚社会研究讨论会》1990 年。

　　19. 葛根高娃：《关于内蒙古牧区生态移民政策的探讨——以锡林郭勒盟苏尼特右旗生态移民为例》，《学习与探索》2006 年第 3 期。

　　20. 胡祖源：《定居与游牧的有机结合》，《中国民族》1991 年第 8 期。

　　21. 黄应贵：《作物、经济与社会：东埔社布农人的例子》，《广西民族学院学报》（哲学社会科学版）2005 年第 6 期。

　　22. 黄正宇、暨爱民：《国家权力与民族社会生计方式变迁——以湖南通道县阳烂村侗族为例》，《原生态民族文化学刊》2010 年第 2 期。

23. 贾幼陵：《草原退化原因分析和草原保护长效机制的建立》，《中国草地学报》2011 年第 2 期。

24. 李宗海：《关于游牧经济的定居问题》，《民族研究》1959 年第 7 期。

25. 刘文锁、王磊：《敖包祭祀的起源》，《西域研究》2006 年第 2 期。

26. 刘欣：《当前中国社会阶层分化的多元动力基础——一种权力衍生论的解释》，《中国社会科学》2005 年第 4 期。

27. 刘正江：《哈萨克族定居牧民传统生计方式的变迁与社会适应——以新疆裕民县阿勒腾也木勒乡为例》，《中国穆斯林》2012 年第 3 期。

28. 罗康隆：《论民族生计方式与生存环境的关系》，《中央民族大学学报》（哲学社会科学版）2004 年第 5 期。

29. 罗康隆：《生态人类学述论》，《吉首大学学报》2004 年第 3 期。

30. 罗柳宁：《生态环境与文化调适：以广西矮山村壮族为例》，《广西民族学院学报》（哲学社会科学版）2004 年第 1 期。

31. 廖杨：《旅游工艺品开发与民族文化商品化》，《贵州民族研究》2005 年第 3 期。

32. 李健智：《牧民定居与牧区建设》，《新疆社会科学》1986 年第 6 期。

33. 麻国庆：《草原生态与蒙古族的民间环境知识》，《内蒙古社会科学》2001 年第 1 期。

34. 麻国庆：《汉族的家观念与少数民族——以蒙古族和瑶族为中心》，《云南民族学院学报》（哲学社会科学版）2000 年第 2 期。

35. 麻国庆：《开发、国家政策与狩猎采集民社会的生态与生计——以中国东北大小兴安岭地区的鄂伦春族为例》，《学海》2007 年第 1 期。

36. 麻国庆：《论影响土默特蒙古族文化变迁的因素》，《内蒙古社会科学》1990 年第 1 期。

37. 麻国庆：《内蒙古土默特地区都市化与蒙古族的文化变迁》，《中山大学学报》1990 年第 4 期。

38. 麻国庆：《全球化：文化的生产与文化认同——族群、地方社会与跨国文化圈》，《北京大学学报》（哲学社会科学版）2000 年第 4 期。

39. 马威、邱泽媛：《文化生态保护区的"空间生产"——以东乌珠穆沁旗"那达慕"节日为例》，《中南民族大学学报》（人文社会科学版）2013 年第 4 期。

40. 聂爱文：《哈萨克族定居牧民的适应策略——以天山北坡西沟村为

例》，中山大学博士学位论文，2006。

41. 彭文斌/问，〔美〕斯蒂文·郝瑞/答：《田野、同行与中国人类学西南研究——访美国著名人类学家斯蒂文·郝瑞教授》，《西南民族大学学报》（人文社科版）2007 年第 194 期。

42. 秦红增、唐剑玲：《定居与流动：布努瑶作物、生计与文化的共变》，《思想战线》2006 年第 5 期。

43. 任国英：《内蒙古鄂托克旗生态移民的人类学思考》，《黑龙江民族丛刊》2005 年第 5 期。

44. 陕锦凤：《从帐篷到定居房——循化县岗察乡游牧民定居工程调查研究》，《青海民族研究》2012 年第 2 期。

45. 史俊宏、盖志毅：《内蒙古生态移民安置点选择问题研究》，《内蒙古农业科技》2006 年第 1 期。

46. 王建革：《定居与近代蒙古族农业的变迁》，《中国历史地理论丛》2000 年第 2 期。

47. 王俊敏：《一种新型社区——牧区社区》，《内蒙古大学学报》1993 年第 2 期。

48. 王伟、程恭让：《敖包祭祀：从民间信仰到民间文化》，《宗教学研究》2012 年第 1 期。

49. 王晓毅：《从摆动到流动：人口迁移过程中的适应》，《江苏行政学院学报》2011 年第 6 期。

50. 乌日按汗、巴·那仁朝克图：《乌珠穆沁部落变迁》，《内蒙古统战理论研究》2011 年第 2 期。

51. 吴宁：《列斐伏尔的城市空间社会学理论及其中国意义》，《社会》2008 年第 2 期。

52. 邢莉：《当代敖包祭祀的民间组织与传统的建构——以东乌珠穆沁旗白音敖包祭祀为个案》，《民族研究》2009 年第 5 期。

53. 熊小刚、韩兴国、周才平：《平衡与非平衡生态学下的放牧系统管理》，《草业学报》2005 年第 6 期。

54. 荀丽丽，包智明：《政府动员型环境政策及其地方实践——关于内蒙古 S 旗生态移民的社会学分析》，《中国社会科学》2007 年第 5 期。

55. 闫天灵：《论汉族移民影响下的近代蒙旗经济生活变迁》，《内蒙古社会科学》（汉文版）2004 年第 3 期。

56. 叶舒宪：《中国文化的大传统与小传统》，《光明日报》2012 年 8 月 30 日第 015 版。

57. 尹绍亭：《文化选择与生态危机》，《吉首大学学报》（社会科学版）2007 年第 2 期。

58. 张娟：《对三江源区藏族生态移民适应困境的思考——以果洛州扎陵湖乡生态移民为例》，《西北民族大学学报》（哲学社会科学版）2007 年第 3 期。

59. 张曙光：《自愿、自治与平衡——关于白音敖包祭祀组织的考察》，《内蒙古民族大学学报》（社会科学版）2008 年第 2 期。

60. 郑君雷：《西方学者关于游牧文化起源研究的简要述评》，《社会科学战线》2004 年第 3 期。

61. 郑淑华、黄国安、王烨、宝力道、杜森云、胡永祥、陈喜梅：《东乌珠穆沁旗草原退化原因简析》，《内蒙古草业》，2012 年第 1 期。

62. 周华坤、赵新全、张超远、邢小方、朱宝文、杜发春：《中国人口·资源与环境》2010 年第 3 期。

63. 周立、姜志强：《竞争性牧业、草原生态与牧民生计维系》，《中国农业大学学报》（社会科学版）2011 年第 2 期。

64. 周亚成：《哈萨克族游牧生产习俗的变迁与经济发展》，《民族研究》2000 年第 3 期。

65. 朱晓阳：《语言混乱与草原"共有地"》，《西北民族研究》2007 年第 1 期。

二　英文译著

1. 〔英〕埃文思·普里查德：《努尔人》，褚建芳、闫书昌、赵旭东译，华夏出版社，2001。

2. 〔美〕埃里克·沃尔夫：《乡民社会》，张恭启译，巨流图书公司，1983。

3. 〔法〕爱弥尔·涂尔干：《宗教生活的基本形式》，渠东、汲喆译，商务印书馆，2011。

4. 〔英〕安东尼·吉登斯：《现代性的后果》，田禾译，译林出版社，2000。

5. 〔美〕巴菲尔德：《危险的边疆——游牧帝国与中国》，袁剑译，江苏人民出版社，2011。

6. 〔美〕道格拉斯·斯诺：《经济史中的结构与变迁》，陈郁、罗华平等译，上海人民出版社，1994。

7. 〔美〕杜赞奇：《文化、权利与国家》，王福明译，江苏人民出版社，1996。

8. 〔英〕道森：《出使蒙古记》，吕浦译，周良霄注，中国社会科学出版社，1983。

9. 〔美〕弗雷德里克·巴斯：《斯瓦特巴坦人的政治过程——一个社会人类学研究的范例》，黄建生译，上海人民出版社，2005。

10. 〔法〕福柯：《安全、领土与人口》，上海人民出版社，2010。

11. 〔美〕古塔·弗格森：《人类学定位——田野科学的界限与基础》（修订版），骆建建、袁同凯、郭立新等译，华夏出版社，2005。

12. 〔英〕卡尔·波兰尼：《大转型：我们时代的政治与经济起源》，冯刚、刘阳译，浙江人民出版社，2007。

13. 〔德〕卡尔·马克思：《路易·波拿巴的雾月十八日》，《马克思恩格斯选集》（第1卷），人民出版社，1995。

14. 〔英〕凯·米尔顿：《环境决定论与文化理论：对环境话语中的人类学角色的探讨》，袁同凯、周建新译，民族出版社，2007。

15. 〔美〕拉铁摩尔：《中国的亚洲内陆边疆》，唐晓峰译，江苏人民出版社，2005。

16. 〔美〕路易斯·亨利·摩尔根：《古代社会》，杨东莼、马雍、马巨译，商务印书馆，1997。

17. 〔澳〕林恩·休谟、简·穆拉克：《人类学家在田野》，龙菲译，上海译文出版社，2010。

18. 〔德〕马克思、恩格斯：《马克思恩格斯全集》第46卷（上），人民出版社，1979。

19. 〔英〕马凌诺斯基：《西太平洋的航海者》，梁永佳、李绍明译，华夏出版社，2002。

20. 〔法〕马塞尔·莫斯：《礼物：古式社会中交换的形式与理由》，汲喆译，陈瑞桦校，上海人民出版社，2005。

21. 〔美〕马克斯·韦伯：《经济与社会》，商务印书馆，1997。

22. 〔美〕马文·哈里斯：《文化唯物主义》，张海洋、王曼萍译，华夏出版社，1989。

23.〔法〕孟德拉斯:《农民的终结》，李培林译，社会科学文献出版社，2010。

24.〔英〕奈杰尔·拉波特、乔安娜·奥弗林:《社会文化人类学的关键概念》（第二版），鲍雯妍、张亚辉译，华夏出版社，2009。

25.〔日〕秋道智弥:《生态人类学》，范广融、尹绍亭译，云南大学出版社，2006。

26.〔美〕斯图尔德:《文化变迁的理论》，张恭启译，远流出版事业股份有限公司，1989。

27.〔俄〕史禄国:《北方通古斯的社会组织》，吴友刚、赵复兴、孟克译，内蒙古人民出版社。1984。

28.〔美〕施坚雅:《中国农村的市场和社会结构》，史建云等译，中国社会科学出版社，1998。

29.〔美〕威廉·A.哈维兰:《文化人类学》，瞿铁鹏、张钰译，上海社会科学出版社，2006。

30.〔美〕阎云翔:《私人生活的变革:一个中国村庄里的爱情、家庭与亲密关系》，龚小夏译，上海书店出版社，2009。

31.〔美〕詹姆斯·C.斯科特:《国家的视角:那些试图改善人类状况的项目是如何失败的》（修订版），王晓毅译，社会科学文献出版社，2011。

32.〔美〕詹姆斯·C.斯科特:《农民的道义经济学:东南亚的反叛与生存》，程立显、刘建等译，译林出版社，2001。

33.〔美〕詹姆斯·C.斯科特:《弱者的武器:农民反抗的日常形式》，郑广怀、张敏、何江穗译，译林出版社，2007。

34.〔美〕詹姆斯·克利福德、乔治·马库斯:《写文化——民族志的诗学与政治学》，高丙中、吴晓黎、李霞等译，商务印书馆，2006。

35.〔日〕中根千枝:《未开的脸与文明的脸》，麻国庆、张辉黎译，山东画报出版社，2001。

三 英文论著及论文

1. A. M. Khazanov, *Nomads and the Outside World*, Cambridge: Cambridge University Press. 1983.

2. Amos Rapoport. "Nomadism As A Man-Environment System." *Environment*

And Behavior. 1978.

3. Barth, F. *Nomads of South Persia*：*The Basseri tribe of the Khamseh Confederacy.* Humanities Press，New York. 1961.

4. DFID. Sustainable Livelihoods Guidance Sheets ［EB/OL］. http：// www. eldis. org/vfile/upload/1/document/0901/section2. pdf，/2013-01-25.

5. Kristín Loftsdóttir. Knowing What to Do in the City：WoDaaBe Normads and Migrant Workers in Niger. Anthropology Today，Royal Anthropological Institute of Great Britain and Ireland，2002.

7. Michael，Barbara J. Cows，Bulls，and Gender Roles：Pastoral Strategies for Survival and Continuity in Western Sudan，Ph. D. University of Kansas，1987.

8. Sarah K. Goodall. Rural-to-unban Migration and Urbanization in Leh，Ladakh：a Cace Study of Three Nomadic Pastoral Communities. *Mountain Research and Development.* Vol 24 No. 3，Aug. 2004.

四 蒙文译著

1. 〔蒙古国〕吉格米德：《在贺如化白音苏木的乌珠穆沁人》，拉·巴图孟和撰写，内蒙古人民出版社，2004。

2. 纳·布和哈达、道·朝鲁门：《神奇的土地——乌珠穆沁》，清·格日勒图译，中华文化出版社，2011。

3. 纳·布和哈达：《乌珠穆沁长调叙事民歌研究》，色·萨仁苏和、孟根乌拉译，内蒙古教育出版社，2011。

五 典籍方志

1. 波·都古尔：《乌珠穆沁文献》（内部版），1985。

2. 车文博主编《当代西方心理学新词典》，吉林人民出版社，2001。

3. 陈继群策划《内蒙古寓言》，北京市朝阳区达尔问环境研究所资助出版。

4. 东乌旗党委组织部主办《乌珠穆沁报》，2006~2009 专版。

5. 东乌旗统计局：东乌珠穆沁旗畜牧业夏季普查统计资料，2010，2011。

6. 东乌珠穆沁旗草原工作站：《东乌珠穆沁旗天然草场资源调查报告》，1985 年 7 月。

7. 东乌珠穆沁旗人民政府、内蒙古草原勘查设计院：《东乌珠穆沁旗社会主义新牧区建设规划（2006—2010）》。

8. 东乌珠穆沁旗史迹编写委员会：《塔勒、乌恩：古老的游牧部落——乌珠穆沁》，2006年。

9. 东乌珠穆沁旗统计局编《东乌珠穆沁旗统计年鉴》，2002~2012年。

10. 东乌珠穆沁旗文学艺术界联合会：《额吉淖尔》2011第1期，2012第1期。

11. 东乌珠穆沁旗宗教局编写《东乌珠穆沁旗宗教志》，2011年。

12. 《多桑蒙古史》（上册），冯承钧译，商务印书馆，1962年。

13. 冯契、徐孝通主编，刘放桐、范明生、黄颂杰副主编《外国哲学大辞典》，上海辞书出版社，2008。

14. 乐黛云、叶朗、倪培耕主编《世界诗学大辞典》，春风文艺出版社，1993。

15. 内蒙古东乌珠穆沁旗统计局编《东乌珠穆沁旗国民经济与社会发展统计资料》，1980~2000年，2009~2012年。

16. 内蒙古自治区编辑组：《蒙古族社会历史调查》，《中国少数民族社会历史调查资料丛刊》（修订本），民族出版社，2009。

17. 内蒙古自治区地名委员会编《内蒙古自治区地名志》（锡林郭勒盟分册），1987。

18. 内蒙古自治区统计局：《内蒙古统计年鉴》（2012），中国统计局出版社，1999。

19. 内蒙古自治区畜牧业厅：《内蒙古畜牧业统计资料》（1991—2000）。

20. 彭克宏、马国泉、陈有进、张克明：《社会科学大词典》，中国国际广播出版社，1989。

21. 齐博益主编《锡林郭勒盟畜牧志》，内蒙古人民出版社，2002。

22. 苏天爵编《元文类》（四库文学总集选刊），上海古籍出版社，1993。

23. 吴泽霖总纂《人类学词典》，上海辞书出版社，1990。

24. 锡林郭勒盟商业志编纂委员会：《锡林郭勒盟商业志》，中国商业出版社，1995。

25. 锡林郭勒史编委会：《天堂草原 锡林郭勒》，内蒙古人民出版社，2011。

26. 锡林郭勒史编委会：《锡林郭勒辉煌五十年》（1947~1997）。

27. 锡林郭勒史迹编写组：《锡林郭勒史迹》，新华出版社，2009。

28. 《蒙古秘史》，余大钧译，河北人民出版社，2001。

29. 张柏然、王纯真、李荣娟、宋文伟等：《英汉百科知识词典》，南京大学出版社，1992。

30. 中共东乌珠穆沁旗委员会、东乌珠穆沁旗人民政府：《内蒙古首届乌珠穆沁肉羊产业发展论坛资料汇编》，2010 年 9 月。

31. 中共东乌珠穆沁旗委员会、东乌珠穆沁旗人民政府：《乌珠穆沁草原保护建设与科学利用研讨会论文集》，2011。

32. 中国人民政治协商会议东乌珠穆沁旗文员会编《蒙古包文化》，赤峰：内蒙古科学技术出版社，1996。

33. 卓宏谋：《蒙古鉴》，载《近代中国史料丛刊：第三编》，文海出版社，1988。

后　记

本书是在我博士学位论文的基础上修改而成的。从七年前一个模糊的构想到今天的连篇累牍，这本文字所承载的与日俱增的使命、关怀和期冀，令我深知，要写好它，路还很长。只是万分荣幸，我收获了一个美好的起点。毕竟本书的构思、田野工作和写作耗费了我数年的时间和精力，也让我实现了从"研究生"到"研究者"的转变。我的转变和进步绝非仅仅依靠自己的努力，而是在师长、学友和家人的提携和帮助下实现的。

感谢恩师麻国庆教授为我打开草原这扇门。这片辽阔的原野一直锤炼着我的智识，砥砺着我的精神。七年前，在麻老师的引领和教诲下，我得以在中山大学人类学系的知识殿堂中蹒跚起步。恩师严谨的治学态度、深厚的学术功底、宏大的学术眼光和谦逊的人格魅力一直鞭策我不断潜心学习，努力钻研，执着于踏实做人、做事、做学问。论文从选题、构思到田野点的确定，以及最后的反复修改直至成文，每个过程都有恩师的循循善诱和耐心指导，更有恩师的心血和奉献。

我的师母张辉黎女士为人谦和，善解人意。在我读博的三年里，一直关心并支持着我，在我论文写作的紧张与彷徨之时给予我悉心的安慰与关怀，师母的存在可以让每一个年轻人内心经历的种种磨难与浮躁回归平静……，谨以此书纪念我想念的师母。

中山大学人类学系历史悠久、大腕云集，分支学科齐全，学生能够全面了解和掌握学科基本理论和方法，打下坚实的学术功底。马丁堂里，学风兼容并包，师生讨论自由。前辈们在学术上取得的成就是我永远仿效的对象和楷模，也让我在人类学学习道路上找到了努力的方向和前行的动力。能够在这样一所富有人文情怀和历史传统的南国学府接受学术训练是我莫大的荣幸，也是我人生的一大转折，如今我为这个决定感到骄傲。

由衷感谢人类学系诸位老师对我的培养和爱护，是他们的调教和指导让我不断进步。其中张应强教授、邓启耀教授、王建新教授、陈志明教授、张文义教授、朱爱东教授在本书写作中提出了卓有见地的意见。周大鸣教授、刘昭瑞教授、何国强教授、张振江教授、谭同学教授在课堂内外给予我的帮助、关心和指导在此一并感谢。博士论文答辩委员徐黎丽教授、刘志扬教授、马建春教授、吴重庆教授、邓启耀教授提出的宝贵建议对本书的写作具有重要的指导意义。可以说是诸位老师的共同栽培才有了本书的问世。

从 2011 年 8 月我进入东乌珠穆沁旗草原开展田野调查伊始，已有整整七个年头了，七年来我从未间断过对这方草原的考察与求索。在长期的调查研究中，我逐渐形成了对当地牧区社会的认识、思考和自己的学术观点，并不断总结、凝练、推进，直至现在呈现给大家这样一部学习成果。这一过程既快乐又痛苦，既享受又煎熬。具体的田野调查和写作过程困难重重，尤其是草原广袤而交通不便，再加上蒙古语对我的困扰、调查对象强烈的身份认同，让我在最初进入田野时备受打击。不过我深知，这是每一个人类学者必须要经历的"通过仪式"。困难，相信没有哪个田野工作者能够避免。在东乌旗生活考察的一年多时间里，我与牧民朝夕相处，感受着他们的艰辛与不易，分享着他们的快乐与担忧。如果没有许多善良人的帮助，我想我的调查不会开展得那么顺利，因而他们的帮助让我从写作伊始一直铭记于心。

感谢东乌旗旗委领导的鼎力相助，能够让我拥有在东乌旗农牧业局挂职锻炼的机会，以及担任局长助理职务的殊荣，从而使我获得工作者与研究者的双重身份，为研究的开展提供了整体把握的条件和多重观察的视角，也为我进行一个以旗为单位的多点民族志书写提供了扎实而详尽的田野资料。感谢与我一起工作的农牧业局同事们，是你们的帮助和关心让我的田野生活充满了快乐。此外我要特别感谢原统战部那仁朝克图部长、蒙古族第二小学的萨仁高娃校长、草原站杜森云站长，他们想方设法帮助我开展调查，为我讲述乌珠穆沁游牧部落的历史和东乌旗草原生态的现状。在他们的帮助下，我较为顺利地获得了当地人的信任。而党委办公室的乌力吉孟克和芒来，文体局的张志波和塔娜，他们更像是我田野中的挚友和知己。每每遇到困难，都是他们伸出援助之手，希望这份友谊长存。更加感谢田野中理解我、帮助我的纯朴善良的东乌旗乡亲们，是他们让我无数次享受到了来自异乡的温暖与感动。

回到内蒙古师范大学工作后，我得到了越来越多前辈的支持和帮助。乌日陶克套胡教授是我的硕士生导师，也是我民族学学习的启蒙老师，多年来老师在学业、科研、生活及工作上都给予我很多帮助和指导。为我顺利进入田野创造了良好的人际关系，也为我的田野调查、论文写作、书稿修改提出了很多中肯的建议。工作以来，更对我一如既往地调教督促，让我在每一次学术会议和科研平台中不断磨炼、成长。云国宏教授治学严谨、知识渊博，在为数不多的几次当面指导中给我极大的鼓励。齐义军教授代表了治学"严"与"勤"的至高境界，对我的研究给予了极大的支持。包凤兰教授在我的科研、生活上有一种无以言表的亲近，总是耐心细致地督促我进步。

还要感谢杨一江书记在我进入远离家乡的中山大学学习之前，就为我介绍了中山大学哲学系慈祥而和蔼的李尚德教授和广东省疾控中心的田利香阿姨，使我在广州攻读博士学位的日子里时刻可以感受到家的温暖和温馨。三年来李尚德教授夫妇一直关心着我的学习和进步，给予我耐心的鼓励和照顾，这份心意和慈爱，我将牢记于心。

感谢同窗好友刘莉、张少春、吕永峰、林连华、谢景连、黄雪亮、桑扎、拉马文才、台文泽、杜新燕、孙旭、李亚峰、陈敬胜、李和春、郭凌燕、王璐、胡炳年，三年来大家拼搏奋发，共同进步。每一次读书会的侃侃而谈，讨论中的相互启发，都让我深深铭记。其中我要特别感谢宿舍好友林连华，在论文撰写的艰辛日子里，我们相扶相助，无论是思路的探讨，还是田野遇到困难时的相互鼓励，都是我今后难以忘怀的美好经历。感谢同门陈祥军、张亮、何海狮、欧阳杰、杜静元、姜娜、青兰、谷雨、张龙、牛冬、温世贤、包红丽等好友对我的鼓励和帮助。

还要感谢社会科学文献出版社的王绯、赵慧英编辑及其他几位匿名评审人为本书如期出版所付出的努力。正是你们严格的评审与评议，成为本书写作和修改过程中不可或缺的一个部分。

对于我的家人，我的感谢无法用言语表达。我的父亲是一名退伍军人，在我生命里，他永远是那"天空中最亮的星"，无论在我求学还是工作的道路上，他总能给我及时的点拨和建议。因牧区交通不便，他曾在我初次进入田野的迷茫无助之时，一直陪伴我左右，深入田野一个月之久。他一直希望我们姊妹三人能成为有学问的人，因此对我们的学习一向严格苛刻。我的母亲朴实能干，她的一生为了支持我们的学业，几乎放弃了所有。我的先生自始至终给予我大力支持，积极地帮助我查找文献，校对文稿，总是给予我安慰和鼓励，没有他的照顾和支持，我难以顺利完成书稿写作。我的弟弟妹妹给予我的亲情和温暖让我永难忘怀。在我的人生道路上，我的家人对我不遗余力的支持和鼓励让我在每一次困难面前都能坚强勇敢，在每个梦想面前都能全力以赴，只希望我能不断有所进步，以报答他们的支持和爱护。我会继续努力，希望可以回馈我发自内心感谢的人们。

张 昆

2017 年 3 月 5 日于内蒙古师范大学

图书在版编目（CIP）数据

根在草原：东乌珠穆沁旗定居牧民的生计选择与草
原情结 / 张昆著. -- 北京：社会科学文献出版社，
2018.8
（民族与社会丛书）
ISBN 978-7-5201-3257-2

Ⅰ.①根… Ⅱ.①张… Ⅲ.①蒙古族-定居-牧民-
研究-东乌珠穆沁旗 Ⅳ.①D422.7

中国版本图书馆 CIP 数据核字（2018）第 186387 号

·民族与社会丛书·

根在草原：东乌珠穆沁旗定居牧民的生计选择与草原情结

著　　者／张　昆

出 版 人／谢寿光
项目统筹／王　绯
责任编辑／赵慧英

出　　版／社会科学文献出版社·社会政法分社（010）59367156
　　　　　　地址：北京市北三环中路甲 29 号院华龙大厦　邮编：100029
　　　　　　网址：www.ssap.com.cn
发　　行／市场营销中心（010）59367081　59367018
印　　装／三河市尚艺印装有限公司

规　　格／开　本：787mm×1092mm　1/16
　　　　　　印　张：18.5　字　数：329 千字
版　　次／2018 年 8 月第 1 版　2018 年 8 月第 1 次印刷
书　　号／ISBN 978-7-5201-3257-2
定　　价／89.00 元